网络暴力违法犯罪

办案手册

人民法院出版社　编

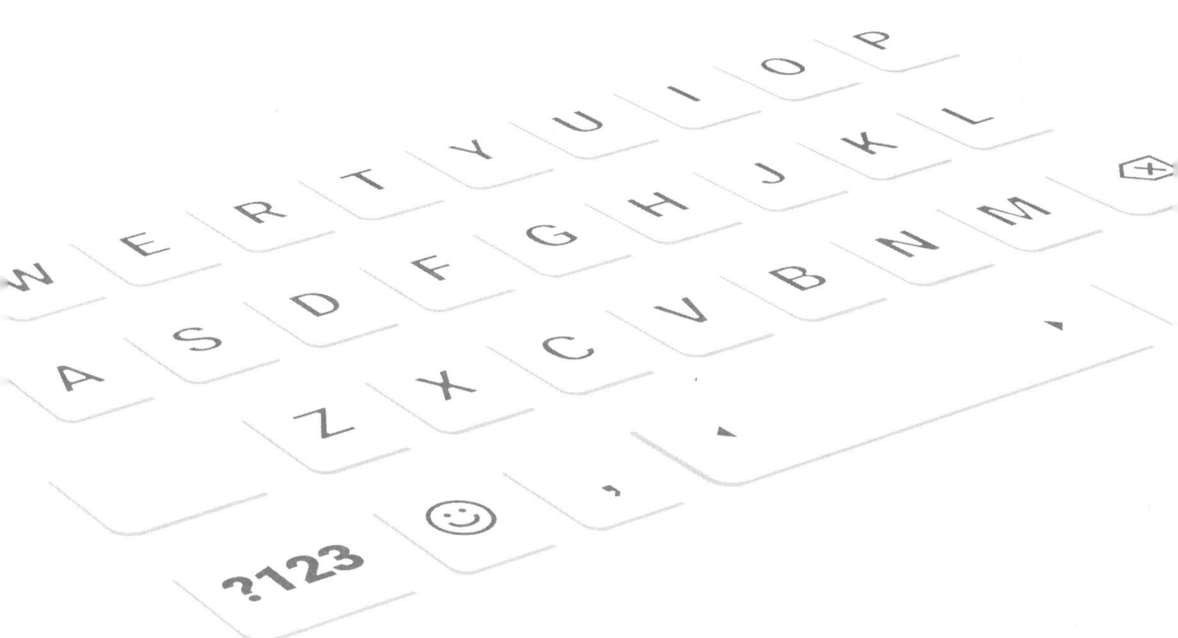

人民法院出版社

图书在版编目（CIP）数据

网络暴力违法犯罪办案手册 / 人民法院出版社编. 北京 : 人民法院出版社, 2025.1. -- ISBN 978-7-5109-4352-2

Ⅰ. D922.174-62

中国国家版本馆CIP数据核字第2024PD4048号

网络暴力违法犯罪办案手册

人民法院出版社　编

责任编辑　张　奎
封面设计　王子莹
出版发行　人民法院出版社
地　　址　北京市东城区东交民巷 27 号(100745)
电　　话　(010)67550673(责任编辑)　67550558(发行部查询)
　　　　　　65223677(读者服务部)
网　　址　http://www.courtbook.com.cn
E - mail　courtpress@sohu.com
印　　刷　天津嘉恒印务有限公司
经　　销　新华书店

开　　本　787 毫米×1092 毫米　1/16
字　　数　396 千字
印　　张　27
版　　次　2025 年 1 月第 1 版　2025 年 1 月第 1 次印刷
书　　号　ISBN 978-7-5109-4352-2
定　　价　88.00 元

出版说明

近年来，网络技术的迅速发展在给生活带来便利的同时，有时也被违法犯罪分子利用，特别是网络暴力违法犯罪活动频频发生，不仅严重侵害当事人的人格权、人格尊严，也严重污染网络生态、毒化网络风气，人民群众反映强烈，社会各界高度关注。

根据2024年6月发布的《网络暴力信息治理规定》，网络暴力信息是指，通过网络以文本、图像、音频、视频等形式对个人集中发布的，含有侮辱谩骂、造谣诽谤、煽动仇恨、威逼胁迫、侵犯隐私，以及影响身心健康的指责嘲讽、贬低歧视等内容的违法和不良信息。这些行为中，既有一般违法行为，也有犯罪行为。

为更好地满足办案人员在网络暴力违法犯罪领域的办案需求，准确把握网络暴力违法行为与犯罪的定罪量刑标准和法律政策界限，正确适用相关法律规则，有力惩治网络暴力违法犯罪，本书收录了与网络暴力违法犯罪有关的法律法规、司法解释、司法指导性文件及部分文件解读，方便办案人员查找使用办案依据。同时，收录了侮辱罪、诽谤罪、寻衅滋事罪、侵犯公民个人信息罪等九个与网络暴力犯罪相关的重点罪名，罪名下设“释解与适用”“适用中需要注意的问题”“关联规定”等栏目，帮助办案人员正确理解与适用相关罪名。最后，收录了与网络暴力违法犯罪相关的指导案例、典型案例及人民法院案例库案例，供办案人员参考使用。

为保证本书观点准确、权威，本书“直接规定及解读”“相关规定及解读”中的解读观点，主要引自《刑事法律文件解读》(人民法院出版社连续出版物) 所载的最高人民法院周加海、喻海松、李振华以及刑三庭的解读文章；“刑法罪名适用参考”中所述观点，主要引自全国人大常委会法制工作委员会刑法室主任王爱立主编的《〈中华人民共和国刑法〉释解与适用（第二版）》(人民法院出版社 2024 年版)、人民法院出版社副总编辑袁登明主编的《中华人民共和国刑法案典（第二版）》（人民法院出版社 2022 年版）两书。在此，一并向作者致谢！

希望本书能为办案人员的工作和学习提供便利，囿于编者水平，书中难免存在疏漏或不足，敬请读者批评指正。

编　者

二〇二四年十二月

目　录

直接规定及解读

相关规定及解读

刑法罪名适用参考

案例参考

直接规定及解读

网络暴力信息治理规定

（2023年12月25日国家互联网信息办公室2023年第28次室务会会议审议通过，并经公安部、文化和旅游部、国家广播电视总局同意，2024年6月12日公布，自2024年8月1日起施行）

第一章 总 则

第一条 为了治理网络暴力信息，营造良好网络生态，保障公民合法权益，维护社会公共利益，根据《中华人民共和国网络安全法》、《中华人民共和国个人信息保护法》、《中华人民共和国治安管理处罚法》、《互联网信息服务管理办法》等法律、行政法规，制定本规定。

第二条 中华人民共和国境内的网络暴力信息治理活动，适用本规定。

第三条 网络暴力信息治理坚持源头防范、防控结合、标本兼治、协同共治的原则。

第四条 国家网信部门负责统筹协调全国网络暴力信息治理和相关监督管理工作。国务院公安、文化和旅游、广播电视等有关部门依据各自职责开展网络暴力信息的监督管理工作。

地方网信部门负责统筹协调本行政区域内网络暴力信息治理和相关监督管理工作。地方公安、文化和旅游、广播电视等有关部门依据各自职责开展本行政区域内网络暴力信息的监督管理工作。

第五条 鼓励网络相关行业组织加强行业自律，开展网络暴力信息治理普法宣传，督促指导网络信息服务提供者加强网络暴力信息治理并接受社会监督，为遭受网络暴力信息侵害的用户提供帮扶救助等支持。

第二章 一般规定

第六条 网络信息服务提供者和用户应当坚持社会主义核心价值观，遵守法律法规，尊重社会公德和伦理道德，促进形成积极健康、向上向善的网络文化，维护良好网络生态。

第七条 网络信息服务提供者应当履行网络信息内容管理主体责任，建立完善网络暴力信息治理机制，健全用户注册、账号管理、个人信息保护、信息发布审核、监测预警、识别处置等制度。

第八条 网络信息服务提供者为用户提供信息发布、即时通讯等服务的，应当依法对用户进行真实身份信息认证。用户不提供真实身份信息的，网络信息服务提供者不得为其提供相关服务。

网络信息服务提供者应当加强用户账号信息管理，为遭受网络暴力信息侵害的相关主体提供账号信息认证协助，防范和制止假冒、仿冒、恶意关联相关主体进行违规注册或者发布信息。

第九条 网络信息服务提供者应当制定和公开管理规则、平台公约，与用户签订服务协议，明确网络暴力信息治理相关权利义务，并依法依约履行治理责任。

第十条 任何组织和个人不得制作、复制、发布、传播涉网络暴力违法信息，应当防范和抵制制作、复制、发布、传播涉网络暴力不良信息。

任何组织和个人不得利用网络暴力事件实施蹭炒热度、推广引流等营销炒作行为，不得通过批量注册或者操纵用户账号等形式组织制作、复制、发布、传播网络暴力信息。

明知他人从事涉网络暴力信息违法犯罪活动的，任何组织和个人不得为其提供数据、技术、流量、资金等支持和协助。

第十一条 网络信息服务提供者应当定期发布网络暴力信息治理公告，并将相关工作情况列入网络信息内容生态治理工作年度报告。

第三章　预防预警

第十二条　网络信息服务提供者应当在国家网信部门和国务院有关部门指导下细化网络暴力信息分类标准规则，建立健全网络暴力信息特征库和典型案例样本库，采用人工智能、大数据等技术手段和人工审核相结合的方式加强对网络暴力信息的识别监测。

第十三条　网络信息服务提供者应当建立健全网络暴力信息预警模型，综合事件类别、针对主体、参与人数、信息内容、发布频次、环节场景、举报投诉等因素，及时发现预警网络暴力信息风险。

网络信息服务提供者发现存在网络暴力信息风险的，应当及时回应社会关切，引导用户文明互动、理性表达，并对异常账号及时采取真实身份信息动态核验、弹窗提示、违规警示、限制流量等措施；发现相关信息内容浏览、搜索、评论、举报量显著增长等情形的，还应当及时向有关部门报告。

第十四条　网络信息服务提供者应当建立健全用户账号信用管理体系，将涉网络暴力信息违法违规情形记入用户信用记录，依法依约降低账号信用等级或者列入黑名单，并据以限制账号功能或者停止提供相关服务。

第四章　信息和账号处置

第十五条　网络信息服务提供者发现涉网络暴力违法信息的，或者在其服务的醒目位置、易引起用户关注的重点环节发现涉网络暴力不良信息的，应当立即停止传输，采取删除、屏蔽、断开链接等处置措施，保存有关记录，向有关部门报告。发现涉嫌违法犯罪的，应当及时向公安机关报案，并提供相关线索，依法配合开展侦查、调查和处置等工作。

第十六条　互联网新闻信息服务提供者应当坚持正确政治方向、舆论导向、价值取向，加强网络暴力信息治理的公益宣传。

互联网新闻信息服务提供者不得通过夸大事实、过度渲染、片面报道等方式采编发布、转载涉网络暴力新闻信息。对互联网新闻信息提供跟帖评论服务的，应当实行先审后发。

互联网新闻信息服务提供者采编发布、转载涉网络暴力新闻信息不真实或者不公正的，应当立即公开更正，消除影响。

第十七条 网络信息服务提供者应当加强网络视听节目、网络表演等服务内容的管理，发现含有网络暴力信息的网络视听节目、网络表演等服务的，应当及时删除信息或者停止提供相关服务；应当加强对网络直播、短视频等服务的内容审核，及时阻断含有网络暴力信息的网络直播，处置含有网络暴力信息的短视频。

第十八条 网络信息服务提供者应当加强对跟帖评论信息内容的管理，对以评论、回复、留言、弹幕、点赞等方式制作、复制、发布、传播网络暴力信息的，应当及时采取删除、屏蔽、关闭评论、停止提供相关服务等处置措施。

第十九条 网络信息服务提供者应当加强对网络论坛社区和网络群组的管理，禁止用户在版块、词条、超话、群组等环节制作、复制、发布、传播网络暴力信息，禁止以匿名投稿、隔空喊话等方式创建含有网络暴力信息的论坛社区和群组账号。

网络论坛社区、网络群组的建立者和管理者应当履行管理责任，发现用户制作、复制、发布、传播网络暴力信息的，应当依法依约采取限制发言、移出群组等管理措施。

第二十条 公众账号生产运营者应当建立健全发布推广、互动评论等全过程信息内容安全审核机制，发现账号跟帖评论等环节存在网络暴力信息的，应当及时采取举报、处置等措施。

第二十一条 对违反本规定第十条的用户，网络信息服务提供者应当依法依约采取警示、删除信息、限制账号功能、关闭账号等处置措施，并保存相关记录；对组织、煽动、多次发布网络暴力信息的，网络信息服务提供者还应当依法依约采取列入黑名单、禁止重新注册等处置措施。

对借网络暴力事件实施营销炒作等行为的，除前款规定外，还应当依法依约采取清理订阅关注账号、暂停营利权限等处置措施。

第二十二条 对组织、煽动制作、复制、发布、传播网络暴力信息的网络信息内容多渠道分发服务机构，网络信息服务提供者应当依法依约对该机构及其管理的账号采取警示、暂停营利权限、限制提供服务、入驻清退等处置措施。

第五章 保护机制

第二十三条 网络信息服务提供者应当建立健全网络暴力信息防护功能，提供便利用户设置屏蔽陌生用户或者特定用户、本人发布信息可见范围、禁止转载或者评论本人发布信息等网络暴力信息防护选项。

网络信息服务提供者应当完善私信规则，提供便利用户设置仅接收好友私信或者拒绝接收所有私信等网络暴力信息防护选项，鼓励提供智能屏蔽私信或者自定义私信屏蔽词等功能。

第二十四条 网络信息服务提供者发现用户面临网络暴力信息风险的，应当及时通过显著方式提示用户，告知用户可以采取的防护措施。

网络信息服务提供者发现网络暴力信息风险涉及以下情形的，还应当为用户提供网络暴力信息防护指导和保护救助服务，协助启动防护措施，并向网信、公安等有关部门报告：

（一）网络暴力信息侵害未成年人、老年人、残疾人等用户合法权益的；

（二）网络暴力信息侵犯用户个人隐私的；

（三）若不及时采取措施，可能造成用户人身、财产损害等严重后果的其他情形。

第二十五条 网络信息服务提供者发现、处置网络暴力信息的，应当及时保存信息内容、浏览评论转发数量等数据。网络信息服务提供者应当向用户提供网络暴力信息快捷取证等功能，依法依约为用户维权提供便利。

公安、网信等有关部门依法调取证据的，网络信息服务提供者应当及时提供必要的技术支持和协助。

第二十六条 网络信息服务提供者应当自觉接受社会监督，优化投诉、举报程序，在服务显著位置设置专门的网络暴力信息快捷投诉、举报入口，公布处理流程，及时受理、处理公众投诉、举报并反馈处理结果。

网络信息服务提供者应当结合投诉、举报内容以及相关证明材料及时研判。对属于网络暴力信息的投诉、举报，应当依法处理并反馈结果；对因证明材料不充分难以准确判断的，应当及时告知用户补充证明材料；对不属于网络暴力信息的投诉、举报，应当按照其他类型投诉、举报的受理要求予以处理并反馈结果。

第二十七条 网络信息服务提供者应当优先处理涉未成年人网络暴力信息的投诉、举报。发现涉及侵害未成年人用户合法权益的网络暴力信息风险的，应当按照法律法规和本规定要求及时采取措施，提供相应保护救助服务，并向有关部门报告。

网络信息服务提供者应当设置便利未成年人及其监护人行使通知删除网络暴力信息权利的功能、渠道，接到相关通知后，应当及时采取删除、屏蔽、断开链接等必要的措施，防止信息扩散。

第六章 监督管理和法律责任

第二十八条 网信部门会同公安、文化和旅游、广播电视等有关部门依法对网络信息服务提供者的网络暴力信息治理情况进行监督检查。

网络信息服务提供者对网信部门和有关部门依法实施的监督检查应当予以配合。

第二十九条 网信部门会同公安、文化和旅游、广播电视等有关部门建立健全信息共享、会商通报、取证调证、案件督办等工作机制，协同治理网络暴力信息。

公安机关对于网信、文化和旅游、广播电视等部门移送的涉网络暴力信息违法犯罪线索，应当及时进行审查，并对符合立案条件的及时立案侦查、调查。

第三十条 违反本规定的，依照《中华人民共和国网络安全法》、《中华人民共和国个人信息保护法》、《中华人民共和国治安管理处罚法》、《互联网信息服务管理办法》等法律、行政法规的规定予以处罚。

法律、行政法规没有规定的，由网信、公安、文化和旅游、广播电视等有关部门依据职责给予警告、通报批评，责令限期改正，可以并处一万元以上十万元以下罚款；涉及危害公民生命健康安全且有严重后果的，并处十万元以上二十万元以下罚款。

对组织、煽动制作、复制、发布、传播网络暴力信息或者利用网络暴力事件实施恶意营销炒作等行为的组织和个人，应当依法从重处罚。

第三十一条 违反本规定，给他人造成损害的，依法承担民事责任；构成违反治安管理行为的，依法给予治安管理处罚；构成犯罪的，依法追究刑事责任。

第七章　附　　则

第三十二条 本规定所称网络暴力信息，是指通过网络以文本、图像、音频、视频等形式对个人集中发布的，含有侮辱谩骂、造谣诽谤、煽动仇恨、威逼胁迫、侵犯隐私，以及影响身心健康的指责嘲讽、贬低歧视等内容的违法和不良信息。

第三十三条 依法通过网络检举、揭发他人违法犯罪，或者依法实施舆论监督的，不适用本规定。

第三十四条 本规定自 2024 年 8 月 1 日起施行。

解读《网络暴力信息治理规定》*

2024 年 6 月，国家互联网信息办公室联合公安部、文化和旅游部、国家广播电视总局公布了《网络暴力信息治理规定》（以下简称《规定》）。国家互联网信息办公室有关负责人就《规定》相关问题进行了解读。

一、《规定》出台的背景

制定《规定》主要基于以下几个方面的考虑：一是深入贯彻落实党中央决策部署。习近平总书记高度重视网络生态建设，强调“网络空间是亿万民众共同的精神家园”①，“健全网络综合治理体系，推动形成良好网络生态”②。中共中央、国务院印发的《新时代公民道德建设实施纲要》明确“反对网络暴力行为”。二是及时回应人民群众关切。2024 年全国两会期间，多名代表委员强烈呼吁加快出台反网络暴力针对性立法，关于整治网络暴力的建议提案获得人民群众广泛响应。三是着力提升网络暴力信息治理效能。在网络安全法、个人信息保护法及《未成年人网络保护条例》等法律法规先后出台并作出相关制度设计的基础上，《规定》进一步建立网络暴力信息治理制度体系，有力提升治理效能。

---

* 根据国家互联网信息办公室有关负责人就《网络暴力信息治理规定》相关问题答记者问整理。

① 习近平：《在网络安全和信息化工作座谈会上的讲话》，人民出版社 2016 年版，第 8 页。

② 习近平：《高举中国特色社会主义伟大旗帜 为全面建设社会主义现代化国家而团结奋斗——在中国共产党第二十次全国代表大会上的报告》（2022 年 10 月 16 日）。

二、《规定》明确的网络暴力信息治理原则及网络暴力信息的内容

《规定》明确，网络暴力信息治理坚持源头防范、防控结合、标本兼治、协同共治的原则。

《规定》所称网络暴力信息，是指通过网络以文本、图像、音频、视频等形式对个人集中发布的，含有侮辱谩骂、造谣诽谤、煽动仇恨、威逼胁迫、侵犯隐私，以及影响身心健康的指责嘲讽、贬低歧视等内容的违法和不良信息。

三、《规定》对网络暴力信息预防预警提出的要求

《规定》对网络暴力信息预防预警提出了明确要求。一是规定网络信息服务提供者应当在国家网信部门和国务院有关部门指导下细化网络暴力信息分类标准规则，建立健全网络暴力信息特征库和典型案例样本库，加强对网络暴力信息的识别监测。二是要求网络信息服务提供者建立健全网络暴力信息预警模型，综合事件类别、针对主体、参与人数、信息内容、发布频次、环节场景、举报投诉等因素，及时发现预警网络暴力信息风险。三是规定网络信息服务提供者发现存在网络暴力信息风险的，应当及时回应社会关切，引导用户文明互动、理性表达，并对异常账号及时采取真实身份信息动态核验、弹窗提示、违规警示、限制流量等措施；发现相关信息内容浏览、搜索、评论、举报量显著增长等情形的，还应当及时向有关部门报告。四是规定网络信息服务提供者应当建立健全用户账号信用管理体系，将涉网络暴力信息违法违规情形记入用户信用记录，依法依约降低账号信用等级或者列入黑名单，并据以限制账号功能或者停止提供相关服务。

四、《规定》对网络暴力信息处置提出的要求

《规定》明确，网络信息服务提供者发现涉网络暴力违法信息的，

或者在其服务的醒目位置、易引起用户关注的重点环节发现涉网络暴力不良信息的，应当立即停止传输，采取删除、屏蔽、断开链接等处置措施，保存有关记录，向有关部门报告。发现涉嫌违法犯罪的，应当及时向公安机关报案，并提供相关线索，依法配合开展侦查、调查和处置等工作。

五、《规定》对互联网新闻信息服务提供者提出的要求

《规定》明确，互联网新闻信息服务提供者应当坚持正确政治方向、舆论导向、价值取向，加强网络暴力信息治理的公益宣传。互联网新闻信息服务提供者不得通过夸大事实、过度渲染、片面报道等方式采编发布、转载涉网络暴力新闻信息。对互联网新闻信息提供跟帖评论服务的，应当实行先审后发。互联网新闻信息服务提供者采编发布、转载涉网络暴力新闻信息不真实或者不公正的，应当立即公开更正，消除影响。

六、《规定》对用户权益保护的要求

《规定》明确了网络暴力信息治理中的用户权益保护要求。一是建立健全网络暴力信息防护功能。要求网络信息服务提供者提供便利用户设置屏蔽陌生用户或者特定用户、本人发布信息可见范围、禁止转载或者评论本人发布信息等网络暴力信息防护选项。二是完善私信规则。要求网络信息服务提供者提供便利用户设置仅接收好友私信或者拒绝接收所有私信等网络暴力信息防护选项，鼓励提供智能屏蔽私信或者自定义私信屏蔽词等功能。三是告知用户采取防护措施。明确网络信息服务提供者发现用户面临网络暴力信息风险的，应当及时通过显著方式提示用户，告知用户可以采取的防护措施。四是及时保存证据。规定网络信息服务提供者发现、处置网络暴力信息的，应当及时保存信息内容、浏览评论转发数量等数据；应当向用户提供网络暴力信息快捷取证等功能，依法依约为用户维权提供便利。五是及时受理处理投诉、举报。要求网

络信息服务提供者在服务显著位置设置专门的网络暴力信息快捷投诉、举报入口，公布处理流程，及时受理、处理公众投诉、举报并反馈处理结果；应当优先处理涉未成年人网络暴力信息的投诉、举报，发现涉及侵害未成年人用户合法权益的网络暴力信息风险的，应当按照法律法规和本规定要求及时采取措施，提供相应保护救助服务，并向有关部门报告。

七、《规定》对部门监督管理工作机制作出的规定

《规定》明确，网信部门会同公安、文化和旅游、广播电视等有关部门依法对网络信息服务提供者的网络暴力信息治理情况进行监督检查，建立健全信息共享、会商通报、取证调证、案件督办等工作机制，协同治理网络暴力信息。公安机关对于网信、文化和旅游、广播电视等部门移送的涉网络暴力信息违法犯罪线索，应当及时进行审查，并对符合立案条件的及时立案侦查、调查。

中央网络安全和信息化委员会办公室
关于切实加强网络暴力治理的通知

（2022 年 11 月 2 日）

各省、自治区、直辖市党委网信办，新疆生产建设兵团党委网信办：

网络暴力针对个人集中发布侮辱谩骂、造谣诽谤、侵犯隐私等违法信息及其他不友善信息，侵害他人合法权益，扰乱正常网络秩序。为切实加大网暴治理力度，进一步压实网站平台主体责任，健全完善长效工作机制，有效保障广大网民合法权益，维护文明健康的网络环境，现通知如下。

一、建立健全网暴预警预防机制

1. 加强内容识别预警。网站平台要建立网暴信息分类标准和典型案例样本库，在区分舆论监督和善意批评的基础上，明确细化涉网暴内容标准，增强识别预警准确性。结合网站平台业务特点和具体处置案例，不断更新分类标准，持续完善样本库。

2. 构建网暴技术识别模型。网站平台要综合考虑事件类别、针对主体、参与人数、信息内容、发布频次、环节场景、举报投诉等维度，建立符合自身特点的网暴行为识别模型，及时发现预警网暴倾向性、苗头性问题。

3. 建立涉网暴舆情应急响应机制。网站平台要组织专门工作力量，及时收集网暴相关热点话题和舆情线索，强化网暴舆情事前预警，做到防微杜渐、防患未然。根据陌生人私信显著增加、相关话题热度迅速攀升、搜索量快速增长、举报频次加大等情况，及时发现网暴异常行为。

二、强化网暴当事人保护

1. 设置一键防护功能。网站平台要根据自身特点，建立完善紧急防护功能，提供一键关闭陌生人私信、评论、转发和@消息等设置。用户遭遇网暴风险时，网站平台要及时发送系统信息，提示其启动一键防护，免受网暴信息骚扰侵害。

2. 优化私信规则。进一步完善私信规则，对接收陌生人私信附加数量、时间、范围等限制，用户可根据自身需要自主设置仅接收好友私信或拒绝接收所有私信。对照网暴信息分类标准，采取技术措施，防范网暴内容通过私信传输。

3. 建立快速举报通道。在网站平台评论、私信等位置设置网暴信息快捷投诉举报入口，简化投诉举报程序，网站平台对于明确为网暴信息的应在第一时间予以处置。向用户提供针对网暴信息的一键取证等功能，方便当事人快速收集证据。坚持最有利于未成年人的原则，优先处理涉未成年人网暴举报。

三、严防网暴信息传播扩散

1. 加强评论环节管理。网站平台要加强对涉网暴风险的新闻、帖文、话题等信息的评论环节管理，及时清理过滤涉网暴违法违规评论，严控涉网暴不友善评论泛化传播，优先展示权威信息。重点网站平台要将用户公共空间发布的评论在本人账号主页进行公开集纳展示，强化公众监督。

2. 加强重点话题群组和版块管理。及时解散网暴信息集中的话题版块，暂停新设相关话题版块。密切巡查以相关事件名称、当事人及相关人员姓名命名的词条、话题、群组、贴吧，及时清理涉网暴内容。排查关闭以匿名投稿、隔空喊话等名义发布导向不良等内容的话题版块和群组账号。

3. 加强直播、短视频管理。加强直播和短视频内容审核，及时关停网暴内容集中的直播间，封禁违规主播，对存在网暴风险的短视频先审后发，清理含有网暴信息的短视频，拦截过滤负面弹幕。密切关注网暴当事人开设的直播间，及时管控诱导逼迫自残自杀等信息。

4. 加强权威信息披露。各地网信部门要密切关注涉网暴舆情和信息动向，督促协调有关部门和地方加强权威信息发布。对于存在网暴风险的热点事件，网站平台要及时转发推送权威信息，引导网民理性发声，共同抵制网暴行为。

四、依法从严处置处罚

1. 分类处置网暴相关账号。一是加强账号发文前警示提醒，对发布不友善信息的账号，提示理性发言。二是对参与网暴的账号进行警示教育，并视情采取禁言、暂停私信功能等措施。三是对首发、多发、煽动发布网暴信息的账号，依法依规采取关闭账号等措施，情节特别严重的，全网禁止注册新账号。四是涉及违法犯罪的，移交相关部门依法追究法律责任。网站平台要强化曝光力度，及时对外公布热点网暴事件处置情况。

2. 严处借网暴恶意营销炒作等行为。坚决打击借网暴事件蹭炒热度、推广引流、故意带偏节奏或者跨平台搬运拼接虚假信息等恶意营销炒作的行为，进一步排查背后 MCN 机构，对 MCN 机构采取警示沟通、暂停商业收益、限制提供服务、入驻清退等连带处置措施。对于将账号名称临时修改为事件相关机构、人员的，网站平台应当加强用户真实身份核验。

3. 问责处罚失职失责的网站平台。对于网暴信息扎堆、防范机制不健全、举报受理处置不及时以及造成恶劣后果的网站平台，依法依规采取通报批评、限期整改、罚款、暂停信息更新、关闭网站等处置处罚措施，从严处理相关责任人。

五、工作要求

1. 提高思想认识。各地网信部门要进一步提高政治站位，充分认识开展网暴问题治理工作的重要意义，进一步细化明确任务要求和工作措施，确保治理工作取得实效。

2. 压实工作责任。指导督促网站平台压实主体责任，对照工作要求，优化各项功能设置，提升技术水平，强化问题发现处置，不断完善工作手段，切实增强网暴问题治理能力和水平。

3. 强化长效治理。各地网信部门要强化任务督导，组织对属地网站平台措施落实情况开展专项检查，督促整改落实。各地各网站平台要及时总结行之有效的经验做法，完善网暴问题治理的长效机制。

最高人民法院　最高人民检察院　公安部
关于依法惩治网络暴力违法犯罪的指导意见

（2023 年 9 月 20 日　法发〔2023〕14 号）

为依法惩治网络暴力违法犯罪活动，有效维护公民人格权益和网络秩序，根据刑法、刑事诉讼法、民法典、民事诉讼法、个人信息保护法、治安管理处罚法及《最高人民法院、最高人民检察院关于办理利用信息网络实施诽谤等刑事案件适用法律若干问题的解释》等法律、司法解释规定，结合执法司法实践，制定本意见。

一、充分认识网络暴力的社会危害，依法维护公民权益和网络秩序

1. 在信息网络上针对个人肆意发布谩骂侮辱、造谣诽谤、侵犯隐私等信息的网络暴力行为，贬损他人人格，损害他人名誉，有的造成了他人“社会性死亡”甚至精神失常、自杀等严重后果；扰乱网络秩序，破坏网络生态，致使网络空间戾气横行，严重影响社会公众安全感。与传统违法犯罪不同，网络暴力往往针对素不相识的陌生人实施，受害人在确认侵害人、收集证据等方面存在现实困难，维权成本极高。人民法院、人民检察院、公安机关要充分认识网络暴力的社会危害，坚持严惩立场，依法能动履职，为受害人提供有效法律救济，维护公民合法权益，维护公众安全感，维护网络秩序。

二、准确适用法律，依法严惩网络暴力违法犯罪

2. 依法惩治网络诽谤行为。在信息网络上制造、散布谣言，贬损

他人人格、损害他人名誉，情节严重，符合刑法第二百四十六条规定的，以诽谤罪定罪处罚。

3. 依法惩治网络侮辱行为。在信息网络上采取肆意谩骂、恶意诋毁、披露隐私等方式，公然侮辱他人，情节严重，符合刑法第二百四十六条规定的，以侮辱罪定罪处罚。

4. 依法惩治侵犯公民个人信息行为。组织“人肉搜索”，违法收集并向不特定多数人发布公民个人信息，情节严重，符合刑法第二百五十三条之一规定的，以侵犯公民个人信息罪定罪处罚；依照刑法和司法解释规定，同时构成其他犯罪的，依照处罚较重的规定定罪处罚。

5. 依法惩治借网络暴力事件实施的恶意营销炒作行为。基于蹭炒热度、推广引流等目的，利用互联网用户公众账号等推送、传播有关网络暴力违法犯罪的信息，符合刑法第二百八十七条之一规定的，以非法利用信息网络罪定罪处罚；依照刑法和司法解释规定，同时构成其他犯罪的，依照处罚较重的规定定罪处罚。

6. 依法惩治拒不履行信息网络安全管理义务行为。网络服务提供者对于所发现的有关网络暴力违法犯罪的信息不依法履行信息网络安全管理义务，经监管部门责令采取改正措施而拒不改正，致使违法信息大量传播或者有其他严重情节，符合刑法第二百八十六条之一规定的，以拒不履行信息网络安全管理义务罪定罪处罚；依照刑法和司法解释规定，同时构成其他犯罪的，依照处罚较重的规定定罪处罚。

7. 依法惩治网络暴力违法行为。实施网络侮辱、诽谤等网络暴力行为，尚不构成犯罪，符合治安管理处罚法等规定的，依法予以行政处罚。

8. 依法严惩网络暴力违法犯罪。对网络暴力违法犯罪，应当体现从严惩治精神，让人民群众充分感受到公平正义。坚持严格执法司法，对于网络暴力违法犯罪，依法严肃追究，切实矫正“法不责众”的错误倾向。要重点打击恶意发起者、组织者、恶意推波助澜者以及屡教不改者。实施网络暴力违法犯罪，具有下列情形之一的，依法从重处罚：

（1）针对未成年人、残疾人实施的；

（2）组织“水军”、“打手”或者其他人员实施的；

（3）编造“涉性”话题侵害他人人格尊严的；

（4）利用“深度合成”等生成式人工智能技术发布违法信息的；

（5）网络服务提供者发起、组织的。

9. 依法支持民事维权。针对他人实施网络暴力行为，侵犯他人名誉权、隐私权等人格权，受害人请求行为人承担民事责任的，人民法院依法予以支持。

10. 准确把握违法犯罪行为的认定标准。通过信息网络检举、揭发他人犯罪或者违法违纪行为，只要不是故意捏造事实或者明知是捏造的事实而故意散布的，不应当认定为诽谤违法犯罪。针对他人言行发表评论、提出批评，即使观点有所偏颇、言论有些偏激，只要不是肆意谩骂、恶意诋毁的，不应当认定为侮辱违法犯罪。

三、畅通诉讼程序，及时提供有效法律救济

11. 落实公安机关协助取证的法律规定。根据刑法第二百四十六条第三款的规定，对于被害人就网络侮辱、诽谤提起自诉的案件，人民法院经审查认为被害人提供证据确有困难的，可以要求公安机关提供协助。公安机关应当根据人民法院要求和案件具体情况，及时查明行为主体，收集相关侮辱、诽谤信息传播扩散情况及造成的影响等证据材料。网络服务提供者应当依法为公安机关取证提供必要的技术支持和协助。经公安机关协助取证，达到自诉案件受理条件的，人民法院应当决定立案；无法收集相关证据材料的，公安机关应当书面向人民法院说明情况。

12. 准确把握侮辱罪、诽谤罪的公诉条件。根据刑法第二百四十六条第二款的规定，实施侮辱、诽谤犯罪，严重危害社会秩序和国家利益的，应当依法提起公诉。对于网络侮辱、诽谤是否严重危害社会秩序，应当综合侵害对象、动机目的、行为方式、信息传播范围、危害后果等

因素作出判定。

实施网络侮辱、诽谤行为，具有下列情形之一的，应当认定为刑法第二百四十六条第二款规定的“严重危害社会秩序”：

（1）造成被害人或者其近亲属精神失常、自杀等严重后果，社会影响恶劣的；

（2）随意以普通公众为侵害对象，相关信息在网络上大范围传播，引发大量低俗、恶意评论，严重破坏网络秩序，社会影响恶劣的；

（3）侮辱、诽谤多人或者多次散布侮辱、诽谤信息，社会影响恶劣的；

（4）组织、指使人员在多个网络平台大量散布侮辱、诽谤信息，社会影响恶劣的；

（5）其他严重危害社会秩序的情形。

13. 依法适用侮辱、诽谤刑事案件的公诉程序。对于严重危害社会秩序的网络侮辱、诽谤行为，公安机关应当依法及时立案。被害人同时向人民法院提起自诉的，人民法院可以请自诉人撤回自诉或者裁定不予受理；已经受理的，应当裁定终止审理，并将相关材料移送公安机关，原自诉人可以作为被害人参与诉讼。对于网络侮辱、诽谤行为，被害人在公安机关立案前提起自诉，人民法院经审查认为有关行为严重危害社会秩序的，应当将案件移送公安机关。

对于网络侮辱、诽谤行为，被害人或者其近亲属向公安机关报案，公安机关经审查认为已构成犯罪但不符合公诉条件的，可以告知报案人向人民法院提起自诉。

14. 加强立案监督工作。人民检察院依照有关法律和司法解释的规定，对网络暴力犯罪案件加强立案监督工作。

上级公安机关应当加强对下级公安机关网络暴力案件立案工作的业务指导和内部监督。

15. 依法适用人格权侵害禁令制度。权利人有证据证明行为人正在实施或者即将实施侵害其人格权的违法行为，不及时制止将使其合法权益受到难以弥补的损害，依据民法典第九百九十七条向人民法院申请采取责令行为人停止有关行为的措施的，人民法院可以根据案件具体情况依法作出人格权侵害禁令。

16. 依法提起公益诉讼。网络暴力行为损害社会公共利益的，人民检察院可以依法向人民法院提起公益诉讼。

网络服务提供者对于所发现的网络暴力信息不依法履行信息网络安全管理义务，致使违法信息大量传播或者有其他严重情节，损害社会公共利益的，人民检察院可以依法向人民法院提起公益诉讼。

人民检察院办理网络暴力治理领域公益诉讼案件，可以依法要求网络服务提供者提供必要的技术支持和协助。

四、落实工作要求，促进强化综合治理

17. 有效保障受害人权益。办理网络暴力案件，应当及时告知受害人及其法定代理人或者近亲属有权委托诉讼代理人，并告知其有权依法申请法律援助。针对相关网络暴力信息传播范围广、社会危害大、影响消除难的现实情况，要依法及时向社会发布案件进展信息，澄清事实真相，有效消除不良影响。依法适用认罪认罚从宽制度，促使被告人认罪认罚，真诚悔罪，通过媒体公开道歉等方式，实现对受害人人格权的有效保护。对于被判处刑罚的被告人，可以依法宣告职业禁止或者禁止令。

18. 强化衔接配合。人民法院、人民检察院、公安机关要加强沟通协调，统一执法司法理念，有序衔接自诉程序与公诉程序，确保案件顺利侦查、起诉、审判。对重大、敏感、复杂案件，公安机关听取人民检察院意见建议的，人民检察院应当及时提供，确保案件依法稳妥处理。完善行政执法和刑事司法衔接机制，加强协调配合，形成各单位各司其职、高效联动的常态化工作格局，依法有效惩治、治理网络暴力违法犯罪。

19. 做好法治宣传。要认真贯彻“谁执法谁普法”普法责任制，充

分发挥执法办案的规则引领、价值导向和行为规范作用。发布涉网络暴力典型案例，明确传导“网络空间不是法外之地”，教育引导广大网民自觉守法，引领社会文明风尚。

20. 促进网络暴力综合治理。立足执法司法职能，在依法办理涉网络暴力相关案件的基础上，做实诉源治理，深入分析滋生助推网络暴力发生的根源，通过提出司法建议、检察建议、公安提示函等方式，促进对网络暴力的多元共治，夯实网络信息服务提供者的主体责任，不断健全长效治理机制，从根本上减少网络暴力的发生，营造清朗网络空间。

解读《最高人民法院、最高人民检察院、公安部关于依法惩治网络暴力违法犯罪的指导意见》

周加海　喻海松　李振华 *

2023 年 9 月 25 日，最高人民法院、最高人民检察院、公安部联合发布《关于依法惩治网络暴力违法犯罪的指导意见》（法发〔2023〕14 号，以下简称《意见》）。为便于司法实践中正确理解和适用，现就《意见》的制定背景、起草中的主要考虑和重点内容介绍如下。

一、《意见》的制定背景

网络空间是现实社会的延伸，是亿万民众共同的精神家园。习近平总书记强调“网络空间天朗气清、生态良好，符合人民利益。网络空间乌烟瘴气、生态恶化，不符合人民利益”①，并要求以时代新风塑造和净化网络空间，共建网上美好精神家园。

随着全媒体时代的到来，网络暴力问题日益凸显。在信息网络上针对个人肆意发布谩骂侮辱、造谣诽谤、侵犯隐私等信息的网络暴力行为愈演愈烈，危害越发严重。一方面，网暴信息快速扩散、发酵，形成舆论风暴，令被害人承受巨大的精神压力和痛苦，有的造成“社会性死亡”甚至精神失常、自杀等严重后果，“按键伤人”“按键杀人”的悲

* 作者单位：最高人民法院。

① 《习近平：在网络安全和信息化工作座谈会上的讲话》，载《人民日报》2016 年 4 月 26 日。

剧不断；另一方面，相关网暴信息扰乱网络秩序、破坏网络生态，致使网络空间戾气横行，严重影响社会公众安全感。互联网虽是虚拟空间，但绝非法外之地。依法维护公民权益和网络秩序，让网暴者付出应有代价，已经成为全社会的共识。

网络暴力行为在刑法上主要适用的罪名为侮辱罪、诽谤罪。司法实践中，对于侮辱、诽谤犯罪通常需要被害人提起刑事自诉，适用公诉程序的情形较少。统计数据显示，近年来，侮辱、诽谤刑事案件增长明显，其中不少是网络侮辱、诽谤案件。以诽谤刑事案件为例，2022 年人民法院一审收案 618 件，较 2013 年（126 件）增长了 390.48%；其中公诉只有 29 件，仅占 4.69%。与案件数量逐年增长形成明显反差的是，作出有罪判决的案件较少。仍以 2022 年诽谤刑事案件为例，当年共审结此类案件 587 件，大致情况如下：不予受理的 271 件，占 46.17%；驳回起诉的 110 件，占 18.74%；准予撤诉的 97 件，占 16.52%；作出判决的只有 79 件，仅占 13.46%，其中，被判决有罪的则仅有 43 人。案件数量逐年增多而有罪判决人数极少的巨大反差，一方面缘于自诉人在确认网络暴力侵害人、收集证据等方面存在现实困难，另一方面也与当时的侮辱、诽谤犯罪案件公诉标准缺乏细化指引、“门槛过高”等有关。依法严惩网络暴力犯罪，关键在于要适应网络侮辱、诽谤的特点、危害，进一步明确法律适用标准，畅通刑事追诉程序，为网暴被害人及时提供有效法律救济，从而彰显法律威严，让人民群众充分感受到人格权益获得保障、公平正义就在身边。

有鉴于此，最高人民法院、最高人民检察院、公安部（以下简称“两高一部”）立足执法司法实践，在中央网信办等有关部门的大力支持下，经深入调查研究、广泛征求意见、反复论证完善，共同研究制定了《意见》。《意见》制定过程中，“两高一部”公开向全社会征求意见，广大群众通过线上线下方式踊跃参与，共提出了 5 万余条意见建议，为完善文件规定发挥了重要作用。

2023 年 7 月，习近平总书记对网络安全和信息化工作作出重要指示，强调坚持依法管网、依法办网、依法上网。[①]《意见》是“两高一部”认真学习、深入贯彻习近平总书记重要指示精神，坚持网信为民，坚持走中国特色治网之道，坚持统筹发展和安全，为网信事业高质量发展提供有力的司法服务和保障的具体举措。《意见》的发布施行，对于进一步提升网络暴力治理成效，有效维护广大网民人格权益和网络秩序，健全网络综合治理体系，营造清朗网络空间，必将发挥重要作用。

二、《意见》起草中的主要考虑

《意见》坚持以习近平新时代中国特色社会主义思想为指导，深入贯彻习近平法治思想和习近平总书记关于网络强国的重要思想，根据有关法律和司法解释的规定，切实加大对网络暴力违法犯罪的惩治力度，立足执法、司法职能深化网络暴力治理。《意见》起草过程中主要有以下四点考虑：

一是坚持依法惩治立场，切实维护网络时代人格权益。当前，网络暴力滋生蔓延，贬损他人人格，损害他人名誉，侵犯他人合法权益。对此，人民群众反映强烈。《意见》坚持以人民为中心，积极回应人民群众关切，聚焦破解受害人维权困境，依法惩治网络暴力违法犯罪，立足执法、司法职责，不断提升广大人民群众在网络空间的获得感、幸福感、安全感。

二是坚持零容忍态度，切实矫正“法不责众”错误倾向。网络暴力事件往往参与人数众多、因果关系复杂，也因此导致在责任认定上存在一定困难。对此，《意见》要求坚持严格执法，依法严肃追究责任，让人民群众充分感受到公平正义。同时明确，要重点打击恶意发起者、组织者、恶意推波助澜者以及屡教不改者；对于构成犯罪的依法追究刑事责任，尚不构成犯罪但符合治安管理处罚法等规定的，依法予以行政处罚。

① 《习近平对网络安全和信息化工作作出重要指示强调：深入贯彻党中央关于网络强国的重要思想 大力推动网信事业高质量发展》，载中国政府网，https://www.gov.cn/yaowen/liebiao/202307/content_ 6892161.htm，2024 年 12 月 4 日访问。

三是整治互联网乱象，助力营造安全清朗网络空间。有效治理网络暴力，要求进一步压实网络平台的法律责任，依法严厉惩治借网络暴力事件实施的恶意营销炒作行为。对此，《意见》明确，基于蹭炒热度、推广引流等目的，利用互联网用户公众账号等推送、传播有关网络暴力违法犯罪的信息的，以非法利用信息网络罪定罪处罚；同时构成其他犯罪的，依照处罚较重的规定定罪处罚。

四是准确把握行为界限，切实防止不当干预表达自由。广大网民在互联网空间享有言论自由，受宪法和法律保护。惩治网络暴力违法犯罪，绝非限制言论自由，而是明确权利边界，规制越界行为。对此，《意见》在明确依法惩治网络暴力违法犯罪的同时，要求准确把握违法犯罪行为的认定标准，切实防止对正当权利的不当干预。特别是，不能将网络检举、揭发认定为网络暴力，要正确对待网民的评论、批评。

三、《意见》的主要内容

《意见》针对当前执法、司法实践中的新情况新问题，依照刑法、刑事诉讼法以及有关法律、司法解释的规定，从充分认识社会危害、准确适用法律、畅通诉讼程序，以及促进综合治理四个方面，对网络暴力案件的法律适用和政策把握问题作了全面规定。《意见》共 20 条，主要包括以下十个方面的重点问题。

（一）关于网络暴力行为的罪名适用

根据刑法和相关司法解释规定，立足执法、司法实践，《意见》对当前典型网络暴力行为的罪名适用规则作出规定。

1. 关于网络诽谤行为的认定。根据刑法第二百四十六条的规定，捏造事实诽谤他人，情节严重的，构成诽谤罪。从司法实践看，当前各类网络暴力行为中，网络诽谤的问题最为突出，此类行为引发的网络舆情及严重后果，广受社会关注，人民群众反映强烈。为依法惩治网络诽谤行为，《意见》第 2 条结合当前网络诽谤的行为特点及其社会危害，对相关网络暴力行为适用诽谤罪的情形作出指引，规定："在信息网络上制造、散布谣言，贬损他人人格、损害他人名誉，情节严重，符合刑法第二百四十六条规定的，以诽谤罪定罪处罚。"

2. 关于网络侮辱行为的认定。根据刑法第二百四十六条的规定，以暴力或者其他方法公然侮辱他人，情节严重的，构成侮辱罪。网络空间的匿名性、群体性和即时性，使网络侮辱的社会危害更加凸显，集中表现为相关侮辱信息的传播范围更广、速度更快，对被害人名誉、人格尊严的损害程度更深。为依法惩治网络侮辱行为，《意见》第 3 条规定："在信息网络上采取肆意谩骂、恶意诋毁、披露隐私等方式，公然侮辱他人，情节严重，符合刑法第二百四十六条规定的，以侮辱罪定罪处罚。"需要注意的是，实践中，对于网络侮辱行为是否达到"情节严重"的程度，应当根据侮辱信息的具体情形、传播范围，以及行为手段、造成危害后果等因素，综合评价对被害人社会评价、人格尊严的损害程度，依法准确作出认定。特别是，考虑到手机等移动网络终端的广泛普及，以及当前互联网海量信息的实际情况，单纯依据相关信息的被点击、浏览次数或者被转发次数入罪应当特别慎重，以切实贯彻罪责刑相适应原则，确保案件办理取得良好效果。

3. 关于对组织"人肉搜索"等行为的处理。通过"人肉搜索""开盒"等，在网络上非法曝光他人隐私、发布公民个人信息，极易使相关个体直接成为海量网络言论的标靶，进而遭受网络暴力的侵害，甚至引发线下滋扰、伤害，对人身权益造成更加严重的损害。例如，有的行为人非法购买他人身份证号码、肖像、工作单位、住址等个人信息，在网络上大肆散布，不仅严重侵害他人的个人信息权益，而且由于真实身份、职业和住址被暴露于公众视野，使得他人在线下也遭受各种滋扰、伤害，人身、财产权益亦被严重侵害。《意见》第 4 条根据实践情况，对组织"人肉搜索"等公开隐私型网络暴力适用侵犯公民个人信息罪的规则作出指引，规定："组织'人肉搜索'，违法收集并向不特定多数人发布公民个人信息，情节严重，符合刑法第二百五十三条之一规定的，以侵犯公民个人信息罪定罪处罚；依照刑法和司法解释规定，同时构成其他犯罪的，依照处罚较重的规定定罪处罚。”

4. 关于对借网络暴力恶意营销炒作行为的处理。当前，网络暴力乱象不止，很大程度上与个别网络用户故意炒作舆论热点、收割流量牟利相关。一些恶意炒作成为助燃网络舆论、引发网络暴力的导火索，甚至有的网络暴力本身就是为了营销炒作而被恶意炮制、煽动而成。炒作者借助网络暴力事件获得海量关注，推广营销、牟取暴利；受害者深陷网暴漩涡，人格受损、无力挣脱、无从对抗。《意见》第 5 条坚持问题导向，针对此类借助网络暴力恶意营销炒作的行为，明确相应处理规则，规定：“基于蹭炒热度、推广引流等目的，利用互联网用户公众账号等推送、传播有关网络暴力违法犯罪的信息，符合刑法第二百八十七条之一规定的，以非法利用信息网络罪定罪处罚；依照刑法和司法解释规定，同时构成其他犯罪的，依照处罚较重的规定定罪处罚。”

5. 关于拒不履行信息网络安全管理义务罪的适用。根据有关法律法规的规定，网络服务提供者负有相应的信息网络安全管理义务。例如，网络安全法第四十七条规定：“网络运营者应当加强对其用户发布的信息的管理，发现法律、行政法规禁止发布或者传输的信息的，应当立即停止传输该信息，采取消除等处置措施，防止信息扩散，保存有关记录，并向有关主管部门报告。”毫无疑问，网络服务提供者依法履行信息网络安全管理义务，对及时阻断网暴信息传播和有效遏制网络暴力违法犯罪具有重大意义。实践中，受利益驱动，网络服务提供者对有关网络暴力违法犯罪的信息，不依法履行信息网络安全管理义务的情况仍然存在。为强化网络暴力源头治理，《意见》第 6 条对拒不履行信息网络安全管理义务罪的相关适用情形作出指引，规定：“网络服务提供者对于所发现的有关网络暴力违法犯罪的信息不依法履行信息网络安全管理义务，经监管部门责令采取改正措施而拒不改正，致使违法信息大量传播或者有其他严重情节，符合刑法第二百八十六条之一规定的，以拒不履行信息网络安全管理义务罪定罪处罚；依照刑法和司法解释规定，同时构成其他犯罪的，依照处罚较重的规定定罪处罚。”

（二）关于网络暴力行政违法行为的处理

网络暴力行为类型复杂多样，危害程度差异较大。有效治理网络暴力，不仅要充分发挥刑法的威慑、教育功能，也要注重行政处罚的惩戒、引导功能。这是贯彻综合治理原则，实现行刑有序衔接的题中之义。为进一步强化对网络暴力违法行为的依法惩治，《意见》第7条规定：“实施网络诽谤、侮辱等网络暴力行为，尚不构成犯罪，符合治安管理处罚法等规定的，依法予以行政处罚。”实践中，对网络暴力违法行为，及时依法予以行政处罚，对制止网络暴力升级，有效净化网络生态，具有重要意义。

（三）关于网络暴力违法犯罪的从重处罚情形

为体现对网络暴力违法犯罪的从严惩治精神，《意见》第8条规定“坚持严格执法司法，对于网络暴力违法犯罪，依法严肃追究，切实矫正‘法不责众’的错误倾向”。同时，根据实践反映，强调“要重点打击恶意发起者、组织者、恶意推波助澜者以及屡教不改者”。在此基础上，《意见》结合当前网络暴力的特点，明确了五种依法从重处罚的具体情形。

一是针对未成年人、残疾人实施的。在行为对象上，未成年人、残疾人系依法实行特殊保护的群体，实践中，也更容易遭受网暴信息及其精神压力的侵扰，进而酿成身心受损的严重后果，应当依法受到更为严格的法律保护。以未成年人、残疾人为对象实施的网络暴力，社会危害相对更大，应依法从重处罚。

二是组织“水军”“打手”或者其他人员实施的。在行为方式上，利用“水军”“打手”或者粉丝群体等其他人员有组织地实施网络暴力，是当前网络空间治理的顽疾，此种情形下网络暴力的强度，以及不良影响的消除难度相对更大，社会危害更加严重，人民群众反映强烈，亦应从重惩治、重点打击。

三是编造“涉性”话题侵害他人人格尊严的。在网暴信息的内容上，炮制、炒作涉性话题具有一定普遍性，此类话题往往更吸引眼球，对公民人格尊严的侵犯也更加严重，纳入从重处罚的范围，有利于切实维护人格尊严，有效净化网络空间。

四是利用“深度合成”等生成式人工智能技术发布违法信息的。在利用的技术手段上，“深度合成”等生成式人工智能技术可以利用深度学习、合成类算法制作文本、图像、音视频和虚拟场景，具有高度的智能性，在服务用户需求、改进用户体验的同时，也可能被用于“深度伪造”、传播违法信息、破坏网络秩序等行为中，其潜在风险不容忽视，亟须依法规范利用。2022 年 11 月，国家互联网信息办公室、工业和信息化部、公安部联合发布《互联网信息服务深度合成管理规定》，明确规定：“提供深度合成服务，应当遵守法律法规，尊重社会公德和伦理道德”“任何组织和个人不得利用深度合成服务制作、复制、发布、传播法律、行政法规禁止的信息”。将利用“深度合成”技术实施的网络暴力行为纳入从重处罚的范畴，有利于衔接前置规定，切实防范技术滥用风险，进一步强化涉人工智能网络暴力的预防和治理。

五是网络服务提供者发起、组织的。在行为主体上，就网络信息的传播而言，网络服务提供者无疑具有特殊优势，一旦其组织实施网络暴力违法犯罪，势必造成更加严重的危害后果；且网络服务提供者本身负有信息网络安全管理义务，发起、组织网络暴力的，违法程度和主观恶性更深，依法应予严惩。据此，《意见》将网络服务提供者组织、发起的网络暴力亦作为依法从重处罚的情形。

（四）关于网络暴力违法犯罪与正当行为的界限

为确保网络暴力治理工作取得良好效果，切实防止不当干预网民正当权利，需要依法妥当把握网络暴力行为的认定标准，特别是准确把握网络暴力与表达自由、舆论监督的界限。为此，《意见》第 10 条要求准确把握网络暴力违法犯罪行为的认定标准，规定："通过信息网络检举、揭发他人犯罪或者违法违纪行为，只要不是故意捏造事实或者明知是捏造的事实而故意散布的，不应当认定为诽谤违法犯罪。针对他人言行发表评论、提出批评，即使观点有所偏颇、言论有些偏激，只要不是肆意谩骂、恶意诋毁的，不应当认定为侮辱违法犯罪。"

（五）关于落实公安机关协助取证的法律规定

司法实践中，对于侮辱、诽谤行为通常需要被害人提起自诉，并承担相应的证明责任。就网络侮辱、诽谤而言，由于网络空间的虚拟性和前台账号的匿名性，被害人自己通常难以开展信息溯源、查明扩散路径，甚至无法确认行为人的真实身份，常面临维权困境。针对网络侮辱、诽谤案件自诉人的取证难题，刑法修正案（九）专门在刑法第二百四十六条增加第三款，规定："通过信息网络实施第一款规定的行为，被害人向人民法院告诉，但提供证据确有困难的，人民法院可以要求公安机关提供协助。"这一规定对于弥补自诉人取证能力的不足，为被害人提供维权救济具有重要价值。《意见》第 11 条要求落实公安机关协助取证的法律规定，就协助取证规则作出进一步细化。

1. 明确公安机关协助取证的条件。《意见》规定："根据刑法第二百四十六条第三款的规定，对于被害人就网络侮辱、诽谤提起自诉的案件，人民法院经审查认为被害人提供证据确有困难的，可以要求公安机关提供协助。"落实上述规定，需要注意把握以下三点：（1）准确把握公安机关协助取证的前提条件。根据《意见》的规定，公安机关协助取证的前提是"人民法院经审查认为被害人提供证据确有困难"。如果被害人已经提供了足够证据，或者自行收集有关证据并无困难，则无须由公安机关协助取证。（2）避免将人民法院受理侮辱、诽谤刑事案件的条件与自诉人提起自诉的条件混同。《最高人民法院关于适用〈中华人民共和国刑事诉讼法〉的解释》（法释〔2021〕1 号）第三百一十六条规定：有明确的被告人和有证明被告人犯罪事实的证据是人民法院受理自诉案件的条件，但并非自诉人提起自诉的条件，即不能因为确定不了被告人或者缺乏证据而将自诉人挡在刑事自诉程序之外。受制于网络侮辱、诽谤的现实情况，被害人一般能够提供相关网络视频、网页截图等证明网络暴力事实的初步证据材料，但是对于实施网络侮辱、诽谤行为人的真实身份信息，以及相关网暴信息具体转载、阅读数量等证据材料，被害人往往无法完全自行提供。依照传统自诉案件的条件，上述情形难以进入自诉程序，但在网络侮辱、诽谤案件之中，被告人提起自诉的，法院可以根据案件具体情况要求公安机关协助取证。作此处理，可以促使人民法院在第一时间向公安机关提出协助取证要求，最大限度地维护被害人的合法权益和确保证据的完整性。（3）畅通人民法院与公安机关的对接程序。公安机关的立案侦查作为公诉程序的最前端，对网络侮辱、诽谤协助取证制度的真正落地，发挥着不可替代的重要作用。层出不穷的海量网络信息极易掩盖原先的信息，特别是对于相关网络“黑灰产”① 深度参与的网络暴力，行为人本身具有一定的反侦查能力，及时协助取证对于顺利锁定行为人、有效收集相关证据材料意义重大。这就要求公安机关强化履职力度，在收到人民法院的通知后迅速启动协助取证程序。

2. 明确公安机关协助取证的对象。《意见》规定：“公安机关应当根据人民法院要求和案件具体情况，及时查明行为主体，收集相关侮辱、诽谤信息传播扩散情况及造成的影响等证据材料。”据此，公安机关协助取证的对象，主要包括实施网络侮辱、诽谤的行为主体，相关侮辱、诽谤信息的传播、扩散路径、范围，转载、评论、阅读数量等。征求意见过程中，有意见提出，公安机关协助自诉案件被害人取证，与公安机关立案侦查后取证存在区别，协助取证的权限和程序，特别是对电子数据的收集程序，需要进一步明确。经研究认为，公安机关对网络侮辱、诽谤案件的协助取证在刑事立案之前，而相关侦查取证措施的前提

① “黑灰产”，指的是电信诈骗、钓鱼网站、黑客勒索等利用网络开展违法犯罪活动的行为。

条件是刑事立案。故而，公安机关协助取证不应直接适用刑事侦查取证的相关规定。实际上，协助取证与调查核实均处于刑事立案之前，二者在属性上具有一定相似性，故对协助取证所能采取的措施，可以参照适用调查核实的相关规定。

3. 明确网络服务提供者依法提供技术支持。网络违法犯罪具有较强的技术性，相关案件取证需要网络服务提供者提供必要的技术支持和协助。对此，法律法规作了相关规定，例如，网络安全法第二十八条规定："网络运营者应当为公安机关、国家安全机关依法维护国家安全和侦查犯罪的活动提供技术支持和协助。"《意见》根据相关法律规定，明确："网络服务提供者应当依法为公安机关取证提供必要的技术支持和协助。"

（六）关于网络侮辱、诽谤刑事案件的公诉标准

如前所述，侮辱、诽谤刑事案件自诉人取证存在现实困难，加之两罪公诉标准缺乏细化指引、"门槛过高"，形成案件数量逐年增多而有罪判决人数极少的巨大反差，一定程度上制约了公诉程序的功能发挥和网络暴力犯罪的治理成效。深化网络暴力犯罪治理，亟待进一步明确两罪公诉标准，畅通刑事追诉程序，为被害人及时提供有效法律救济。有鉴于此，《意见》第12条坚持问题导向，根据刑法和相关司法解释规定，针对实践突出问题，采用"概括+列举"方式对网络侮辱、诽谤犯罪的公诉标准作出明确：一方面，对网络侮辱、诽谤犯罪适用公诉程序的一般原则作出明确规定："对于网络侮辱、诽谤是否严重危害社会秩序，应当综合侵害对象、动机目的、行为方式、信息传播范围、危害后果等因素作出判定。"另一方面，为便于实践操作把握，进一步细化适用标准，除兜底项外，列举了网络侮辱、诽谤犯罪适用公诉程序的四种具体情形。

一是造成被害人或者其近亲属精神失常、自杀等严重后果，社会影响恶劣的。起草过程中，有意见提出"造成被害人或者其近亲属精神

失常、自残、自杀等严重后果的”系《最高人民法院、最高人民检察院关于办理利用信息网络实施诽谤等刑事案件适用法律若干问题的解释》(法释〔2013〕21号，以下简称《2013年解释》)规定的诽谤罪入罪条件之一，直接作为网络侮辱、诽谤的公诉条件没有体现社会危害程度上的应有区别和适用情形的适当梯度，存在不妥。经研究认为，《2013年解释》的上述规定，系针对诽谤罪“情节严重”的实体入罪条件，并未在程序上作出自诉还是公诉的区分。一般来说，诽谤罪的入罪条件既包括适用自诉程序的情形，也包括适用公诉程序的情形；不能将诽谤罪的实体入罪条件当然等同于自诉程序的适用条件、理解为只要入罪就一律自诉，这样无疑将不当限缩公诉程序的依法适用。特别是，在当前网络暴力高发的形势下，“入罪即自诉”的主张将进一步加剧被害人的维权困境，不利于有效治理网络暴力、充分救济被害人合法权益。经广泛征求意见，反复研究论证，考虑到造成被害人或者其近亲属精神失常、自杀等严重后果，是网络暴力案件中危害最突出、最极端的情形，对公众安全感的冲击最为强烈，将其规定为“严重危害社会秩序”的认定情形之一，符合立法精神和社会预期；反之则难以为社会公众理解接受、难以发挥刑法相关规定的应有功能。据此，作出上述规定。

二是随意以普通公众为侵害对象，相关信息在网络上大范围传播，引发大量低俗、恶意评论，严重破坏网络秩序，社会影响恶劣的。传统侮辱、诽谤案件，行为人与被害人多在日常工作、生活中相识，不少存在经济、情感等纠纷，相关侮辱、诽谤行为的影响范围相对有限，通过自诉程序追责维权，遭遇的困难也相对较小。与此明显不同的是，当前网络侮辱、诽谤随意选择普通公众作为侵害对象，相关网络信息以“网速”扩散，引发海量网暴舆论，充斥整个网络空间，严重扰乱网络秩序，使网民“人人自危”，损害公众安全感；同时，面对海量网络信息、复杂传播链条和匿名网络账号，被害人取证维权势必更加困难。基于此，将此类随意以普通公众为侵害对象、严重破坏网络秩序、社会影响恶劣的网络侮辱、诽谤案件，纳入公诉范围，符合刑法规定的“严重危害社会秩序”的实质条件，符合有效惩治网络暴力的实践需要，也契合被害人的维权意愿。起草过程中，有意见提出，为便于实务操作，建议本项规定对相关网络信息的数量作出明确。经研究，未采纳这一建议，未设置相关网络信息的量化标准。主要考虑是：（1）网络暴力舆论一旦形成，往往规模巨大，相关网络信息被转载、评论、阅读的数量动辄以百万、千万甚至以亿计。设置此类信息的量化标准，在实践中可能形成“重数量”甚至“唯数量”的导向，从而忽视了个案社会危害的实际差异，偏离对“严重危害社会秩序”的实质把握。例如，有的知名网络博主受关注度高，网络账号粉丝多达数百万甚至更多，如通过其账号转载本人遭受网络暴力的信息，被关注、评论、阅读的数量势必更多，但是如果相关信息的违法程度或者对人格权益的损害程度较低，不宜直接因信息数量适用公诉程序；又如，有的行为人在网上肆意散布他人裸照并作出低俗、恶意评论，公然侮辱他人，严重损害他人人格尊严的，则在决定是否适用公诉程序时，对相关网络信息被转载、阅读数量的把握不宜过于严苛。（2）全媒体时代，手机作为移动网络终端广泛普及，目前，我国网民数量、网络流量仍在快速增长中，设置相关网暴信息的量化标准，并以此类信息数量作为网络侮辱、诽谤的公诉门槛，从长远看，难以适应互联网技术及其应用的快速发展，难以保证相关案件的处理效果。

三是侮辱、诽谤多人或者多次散布侮辱、诽谤信息，社会影响恶劣的。本项根据网络侮辱、诽谤的对象人数和行为次数，设置适用公诉程序的标准。相对于初犯、偶犯，针对多人或者多次实施网络侮辱、诽谤行为的社会危害性及行为人的主观恶性明显更大，将社会影响恶劣作为适用公诉程序的情形，有利于强化对屡教不改者甚至专门从事相关网络“黑灰产”、充当“水军”“网络打手”等不法人员的威慑和惩治，切实净化网络生态，维护公民人格权益。

四是组织、指使人员在多个网络平台大量散布侮辱、诽谤信息，社会影响恶劣的。网络暴力得以成势，背后多有职业“水军”等网络“黑灰产”参与，以搅动舆论漩涡，牟取不法利益，冲击道德、法律底线，亟待依法有效规制。为突出惩治重点，《意见》将“组织、指使人员在多个网络平台大量散布侮辱、诽谤信息，社会影响恶劣的”规定为适用公诉程序的情形之一。实践中，需要注意综合考虑“组织、指使人员”“多个网络平台”和“大量散布”的适用条件，依法妥当把握“严重危害社会秩序”的刑法规定，对于行为人指使他人在少数网络平台上散布相关信息，没有造成恶劣社会影响的，可以依法自诉。

需要强调的是，《意见》第 12 条对网络侮辱、诽谤行为“严重危害社会秩序”的情形作了进一步具体规定，相关规定只是落实刑法条文的要求。可以说，对符合条件的网络侮辱、诽谤案件提起公诉，是法定要求。作为规范性文件，《意见》无权、事实上也没有创设新的法律规则，只是对法律规定的细化。

（七）关于网络侮辱、诽谤刑事案件的自诉转公诉程序

根据刑法规定，侮辱罪、诽谤罪告诉的才处理，但是严重危害社会秩序和国家利益的除外。就网络侮辱、诽谤而言，实践中，通常由被害人提起自诉，符合“严重危害社会秩序”条件的，适用公诉程序。为进一步畅通诉讼程序，做好相关案件程序协调、转换，《意见》第 13 条对网络侮辱、诽谤案件的自诉转公诉程序作出指引：（1）明确依法及时立案的要求，规定“对于严重危害社会秩序的网络侮辱、诽谤行为，公安机关应当依法及时立案”。（2）针对符合公诉标准的网络侮辱、诽谤刑事案件，被害人同时向人民法院提起自诉的情形，规定“人民法院可以请自诉人撤回自诉或者裁定不予受理；已经受理的，应当裁定终止审理，并将相关材料移送公安机关，原自诉人可以作为被害人参与诉讼”。（3）对于被害人在公安机关立案前提起自诉的情形，规定“人民法院经审查认为有关行为严重危害社会秩序的，应当将案件移送公安机关”。（4）对于被害人或者其近亲属向公安机关报案，公安

机关经审查认为已构成犯罪但不符合公诉条件的情形，明确“可以告知报案人向人民法院提起自诉”。

征求意见过程中，有意见提出，侮辱罪、诽谤罪属亲告罪，对于网络侮辱、诽谤“严重危害社会秩序”，但被害人提起自诉的，应尊重其意愿，优先适用自诉程序。经研究，未采纳这一意见，主要考虑是：（1）根据刑法规定，实施侮辱、诽谤犯罪，严重危害社会秩序的，应当依法提起公诉。（2）在公安机关已就同一网络侮辱、诽谤行为立案侦查的情况下，如允许被害人再提起自诉，则不仅增加被害人诉累，还形成就同一行为的双重追诉，于法无据。（3）对于适用公诉程序的网络侮辱、诽谤刑事案件，原自诉人可以作为被害人参与诉讼，其当事人的诉讼权利可以得到充分的程序保障。

（八）关于依法支持针对网络暴力的民事维权

据统计，2022 年侮辱、诽谤刑事案件一审收案共 1032 件；同年，名誉权纠纷民事案件一审收案 20086 件，接近上述两个罪名的 20 倍。这从一个侧面反映出，充分发挥民事诉讼功能，对有效救济网络暴力受害人的合法权利，切实追究侵害他人名誉权等网络暴力行为人的法律责任，意义不可低估。为进一步支持网络暴力受害人通过民事手段依法维权，《意见》第 9 条规定：“针对他人实施网络暴力行为，侵犯他人名誉权、隐私权等人格权，受害人请求行为人承担民事责任的，人民法院依法予以支持。”

此外，网络暴力借助信息技术手段实施，其强度及其对被害人合法权益的损害程度，与网暴信息的传播速度、规模直接相关。基于此，阻断网暴信息扩散、发酵往往具有急迫性，需要采取紧急措施，避免对合法权益造成难以弥补的损害。有鉴于此，《意见》第 15 条明确对网络暴力依法适用人格权侵害禁令，规定：“权利人有证据证明行为人正在实施或者即将实施侵害其人格权的违法行为，不及时制止将使其合法权益受到难以弥补的损害，依据民法典第九百九十七条向人民法院申请采取责令行为人停止有关行为的措施的，人民法院可以根据案件具体情况依法作出人格权侵害禁令。”实践中，在民事侵权诉讼过程中，根据权利人申请，及时依法裁定作出人格权侵害禁令，对制止行为人继续实施侵害名誉权等行为，避免权利人合法权益受到难以弥补的损害，具有重要意义。

（九）关于网络暴力案件的公益诉讼规则

根据未成年人保护法、妇女权益保障法、个人信息保护法等法律的有关规定，侵害未成年人、妇女合法权益或者处理个人信息侵害众多个人的权益，导致社会公共利益受损的，人民检察院可以依法提起公益诉讼。为强化特定群体网络空间权益保护，保障众多网络用户个人信息安全，《意见》第 16 条衔接相关前置法律规定，对网络暴力案件的公益诉讼规则作出明确：一是规定“网络暴力行为损害社会公共利益的，人民检察院可以依法向人民法院提起公益诉讼”。二是为进一步夯实网络服务提供者的法律责任，规定“网络服务提供者对于所发现的网络暴力信息不依法履行信息网络安全管理义务，致使违法信息大量传播或者有其他严重情节，损害社会公共利益的，人民检察院可以依法向人民法院提起公益诉讼”。三是规定“人民检察院办理网络暴力治理领域公益诉讼案件，可以依法要求网络服务提供者提供必要的技术支持和协助”。

（十）关于网络暴力的预防性治理

《意见》第 17 条至第 20 条专门就网络暴力的预防性治理工作作出规定，涉及受害人权益保障、衔接配合、法治宣传、综合治理等多个方面的内容。

1. 有效保障受害人权益。网络暴力治理的宗旨在于保障公民合法权益。对网络暴力违法犯罪的行为依法追究责任乃至判处刑罚，当然是实现公平正义的重要手段，但并不意味着对被害人权益的维护完全到位。基于此，《意见》基于恢复性司法的要求，在第17条中专门规定："针对相关网络暴力信息传播范围广、社会危害大、影响消除难的现实情况，要依法及时向社会发布案件进展信息，澄清事实真相，有效消除不良影响。依法适用认罪认罚从宽制度，促使被告人认罪认罚，真诚悔罪，通过媒体公开道歉等方式，实现对受害人人格权的有效保护。"

2. 促进网络暴力的综合治理。网络暴力的成因十分复杂，综合治理、建立长效机制应当成为网络暴力治理的基本思路，要考虑事后追责，更要考虑事前的防范和事中的救济。在当前网络暴力的蔓延态势尚未得到明显控制的背景下，需要刑法充分发挥威慑作用以守住行为底线，同时也需要各方共同发力，深化网络暴力源头治理、综合治理。基于此，《意见》将促进网络暴力综合治理作为重要内容，要求充分发挥执法办案的规则引领、价值导向和行为规范作用，教育引导广大网民自觉守法，引领社会文明风尚；深入分析滋生助推网络暴力发生的根源，促进对网络暴力的多元共治，从根本上减少网络暴力的发生，营造清朗网络空间。

相关规定及解读

中华人民共和国刑法（节录）

（1979年7月1日第五届全国人民代表大会第二次会议通过　1997年3月14日第八届全国人民代表大会第五次会议修订　根据1998年12月29日第九届全国人民代表大会常务委员会第六次会议通过的《全国人民代表大会常务委员会关于惩治骗购外汇、逃汇和非法买卖外汇犯罪的决定》、1999年12月25日第九届全国人民代表大会常务委员会第十三次会议通过的《中华人民共和国刑法修正案》、2001年8月31日第九届全国人民代表大会常务委员会第二十三次会议通过的《中华人民共和国刑法修正案（二）》、2001年12月29日第九届全国人民代表大会常务委员会第二十五次会议通过的《中华人民共和国刑法修正案（三）》、2002年12月28日第九届全国人民代表大会常务委员会第三十一次会议通过的《中华人民共和国刑法修正案（四）》、2005年2月28日第十届全国人民代表大会常务委员会第十四次会议通过的《中华人民共和国刑法修正案（五）》、2006年6月29日第十届全国人民代表大会常务委员会第二十二次会议通过的《中华人民共和国刑法修正案（六）》、2009年2月28日第十一届全国人民代表大会常务委员会第七次会议通过的《中华人民共和国刑法修正案（七）》、2009年8月27日第十一届全国人民代表大会常务委员会第十次会议通过的《全国人民代表大会常务委员会关于修改部分法律的决定》、2011年2月25日第十一届全国人民代表大会常务委员会第十九次会议通过的《中华人民共和国刑法修正案（八）》、2015年8月29日第十二届全国人民代表大会常务委员会第十六次会议通过的《中华人民共和国刑法修正案（九）》、2017年11月4日第十二届全国人民代表大会常务委员会第三十次会议通过的《中华人民共和国刑法修正案（十）》、2020年12月26日第十三届全国人民代表大会常务委员会第二十四次会议通过的《中华人民共和国刑法修正案（十一）》和2023年12月29日第十四届全国人民代表大会常务委员会第七次会议通过的《中华人民共和国刑法修正案（十二）》修正)①

第一编 总　　则

第一章 刑法的任务、基本原则和适用范围

第一条 为了惩罚犯罪，保护人民，根据宪法，结合我国同犯罪作斗争的具体经验及实际情况，制定本法。

第二条 中华人民共和国刑法的任务，是用刑罚同一切犯罪行为作斗争，以保卫国家安全，保卫人民民主专政的政权和社会主义制度，保护国有财产和劳动群众集体所有的财产，保护公民私人所有的财产，保护公民的人身权利、民主权利和其他权利，维护社会秩序、经济秩序，保障社会主义建设事业的顺利进行。

第三条 法律明文规定为犯罪行为的，依照法律定罪处刑；法律没有明文规定为犯罪行为的，不得定罪处刑。

第四条 对任何人犯罪，在适用法律上一律平等。不允许任何人有超越法律的特权。

第五条 刑罚的轻重，应当与犯罪分子所犯罪行和承担的刑事责任相适应。

第六条 凡在中华人民共和国领域内犯罪的，除法律有特别规定的以外，都适用本法。

① 刑法、历次刑法修正案、涉及修改刑法的决定的施行日期，分别依据各法律所规定的施行日期确定。

凡在中华人民共和国船舶或者航空器内犯罪的，也适用本法。

犯罪的行为或者结果有一项发生在中华人民共和国领域内的，就认为是在中华人民共和国领域内犯罪。

第七条 中华人民共和国公民在中华人民共和国领域外犯本法规定之罪的，适用本法，但是按本法规定的最高刑为三年以下有期徒刑的，可以不予追究。

中华人民共和国国家工作人员和军人在中华人民共和国领域外犯本法规定之罪的，适用本法。

第八条 外国人在中华人民共和国领域外对中华人民共和国国家或者公民犯罪，而按本法规定的最低刑为三年以上有期徒刑的，可以适用本法，但是按照犯罪地的法律不受处罚的除外。

第九条 对于中华人民共和国缔结或者参加的国际条约所规定的罪行，中华人民共和国在所承担条约义务的范围内行使刑事管辖权的，适用本法。

第十条 凡在中华人民共和国领域外犯罪，依照本法应当负刑事责任的，虽然经过外国审判，仍然可以依照本法追究，但是在外国已经受过刑罚处罚的，可以免除或者减轻处罚。

第十一条 享有外交特权和豁免权的外国人的刑事责任，通过外交途径解决。

第十二条 中华人民共和国成立以后本法施行以前的行为，如果当时的法律不认为是犯罪的，适用当时的法律；如果当时的法律认为是犯罪的，依照本法总则第四章第八节的规定应当追诉的，按照当时的法律追究刑事责任，但是如果本法不认为是犯罪或者处刑较轻的，适用本法。

本法施行以前，依照当时的法律已经作出的生效判决，继续有效。

第二章　犯　　罪

第一节　犯罪和刑事责任

第十三条　一切危害国家主权、领土完整和安全，分裂国家、颠覆人民民主专政的政权和推翻社会主义制度，破坏社会秩序和经济秩序，侵犯国有财产或者劳动群众集体所有的财产，侵犯公民私人所有的财产，侵犯公民的人身权利、民主权利和其他权利，以及其他危害社会的行为，依照法律应当受刑罚处罚的，都是犯罪，但是情节显著轻微危害不大的，不认为是犯罪。

第十四条　明知自己的行为会发生危害社会的结果，并且希望或者放任这种结果发生，因而构成犯罪的，是故意犯罪。

故意犯罪，应当负刑事责任。

第十五条　应当预见自己的行为可能发生危害社会的结果，因为疏忽大意而没有预见，或者已经预见而轻信能够避免，以致发生这种结果的，是过失犯罪。

过失犯罪，法律有规定的才负刑事责任。

第十六条　行为在客观上虽然造成了损害结果，但是不是出于故意或者过失，而是由于不能抗拒或者不能预见的原因所引起的，不是犯罪。

第十七条　已满十六周岁的人犯罪，应当负刑事责任。

已满十四周岁不满十六周岁的人，犯故意杀人、故意伤害致人重伤或者死亡、强奸、抢劫、贩卖毒品、放火、爆炸、投放危险物质罪的，应当负刑事责任。

已满十二周岁不满十四周岁的人，犯故意杀人、故意伤害罪，致人死亡或者以特别残忍手段致人重伤造成严重残疾，情节恶劣，经最高人民检察院核准追诉的，应当负刑事责任。

对依照前三款规定追究刑事责任的不满十八周岁的人，应当从轻或者减轻处罚。

因不满十六周岁不予刑事处罚的，责令其父母或者其他监护人加以管教；在必要的时候，依法进行专门矫治教育。

第十七条之一 已满七十五周岁的人故意犯罪的，可以从轻或者减轻处罚；过失犯罪的，应当从轻或者减轻处罚。

第十八条 精神病人在不能辨认或者不能控制自己行为的时候造成危害结果，经法定程序鉴定确认的，不负刑事责任，但是应当责令他的家属或者监护人严加看管和医疗；在必要的时候，由政府强制医疗。

间歇性的精神病人在精神正常的时候犯罪，应当负刑事责任。

尚未完全丧失辨认或者控制自己行为能力的精神病人犯罪的，应当负刑事责任，但是可以从轻或者减轻处罚。

醉酒的人犯罪，应当负刑事责任。

第十九条 又聋又哑的人或者盲人犯罪，可以从轻、减轻或者免除处罚。

第二十条 为了使国家、公共利益、本人或者他人的人身、财产和其他权利免受正在进行的不法侵害，而采取的制止不法侵害的行为，对不法侵害人造成损害的，属于正当防卫，不负刑事责任。

正当防卫明显超过必要限度造成重大损害的，应当负刑事责任，但是应当减轻或者免除处罚。

对正在进行行凶、杀人、抢劫、强奸、绑架以及其他严重危及人身安全的暴力犯罪，采取防卫行为，造成不法侵害人伤亡的，不属于防卫过当，不负刑事责任。

第二十一条 为了使国家、公共利益、本人或者他人的人身、财产和其他权利免受正在发生的危险，不得已采取的紧急避险行为，造成损害的，不负刑事责任。

紧急避险超过必要限度造成不应有的损害的，应当负刑事责任，但是应当减轻或者免除处罚。

第一款中关于避免本人危险的规定，不适用于职务上、业务上负有特定责任的人。

第二节 犯罪的预备、未遂和中止

第二十二条 为了犯罪，准备工具、制造条件的，是犯罪预备。

对于预备犯，可以比照既遂犯从轻、减轻处罚或者免除处罚。

第二十三条 已经着手实行犯罪，由于犯罪分子意志以外的原因而未得逞的，是犯罪未遂。

对于未遂犯，可以比照既遂犯从轻或者减轻处罚。

第二十四条 在犯罪过程中，自动放弃犯罪或者自动有效地防止犯罪结果发生的，是犯罪中止。

对于中止犯，没有造成损害的，应当免除处罚；造成损害的，应当减轻处罚。

第三节 共同犯罪

第二十五条 共同犯罪是指二人以上共同故意犯罪。

二人以上共同过失犯罪，不以共同犯罪论处；应当负刑事责任的，按照他们所犯的罪分别处罚。

第二十六条 组织、领导犯罪集团进行犯罪活动的或者在共同犯罪中起主要作用的，是主犯。

三人以上为共同实施犯罪而组成的较为固定的犯罪组织，是犯罪集团。

对组织、领导犯罪集团的首要分子，按照集团所犯的全部罪行处罚。

对于第三款规定以外的主犯，应当按照其所参与的或者组织、指挥的全部犯罪处罚。

第二十七条 在共同犯罪中起次要或者辅助作用的，是从犯。

对于从犯，应当从轻、减轻处罚或者免除处罚。

第二十八条 对于被胁迫参加犯罪的，应当按照他的犯罪情节减轻处罚或者免除处罚。

第二十九条 教唆他人犯罪的，应当按照他在共同犯罪中所起的作用处罚。教唆不满十八周岁的人犯罪的，应当从重处罚。

如果被教唆的人没有犯被教唆的罪，对于教唆犯，可以从轻或者减轻处罚。

第四节 单位犯罪

第三十条 公司、企业、事业单位、机关、团体实施的危害社会的行为，法律规定为单位犯罪的，应当负刑事责任。

第三十一条 单位犯罪的，对单位判处罚金，并对其直接负责的主管人员和其他直接责任人员判处刑罚。本法分则和其他法律另有规定的，依照规定。

第三章 刑 罚

第一节 刑罚的种类

第三十二条 刑罚分为主刑和附加刑。

第三十三条 主刑的种类如下：

（一）管制；

（二）拘役；

（三）有期徒刑；

（四）无期徒刑；

（五）死刑。

第三十四条 附加刑的种类如下：

（一）罚金；

（二）剥夺政治权利；

（三）没收财产。

附加刑也可以独立适用。

第三十五条 对于犯罪的外国人，可以独立适用或者附加适用驱逐出境。

第三十六条 由于犯罪行为而使被害人遭受经济损失的，对犯罪分子除依法给予刑事处罚外，并应根据情况判处赔偿经济损失。

承担民事赔偿责任的犯罪分子，同时被判处罚金，其财产不足以全部支付的，或者被判处没收财产的，应当先承担对被害人的民事赔偿责任。

第三十七条 对于犯罪情节轻微不需要判处刑罚的，可以免予刑事处罚，但是可以根据案件的不同情况，予以训诫或者责令具结悔过、赔礼道歉、赔偿损失，或者由主管部门予以行政处罚或者行政处分。

第三十七条之一 因利用职业便利实施犯罪，或者实施违背职业要求的特定义务的犯罪被判处刑罚的，人民法院可以根据犯罪情况和预防再犯罪的需要，禁止其自刑罚执行完毕之日或者假释之日起从事相关职业，期限为三年至五年。

被禁止从事相关职业的人违反人民法院依照前款规定作出的决定的，由公安机关依法给予处罚；情节严重的，依照本法第三百一十三条的规定定罪处罚。

其他法律、行政法规对其从事相关职业另有禁止或者限制性规定的，从其规定。

第二节 管 制

第三十八条 管制的期限，为三个月以上二年以下。

判处管制，可以根据犯罪情况，同时禁止犯罪分子在执行期间从事特定活动，进入特定区域、场所，接触特定的人。

对判处管制的犯罪分子，依法实行社区矫正。

违反第二款规定的禁止令的，由公安机关依照《中华人民共和国治安管理处罚法》的规定处罚。

第三十九条 被判处管制的犯罪分子，在执行期间，应当遵守下列规定：

（一）遵守法律、行政法规，服从监督；

（二）未经执行机关批准，不得行使言论、出版、集会、结社、游行、示威自由的权利；

（三）按照执行机关规定报告自己的活动情况；

（四）遵守执行机关关于会客的规定；

（五）离开所居住的市、县或者迁居，应当报经执行机关批准。

对于被判处管制的犯罪分子，在劳动中应当同工同酬。

第四十条 被判处管制的犯罪分子，管制期满，执行机关应即向本人和其所在单位或者居住地的群众宣布解除管制。

第四十一条 管制的刑期，从判决执行之日起计算；判决执行以前先行羁押的，羁押一日折抵刑期二日。

第三节 拘 役

第四十二条 拘役的期限，为一个月以上六个月以下。

第四十三条 被判处拘役的犯罪分子，由公安机关就近执行。

在执行期间，被判处拘役的犯罪分子每月可以回家一天至两天；参加劳动的，可以酌量发给报酬。

第四十四条 拘役的刑期，从判决执行之日起计算；判决执行以前先行羁押的，羁押一日折抵刑期一日。

第四节 有期徒刑、无期徒刑

第四十五条 有期徒刑的期限，除本法第五十条、第六十九条规定外，为六个月以上十五年以下。

第四十六条 被判处有期徒刑、无期徒刑的犯罪分子，在监狱或者其他执行场所执行；凡有劳动能力的，都应当参加劳动，接受教育和改造。

第四十七条 有期徒刑的刑期，从判决执行之日起计算；判决执行以前先行羁押的，羁押一日折抵刑期一日。

第五节 死 刑

第四十八条 死刑只适用于罪行极其严重的犯罪分子。对于应当判处死刑的犯罪分子，如果不是必须立即执行的，可以判处死刑同时宣告缓期二年执行。

死刑除依法由最高人民法院判决的以外，都应当报请最高人民法院核准。死刑缓期执行的，可以由高级人民法院判决或者核准。

第四十九条 犯罪的时候不满十八周岁的人和审判的时候怀孕的妇女，不适用死刑。

审判的时候已满七十五周岁的人，不适用死刑，但以特别残忍手段致人死亡的除外。

第五十条 判处死刑缓期执行的，在死刑缓期执行期间，如果没有故意犯罪，二年期满以后，减为无期徒刑；如果确有重大立功表现，二年期满以后，减为二十五年有期徒刑；如果故意犯罪，情节恶劣的，报请最高人民法院核准后执行死刑；对于故意犯罪未执行死刑的，死刑缓期执行的期间重新计算，并报最高人民法院备案。

对被判处死刑缓期执行的累犯以及因故意杀人、强奸、抢劫、绑架、放火、爆炸、投放危险物质或者有组织的暴力性犯罪被判处死刑缓期执行的犯罪分子，人民法院根据犯罪情节等情况可以同时决定对其限制减刑。

第五十一条 死刑缓期执行的期间，从判决确定之日起计算。死刑缓期执行减为有期徒刑的刑期，从死刑缓期执行期满之日起计算。

第六节 罚 金

第五十二条 判处罚金，应当根据犯罪情节决定罚金数额。

第五十三条 罚金在判决指定的期限内一次或者分期缴纳。期满不缴纳的，强制缴纳。对于不能全部缴纳罚金的，人民法院在任何时候发现被执行人有可以执行的财产，应当随时追缴。

由于遭遇不能抗拒的灾祸等原因缴纳确实有困难的，经人民法院裁定，可以延期缴纳、酌情减少或者免除。

第七节　剥夺政治权利

第五十四条　剥夺政治权利是剥夺下列权利：

（一）选举权和被选举权；

（二）言论、出版、集会、结社、游行、示威自由的权利；

（三）担任国家机关职务的权利；

（四）担任国有公司、企业、事业单位和人民团体领导职务的权利。

第五十五条　剥夺政治权利的期限，除本法第五十七条规定外，为一年以上五年以下。

判处管制附加剥夺政治权利的，剥夺政治权利的期限与管制的期限相等，同时执行。

第五十六条　对于危害国家安全的犯罪分子应当附加剥夺政治权利；对于故意杀人、强奸、放火、爆炸、投毒、抢劫等严重破坏社会秩序的犯罪分子，可以附加剥夺政治权利。

独立适用剥夺政治权利的，依照本法分则的规定。

第五十七条　对于被判处死刑、无期徒刑的犯罪分子，应当剥夺政治权利终身。

在死刑缓期执行减为有期徒刑或者无期徒刑减为有期徒刑的时候，应当把附加剥夺政治权利的期限改为三年以上十年以下。

第五十八条　附加剥夺政治权利的刑期，从徒刑、拘役执行完毕之日或者从假释之日起计算；剥夺政治权利的效力当然施用于主刑执行期间。

被剥夺政治权利的犯罪分子，在执行期间，应当遵守法律、行政法规和国务院公安部门有关监督管理的规定，服从监督；不得行使本法第五十四条规定的各项权利。

第八节　没收财产

第五十九条　没收财产是没收犯罪分子个人所有财产的一部或者全部。没收全部财产的，应当对犯罪分子个人及其扶养的家属保留必需的生活费用。

在判处没收财产的时候，不得没收属于犯罪分子家属所有或者应有的财产。

第六十条　没收财产以前犯罪分子所负的正当债务，需要以没收的财产偿还的，经债权人请求，应当偿还。

第四章　刑罚的具体运用

第一节　量　　刑

第六十一条　对于犯罪分子决定刑罚的时候，应当根据犯罪的事实、犯罪的性质、情节和对于社会的危害程度，依照本法的有关规定判处。

第六十二条　犯罪分子具有本法规定的从重处罚、从轻处罚情节的，应当在法定刑的限度以内判处刑罚。

第六十三条　犯罪分子具有本法规定的减轻处罚情节的，应当在法定刑以下判处刑罚；本法规定有数个量刑幅度的，应当在法定量刑幅度的下一个量刑幅度内判处刑罚。

犯罪分子虽然不具有本法规定的减轻处罚情节，但是根据案件的特殊情况，经最高人民法院核准，也可以在法定刑以下判处刑罚。

第六十四条　犯罪分子违法所得的一切财物，应当予以追缴或者责令退赔；对被害人的合法财产，应当及时返还；违禁品和供犯罪所用的本人财物，应当予以没收。没收的财物和罚金，一律上缴国库，不得挪用和自行处理。

第二节 累 犯

第六十五条 被判处有期徒刑以上刑罚的犯罪分子，刑罚执行完毕或者赦免以后，在五年以内再犯应当判处有期徒刑以上刑罚之罪的，是累犯，应当从重处罚，但是过失犯罪和不满十八周岁的人犯罪的除外。

前款规定的期限，对于被假释的犯罪分子，从假释期满之日起计算。

第六十六条 危害国家安全犯罪、恐怖活动犯罪、黑社会性质的组织犯罪的犯罪分子，在刑罚执行完毕或者赦免以后，在任何时候再犯上述任一类罪的，都以累犯论处。

第三节 自首和立功

第六十七条 犯罪以后自动投案，如实供述自己的罪行的，是自首。对于自首的犯罪分子，可以从轻或者减轻处罚。其中，犯罪较轻的，可以免除处罚。

被采取强制措施的犯罪嫌疑人、被告人和正在服刑的罪犯，如实供述司法机关还未掌握的本人其他罪行的，以自首论。

犯罪嫌疑人虽不具有前两款规定的自首情节，但是如实供述自己罪行的，可以从轻处罚；因其如实供述自己罪行，避免特别严重后果发生的，可以减轻处罚。

第六十八条 犯罪分子有揭发他人犯罪行为，查证属实的，或者提供重要线索，从而得以侦破其他案件等立功表现的，可以从轻或者减轻处罚；有重大立功表现的，可以减轻或者免除处罚。

第四节 数罪并罚

第六十九条 判决宣告以前一人犯数罪的，除判处死刑和无期徒刑的以外，应当在总和刑期以下、数刑中最高刑期以上，酌情决定执行的刑期，但是管制最高不能超过三年，拘役最高不能超过一年，有期徒刑总和刑期不满三十五年的，最高不能超过二十年，总和刑期在三十五年以上的，最高不能超过二十五年。

数罪中有判处有期徒刑和拘役的，执行有期徒刑。数罪中有判处有期徒刑和管制，或者拘役和管制的，有期徒刑、拘役执行完毕后，管制仍须执行。

数罪中有判处附加刑的，附加刑仍须执行，其中附加刑种类相同的，合并执行，种类不同的，分别执行。

第七十条　判决宣告以后，刑罚执行完毕以前，发现被判刑的犯罪分子在判决宣告以前还有其他罪没有判决的，应当对新发现的罪作出判决，把前后两个判决所判处的刑罚，依照本法第六十九条的规定，决定执行的刑罚。已经执行的刑期，应当计算在新判决决定的刑期以内。

第七十一条　判决宣告以后，刑罚执行完毕以前，被判刑的犯罪分子又犯罪的，应当对新犯的罪作出判决，把前罪没有执行的刑罚和后罪所判处的刑罚，依照本法第六十九条的规定，决定执行的刑罚。

第五节　缓　　刑

第七十二条　对于被判处拘役、三年以下有期徒刑的犯罪分子，同时符合下列条件的，可以宣告缓刑，对其中不满十八周岁的人、怀孕的妇女和已满七十五周岁的人，应当宣告缓刑：

（一）犯罪情节较轻；

（二）有悔罪表现；

（三）没有再犯罪的危险；

（四）宣告缓刑对所居住社区没有重大不良影响。

宣告缓刑，可以根据犯罪情况，同时禁止犯罪分子在缓刑考验期限内从事特定活动，进入特定区域、场所，接触特定的人。

被宣告缓刑的犯罪分子，如果被判处附加刑，附加刑仍须执行。

第七十三条　拘役的缓刑考验期限为原判刑期以上一年以下，但是不能少于二个月。

有期徒刑的缓刑考验期限为原判刑期以上五年以下，但是不能少于一年。

缓刑考验期限，从判决确定之日起计算。

第七十四条 对于累犯和犯罪集团的首要分子，不适用缓刑。

第七十五条 被宣告缓刑的犯罪分子，应当遵守下列规定：

（一）遵守法律、行政法规，服从监督；

（二）按照考察机关的规定报告自己的活动情况；

（三）遵守考察机关关于会客的规定；

（四）离开所居住的市、县或者迁居，应当报经考察机关批准。

第七十六条 对宣告缓刑的犯罪分子，在缓刑考验期限内，依法实行社区矫正，如果没有本法第七十七条规定的情形，缓刑考验期满，原判的刑罚就不再执行，并公开予以宣告。

第七十七条 被宣告缓刑的犯罪分子，在缓刑考验期限内犯新罪或者发现判决宣告以前还有其他罪没有判决的，应当撤销缓刑，对新犯的罪或者新发现的罪作出判决，把前罪和后罪所判处的刑罚，依照本法第六十九条的规定，决定执行的刑罚。

被宣告缓刑的犯罪分子，在缓刑考验期限内，违反法律、行政法规或者国务院有关部门关于缓刑的监督管理规定，或者违反人民法院判决中的禁止令，情节严重的，应当撤销缓刑，执行原判刑罚。

第六节 减 刑

第七十八条 被判处管制、拘役、有期徒刑、无期徒刑的犯罪分子，在执行期间，如果认真遵守监规，接受教育改造，确有悔改表现的，或者有立功表现的，可以减刑；有下列重大立功表现之一的，应当减刑：

（一）阻止他人重大犯罪活动的；

（二）检举监狱内外重大犯罪活动，经查证属实的；

（三）有发明创造或者重大技术革新的；

（四）在日常生产、生活中舍己救人的；

（五）在抗御自然灾害或者排除重大事故中，有突出表现的；

（六）对国家和社会有其他重大贡献的。

减刑以后实际执行的刑期不能少于下列期限：

（一）判处管制、拘役、有期徒刑的，不能少于原判刑期的二分之一；

（二）判处无期徒刑的，不能少于十三年；

（三）人民法院依照本法第五十条第二款规定限制减刑的死刑缓期执行的犯罪分子，缓期执行期满后依法减为无期徒刑的，不能少于二十五年，缓期执行期满后依法减为二十五年有期徒刑的，不能少于二十年。

第七十九条 对于犯罪分子的减刑，由执行机关向中级以上人民法院提出减刑建议书。人民法院应当组成合议庭进行审理，对确有悔改或者立功事实的，裁定予以减刑。非经法定程序不得减刑。

第八十条 无期徒刑减为有期徒刑的刑期，从裁定减刑之日起计算。

第七节 假 释

第八十一条 被判处有期徒刑的犯罪分子，执行原判刑期二分之一以上，被判处无期徒刑的犯罪分子，实际执行十三年以上，如果认真遵守监规，接受教育改造，确有悔改表现，没有再犯罪的危险的，可以假释。如果有特殊情况，经最高人民法院核准，可以不受上述执行刑期的限制。

对累犯以及因故意杀人、强奸、抢劫、绑架、放火、爆炸、投放危险物质或者有组织的暴力性犯罪被判处十年以上有期徒刑、无期徒刑的犯罪分子，不得假释。

对犯罪分子决定假释时，应当考虑其假释后对所居住社区的影响。

第八十二条 对于犯罪分子的假释，依照本法第七十九条规定的程序进行。非经法定程序不得假释。

第八十三条 有期徒刑的假释考验期限，为没有执行完毕的刑期；无期徒刑的假释考验期限为十年。

假释考验期限，从假释之日起计算。

第八十四条 被宣告假释的犯罪分子，应当遵守下列规定：

（一）遵守法律、行政法规，服从监督；

（二）按照监督机关的规定报告自己的活动情况；

（三）遵守监督机关关于会客的规定；

（四）离开所居住的市、县或者迁居，应当报经监督机关批准。

第八十五条 对假释的犯罪分子，在假释考验期限内，依法实行社区矫正，如果没有本法第八十六条规定的情形，假释考验期满，就认为原判刑罚已经执行完毕，并公开予以宣告。

第八十六条 被假释的犯罪分子，在假释考验期限内犯新罪，应当撤销假释，依照本法第七十一条的规定实行数罪并罚。

在假释考验期限内，发现被假释的犯罪分子在判决宣告以前还有其他罪没有判决的，应当撤销假释，依照本法第七十条的规定实行数罪并罚。

被假释的犯罪分子，在假释考验期限内，有违反法律、行政法规或者国务院有关部门关于假释的监督管理规定的行为，尚未构成新的犯罪的，应当依照法定程序撤销假释，收监执行未执行完毕的刑罚。

第八节 时 效

第八十七条 犯罪经过下列期限不再追诉：

（一）法定最高刑为不满五年有期徒刑的，经过五年；

（二）法定最高刑为五年以上不满十年有期徒刑的，经过十年；

（三）法定最高刑为十年以上有期徒刑的，经过十五年；

（四）法定最高刑为无期徒刑、死刑的，经过二十年。如果二十年以后认为必须追诉的，须报请最高人民检察院核准。

第八十八条 在人民检察院、公安机关、国家安全机关立案侦查或者在人民法院受理案件以后，逃避侦查或者审判的，不受追诉期限的限制。

被害人在追诉期限内提出控告，人民法院、人民检察院、公安机关应当立案而不予立案的，不受追诉期限的限制。

第八十九条 追诉期限从犯罪之日起计算；犯罪行为有连续或者继续状态的，从犯罪行为终了之日起计算。

在追诉期限以内又犯罪的，前罪追诉的期限从犯后罪之日起计算。

第五章 其他规定

第九十条 民族自治地方不能全部适用本法规定的，可以由自治区或者省的人民代表大会根据当地民族的政治、经济、文化的特点和本法规定的基本原则，制定变通或者补充的规定，报请全国人民代表大会常务委员会批准施行。

第九十一条 本法所称公共财产，是指下列财产：

（一）国有财产；

（二）劳动群众集体所有的财产；

（三）用于扶贫和其他公益事业的社会捐助或者专项基金的财产。

在国家机关、国有公司、企业、集体企业和人民团体管理、使用或者运输中的私人财产，以公共财产论。

第九十二条 本法所称公民私人所有的财产，是指下列财产：

（一）公民的合法收入、储蓄、房屋和其他生活资料；

（二）依法归个人、家庭所有的生产资料；

（三）个体户和私营企业的合法财产；

（四）依法归个人所有的股份、股票、债券和其他财产。

第九十三条 本法所称国家工作人员，是指国家机关中从事公务的人员。

国有公司、企业、事业单位、人民团体中从事公务的人员和国家机关、国有公司、企业、事业单位委派到非国有公司、企业、事业单位、社会团体从事公务的人员，以及其他依照法律从事公务的人员，以国家工作人员论。

第九十四条 本法所称司法工作人员，是指有侦查、检察、审判、监管职责的工作人员。

第九十五条 本法所称重伤，是指有下列情形之一的伤害：

（一）使人肢体残废或者毁人容貌的；

（二）使人丧失听觉、视觉或者其他器官机能的；

（三）其他对于人身健康有重大伤害的。

第九十六条 本法所称违反国家规定，是指违反全国人民代表大会及其常务委员会制定的法律和决定，国务院制定的行政法规、规定的行政措施、发布的决定和命令。

第九十七条 本法所称首要分子，是指在犯罪集团或者聚众犯罪中起组织、策划、指挥作用的犯罪分子。

第九十八条 本法所称告诉才处理，是指被害人告诉才处理。如果被害人因受强制、威吓无法告诉的，人民检察院和被害人的近亲属也可以告诉。

第九十九条 本法所称以上、以下、以内，包括本数。

第一百条 依法受过刑事处罚的人，在入伍、就业的时候，应当如实向有关单位报告自己曾受过刑事处罚，不得隐瞒。

犯罪的时候不满十八周岁被判处五年有期徒刑以下刑罚的人，免除前款规定的报告义务。

第一百零一条 本法总则适用于其他有刑罚规定的法律，但是其他法律有特别规定的除外。

第二编　分　　则

第二百二十五条 违反国家规定，有下列非法经营行为之一，扰乱市场秩序，情节严重的，处五年以下有期徒刑或者拘役，并处或者单处违法所得一倍以上五倍以下罚金；情节特别严重的，处五年以上有期徒刑，并处违法所得一倍以上五倍以下罚金或者没收财产：

（一）未经许可经营法律、行政法规规定的专营、专卖物品或者其他限制买卖的物品的；

（二）买卖进出口许可证、进出口原产地证明以及其他法律、行政法规规定的经营许可证或者批准文件的；

（三）未经国家有关主管部门批准非法经营证券、期货、保险业务的，或者非法从事资金支付结算业务的；

（四）其他严重扰乱市场秩序的非法经营行为。

第二百四十六条 以暴力或者其他方法公然侮辱他人或者捏造事实诽谤他人，情节严重的，处三年以下有期徒刑、拘役、管制或者剥夺政治权利。

前款罪，告诉的才处理，但是严重危害社会秩序和国家利益的除外。

通过信息网络实施第一款规定的行为，被害人向人民法院告诉，但提供证据确有困难的，人民法院可以要求公安机关提供协助。

第二百五十三条之一 违反国家有关规定，向他人出售或者提供公民个人信息，情节严重的，处三年以下有期徒刑或者拘役，并处或者单处罚金；情节特别严重的，处三年以上七年以下有期徒刑，并处罚金。

违反国家有关规定，将在履行职责或者提供服务过程中获得的公民个人信息，出售或者提供给他人的，依照前款的规定从重处罚。

窃取或者以其他方法非法获取公民个人信息的，依照第一款的规定处罚。

单位犯前三款罪的，对单位判处罚金，并对其直接负责的主管人员和其他直接责任人员，依照各该款的规定处罚。

第二百七十四条 敲诈勒索公私财物，数额较大或者多次敲诈勒索的，处三年以下有期徒刑、拘役或者管制，并处或者单处罚金；数额巨大或者有其他严重情节的，处三年以上十年以下有期徒刑，并处罚金；数额特别巨大或者有其他特别严重情节的，处十年以上有期徒刑，并处罚金。

第二百八十六条之一 网络服务提供者不履行法律、行政法规规定的信息网络安全管理义务，经监管部门责令采取改正措施而拒不改正，有下列情形之一的，处三年以下有期徒刑、拘役或者管制，并处或者单处罚金：

（一）致使违法信息大量传播的；

（二）致使用户信息泄露，造成严重后果的；

（三）致使刑事案件证据灭失，情节严重的；

（四）有其他严重情节的。

单位犯前款罪的，对单位判处罚金，并对其直接负责的主管人员和其他直接责任人员，依照前款的规定处罚。

有前两款行为，同时构成其他犯罪的，依照处罚较重的规定定罪处罚。

第二百八十七条之一 利用信息网络实施下列行为之一，情节严重的，处三年以下有期徒刑或者拘役，并处或者单处罚金：

（一）设立用于实施诈骗、传授犯罪方法、制作或者销售违禁物品、管制物品等违法犯罪活动的网站、通讯群组的；

（二）发布有关制作或者销售毒品、枪支、淫秽物品等违禁物品、管制物品或者其他违法犯罪信息的；

（三）为实施诈骗等违法犯罪活动发布信息的。

单位犯前款罪的，对单位判处罚金，并对其直接负责的主管人员和其他直接责任人员，依照第一款的规定处罚。

有前两款行为，同时构成其他犯罪的，依照处罚较重的规定定罪处罚。

第二百八十七条之二 明知他人利用信息网络实施犯罪，为其犯罪提供互联网接入、服务器托管、网络存储、通讯传输等技术支持，或者提供广告推广、支付结算等帮助，情节严重的，处三年以下有期徒刑或者拘役，并处或者单处罚金。

单位犯前款罪的，对单位判处罚金，并对其直接负责的主管人员和其他直接责任人员，依照第一款的规定处罚。

有前两款行为，同时构成其他犯罪的，依照处罚较重的规定定罪处罚。

第二百九十三条 有下列寻衅滋事行为之一，破坏社会秩序的，处五年以下有期徒刑、拘役或者管制：

（一）随意殴打他人，情节恶劣的；

（二）追逐、拦截、辱骂、恐吓他人，情节恶劣的；

（三）强拿硬要或者任意损毁、占用公私财物，情节严重的；

（四）在公共场所起哄闹事，造成公共场所秩序严重混乱的。

纠集他人多次实施前款行为，严重破坏社会秩序的，处五年以上十年以下有期徒刑，可以并处罚金。

第二百九十九条之一 侮辱、诽谤或者以其他方式侵害英雄烈士的名誉、荣誉，损害社会公共利益，情节严重的，处三年以下有期徒刑、拘役、管制或者剥夺政治权利。

中华人民共和国民法典（节录）

（2020 年 5 月 28 日第十三届全国人民代表大会第三次会议通过）

第四编 人格权

第一章 一般规定

第九百八十九条 本编调整因人格权的享有和保护产生的民事关系。

第九百九十条 人格权是民事主体享有的生命权、身体权、健康权、姓名权、名称权、肖像权、名誉权、荣誉权、隐私权等权利。

除前款规定的人格权外，自然人享有基于人身自由、人格尊严产生的其他人格权益。

第九百九十一条 民事主体的人格权受法律保护，任何组织或者个人不得侵害。

第九百九十二条 人格权不得放弃、转让或者继承。

第九百九十三条 民事主体可以将自己的姓名、名称、肖像等许可他人使用，但是依照法律规定或者根据其性质不得许可的除外。

第九百九十四条 死者的姓名、肖像、名誉、荣誉、隐私、遗体等受到侵害的，其配偶、子女、父母有权依法请求行为人承担民事责任；死者没有配偶、子女且父母已经死亡的，其他近亲属有权依法请求行为人承担民事责任。

第九百九十五条 人格权受到侵害的，受害人有权依照本法和其他法律的规定请求行为人承担民事责任。受害人的停止侵害、排除妨碍、消除危险、消除影响、恢复名誉、赔礼道歉请求权，不适用诉讼时效的规定。

第九百九十六条 因当事人一方的违约行为，损害对方人格权并造成严重精神损害，受损害方选择请求其承担违约责任的，不影响受损害方请求精神损害赔偿。

第九百九十七条 民事主体有证据证明行为人正在实施或者即将实施侵害其人格权的违法行为，不及时制止将使其合法权益受到难以弥补的损害的，有权依法向人民法院申请采取责令行为人停止有关行为的措施。

第九百九十八条 认定行为人承担侵害除生命权、身体权和健康权外的人格权的民事责任，应当考虑行为人和受害人的职业、影响范围、过错程度，以及行为的目的、方式、后果等因素。

第九百九十九条 为公共利益实施新闻报道、舆论监督等行为的，可以合理使用民事主体的姓名、名称、肖像、个人信息等；使用不合理侵害民事主体人格权的，应当依法承担民事责任。

第一千条 行为人因侵害人格权承担消除影响、恢复名誉、赔礼道歉等民事责任的，应当与行为的具体方式和造成的影响范围相当。

行为人拒不承担前款规定的民事责任的，人民法院可以采取在报刊、网络等媒体上发布公告或者公布生效裁判文书等方式执行，产生的费用由行为人负担。

第一千零一条 对自然人因婚姻家庭关系等产生的身份权利的保护，适用本法第一编、第五编和其他法律的相关规定；没有规定的，可以根据其性质参照适用本编人格权保护的有关规定。

第二章　生命权、身体权和健康权

第一千零二条 自然人享有生命权。自然人的生命安全和生命尊严受法律保护。任何组织或者个人不得侵害他人的生命权。

第一千零三条 自然人享有身体权。自然人的身体完整和行动自由受法律保护。任何组织或者个人不得侵害他人的身体权。

第一千零四条 自然人享有健康权。自然人的身心健康受法律保护。任何组织或者个人不得侵害他人的健康权。

第一千零五条 自然人的生命权、身体权、健康权受到侵害或者处于其他危难情形的，负有法定救助义务的组织或者个人应当及时施救。

第一千零六条 完全民事行为能力人有权依法自主决定无偿捐献其人体细胞、人体组织、人体器官、遗体。任何组织或者个人不得强迫、欺骗、利诱其捐献。

完全民事行为能力人依据前款规定同意捐献的，应当采用书面形式，也可以订立遗嘱。

自然人生前未表示不同意捐献的，该自然人死亡后，其配偶、成年子女、父母可以共同决定捐献，决定捐献应当采用书面形式。

第一千零七条 禁止以任何形式买卖人体细胞、人体组织、人体器官、遗体。

违反前款规定的买卖行为无效。

第一千零八条 为研制新药、医疗器械或者发展新的预防和治疗方法，需要进行临床试验的，应当依法经相关主管部门批准并经伦理委员会审查同意，向受试者或者受试者的监护人告知试验目的、用途和可能产生的风险等详细情况，并经其书面同意。

进行临床试验的，不得向受试者收取试验费用。

第一千零九条 从事与人体基因、人体胚胎等有关的医学和科研活动，应当遵守法律、行政法规和国家有关规定，不得危害人体健康，不得违背伦理道德，不得损害公共利益。

第一千零一十条 违背他人意愿，以言语、文字、图像、肢体行为等方式对他人实施性骚扰的，受害人有权依法请求行为人承担民事责任。

机关、企业、学校等单位应当采取合理的预防、受理投诉、调查处置等措施，防止和制止利用职权、从属关系等实施性骚扰。

第一千零一十一条 以非法拘禁等方式剥夺、限制他人的行动自由，或者非法搜查他人身体的，受害人有权依法请求行为人承担民事责任。

第三章 姓名权和名称权

第一千零一十二条 自然人享有姓名权，有权依法决定、使用、变更或者许可他人使用自己的姓名，但是不得违背公序良俗。

第一千零一十三条 法人、非法人组织享有名称权，有权依法决定、使用、变更、转让或者许可他人使用自己的名称。

第一千零一十四条 任何组织或者个人不得以干涉、盗用、假冒等方式侵害他人的姓名权或者名称权。

第一千零一十五条 自然人应当随父姓或者母姓，但是有下列情形之一的，可以在父姓和母姓之外选取姓氏：

（一）选取其他直系长辈血亲的姓氏；

（二）因由法定扶养人以外的人扶养而选取扶养人姓氏；

（三）有不违背公序良俗的其他正当理由。

少数民族自然人的姓氏可以遵从本民族的文化传统和风俗习惯。

第一千零一十六条 自然人决定、变更姓名，或者法人、非法人组织决定、变更、转让名称的，应当依法向有关机关办理登记手续，但是法律另有规定的除外。

民事主体变更姓名、名称的，变更前实施的民事法律行为对其具有法律约束力。

第一千零一十七条 具有一定社会知名度，被他人使用足以造成公众混淆的笔名、艺名、网名、译名、字号、姓名和名称的简称等，参照适用姓名权和名称权保护的有关规定。

第四章　肖像权

第一千零一十八条　自然人享有肖像权，有权依法制作、使用、公开或者许可他人使用自己的肖像。

肖像是通过影像、雕塑、绘画等方式在一定载体上所反映的特定自然人可以被识别的外部形象。

第一千零一十九条　任何组织或者个人不得以丑化、污损，或者利用信息技术手段伪造等方式侵害他人的肖像权。未经肖像权人同意，不得制作、使用、公开肖像权人的肖像，但是法律另有规定的除外。

未经肖像权人同意，肖像作品权利人不得以发表、复制、发行、出租、展览等方式使用或者公开肖像权人的肖像。

第一千零二十条　合理实施下列行为的，可以不经肖像权人同意：

（一）为个人学习、艺术欣赏、课堂教学或者科学研究，在必要范围内使用肖像权人已经公开的肖像；

（二）为实施新闻报道，不可避免地制作、使用、公开肖像权人的肖像；

（三）为依法履行职责，国家机关在必要范围内制作、使用、公开肖像权人的肖像；

（四）为展示特定公共环境，不可避免地制作、使用、公开肖像权人的肖像；

（五）为维护公共利益或者肖像权人合法权益，制作、使用、公开肖像权人的肖像的其他行为。

第一千零二十一条　当事人对肖像许可使用合同中关于肖像使用条款的理解有争议的，应当作出有利于肖像权人的解释。

第一千零二十二条　当事人对肖像许可使用期限没有约定或者约定不明确的，任何一方当事人可以随时解除肖像许可使用合同，但是应当在合理期限之前通知对方。

当事人对肖像许可使用期限有明确约定，肖像权人有正当理由的，可以解除肖像许可使用合同，但是应当在合理期限之前通知对方。因解除合同造成对方损失的，除不可归责于肖像权人的事由外，应当赔偿损失。

第一千零二十三条 对姓名等的许可使用，参照适用肖像许可使用的有关规定。

对自然人声音的保护，参照适用肖像权保护的有关规定。

第五章 名誉权和荣誉权

第一千零二十四条 民事主体享有名誉权。任何组织或者个人不得以侮辱、诽谤等方式侵害他人的名誉权。

名誉是对民事主体的品德、声望、才能、信用等的社会评价。

第一千零二十五条 行为人为公共利益实施新闻报道、舆论监督等行为，影响他人名誉的，不承担民事责任，但是有下列情形之一的除外：

（一）捏造、歪曲事实；

（二）对他人提供的严重失实内容未尽到合理核实义务；

（三）使用侮辱性言辞等贬损他人名誉。

第一千零二十六条 认定行为人是否尽到前条第二项规定的合理核实义务，应当考虑下列因素：

（一）内容来源的可信度；

（二）对明显可能引发争议的内容是否进行了必要的调查；

（三）内容的时限性；

（四）内容与公序良俗的关联性；

（五）受害人名誉受贬损的可能性；

（六）核实能力和核实成本。

第一千零二十七条 行为人发表的文学、艺术作品以真人真事或者特定人为描述对象，含有侮辱、诽谤内容，侵害他人名誉权的，受害人有权依法请求该行为人承担民事责任。

行为人发表的文学、艺术作品不以特定人为描述对象，仅其中的情节与该特定人的情况相似的，不承担民事责任。

第一千零二十八条 民事主体有证据证明报刊、网络等媒体报道的内容失实，侵害其名誉权的，有权请求该媒体及时采取更正或者删除等必要措施。

第一千零二十九条 民事主体可以依法查询自己的信用评价；发现信用评价不当的，有权提出异议并请求采取更正、删除等必要措施。信用评价人应当及时核查，经核查属实的，应当及时采取必要措施。

第一千零三十条 民事主体与征信机构等信用信息处理者之间的关系，适用本编有关个人信息保护的规定和其他法律、行政法规的有关规定。

第一千零三十一条 民事主体享有荣誉权。任何组织或者个人不得非法剥夺他人的荣誉称号，不得诋毁、贬损他人的荣誉。

获得的荣誉称号应当记载而没有记载的，民事主体可以请求记载；获得的荣誉称号记载错误的，民事主体可以请求更正。

第六章 隐私权和个人信息保护

第一千零三十二条 自然人享有隐私权。任何组织或者个人不得以刺探、侵扰、泄露、公开等方式侵害他人的隐私权。

隐私是自然人的私人生活安宁和不愿为他人知晓的私密空间、私密活动、私密信息。

第一千零三十三条 除法律另有规定或者权利人明确同意外，任何组织或者个人不得实施下列行为：

（一）以电话、短信、即时通讯工具、电子邮件、传单等方式侵扰他人的私人生活安宁；

（二）进入、拍摄、窥视他人的住宅、宾馆房间等私密空间；

（三）拍摄、窥视、窃听、公开他人的私密活动；

（四）拍摄、窥视他人身体的私密部位；

（五）处理他人的私密信息；

（六）以其他方式侵害他人的隐私权。

第一千零三十四条　自然人的个人信息受法律保护。

个人信息是以电子或者其他方式记录的能够单独或者与其他信息结合识别特定自然人的各种信息，包括自然人的姓名、出生日期、身份证件号码、生物识别信息、住址、电话号码、电子邮箱、健康信息、行踪信息等。

个人信息中的私密信息，适用有关隐私权的规定；没有规定的，适用有关个人信息保护的规定。

第一千零三十五条　处理个人信息的，应当遵循合法、正当、必要原则，不得过度处理，并符合下列条件：

（一）征得该自然人或者其监护人同意，但是法律、行政法规另有规定的除外；

（二）公开处理信息的规则；

（三）明示处理信息的目的、方式和范围；

（四）不违反法律、行政法规的规定和双方的约定。

个人信息的处理包括个人信息的收集、存储、使用、加工、传输、提供、公开等。

第一千零三十六条　处理个人信息，有下列情形之一的，行为人不承担民事责任：

（一）在该自然人或者其监护人同意的范围内合理实施的行为；

（二）合理处理该自然人自行公开的或者其他已经合法公开的信息，但是该自然人明确拒绝或者处理该信息侵害其重大利益的除外；

（三）为维护公共利益或者该自然人合法权益，合理实施的其他行为。

第一千零三十七条　自然人可以依法向信息处理者查阅或者复制其个人信息；发现信息有错误的，有权提出异议并请求及时采取更正等必要措施。

自然人发现信息处理者违反法律、行政法规的规定或者双方的约定处理其个人信息的，有权请求信息处理者及时删除。

第一千零三十八条 信息处理者不得泄露或者篡改其收集、存储的个人信息；未经自然人同意，不得向他人非法提供其个人信息，但是经过加工无法识别特定个人且不能复原的除外。

信息处理者应当采取技术措施和其他必要措施，确保其收集、存储的个人信息安全，防止信息泄露、篡改、丢失；发生或者可能发生个人信息泄露、篡改、丢失的，应当及时采取补救措施，按照规定告知自然人并向有关主管部门报告。

第一千零三十九条 国家机关、承担行政职能的法定机构及其工作人员对于履行职责过程中知悉的自然人的隐私和个人信息，应当予以保密，不得泄露或者向他人非法提供。

……

第七编　侵权责任

……

第三章　责任主体的特殊规定

第一千一百九十四条 网络用户、网络服务提供者利用网络侵害他人民事权益的，应当承担侵权责任。法律另有规定的，依照其规定。

第一千一百九十五条 网络用户利用网络服务实施侵权行为的，权利人有权通知网络服务提供者采取删除、屏蔽、断开链接等必要措施。通知应当包括构成侵权的初步证据及权利人的真实身份信息。

网络服务提供者接到通知后，应当及时将该通知转送相关网络用户，并根据构成侵权的初步证据和服务类型采取必要措施；未及时采取必要措施的，对损害的扩大部分与该网络用户承担连带责任。

权利人因错误通知造成网络用户或者网络服务提供者损害的，应当承担侵权责任。法律另有规定的，依照其规定。

第一千一百九十六条 网络用户接到转送的通知后，可以向网络服务提供者提交不存在侵权行为的声明。声明应当包括不存在侵权行为的初步证据及网络用户的真实身份信息。

网络服务提供者接到声明后，应当将该声明转送发出通知的权利人，并告知其可以向有关部门投诉或者向人民法院提起诉讼。网络服务提供者在转送声明到达权利人后的合理期限内，未收到权利人已经投诉或者提起诉讼通知的，应当及时终止所采取的措施。

第一千一百九十七条 网络服务提供者知道或者应当知道网络用户利用其网络服务侵害他人民事权益，未采取必要措施的，与该网络用户承担连带责任。

……

中华人民共和国个人信息保护法

（2021年8月20日第十三届全国人民代表大会常务委员会第三十次会议通过）

第一章 总 则

第一条 为了保护个人信息权益，规范个人信息处理活动，促进个人信息合理利用，根据宪法，制定本法。

第二条 自然人的个人信息受法律保护，任何组织、个人不得侵害自然人的个人信息权益。

第三条 在中华人民共和国境内处理自然人个人信息的活动，适用本法。

在中华人民共和国境外处理中华人民共和国境内自然人个人信息的活动，有下列情形之一的，也适用本法：

（一）以向境内自然人提供产品或者服务为目的；

（二）分析、评估境内自然人的行为；

（三）法律、行政法规规定的其他情形。

第四条 个人信息是以电子或者其他方式记录的与已识别或者可识别的自然人有关的各种信息，不包括匿名化处理后的信息。

个人信息的处理包括个人信息的收集、存储、使用、加工、传输、提供、公开、删除等。

第五条 处理个人信息应当遵循合法、正当、必要和诚信原则，不得通过误导、欺诈、胁迫等方式处理个人信息。

第六条 处理个人信息应当具有明确、合理的目的，并应当与处理目的直接相关，采取对个人权益影响最小的方式。

收集个人信息，应当限于实现处理目的的最小范围，不得过度收集个人信息。

第七条 处理个人信息应当遵循公开、透明原则，公开个人信息处理规则，明示处理的目的、方式和范围。

第八条 处理个人信息应当保证个人信息的质量，避免因个人信息不准确、不完整对个人权益造成不利影响。

第九条 个人信息处理者应当对其个人信息处理活动负责，并采取必要措施保障所处理的个人信息的安全。

第十条 任何组织、个人不得非法收集、使用、加工、传输他人个人信息，不得非法买卖、提供或者公开他人个人信息；不得从事危害国家安全、公共利益的个人信息处理活动。

第十一条 国家建立健全个人信息保护制度，预防和惩治侵害个人信息权益的行为，加强个人信息保护宣传教育，推动形成政府、企业、相关社会组织、公众共同参与个人信息保护的良好环境。

第十二条 国家积极参与个人信息保护国际规则的制定，促进个人信息保护方面的国际交流与合作，推动与其他国家、地区、国际组织之间的个人信息保护规则、标准等互认。

第二章 个人信息处理规则

第一节 一般规定

第十三条 符合下列情形之一的，个人信息处理者方可处理个人信息：

（一）取得个人的同意；

（二）为订立、履行个人作为一方当事人的合同所必需，或者按照依法制定的劳动规章制度和依法签订的集体合同实施人力资源管理所必需；

（三）为履行法定职责或者法定义务所必需；

（四）为应对突发公共卫生事件，或者紧急情况下为保护自然人的生命健康和财产安全所必需；

（五）为公共利益实施新闻报道、舆论监督等行为，在合理的范围内处理个人信息；

（六）依照本法规定在合理的范围内处理个人自行公开或者其他已经合法公开的个人信息；

（七）法律、行政法规规定的其他情形。

依照本法其他有关规定，处理个人信息应当取得个人同意，但是有前款第二项至第七项规定情形的，不需取得个人同意。

第十四条 基于个人同意处理个人信息的，该同意应当由个人在充分知情的前提下自愿、明确作出。法律、行政法规规定处理个人信息应当取得个人单独同意或者书面同意的，从其规定。

个人信息的处理目的、处理方式和处理的个人信息种类发生变更的，应当重新取得个人同意。

第十五条 基于个人同意处理个人信息的，个人有权撤回其同意。个人信息处理者应当提供便捷的撤回同意的方式。

个人撤回同意，不影响撤回前基于个人同意已进行的个人信息处理活动的效力。

第十六条 个人信息处理者不得以个人不同意处理其个人信息或者撤回同意为由，拒绝提供产品或者服务；处理个人信息属于提供产品或者服务所必需的除外。

第十七条 个人信息处理者在处理个人信息前，应当以显著方式、清晰易懂的语言真实、准确、完整地向个人告知下列事项：

（一）个人信息处理者的名称或者姓名和联系方式；

（二）个人信息的处理目的、处理方式，处理的个人信息种类、保存期限；

（三）个人行使本法规定权利的方式和程序；

（四）法律、行政法规规定应当告知的其他事项。

前款规定事项发生变更的，应当将变更部分告知个人。

个人信息处理者通过制定个人信息处理规则的方式告知第一款规定事项的，处理规则应当公开，并且便于查阅和保存。

第十八条 个人信息处理者处理个人信息，有法律、行政法规规定应当保密或者不需要告知的情形的，可以不向个人告知前条第一款规定的事项。

紧急情况下为保护自然人的生命健康和财产安全无法及时向个人告知的，个人信息处理者应当在紧急情况消除后及时告知。

第十九条 除法律、行政法规另有规定外，个人信息的保存期限应当为实现处理目的所必要的最短时间。

第二十条 两个以上的个人信息处理者共同决定个人信息的处理目的和处理方式的，应当约定各自的权利和义务。但是，该约定不影响个人向其中任何一个个人信息处理者要求行使本法规定的权利。

个人信息处理者共同处理个人信息，侵害个人信息权益造成损害的，应当依法承担连带责任。

第二十一条 个人信息处理者委托处理个人信息的，应当与受托人约定委托处理的目的、期限、处理方式、个人信息的种类、保护措施以及双方的权利和义务等，并对受托人的个人信息处理活动进行监督。

受托人应当按照约定处理个人信息，不得超出约定的处理目的、处理方式等处理个人信息；委托合同不生效、无效、被撤销或者终止的，受托人应当将个人信息返还个人信息处理者或者予以删除，不得保留。

未经个人信息处理者同意，受托人不得转委托他人处理个人信息。

第二十二条 个人信息处理者因合并、分立、解散、被宣告破产等原因需要转移个人信息的，应当向个人告知接收方的名称或者姓名和联系方式。接收方应当继续履行个人信息处理者的义务。接收方变更原先的处理目的、处理方式的，应当依照本法规定重新取得个人同意。

第二十三条 个人信息处理者向其他个人信息处理者提供其处理的个人信息的，应当向个人告知接收方的名称或者姓名、联系方式、处理目的、处理方式和个人信息的种类，并取得个人的单独同意。接收方应当在上述处理目的、处理方式和个人信息的种类等范围内处理个人信息。接收方变更原先的处理目的、处理方式的，应当依照本法规定重新取得个人同意。

第二十四条 个人信息处理者利用个人信息进行自动化决策，应当保证决策的透明度和结果公平、公正，不得对个人在交易价格等交易条件上实行不合理的差别待遇。

通过自动化决策方式向个人进行信息推送、商业营销，应当同时提供不针对其个人特征的选项，或者向个人提供便捷的拒绝方式。

通过自动化决策方式作出对个人权益有重大影响的决定，个人有权要求个人信息处理者予以说明，并有权拒绝个人信息处理者仅通过自动化决策的方式作出决定。

第二十五条 个人信息处理者不得公开其处理的个人信息，取得个人单独同意的除外。

第二十六条 在公共场所安装图像采集、个人身份识别设备，应当为维护公共安全所必需，遵守国家有关规定，并设置显著的提示标识。所收集的个人图像、身份识别信息只能用于维护公共安全的目的，不得用于其他目的；取得个人单独同意的除外。

第二十七条 个人信息处理者可以在合理的范围内处理个人自行公开或者其他已经合法公开的个人信息；个人明确拒绝的除外。个人信息处理者处理已公开的个人信息，对个人权益有重大影响的，应当依照本法规定取得个人同意。

第二节　敏感个人信息的处理规则

第二十八条 敏感个人信息是一旦泄露或者非法使用，容易导致自然人的人格尊严受到侵害或者人身、财产安全受到危害的个人信息，包括生物识别、宗教信仰、特定身份、医疗健康、金融账户、行踪轨迹等信息，以及不满十四周岁未成年人的个人信息。

只有在具有特定的目的和充分的必要性，并采取严格保护措施的情形下，个人信息处理者方可处理敏感个人信息。

第二十九条 处理敏感个人信息应当取得个人的单独同意；法律、行政法规规定处理敏感个人信息应当取得书面同意的，从其规定。

第三十条 个人信息处理者处理敏感个人信息的，除本法第十七条第一款规定的事项外，还应当向个人告知处理敏感个人信息的必要性以及对个人权益的影响；依照本法规定可以不向个人告知的除外。

第三十一条 个人信息处理者处理不满十四周岁未成年人个人信息的，应当取得未成年人的父母或者其他监护人的同意。

个人信息处理者处理不满十四周岁未成年人个人信息的，应当制定专门的个人信息处理规则。

第三十二条 法律、行政法规对处理敏感个人信息规定应当取得相关行政许可或者作出其他限制的，从其规定。

第三节 国家机关处理个人信息的特别规定

第三十三条 国家机关处理个人信息的活动，适用本法；本节有特别规定的，适用本节规定。

第三十四条 国家机关为履行法定职责处理个人信息，应当依照法律、行政法规规定的权限、程序进行，不得超出履行法定职责所必需的范围和限度。

第三十五条 国家机关为履行法定职责处理个人信息，应当依照本法规定履行告知义务；有本法第十八条第一款规定的情形，或者告知将妨碍国家机关履行法定职责的除外。

第三十六条 国家机关处理的个人信息应当在中华人民共和国境内存储；确需向境外提供的，应当进行安全评估。安全评估可以要求有关部门提供支持与协助。

第三十七条 法律、法规授权的具有管理公共事务职能的组织为履行法定职责处理个人信息，适用本法关于国家机关处理个人信息的规定。

第三章 个人信息跨境提供的规则

第三十八条 个人信息处理者因业务等需要，确需向中华人民共和国境外提供个人信息的，应当具备下列条件之一：

（一）依照本法第四十条的规定通过国家网信部门组织的安全评估；

（二）按照国家网信部门的规定经专业机构进行个人信息保护认证；

（三）按照国家网信部门制定的标准合同与境外接收方订立合同，约定双方的权利和义务；

（四）法律、行政法规或者国家网信部门规定的其他条件。

中华人民共和国缔结或者参加的国际条约、协定对向中华人民共和国境外提供个人信息的条件等有规定的，可以按照其规定执行。

个人信息处理者应当采取必要措施，保障境外接收方处理个人信息的活动达到本法规定的个人信息保护标准。

第三十九条 个人信息处理者向中华人民共和国境外提供个人信息的，应当向个人告知境外接收方的名称或者姓名、联系方式、处理目的、处理方式、个人信息的种类以及个人向境外接收方行使本法规定权利的方式和程序等事项，并取得个人的单独同意。

第四十条 关键信息基础设施运营者和处理个人信息达到国家网信部门规定数量的个人信息处理者，应当将在中华人民共和国境内收集和产生的个人信息存储在境内。确需向境外提供的，应当通过国家网信部门组织的安全评估；法律、行政法规和国家网信部门规定可以不进行安全评估的，从其规定。

第四十一条 中华人民共和国主管机关根据有关法律和中华人民共

和国缔结或者参加的国际条约、协定，或者按照平等互惠原则，处理外国司法或者执法机构关于提供存储于境内个人信息的请求。非经中华人民共和国主管机关批准，个人信息处理者不得向外国司法或者执法机构提供存储于中华人民共和国境内的个人信息。

第四十二条 境外的组织、个人从事侵害中华人民共和国公民的个人信息权益，或者危害中华人民共和国国家安全、公共利益的个人信息处理活动的，国家网信部门可以将其列入限制或者禁止个人信息提供清单，予以公告，并采取限制或者禁止向其提供个人信息等措施。

第四十三条 任何国家或者地区在个人信息保护方面对中华人民共和国采取歧视性的禁止、限制或者其他类似措施的，中华人民共和国可以根据实际情况对该国家或者地区对等采取措施。

第四章 个人在个人信息处理活动中的权利

第四十四条 个人对其个人信息的处理享有知情权、决定权，有权限制或者拒绝他人对其个人信息进行处理；法律、行政法规另有规定的除外。

第四十五条 个人有权向个人信息处理者查阅、复制其个人信息；有本法第十八条第一款、第三十五条规定情形的除外。

个人请求查阅、复制其个人信息的，个人信息处理者应当及时提供。

个人请求将个人信息转移至其指定的个人信息处理者，符合国家网信部门规定条件的，个人信息处理者应当提供转移的途径。

第四十六条 个人发现其个人信息不准确或者不完整的，有权请求个人信息处理者更正、补充。

个人请求更正、补充其个人信息的，个人信息处理者应当对其个人信息予以核实，并及时更正、补充。

第四十七条 有下列情形之一的，个人信息处理者应当主动删除个人信息；个人信息处理者未删除的，个人有权请求删除：

（一）处理目的已实现、无法实现或者为实现处理目的不再必要；

（二）个人信息处理者停止提供产品或者服务，或者保存期限已届满；

（三）个人撤回同意；

（四）个人信息处理者违反法律、行政法规或者违反约定处理个人信息；

（五）法律、行政法规规定的其他情形。

法律、行政法规规定的保存期限未届满，或者删除个人信息从技术上难以实现的，个人信息处理者应当停止除存储和采取必要的安全保护措施之外的处理。

第四十八条 个人有权要求个人信息处理者对其个人信息处理规则进行解释说明。

第四十九条 自然人死亡的，其近亲属为了自身的合法、正当利益，可以对死者的相关个人信息行使本章规定的查阅、复制、更正、删除等权利；死者生前另有安排的除外。

第五十条 个人信息处理者应当建立便捷的个人行使权利的申请受理和处理机制。拒绝个人行使权利的请求的，应当说明理由。

个人信息处理者拒绝个人行使权利的请求的，个人可以依法向人民法院提起诉讼。

第五章 个人信息处理者的义务

第五十一条 个人信息处理者应当根据个人信息的处理目的、处理方式、个人信息的种类以及对个人权益的影响、可能存在的安全风险等，采取下列措施确保个人信息处理活动符合法律、行政法规的规定，并防止未经授权的访问以及个人信息泄露、篡改、丢失：

（一）制定内部管理制度和操作规程；

（二）对个人信息实行分类管理；

（三）采取相应的加密、去标识化等安全技术措施；

（四）合理确定个人信息处理的操作权限，并定期对从业人员进行安全教育和培训；

（五）制定并组织实施个人信息安全事件应急预案；

（六）法律、行政法规规定的其他措施。

第五十二条 处理个人信息达到国家网信部门规定数量的个人信息处理者应当指定个人信息保护负责人，负责对个人信息处理活动以及采取的保护措施等进行监督。

个人信息处理者应当公开个人信息保护负责人的联系方式，并将个人信息保护负责人的姓名、联系方式等报送履行个人信息保护职责的部门。

第五十三条 本法第三条第二款规定的中华人民共和国境外的个人信息处理者，应当在中华人民共和国境内设立专门机构或者指定代表，负责处理个人信息保护相关事务，并将有关机构的名称或者代表的姓名、联系方式等报送履行个人信息保护职责的部门。

第五十四条 个人信息处理者应当定期对其处理个人信息遵守法律、行政法规的情况进行合规审计。

第五十五条 有下列情形之一的，个人信息处理者应当事前进行个人信息保护影响评估，并对处理情况进行记录：

（一）处理敏感个人信息；

（二）利用个人信息进行自动化决策；

（三）委托处理个人信息、向其他个人信息处理者提供个人信息、公开个人信息；

（四）向境外提供个人信息；

（五）其他对个人权益有重大影响的个人信息处理活动。

第五十六条 个人信息保护影响评估应当包括下列内容：

（一）个人信息的处理目的、处理方式等是否合法、正当、必要；

（二）对个人权益的影响及安全风险；

（三）所采取的保护措施是否合法、有效并与风险程度相适应。

个人信息保护影响评估报告和处理情况记录应当至少保存三年。

第五十七条 发生或者可能发生个人信息泄露、篡改、丢失的，个人信息处理者应当立即采取补救措施，并通知履行个人信息保护职责的部门和个人。通知应当包括下列事项：

（一）发生或者可能发生个人信息泄露、篡改、丢失的信息种类、原因和可能造成的危害；

（二）个人信息处理者采取的补救措施和个人可以采取的减轻危害的措施；

（三）个人信息处理者的联系方式。

个人信息处理者采取措施能够有效避免信息泄露、篡改、丢失造成危害的，个人信息处理者可以不通知个人；履行个人信息保护职责的部门认为可能造成危害的，有权要求个人信息处理者通知个人。

第五十八条 提供重要互联网平台服务、用户数量巨大、业务类型复杂的个人信息处理者，应当履行下列义务：

（一）按照国家规定建立健全个人信息保护合规制度体系，成立主要由外部成员组成的独立机构对个人信息保护情况进行监督；

（二）遵循公开、公平、公正的原则，制定平台规则，明确平台内产品或者服务提供者处理个人信息的规范和保护个人信息的义务；

（三）对严重违反法律、行政法规处理个人信息的平台内的产品或者服务提供者，停止提供服务；

（四）定期发布个人信息保护社会责任报告，接受社会监督。

第五十九条 接受委托处理个人信息的受托人，应当依照本法和有关法律、行政法规的规定，采取必要措施保障所处理的个人信息的安全，并协助个人信息处理者履行本法规定的义务。

第六章 履行个人信息保护职责的部门

第六十条 国家网信部门负责统筹协调个人信息保护工作和相关监督管理工作。国务院有关部门依照本法和有关法律、行政法规的规定，在各自职责范围内负责个人信息保护和监督管理工作。

县级以上地方人民政府有关部门的个人信息保护和监督管理职责，按照国家有关规定确定。

前两款规定的部门统称为履行个人信息保护职责的部门。

第六十一条 履行个人信息保护职责的部门履行下列个人信息保护职责：

（一）开展个人信息保护宣传教育，指导、监督个人信息处理者开展个人信息保护工作；

（二）接受、处理与个人信息保护有关的投诉、举报；

（三）组织对应用程序等个人信息保护情况进行测评，并公布测评结果；

（四）调查、处理违法个人信息处理活动；

（五）法律、行政法规规定的其他职责。

第六十二条 国家网信部门统筹协调有关部门依据本法推进下列个人信息保护工作：

（一）制定个人信息保护具体规则、标准；

（二）针对小型个人信息处理者、处理敏感个人信息以及人脸识别、人工智能等新技术、新应用，制定专门的个人信息保护规则、标准；

（三）支持研究开发和推广应用安全、方便的电子身份认证技术，推进网络身份认证公共服务建设；

（四）推进个人信息保护社会化服务体系建设，支持有关机构开展个人信息保护评估、认证服务；

（五）完善个人信息保护投诉、举报工作机制。

第六十三条 履行个人信息保护职责的部门履行个人信息保护职责，可以采取下列措施：

（一）询问有关当事人，调查与个人信息处理活动有关的情况；

（二）查阅、复制当事人与个人信息处理活动有关的合同、记录、账簿以及其他有关资料；

（三）实施现场检查，对涉嫌违法的个人信息处理活动进行调查；

（四）检查与个人信息处理活动有关的设备、物品；对有证据证明是用于违法个人信息处理活动的设备、物品，向本部门主要负责人书面报告并经批准，可以查封或者扣押。

履行个人信息保护职责的部门依法履行职责，当事人应当予以协助、配合，不得拒绝、阻挠。

第六十四条 履行个人信息保护职责的部门在履行职责中，发现个人信息处理活动存在较大风险或者发生个人信息安全事件的，可以按照规定的权限和程序对该个人信息处理者的法定代表人或者主要负责人进行约谈，或者要求个人信息处理者委托专业机构对其个人信息处理活动进行合规审计。个人信息处理者应当按照要求采取措施，进行整改，消除隐患。

履行个人信息保护职责的部门在履行职责中，发现违法处理个人信息涉嫌犯罪的，应当及时移送公安机关依法处理。

第六十五条 任何组织、个人有权对违法个人信息处理活动向履行个人信息保护职责的部门进行投诉、举报。收到投诉、举报的部门应当依法及时处理，并将处理结果告知投诉、举报人。

履行个人信息保护职责的部门应当公布接受投诉、举报的联系方式。

第七章 法律责任

第六十六条 违反本法规定处理个人信息，或者处理个人信息未履行本法规定的个人信息保护义务的，由履行个人信息保护职责的部门责令改正，给予警告，没收违法所得，对违法处理个人信息的应用程序，责令暂停或者终止提供服务；拒不改正的，并处一百万元以下罚款；对直接负责的主管人员和其他直接责任人员处一万元以上十万元以下罚款。

有前款规定的违法行为，情节严重的，由省级以上履行个人信息保护职责的部门责令改正，没收违法所得，并处五千万元以下或者上一年度营业额百分之五以下罚款，并可以责令暂停相关业务或者停业整顿、通报有关主管部门吊销相关业务许可或者吊销营业执照；对直接负责的主管人员和其他直接责任人员处十万元以上一百万元以下罚款，并可以决定禁止其在一定期限内担任相关企业的董事、监事、高级管理人员和个人信息保护负责人。

第六十七条 有本法规定的违法行为的，依照有关法律、行政法规的规定记入信用档案，并予以公示。

第六十八条 国家机关不履行本法规定的个人信息保护义务的，由其上级机关或者履行个人信息保护职责的部门责令改正；对直接负责的主管人员和其他直接责任人员依法给予处分。

履行个人信息保护职责的部门的工作人员玩忽职守、滥用职权、徇私舞弊，尚不构成犯罪的，依法给予处分。

第六十九条 处理个人信息侵害个人信息权益造成损害，个人信息处理者不能证明自己没有过错的，应当承担损害赔偿等侵权责任。

前款规定的损害赔偿责任按照个人因此受到的损失或者个人信息处理者因此获得的利益确定；个人因此受到的损失和个人信息处理者因此获得的利益难以确定的，根据实际情况确定赔偿数额。

第七十条 个人信息处理者违反本法规定处理个人信息，侵害众多个人的权益的，人民检察院、法律规定的消费者组织和由国家网信部门确定的组织可以依法向人民法院提起诉讼。

第七十一条 违反本法规定，构成违反治安管理行为的，依法给予治安管理处罚；构成犯罪的，依法追究刑事责任。

第八章 附 则

第七十二条 自然人因个人或者家庭事务处理个人信息的，不适用本法。

法律对各级人民政府及其有关部门组织实施的统计、档案管理活动中的个人信息处理有规定的，适用其规定。

第七十三条 本法下列用语的含义：

（一）个人信息处理者，是指在个人信息处理活动中自主决定处理目的、处理方式的组织、个人。

（二）自动化决策，是指通过计算机程序自动分析、评估个人的行为习惯、兴趣爱好或者经济、健康、信用状况等，并进行决策的活动。

（三）去标识化，是指个人信息经过处理，使其在不借助额外信息的情况下无法识别特定自然人的过程。

（四）匿名化，是指个人信息经过处理无法识别特定自然人且不能复原的过程。

第七十四条 本法自 2021 年 11 月 1 日起施行。

中华人民共和国行政处罚法

（1996 年 3 月 17 日第八届全国人民代表大会第四次会议通过　根据 2009 年 8 月 27 日第十一届全国人民代表大会常务委员会第十次会议《关于修改部分法律的决定》第一次修正　根据 2017 年 9 月 1 日第十二届全国人民代表大会常务委员会第二十九次会议《关于修改〈中华人民共和国法官法〉等八部法律的决定》第二次修正　2021 年 1 月 22 日第十三届全国人民代表大会常务委员会第二十五次会议修订）

第一章　总　　则

第一条　为了规范行政处罚的设定和实施，保障和监督行政机关有效实施行政管理，维护公共利益和社会秩序，保护公民、法人或者其他组织的合法权益，根据宪法，制定本法。

第二条　行政处罚是指行政机关依法对违反行政管理秩序的公民、法人或者其他组织，以减损权益或者增加义务的方式予以惩戒的行为。

第三条　行政处罚的设定和实施，适用本法。

第四条　公民、法人或者其他组织违反行政管理秩序的行为，应当给予行政处罚的，依照本法由法律、法规、规章规定，并由行政机关依照本法规定的程序实施。

第五条　行政处罚遵循公正、公开的原则。

设定和实施行政处罚必须以事实为依据，与违法行为的事实、性质、情节以及社会危害程度相当。

对违法行为给予行政处罚的规定必须公布；未经公布的，不得作为行政处罚的依据。

第六条 实施行政处罚，纠正违法行为，应当坚持处罚与教育相结合，教育公民、法人或者其他组织自觉守法。

第七条 公民、法人或者其他组织对行政机关所给予的行政处罚，享有陈述权、申辩权；对行政处罚不服的，有权依法申请行政复议或者提起行政诉讼。

公民、法人或者其他组织因行政机关违法给予行政处罚受到损害的，有权依法提出赔偿要求。

第八条 公民、法人或者其他组织因违法行为受到行政处罚，其违法行为对他人造成损害的，应当依法承担民事责任。

违法行为构成犯罪，应当依法追究刑事责任的，不得以行政处罚代替刑事处罚。

第二章 行政处罚的种类和设定

第九条 行政处罚的种类：

（一）警告、通报批评；

（二）罚款、没收违法所得、没收非法财物；

（三）暂扣许可证件、降低资质等级、吊销许可证件；

（四）限制开展生产经营活动、责令停产停业、责令关闭、限制从业；

（五）行政拘留；

（六）法律、行政法规规定的其他行政处罚。

第十条 法律可以设定各种行政处罚。

限制人身自由的行政处罚，只能由法律设定。

第十一条 行政法规可以设定除限制人身自由以外的行政处罚。

法律对违法行为已经作出行政处罚规定，行政法规需要作出具体规定的，必须在法律规定的给予行政处罚的行为、种类和幅度的范围内规定。

法律对违法行为未作出行政处罚规定，行政法规为实施法律，可以补充设定行政处罚。拟补充设定行政处罚的，应当通过听证会、论证会等形式广泛听取意见，并向制定机关作出书面说明。行政法规报送备案时，应当说明补充设定行政处罚的情况。

第十二条 地方性法规可以设定除限制人身自由、吊销营业执照以外的行政处罚。

法律、行政法规对违法行为已经作出行政处罚规定，地方性法规需要作出具体规定的，必须在法律、行政法规规定的给予行政处罚的行为、种类和幅度的范围内规定。

法律、行政法规对违法行为未作出行政处罚规定，地方性法规为实施法律、行政法规，可以补充设定行政处罚。拟补充设定行政处罚的，应当通过听证会、论证会等形式广泛听取意见，并向制定机关作出书面说明。地方性法规报送备案时，应当说明补充设定行政处罚的情况。

第十三条 国务院部门规章可以在法律、行政法规规定的给予行政处罚的行为、种类和幅度的范围内作出具体规定。

尚未制定法律、行政法规的，国务院部门规章对违反行政管理秩序的行为，可以设定警告、通报批评或者一定数额罚款的行政处罚。罚款的限额由国务院规定。

第十四条 地方政府规章可以在法律、法规规定的给予行政处罚的行为、种类和幅度的范围内作出具体规定。

尚未制定法律、法规的，地方政府规章对违反行政管理秩序的行为，可以设定警告、通报批评或者一定数额罚款的行政处罚。罚款的限额由省、自治区、直辖市人民代表大会常务委员会规定。

第十五条 国务院部门和省、自治区、直辖市人民政府及其有关部门应当定期组织评估行政处罚的实施情况和必要性，对不适当的行政处罚事项及种类、罚款数额等，应当提出修改或者废止的建议。

第十六条 除法律、法规、规章外，其他规范性文件不得设定行政处罚。

第三章　行政处罚的实施机关

第十七条　行政处罚由具有行政处罚权的行政机关在法定职权范围内实施。

第十八条　国家在城市管理、市场监管、生态环境、文化市场、交通运输、应急管理、农业等领域推行建立综合行政执法制度，相对集中行政处罚权。

国务院或者省、自治区、直辖市人民政府可以决定一个行政机关行使有关行政机关的行政处罚权。

限制人身自由的行政处罚权只能由公安机关和法律规定的其他机关行使。

第十九条　法律、法规授权的具有管理公共事务职能的组织可以在法定授权范围内实施行政处罚。

第二十条　行政机关依照法律、法规、规章的规定，可以在其法定权限内书面委托符合本法第二十一条规定条件的组织实施行政处罚。行政机关不得委托其他组织或者个人实施行政处罚。

委托书应当载明委托的具体事项、权限、期限等内容。委托行政机关和受委托组织应当将委托书向社会公布。

委托行政机关对受委托组织实施行政处罚的行为应当负责监督，并对该行为的后果承担法律责任。

受委托组织在委托范围内，以委托行政机关名义实施行政处罚；不得再委托其他组织或者个人实施行政处罚。

第二十一条　受委托组织必须符合以下条件：

（一）依法成立并具有管理公共事务职能；

（二）有熟悉有关法律、法规、规章和业务并取得行政执法资格的工作人员；

（三）需要进行技术检查或者技术鉴定的，应当有条件组织进行相应的技术检查或者技术鉴定。

第四章 行政处罚的管辖和适用

第二十二条 行政处罚由违法行为发生地的行政机关管辖。法律、行政法规、部门规章另有规定的，从其规定。

第二十三条 行政处罚由县级以上地方人民政府具有行政处罚权的行政机关管辖。法律、行政法规另有规定的，从其规定。

第二十四条 省、自治区、直辖市根据当地实际情况，可以决定将基层管理迫切需要的县级人民政府部门的行政处罚权交由能够有效承接的乡镇人民政府、街道办事处行使，并定期组织评估。决定应当公布。

承接行政处罚权的乡镇人民政府、街道办事处应当加强执法能力建设，按照规定范围、依照法定程序实施行政处罚。

有关地方人民政府及其部门应当加强组织协调、业务指导、执法监督，建立健全行政处罚协调配合机制，完善评议、考核制度。

第二十五条 两个以上行政机关都有管辖权的，由最先立案的行政机关管辖。

对管辖发生争议的，应当协商解决，协商不成的，报请共同的上一级行政机关指定管辖；也可以直接由共同的上一级行政机关指定管辖。

第二十六条 行政机关因实施行政处罚的需要，可以向有关机关提出协助请求。协助事项属于被请求机关职权范围内的，应当依法予以协助。

第二十七条 违法行为涉嫌犯罪的，行政机关应当及时将案件移送司法机关，依法追究刑事责任。对依法不需要追究刑事责任或者免予刑事处罚，但应当给予行政处罚的，司法机关应当及时将案件移送有关行政机关。

行政处罚实施机关与司法机关之间应当加强协调配合，建立健全案件移送制度，加强证据材料移交、接收衔接，完善案件处理信息通报机制。

第二十八条 行政机关实施行政处罚时，应当责令当事人改正或者限期改正违法行为。

当事人有违法所得，除依法应当退赔的外，应当予以没收。违法所得是指实施违法行为所取得的款项。法律、行政法规、部门规章对违法所得的计算另有规定的，从其规定。

第二十九条 对当事人的同一个违法行为，不得给予两次以上罚款的行政处罚。同一个违法行为违反多个法律规范应当给予罚款处罚的，按照罚款数额高的规定处罚。

第三十条 不满十四周岁的未成年人有违法行为的，不予行政处罚，责令监护人加以管教；已满十四周岁不满十八周岁的未成年人有违法行为的，应当从轻或者减轻行政处罚。

第三十一条 精神病人、智力残疾人在不能辨认或者不能控制自己行为时有违法行为的，不予行政处罚，但应当责令其监护人严加看管和治疗。间歇性精神病人在精神正常时有违法行为的，应当给予行政处罚。尚未完全丧失辨认或者控制自己行为能力的精神病人、智力残疾人有违法行为的，可以从轻或者减轻行政处罚。

第三十二条 当事人有下列情形之一，应当从轻或者减轻行政处罚：

（一）主动消除或者减轻违法行为危害后果的；

（二）受他人胁迫或者诱骗实施违法行为的；

（三）主动供述行政机关尚未掌握的违法行为的；

（四）配合行政机关查处违法行为有立功表现的；

（五）法律、法规、规章规定其他应当从轻或者减轻行政处罚的。

第三十三条 违法行为轻微并及时改正，没有造成危害后果的，不予行政处罚。初次违法且危害后果轻微并及时改正的，可以不予行政处罚。

当事人有证据足以证明没有主观过错的，不予行政处罚。法律、行政法规另有规定的，从其规定。

对当事人的违法行为依法不予行政处罚的，行政机关应当对当事人进行教育。

第三十四条 行政机关可以依法制定行政处罚裁量基准，规范行使行政处罚裁量权。行政处罚裁量基准应当向社会公布。

第三十五条 违法行为构成犯罪，人民法院判处拘役或者有期徒刑时，行政机关已经给予当事人行政拘留的，应当依法折抵相应刑期。

违法行为构成犯罪，人民法院判处罚金时，行政机关已经给予当事人罚款的，应当折抵相应罚金；行政机关尚未给予当事人罚款的，不再给予罚款。

第三十六条 违法行为在二年内未被发现的，不再给予行政处罚；涉及公民生命健康安全、金融安全且有危害后果的，上述期限延长至五年。法律另有规定的除外。

前款规定的期限，从违法行为发生之日起计算；违法行为有连续或者继续状态的，从行为终了之日起计算。

第三十七条 实施行政处罚，适用违法行为发生时的法律、法规、规章的规定。但是，作出行政处罚决定时，法律、法规、规章已被修改或者废止，且新的规定处罚较轻或者不认为是违法的，适用新的规定。

第三十八条 行政处罚没有依据或者实施主体不具有行政主体资格的，行政处罚无效。

违反法定程序构成重大且明显违法的，行政处罚无效。

第五章 行政处罚的决定

第一节 一般规定

第三十九条 行政处罚的实施机关、立案依据、实施程序和救济渠道等信息应当公示。

第四十条 公民、法人或者其他组织违反行政管理秩序的行为，依法应当给予行政处罚的，行政机关必须查明事实；违法事实不清、证据不足的，不得给予行政处罚。

第四十一条 行政机关依照法律、行政法规规定利用电子技术监控设备收集、固定违法事实的，应当经过法制和技术审核，确保电子技术监控设备符合标准、设置合理、标志明显，设置地点应当向社会公布。

电子技术监控设备记录违法事实应当真实、清晰、完整、准确。行政机关应当审核记录内容是否符合要求；未经审核或者经审核不符合要求的，不得作为行政处罚的证据。

行政机关应当及时告知当事人违法事实，并采取信息化手段或者其他措施，为当事人查询、陈述和申辩提供便利。不得限制或者变相限制当事人享有的陈述权、申辩权。

第四十二条 行政处罚应当由具有行政执法资格的执法人员实施。执法人员不得少于两人，法律另有规定的除外。

执法人员应当文明执法，尊重和保护当事人合法权益。

第四十三条 执法人员与案件有直接利害关系或者有其他关系可能影响公正执法的，应当回避。

当事人认为执法人员与案件有直接利害关系或者有其他关系可能影响公正执法的，有权申请回避。

当事人提出回避申请的，行政机关应当依法审查，由行政机关负责人决定。决定作出之前，不停止调查。

第四十四条 行政机关在作出行政处罚决定之前，应当告知当事人拟作出的行政处罚内容及事实、理由、依据，并告知当事人依法享有的陈述、申辩、要求听证等权利。

第四十五条 当事人有权进行陈述和申辩。行政机关必须充分听取当事人的意见，对当事人提出的事实、理由和证据，应当进行复核；当事人提出的事实、理由或者证据成立的，行政机关应当采纳。

行政机关不得因当事人陈述、申辩而给予更重的处罚。

第四十六条 证据包括：

（一）书证；

（二）物证；

（三）视听资料；

（四）电子数据；

（五）证人证言；

（六）当事人的陈述；

（七）鉴定意见；

（八）勘验笔录、现场笔录。

证据必须经查证属实，方可作为认定案件事实的根据。

以非法手段取得的证据，不得作为认定案件事实的根据。

第四十七条 行政机关应当依法以文字、音像等形式，对行政处罚的启动、调查取证、审核、决定、送达、执行等进行全过程记录，归档保存。

第四十八条 具有一定社会影响的行政处罚决定应当依法公开。

公开的行政处罚决定被依法变更、撤销、确认违法或者确认无效的，行政机关应当在三日内撤回行政处罚决定信息并公开说明理由。

第四十九条 发生重大传染病疫情等突发事件，为了控制、减轻和消除突发事件引起的社会危害，行政机关对违反突发事件应对措施的行为，依法快速、从重处罚。

第五十条 行政机关及其工作人员对实施行政处罚过程中知悉的国家秘密、商业秘密或者个人隐私，应当依法予以保密。

第二节 简易程序

第五十一条 违法事实确凿并有法定依据，对公民处以二百元以下、对法人或者其他组织处以三千元以下罚款或者警告的行政处罚的，可以当场作出行政处罚决定。法律另有规定的，从其规定。

第五十二条 执法人员当场作出行政处罚决定的，应当向当事人出示执法证件，填写预定格式、编有号码的行政处罚决定书，并当场交付当事人。当事人拒绝签收的，应当在行政处罚决定书上注明。

前款规定的行政处罚决定书应当载明当事人的违法行为，行政处罚的种类和依据、罚款数额、时间、地点，申请行政复议、提起行政诉讼的途径和期限以及行政机关名称，并由执法人员签名或者盖章。

执法人员当场作出的行政处罚决定，应当报所属行政机关备案。

第五十三条 对当场作出的行政处罚决定，当事人应当依照本法第六十七条至第六十九条的规定履行。

第三节 普通程序

第五十四条 除本法第五十一条规定的可以当场作出的行政处罚外，行政机关发现公民、法人或者其他组织有依法应当给予行政处罚的行为的，必须全面、客观、公正地调查，收集有关证据；必要时，依照法律、法规的规定，可以进行检查。

符合立案标准的，行政机关应当及时立案。

第五十五条 执法人员在调查或者进行检查时，应当主动向当事人或者有关人员出示执法证件。当事人或者有关人员有权要求执法人员出示执法证件。执法人员不出示执法证件的，当事人或者有关人员有权拒绝接受调查或者检查。

当事人或者有关人员应当如实回答询问，并协助调查或者检查，不得拒绝或者阻挠。询问或者检查应当制作笔录。

第五十六条 行政机关在收集证据时，可以采取抽样取证的方法；在证据可能灭失或者以后难以取得的情况下，经行政机关负责人批准，可以先行登记保存，并应当在七日内及时作出处理决定，在此期间，当事人或者有关人员不得销毁或者转移证据。

第五十七条 调查终结，行政机关负责人应当对调查结果进行审查，根据不同情况，分别作出如下决定：

（一）确有应受行政处罚的违法行为的，根据情节轻重及具体情况，作出行政处罚决定；

（二）违法行为轻微，依法可以不予行政处罚的，不予行政处罚；

（三）违法事实不能成立的，不予行政处罚；

（四）违法行为涉嫌犯罪的，移送司法机关。

对情节复杂或者重大违法行为给予行政处罚，行政机关负责人应当集体讨论决定。

第五十八条 有下列情形之一，在行政机关负责人作出行政处罚的决定之前，应当由从事行政处罚决定法制审核的人员进行法制审核；未经法制审核或者审核未通过的，不得作出决定：

（一）涉及重大公共利益的；

（二）直接关系当事人或者第三人重大权益，经过听证程序的；

（三）案件情况疑难复杂、涉及多个法律关系的；

（四）法律、法规规定应当进行法制审核的其他情形。

行政机关中初次从事行政处罚决定法制审核的人员，应当通过国家统一法律职业资格考试取得法律职业资格。

第五十九条 行政机关依照本法第五十七条的规定给予行政处罚，应当制作行政处罚决定书。行政处罚决定书应当载明下列事项：

（一）当事人的姓名或者名称、地址；

（二）违反法律、法规、规章的事实和证据；

（三）行政处罚的种类和依据；

（四）行政处罚的履行方式和期限；

（五）申请行政复议、提起行政诉讼的途径和期限；

（六）作出行政处罚决定的行政机关名称和作出决定的日期。

行政处罚决定书必须盖有作出行政处罚决定的行政机关的印章。

第六十条 行政机关应当自行政处罚案件立案之日起九十日内作出行政处罚决定。法律、法规、规章另有规定的，从其规定。

第六十一条 行政处罚决定书应当在宣告后当场交付当事人；当事人不在场的，行政机关应当在七日内依照《中华人民共和国民事诉讼法》的有关规定，将行政处罚决定书送达当事人。

当事人同意并签订确认书的，行政机关可以采用传真、电子邮件等方式，将行政处罚决定书等送达当事人。

第六十二条 行政机关及其执法人员在作出行政处罚决定之前，未依照本法第四十四条、第四十五条的规定向当事人告知拟作出的行政处罚内容及事实、理由、依据，或者拒绝听取当事人的陈述、申辩，不得作出行政处罚决定；当事人明确放弃陈述或者申辩权利的除外。

第四节 听证程序

第六十三条 行政机关拟作出下列行政处罚决定，应当告知当事人有要求听证的权利，当事人要求听证的，行政机关应当组织听证：

（一）较大数额罚款；

（二）没收较大数额违法所得、没收较大价值非法财物；

（三）降低资质等级、吊销许可证件；

（四）责令停产停业、责令关闭、限制从业；

（五）其他较重的行政处罚；

（六）法律、法规、规章规定的其他情形。

当事人不承担行政机关组织听证的费用。

第六十四条 听证应当依照以下程序组织：

（一）当事人要求听证的，应当在行政机关告知后五日内提出；

（二）行政机关应当在举行听证的七日前，通知当事人及有关人员听证的时间、地点；

（三）除涉及国家秘密、商业秘密或者个人隐私依法予以保密外，听证公开举行；

（四）听证由行政机关指定的非本案调查人员主持；当事人认为主持人与本案有直接利害关系的，有权申请回避；

（五）当事人可以亲自参加听证，也可以委托一至二人代理；

（六）当事人及其代理人无正当理由拒不出席听证或者未经许可中途退出听证的，视为放弃听证权利，行政机关终止听证；

（七）举行听证时，调查人员提出当事人违法的事实、证据和行政处罚建议，当事人进行申辩和质证；

（八）听证应当制作笔录。笔录应当交当事人或者其代理人核对无误后签字或者盖章。当事人或者其代理人拒绝签字或者盖章的，由听证主持人在笔录中注明。

第六十五条 听证结束后，行政机关应当根据听证笔录，依照本法第五十七条的规定，作出决定。

第六章 行政处罚的执行

第六十六条 行政处罚决定依法作出后，当事人应当在行政处罚决定书载明的期限内，予以履行。

当事人确有经济困难，需要延期或者分期缴纳罚款的，经当事人申请和行政机关批准，可以暂缓或者分期缴纳。

第六十七条 作出罚款决定的行政机关应当与收缴罚款的机构分离。

除依照本法第六十八条、第六十九条的规定当场收缴的罚款外，作出行政处罚决定的行政机关及其执法人员不得自行收缴罚款。

当事人应当自收到行政处罚决定书之日起十五日内，到指定的银行或者通过电子支付系统缴纳罚款。银行应当收受罚款，并将罚款直接上缴国库。

第六十八条 依照本法第五十一条的规定当场作出行政处罚决定，有下列情形之一，执法人员可以当场收缴罚款：

（一）依法给予一百元以下罚款的；

（二）不当场收缴事后难以执行的。

第六十九条 在边远、水上、交通不便地区，行政机关及其执法人员依照本法第五十一条、第五十七条的规定作出罚款决定后，当事人到指定的银行或者通过电子支付系统缴纳罚款确有困难，经当事人提出，行政机关及其执法人员可以当场收缴罚款。

第七十条 行政机关及其执法人员当场收缴罚款的，必须向当事人出具国务院财政部门或者省、自治区、直辖市人民政府财政部门统一制发的专用票据；不出具财政部门统一制发的专用票据的，当事人有权拒绝缴纳罚款。

第七十一条 执法人员当场收缴的罚款，应当自收缴罚款之日起二日内，交至行政机关；在水上当场收缴的罚款，应当自抵岸之日起二日内交至行政机关；行政机关应当在二日内将罚款缴付指定的银行。

第七十二条 当事人逾期不履行行政处罚决定的，作出行政处罚决定的行政机关可以采取下列措施：

（一）到期不缴纳罚款的，每日按罚款数额的百分之三加处罚款，加处罚款的数额不得超出罚款的数额；

（二）根据法律规定，将查封、扣押的财物拍卖、依法处理或者将冻结的存款、汇款划拨抵缴罚款；

（三）根据法律规定，采取其他行政强制执行方式；

（四）依照《中华人民共和国行政强制法》的规定申请人民法院强制执行。

行政机关批准延期、分期缴纳罚款的，申请人民法院强制执行的期限，自暂缓或者分期缴纳罚款期限结束之日起计算。

第七十三条 当事人对行政处罚决定不服，申请行政复议或者提起行政诉讼的，行政处罚不停止执行，法律另有规定的除外。

当事人对限制人身自由的行政处罚决定不服，申请行政复议或者提起行政诉讼的，可以向作出决定的机关提出暂缓执行申请。符合法律规定情形的，应当暂缓执行。

当事人申请行政复议或者提起行政诉讼的，加处罚款的数额在行政复议或者行政诉讼期间不予计算。

第七十四条 除依法应当予以销毁的物品外，依法没收的非法财物必须按照国家规定公开拍卖或者按照国家有关规定处理。

罚款、没收的违法所得或者没收非法财物拍卖的款项，必须全部上缴国库，任何行政机关或者个人不得以任何形式截留、私分或者变相私分。

罚款、没收的违法所得或者没收非法财物拍卖的款项，不得同作出行政处罚决定的行政机关及其工作人员的考核、考评直接或者变相挂钩。除依法应当退还、退赔的外，财政部门不得以任何形式向作出行政处罚决定的行政机关返还罚款、没收的违法所得或者没收非法财物拍卖的款项。

第七十五条 行政机关应当建立健全对行政处罚的监督制度。县级以上人民政府应当定期组织开展行政执法评议、考核，加强对行政处罚的监督检查，规范和保障行政处罚的实施。

行政机关实施行政处罚应当接受社会监督。公民、法人或者其他组织对行政机关实施行政处罚的行为，有权申诉或者检举；行政机关应当认真审查，发现有错误的，应当主动改正。

第七章 法律责任

第七十六条 行政机关实施行政处罚，有下列情形之一，由上级行政机关或者有关机关责令改正，对直接负责的主管人员和其他直接责任人员依法给予处分：

（一）没有法定的行政处罚依据的；

（二）擅自改变行政处罚种类、幅度的；

（三）违反法定的行政处罚程序的；

（四）违反本法第二十条关于委托处罚的规定的；

（五）执法人员未取得执法证件的。

行政机关对符合立案标准的案件不及时立案的，依照前款规定予以处理。

第七十七条 行政机关对当事人进行处罚不使用罚款、没收财物单据或者使用非法定部门制发的罚款、没收财物单据的，当事人有权拒绝，并有权予以检举，由上级行政机关或者有关机关对使用的非法单据予以收缴销毁，对直接负责的主管人员和其他直接责任人员依法给予处分。

第七十八条 行政机关违反本法第六十七条的规定自行收缴罚款的，财政部门违反本法第七十四条的规定向行政机关返还罚款、没收的违法所得或者拍卖款项的，由上级行政机关或者有关机关责令改正，对直接负责的主管人员和其他直接责任人员依法给予处分。

第七十九条 行政机关截留、私分或者变相私分罚款、没收的违法所得或者财物的，由财政部门或者有关机关予以追缴，对直接负责的主管人员和其他直接责任人员依法给予处分；情节严重构成犯罪的，依法追究刑事责任。

执法人员利用职务上的便利，索取或者收受他人财物、将收缴罚款据为己有，构成犯罪的，依法追究刑事责任；情节轻微不构成犯罪的，依法给予处分。

第八十条 行政机关使用或者损毁查封、扣押的财物，对当事人造成损失的，应当依法予以赔偿，对直接负责的主管人员和其他直接责任人员依法给予处分。

第八十一条 行政机关违法实施检查措施或者执行措施，给公民人身或者财产造成损害、给法人或者其他组织造成损失的，应当依法予以赔偿，对直接负责的主管人员和其他直接责任人员依法给予处分；情节严重构成犯罪的，依法追究刑事责任。

第八十二条 行政机关对应当依法移交司法机关追究刑事责任的案件不移交，以行政处罚代替刑事处罚，由上级行政机关或者有关机关责令改正，对直接负责的主管人员和其他直接责任人员依法给予处分；情节严重构成犯罪的，依法追究刑事责任。

第八十三条 行政机关对应当予以制止和处罚的违法行为不予制止、处罚，致使公民、法人或者其他组织的合法权益、公共利益和社会秩序遭受损害的，对直接负责的主管人员和其他直接责任人员依法给予处分；情节严重构成犯罪的，依法追究刑事责任。

第八章　附　　则

第八十四条 外国人、无国籍人、外国组织在中华人民共和国领域内有违法行为，应当给予行政处罚的，适用本法，法律另有规定的除外。

第八十五条 本法中“二日”“三日”“五日”“七日”的规定是指工作日，不含法定节假日。

第八十六条 本法自 2021 年 7 月 15 日起施行。

中华人民共和国英雄烈士保护法

（2018年4月27日第十三届全国人民代表大会常务委员会第二次会议通过）

第一条 为了加强对英雄烈士的保护，维护社会公共利益，传承和弘扬英雄烈士精神、爱国主义精神，培育和践行社会主义核心价值观，激发实现中华民族伟大复兴中国梦的强大精神力量，根据宪法，制定本法。

第二条 国家和人民永远尊崇、铭记英雄烈士为国家、人民和民族作出的牺牲和贡献。

近代以来，为了争取民族独立和人民解放，实现国家富强和人民幸福，促进世界和平和人类进步而毕生奋斗、英勇献身的英雄烈士，功勋彪炳史册，精神永垂不朽。

第三条 英雄烈士事迹和精神是中华民族的共同历史记忆和社会主义核心价值观的重要体现。

国家保护英雄烈士，对英雄烈士予以褒扬、纪念，加强对英雄烈士事迹和精神的宣传、教育，维护英雄烈士尊严和合法权益。

全社会都应当崇尚、学习、捍卫英雄烈士。

第四条 各级人民政府应当加强对英雄烈士的保护，将宣传、弘扬英雄烈士事迹和精神作为社会主义精神文明建设的重要内容。

县级以上人民政府负责英雄烈士保护工作的部门和其他有关部门应当依法履行职责，做好英雄烈士保护工作。

军队有关部门按照国务院、中央军事委员会的规定，做好英雄烈士保护工作。

县级以上人民政府应当将英雄烈士保护工作经费列入本级预算。

第五条 每年9月30日为烈士纪念日，国家在首都北京天安门广场人民英雄纪念碑前举行纪念仪式，缅怀英雄烈士。

县级以上地方人民政府、军队有关部门应当在烈士纪念日举行纪念活动。

举行英雄烈士纪念活动，邀请英雄烈士遗属代表参加。

第六条 在清明节和重要纪念日，机关、团体、乡村、社区、学校、企业事业单位和军队有关单位根据实际情况，组织开展英雄烈士纪念活动。

第七条 国家建立并保护英雄烈士纪念设施，纪念、缅怀英雄烈士。

矗立在首都北京天安门广场的人民英雄纪念碑，是近代以来中国人民和中华民族争取民族独立解放、人民自由幸福和国家繁荣富强精神的象征，是国家和人民纪念、缅怀英雄烈士的永久性纪念设施。

人民英雄纪念碑及其名称、碑题、碑文、浮雕、图形、标志等受法律保护。

第八条 县级以上人民政府应当将英雄烈士纪念设施建设和保护纳入国民经济和社会发展规划、城乡规划，加强对英雄烈士纪念设施的保护和管理；对具有重要纪念意义、教育意义的英雄烈士纪念设施依照《中华人民共和国文物保护法》的规定，核定公布为文物保护单位。

中央财政对革命老区、民族地区、边疆地区、贫困地区英雄烈士纪念设施的修缮保护，应当按照国家规定予以补助。

第九条 英雄烈士纪念设施应当免费向社会开放，供公众瞻仰、悼念英雄烈士，开展纪念教育活动，告慰先烈英灵。

前款规定的纪念设施由军队有关单位管理的，按照军队有关规定实行开放。

第十条 英雄烈士纪念设施保护单位应当健全服务和管理工作规

范，方便瞻仰、悼念英雄烈士，保持英雄烈士纪念设施庄严、肃穆、清净的环境和氛围。

任何组织和个人不得在英雄烈士纪念设施保护范围内从事有损纪念英雄烈士环境和氛围的活动，不得侵占英雄烈士纪念设施保护范围内的土地和设施，不得破坏、污损英雄烈士纪念设施。

第十一条 安葬英雄烈士时，县级以上人民政府、军队有关部门应当举行庄严、肃穆、文明、节俭的送迎、安葬仪式。

第十二条 国家建立健全英雄烈士祭扫制度和礼仪规范，引导公民庄严有序地开展祭扫活动。

县级以上人民政府有关部门应当为英雄烈士遗属祭扫提供便利。

第十三条 县级以上人民政府有关部门应当引导公民通过瞻仰英雄烈士纪念设施、集体宣誓、网上祭奠等形式，铭记英雄烈士的事迹，传承和弘扬英雄烈士的精神。

第十四条 英雄烈士在国外安葬的，中华人民共和国驻该国外交、领事代表机构应当结合驻在国实际情况组织开展祭扫活动。

国家通过与有关国家的合作，查找、收集英雄烈士遗骸、遗物和史料，加强对位于国外的英雄烈士纪念设施的修缮保护工作。

第十五条 国家鼓励和支持开展对英雄烈士事迹和精神的研究，以辩证唯物主义和历史唯物主义为指导认识和记述历史。

第十六条 各级人民政府、军队有关部门应当加强对英雄烈士遗物、史料的收集、保护和陈列展示工作，组织开展英雄烈士史料的研究、编纂和宣传工作。

国家鼓励和支持革命老区发挥当地资源优势，开展英雄烈士事迹和精神的研究、宣传和教育工作。

第十七条 教育行政部门应当以青少年学生为重点，将英雄烈士事迹和精神的宣传教育纳入国民教育体系。

教育行政部门、各级各类学校应当将英雄烈士事迹和精神纳入教育内容，组织开展纪念教育活动，加强对学生的爱国主义、集体主义、社会主义教育。

第十八条　文化、新闻出版、广播电视、电影、网信等部门应当鼓励和支持以英雄烈士事迹为题材、弘扬英雄烈士精神的优秀文学艺术作品、广播电视节目以及出版物的创作生产和宣传推广。

第十九条　广播电台、电视台、报刊出版单位、互联网信息服务提供者，应当通过播放或者刊登英雄烈士题材作品、发布公益广告、开设专栏等方式，广泛宣传英雄烈士事迹和精神。

第二十条　国家鼓励和支持自然人、法人和非法人组织以捐赠财产、义务宣讲英雄烈士事迹和精神、帮扶英雄烈士遗属等公益活动的方式，参与英雄烈士保护工作。

自然人、法人和非法人组织捐赠财产用于英雄烈士保护的，依法享受税收优惠。

第二十一条　国家实行英雄烈士抚恤优待制度。英雄烈士遗属按照国家规定享受教育、就业、养老、住房、医疗等方面的优待。抚恤优待水平应当与国民经济和社会发展相适应并逐步提高。

国务院有关部门、军队有关部门和地方人民政府应当关心英雄烈士遗属的生活情况，每年定期走访慰问英雄烈士遗属。

第二十二条　禁止歪曲、丑化、亵渎、否定英雄烈士事迹和精神。

英雄烈士的姓名、肖像、名誉、荣誉受法律保护。任何组织和个人不得在公共场所、互联网或者利用广播电视、电影、出版物等，以侮辱、诽谤或者其他方式侵害英雄烈士的姓名、肖像、名誉、荣誉。任何组织和个人不得将英雄烈士的姓名、肖像用于或者变相用于商标、商业广告，损害英雄烈士的名誉、荣誉。

公安、文化、新闻出版、广播电视、电影、网信、市场监督管理、负责英雄烈士保护工作的部门发现前款规定行为的，应当依法及时处理。

第二十三条　网信和电信、公安等有关部门在对网络信息进行依法监督管理工作中，发现发布或者传输以侮辱、诽谤或者其他方式侵害英雄烈士的姓名、肖像、名誉、荣誉的信息的，应当要求网络运营者停止传输，采取消除等处置措施和其他必要措施；对来源于中华人民共和国境外的上述信息，应当通知有关机构采取技术措施和其他必要措施阻断传播。

网络运营者发现其用户发布前款规定的信息的，应当立即停止传输该信息，采取消除等处置措施，防止信息扩散，保存有关记录，并向有关主管部门报告。网络运营者未采取停止传输、消除等处置措施的，依照《中华人民共和国网络安全法》的规定处罚。

第二十四条 任何组织和个人有权对侵害英雄烈士合法权益和其他违反本法规定的行为，向负责英雄烈士保护工作的部门、网信、公安等有关部门举报，接到举报的部门应当依法及时处理。

第二十五条 对侵害英雄烈士的姓名、肖像、名誉、荣誉的行为，英雄烈士的近亲属可以依法向人民法院提起诉讼。

英雄烈士没有近亲属或者近亲属不提起诉讼的，检察机关依法对侵害英雄烈士的姓名、肖像、名誉、荣誉，损害社会公共利益的行为向人民法院提起诉讼。

负责英雄烈士保护工作的部门和其他有关部门在履行职责过程中发现第一款规定的行为，需要检察机关提起诉讼的，应当向检察机关报告。

英雄烈士近亲属依照第一款规定提起诉讼的，法律援助机构应当依法提供法律援助服务。

第二十六条 以侮辱、诽谤或者其他方式侵害英雄烈士的姓名、肖像、名誉、荣誉，损害社会公共利益的，依法承担民事责任；构成违反治安管理行为的，由公安机关依法给予治安管理处罚；构成犯罪的，依法追究刑事责任。

第二十七条 在英雄烈士纪念设施保护范围内从事有损纪念英雄烈士环境和氛围的活动的，纪念设施保护单位应当及时劝阻；不听劝阻的，由县级以上地方人民政府负责英雄烈士保护工作的部门、文物主管部门按照职责规定给予批评教育，责令改正；构成违反治安管理行为的，由公安机关依法给予治安管理处罚。

亵渎、否定英雄烈士事迹和精神，宣扬、美化侵略战争和侵略行为，寻衅滋事，扰乱公共秩序，构成违反治安管理行为的，由公安机关依法给予治安管理处罚；构成犯罪的，依法追究刑事责任。

第二十八条 侵占、破坏、污损英雄烈士纪念设施的，由县级以上人民政府负责英雄烈士保护工作的部门责令改正；造成损失的，依法承担民事责任；被侵占、破坏、污损的纪念设施属于文物保护单位的，依照《中华人民共和国文物保护法》的规定处罚；构成违反治安管理行为的，由公安机关依法给予治安管理处罚；构成犯罪的，依法追究刑事责任。

第二十九条 县级以上人民政府有关部门及其工作人员在英雄烈士保护工作中滥用职权、玩忽职守、徇私舞弊的，对直接负责的主管人员和其他直接责任人员，依法给予处分；构成犯罪的，依法追究刑事责任。

第三十条 本法自 2018 年 5 月 1 日起施行。

中华人民共和国网络安全法

（2016 年 11 月 7 日第十二届全国人民代表大会常务委员会第二十四次会议通过）

第一章 总 则

第一条 为了保障网络安全，维护网络空间主权和国家安全、社会公共利益，保护公民、法人和其他组织的合法权益，促进经济社会信息化健康发展，制定本法。

第二条 在中华人民共和国境内建设、运营、维护和使用网络，以及网络安全的监督管理，适用本法。

第三条 国家坚持网络安全与信息化发展并重，遵循积极利用、科学发展、依法管理、确保安全的方针，推进网络基础设施建设和互联互通，鼓励网络技术创新和应用，支持培养网络安全人才，建立健全网络安全保障体系，提高网络安全保护能力。

第四条 国家制定并不断完善网络安全战略，明确保障网络安全的基本要求和主要目标，提出重点领域的网络安全政策、工作任务和措施。

第五条 国家采取措施，监测、防御、处置来源于中华人民共和国境内外的网络安全风险和威胁，保护关键信息基础设施免受攻击、侵入、干扰和破坏，依法惩治网络违法犯罪活动，维护网络空间安全和秩序。

第六条 国家倡导诚实守信、健康文明的网络行为，推动传播社会主义核心价值观，采取措施提高全社会的网络安全意识和水平，形成全社会共同参与促进网络安全的良好环境。

第七条 国家积极开展网络空间治理、网络技术研发和标准制定、打击网络违法犯罪等方面的国际交流与合作，推动构建和平、安全、开放、合作的网络空间，建立多边、民主、透明的网络治理体系。

第八条 国家网信部门负责统筹协调网络安全工作和相关监督管理工作。国务院电信主管部门、公安部门和其他有关机关依照本法和有关法律、行政法规的规定，在各自职责范围内负责网络安全保护和监督管理工作。

县级以上地方人民政府有关部门的网络安全保护和监督管理职责，按照国家有关规定确定。

第九条 网络运营者开展经营和服务活动，必须遵守法律、行政法规，尊重社会公德，遵守商业道德，诚实信用，履行网络安全保护义务，接受政府和社会的监督，承担社会责任。

第十条 建设、运营网络或者通过网络提供服务，应当依照法律、行政法规的规定和国家标准的强制性要求，采取技术措施和其他必要措施，保障网络安全、稳定运行，有效应对网络安全事件，防范网络违法犯罪活动，维护网络数据的完整性、保密性和可用性。

第十一条 网络相关行业组织按照章程，加强行业自律，制定网络安全行为规范，指导会员加强网络安全保护，提高网络安全保护水平，促进行业健康发展。

第十二条 国家保护公民、法人和其他组织依法使用网络的权利，促进网络接入普及，提升网络服务水平，为社会提供安全、便利的网络服务，保障网络信息依法有序自由流动。

任何个人和组织使用网络应当遵守宪法法律，遵守公共秩序，尊重社会公德，不得危害网络安全，不得利用网络从事危害国家安全、荣誉和利益，煽动颠覆国家政权、推翻社会主义制度，煽动分裂国家、破坏国家统一，宣扬恐怖主义、极端主义，宣扬民族仇恨、民族歧视，传播暴力、淫秽色情信息，编造、传播虚假信息扰乱经济秩序和社会秩序，以及侵害他人名誉、隐私、知识产权和其他合法权益等活动。

第十三条 国家支持研究开发有利于未成年人健康成长的网络产品和服务，依法惩治利用网络从事危害未成年人身心健康的活动，为未成年人提供安全、健康的网络环境。

第十四条 任何个人和组织有权对危害网络安全的行为向网信、电信、公安等部门举报。收到举报的部门应当及时依法作出处理；不属于本部门职责的，应当及时移送有权处理的部门。

有关部门应当对举报人的相关信息予以保密，保护举报人的合法权益。

第二章 网络安全支持与促进

第十五条 国家建立和完善网络安全标准体系。国务院标准化行政主管部门和国务院其他有关部门根据各自的职责，组织制定并适时修订有关网络安全管理以及网络产品、服务和运行安全的国家标准、行业标准。

国家支持企业、研究机构、高等学校、网络相关行业组织参与网络安全国家标准、行业标准的制定。

第十六条 国务院和省、自治区、直辖市人民政府应当统筹规划，加大投入，扶持重点网络安全技术产业和项目，支持网络安全技术的研究开发和应用，推广安全可信的网络产品和服务，保护网络技术知识产权，支持企业、研究机构和高等学校等参与国家网络安全技术创新项目。

第十七条 国家推进网络安全社会化服务体系建设，鼓励有关企业、机构开展网络安全认证、检测和风险评估等安全服务。

第十八条 国家鼓励开发网络数据安全保护和利用技术，促进公共数据资源开放，推动技术创新和经济社会发展。

国家支持创新网络安全管理方式，运用网络新技术，提升网络安全保护水平。

第十九条 各级人民政府及其有关部门应当组织开展经常性的网络安全宣传教育，并指导、督促有关单位做好网络安全宣传教育工作。

大众传播媒介应当有针对性地面向社会进行网络安全宣传教育。

第二十条 国家支持企业和高等学校、职业学校等教育培训机构开展网络安全相关教育与培训，采取多种方式培养网络安全人才，促进网络安全人才交流。

第三章 网络运行安全

第一节 一般规定

第二十一条 国家实行网络安全等级保护制度。网络运营者应当按照网络安全等级保护制度的要求，履行下列安全保护义务，保障网络免受干扰、破坏或者未经授权的访问，防止网络数据泄露或者被窃取、篡改：

（一）制定内部安全管理制度和操作规程，确定网络安全负责人，落实网络安全保护责任；

（二）采取防范计算机病毒和网络攻击、网络侵入等危害网络安全行为的技术措施；

（三）采取监测、记录网络运行状态、网络安全事件的技术措施，并按照规定留存相关的网络日志不少于六个月；

（四）采取数据分类、重要数据备份和加密等措施；

（五）法律、行政法规规定的其他义务。

第二十二条 网络产品、服务应当符合相关国家标准的强制性要求。网络产品、服务的提供者不得设置恶意程序；发现其网络产品、服务存在安全缺陷、漏洞等风险时，应当立即采取补救措施，按照规定及时告知用户并向有关主管部门报告。

网络产品、服务的提供者应当为其产品、服务持续提供安全维护；

在规定或者当事人约定的期限内，不得终止提供安全维护。

网络产品、服务具有收集用户信息功能的，其提供者应当向用户明示并取得同意；涉及用户个人信息的，还应当遵守本法和有关法律、行政法规关于个人信息保护的规定。

第二十三条 网络关键设备和网络安全专用产品应当按照相关国家标准的强制性要求，由具备资格的机构安全认证合格或者安全检测符合要求后，方可销售或者提供。国家网信部门会同国务院有关部门制定、公布网络关键设备和网络安全专用产品目录，并推动安全认证和安全检测结果互认，避免重复认证、检测。

第二十四条 网络运营者为用户办理网络接入、域名注册服务，办理固定电话、移动电话等入网手续，或者为用户提供信息发布、即时通讯等服务，在与用户签订协议或者确认提供服务时，应当要求用户提供真实身份信息。用户不提供真实身份信息的，网络运营者不得为其提供相关服务。

国家实施网络可信身份战略，支持研究开发安全、方便的电子身份认证技术，推动不同电子身份认证之间的互认。

第二十五条 网络运营者应当制定网络安全事件应急预案，及时处置系统漏洞、计算机病毒、网络攻击、网络侵入等安全风险；在发生危害网络安全的事件时，立即启动应急预案，采取相应的补救措施，并按照规定向有关主管部门报告。

第二十六条 开展网络安全认证、检测、风险评估等活动，向社会发布系统漏洞、计算机病毒、网络攻击、网络侵入等网络安全信息，应当遵守国家有关规定。

第二十七条 任何个人和组织不得从事非法侵入他人网络、干扰他人网络正常功能、窃取网络数据等危害网络安全的活动；不得提供专门用于从事侵入网络、干扰网络正常功能及防护措施、窃取网络数据等危害网络安全活动的程序、工具；明知他人从事危害网络安全的活动的，不得为其提供技术支持、广告推广、支付结算等帮助。

第二十八条 网络运营者应当为公安机关、国家安全机关依法维护国家安全和侦查犯罪的活动提供技术支持和协助。

第二十九条 国家支持网络运营者之间在网络安全信息收集、分析、通报和应急处置等方面进行合作，提高网络运营者的安全保障能力。

有关行业组织建立健全本行业的网络安全保护规范和协作机制，加强对网络安全风险的分析评估，定期向会员进行风险警示，支持、协助会员应对网络安全风险。

第三十条 网信部门和有关部门在履行网络安全保护职责中获取的信息，只能用于维护网络安全的需要，不得用于其他用途。

第二节 关键信息基础设施的运行安全

第三十一条 国家对公共通信和信息服务、能源、交通、水利、金融、公共服务、电子政务等重要行业和领域，以及其他一旦遭到破坏、丧失功能或者数据泄露，可能严重危害国家安全、国计民生、公共利益的关键信息基础设施，在网络安全等级保护制度的基础上，实行重点保护。关键信息基础设施的具体范围和安全保护办法由国务院制定。

国家鼓励关键信息基础设施以外的网络运营者自愿参与关键信息基础设施保护体系。

第三十二条 按照国务院规定的职责分工，负责关键信息基础设施安全保护工作的部门分别编制并组织实施本行业、本领域的关键信息基础设施安全规划，指导和监督关键信息基础设施运行安全保护工作。

第三十三条 建设关键信息基础设施应当确保其具有支持业务稳定、持续运行的性能，并保证安全技术措施同步规划、同步建设、同步使用。

第三十四条 除本法第二十一条的规定外，关键信息基础设施的运营者还应当履行下列安全保护义务：

（一）设置专门安全管理机构和安全管理负责人，并对该负责人和关键岗位的人员进行安全背景审查；

（二）定期对从业人员进行网络安全教育、技术培训和技能考核；

（三）对重要系统和数据库进行容灾备份；

（四）制定网络安全事件应急预案，并定期进行演练；

（五）法律、行政法规规定的其他义务。

第三十五条　关键信息基础设施的运营者采购网络产品和服务，可能影响国家安全的，应当通过国家网信部门会同国务院有关部门组织的国家安全审查。

第三十六条　关键信息基础设施的运营者采购网络产品和服务，应当按照规定与提供者签订安全保密协议，明确安全和保密义务与责任。

第三十七条　关键信息基础设施的运营者在中华人民共和国境内运营中收集和产生的个人信息和重要数据应当在境内存储。因业务需要，确需向境外提供的，应当按照国家网信部门会同国务院有关部门制定的办法进行安全评估；法律、行政法规另有规定的，依照其规定。

第三十八条　关键信息基础设施的运营者应当自行或者委托网络安全服务机构对其网络的安全性和可能存在的风险每年至少进行一次检测评估，并将检测评估情况和改进措施报送相关负责关键信息基础设施安全保护工作的部门。

第三十九条　国家网信部门应当统筹协调有关部门对关键信息基础设施的安全保护采取下列措施：

（一）对关键信息基础设施的安全风险进行抽查检测，提出改进措施，必要时可以委托网络安全服务机构对网络存在的安全风险进行检测评估；

（二）定期组织关键信息基础设施的运营者进行网络安全应急演练，提高应对网络安全事件的水平和协同配合能力；

（三）促进有关部门、关键信息基础设施的运营者以及有关研究机构、网络安全服务机构等之间的网络安全信息共享；

（四）对网络安全事件的应急处置与网络功能的恢复等，提供技术支持和协助。

第四章 网络信息安全

第四十条 网络运营者应当对其收集的用户信息严格保密，并建立健全用户信息保护制度。

第四十一条 网络运营者收集、使用个人信息，应当遵循合法、正当、必要的原则，公开收集、使用规则，明示收集、使用信息的目的、方式和范围，并经被收集者同意。

网络运营者不得收集与其提供的服务无关的个人信息，不得违反法律、行政法规的规定和双方的约定收集、使用个人信息，并应当依照法律、行政法规的规定和与用户的约定，处理其保存的个人信息。

第四十二条 网络运营者不得泄露、篡改、毁损其收集的个人信息；未经被收集者同意，不得向他人提供个人信息。但是，经过处理无法识别特定个人且不能复原的除外。

网络运营者应当采取技术措施和其他必要措施，确保其收集的个人信息安全，防止信息泄露、毁损、丢失。在发生或者可能发生个人信息泄露、毁损、丢失的情况时，应当立即采取补救措施，按照规定及时告知用户并向有关主管部门报告。

第四十三条 个人发现网络运营者违反法律、行政法规的规定或者双方的约定收集、使用其个人信息的，有权要求网络运营者删除其个人信息；发现网络运营者收集、存储的其个人信息有错误的，有权要求网络运营者予以更正。网络运营者应当采取措施予以删除或者更正。

第四十四条 任何个人和组织不得窃取或者以其他非法方式获取个人信息，不得非法出售或者非法向他人提供个人信息。

第四十五条 依法负有网络安全监督管理职责的部门及其工作人员，必须对在履行职责中知悉的个人信息、隐私和商业秘密严格保密，不得泄露、出售或者非法向他人提供。

第四十六条 任何个人和组织应当对其使用网络的行为负责，不得设立用于实施诈骗，传授犯罪方法，制作或者销售违禁物品、管制物品等违法犯罪活动的网站、通讯群组，不得利用网络发布涉及实施诈骗，制作或者销售违禁物品、管制物品以及其他违法犯罪活动的信息。

第四十七条 网络运营者应当加强对其用户发布的信息的管理，发现法律、行政法规禁止发布或者传输的信息的，应当立即停止传输该信息，采取消除等处置措施，防止信息扩散，保存有关记录，并向有关主管部门报告。

第四十八条 任何个人和组织发送的电子信息、提供的应用软件，不得设置恶意程序，不得含有法律、行政法规禁止发布或者传输的信息。

电子信息发送服务提供者和应用软件下载服务提供者，应当履行安全管理义务，知道其用户有前款规定行为的，应当停止提供服务，采取消除等处置措施，保存有关记录，并向有关主管部门报告。

第四十九条 网络运营者应当建立网络信息安全投诉、举报制度，公布投诉、举报方式等信息，及时受理并处理有关网络信息安全的投诉和举报。

网络运营者对网信部门和有关部门依法实施的监督检查，应当予以配合。

第五十条 国家网信部门和有关部门依法履行网络信息安全监督管理职责，发现法律、行政法规禁止发布或者传输的信息的，应当要求网络运营者停止传输，采取消除等处置措施，保存有关记录；对来源于中华人民共和国境外的上述信息，应当通知有关机构采取技术措施和其他必要措施阻断传播。

第五章 监测预警与应急处置

第五十一条 国家建立网络安全监测预警和信息通报制度。国家网信部门应当统筹协调有关部门加强网络安全信息收集、分析和通报工作，按照规定统一发布网络安全监测预警信息。

第五十二条 负责关键信息基础设施安全保护工作的部门，应当建立健全本行业、本领域的网络安全监测预警和信息通报制度，并按照规定报送网络安全监测预警信息。

第五十三条 国家网信部门协调有关部门建立健全网络安全风险评估和应急工作机制，制定网络安全事件应急预案，并定期组织演练。

负责关键信息基础设施安全保护工作的部门应当制定本行业、本领域的网络安全事件应急预案，并定期组织演练。

网络安全事件应急预案应当按照事件发生后的危害程度、影响范围等因素对网络安全事件进行分级，并规定相应的应急处置措施。

第五十四条 网络安全事件发生的风险增大时，省级以上人民政府有关部门应当按照规定的权限和程序，并根据网络安全风险的特点和可能造成的危害，采取下列措施：

（一）要求有关部门、机构和人员及时收集、报告有关信息，加强对网络安全风险的监测；

（二）组织有关部门、机构和专业人员，对网络安全风险信息进行分析评估，预测事件发生的可能性、影响范围和危害程度；

（三）向社会发布网络安全风险预警，发布避免、减轻危害的措施。

第五十五条 发生网络安全事件，应当立即启动网络安全事件应急预案，对网络安全事件进行调查和评估，要求网络运营者采取技术措施和其他必要措施，消除安全隐患，防止危害扩大，并及时向社会发布与公众有关的警示信息。

第五十六条 省级以上人民政府有关部门在履行网络安全监督管理职责中，发现网络存在较大安全风险或者发生安全事件的，可以按照规定的权限和程序对该网络的运营者的法定代表人或者主要负责人进行约谈。网络运营者应当按照要求采取措施，进行整改，消除隐患。

第五十七条 因网络安全事件，发生突发事件或者生产安全事故的，应当依照《中华人民共和国突发事件应对法》、《中华人民共和国安全生产法》等有关法律、行政法规的规定处置。

第五十八条 因维护国家安全和社会公共秩序，处置重大突发社会安全事件的需要，经国务院决定或者批准，可以在特定区域对网络通信采取限制等临时措施。

第六章 法律责任

第五十九条 网络运营者不履行本法第二十一条、第二十五条规定的网络安全保护义务的，由有关主管部门责令改正，给予警告；拒不改正或者导致危害网络安全等后果的，处一万元以上十万元以下罚款，对直接负责的主管人员处五千元以上五万元以下罚款。

关键信息基础设施的运营者不履行本法第三十三条、第三十四条、第三十六条、第三十八条规定的网络安全保护义务的，由有关主管部门责令改正，给予警告；拒不改正或者导致危害网络安全等后果的，处十万元以上一百万元以下罚款，对直接负责的主管人员处一万元以上十万元以下罚款。

第六十条 违反本法第二十二条第一款、第二款和第四十八条第一款规定，有下列行为之一的，由有关主管部门责令改正，给予警告；拒不改正或者导致危害网络安全等后果的，处五万元以上五十万元以下罚款，对直接负责的主管人员处一万元以上十万元以下罚款：

（一）设置恶意程序的；

（二）对其产品、服务存在的安全缺陷、漏洞等风险未立即采取补救措施，或者未按照规定及时告知用户并向有关主管部门报告的；

（三）擅自终止为其产品、服务提供安全维护的。

第六十一条 网络运营者违反本法第二十四条第一款规定，未要求用户提供真实身份信息，或者对不提供真实身份信息的用户提供相关服务的，由有关主管部门责令改正；拒不改正或者情节严重的，处五万元以上五十万元以下罚款，并可以由有关主管部门责令暂停相关业务、停业整顿、关闭网站、吊销相关业务许可证或者吊销营业执照，对直接负责的主管人员和其他直接责任人员处一万元以上十万元以下罚款。

第六十二条 违反本法第二十六条规定，开展网络安全认证、检测、风险评估等活动，或者向社会发布系统漏洞、计算机病毒、网络攻击、网络侵入等网络安全信息的，由有关主管部门责令改正，给予警告；拒不改正或者情节严重的，处一万元以上十万元以下罚款，并可以由有关主管部门责令暂停相关业务、停业整顿、关闭网站、吊销相关业务许可证或者吊销营业执照，对直接负责的主管人员和其他直接责任人员处五千元以上五万元以下罚款。

第六十三条 违反本法第二十七条规定，从事危害网络安全的活动，或者提供专门用于从事危害网络安全活动的程序、工具，或者为他人从事危害网络安全的活动提供技术支持、广告推广、支付结算等帮助，尚不构成犯罪的，由公安机关没收违法所得，处五日以下拘留，可以并处五万元以上五十万元以下罚款；情节较重的，处五日以上十五日以下拘留，可以并处十万元以上一百万元以下罚款。

单位有前款行为的，由公安机关没收违法所得，处十万元以上一百万元以下罚款，并对直接负责的主管人员和其他直接责任人员依照前款规定处罚。

违反本法第二十七条规定，受到治安管理处罚的人员，五年内不得从事网络安全管理和网络运营关键岗位的工作；受到刑事处罚的人员，终身不得从事网络安全管理和网络运营关键岗位的工作。

第六十四条 网络运营者、网络产品或者服务的提供者违反本法第二十二条第三款、第四十一条至第四十三条规定，侵害个人信息依法得到保护的权利的，由有关主管部门责令改正，可以根据情节单处或者并处警告、没收违法所得、处违法所得一倍以上十倍以下罚款，没有违法所得的，处一百万元以下罚款，对直接负责的主管人员和其他直接责任人员处一万元以上十万元以下罚款；情节严重的，并可以责令暂停相关业务、停业整顿、关闭网站、吊销相关业务许可证或者吊销营业执照。

违反本法第四十四条规定，窃取或者以其他非法方式获取、非法出售或者非法向他人提供个人信息，尚不构成犯罪的，由公安机关没收违法所得，并处违法所得一倍以上十倍以下罚款，没有违法所得的，处一百万元以下罚款。

第六十五条 关键信息基础设施的运营者违反本法第三十五条规定，使用未经安全审查或者安全审查未通过的网络产品或者服务的，由有关主管部门责令停止使用，处采购金额一倍以上十倍以下罚款；对直接负责的主管人员和其他直接责任人员处一万元以上十万元以下罚款。

第六十六条 关键信息基础设施的运营者违反本法第三十七条规定，在境外存储网络数据，或者向境外提供网络数据的，由有关主管部门责令改正，给予警告，没收违法所得，处五万元以上五十万元以下罚款，并可以责令暂停相关业务、停业整顿、关闭网站、吊销相关业务许可证或者吊销营业执照；对直接负责的主管人员和其他直接责任人员处一万元以上十万元以下罚款。

第六十七条 违反本法第四十六条规定，设立用于实施违法犯罪活动的网站、通讯群组，或者利用网络发布涉及实施违法犯罪活动的信息，尚不构成犯罪的，由公安机关处五日以下拘留，可以并处一万元以上十万元以下罚款；情节较重的，处五日以上十五日以下拘留，可以并处五万元以上五十万元以下罚款。关闭用于实施违法犯罪活动的网站、通讯群组。

单位有前款行为的，由公安机关处十万元以上五十万元以下罚款，并对直接负责的主管人员和其他直接责任人员依照前款规定处罚。

第六十八条 网络运营者违反本法第四十七条规定，对法律、行政法规禁止发布或者传输的信息未停止传输、采取消除等处置措施、保存有关记录的，由有关主管部门责令改正，给予警告，没收违法所得；拒不改正或者情节严重的，处十万元以上五十万元以下罚款，并可以责令暂停相关业务、停业整顿、关闭网站、吊销相关业务许可证或者吊销营业执照，对直接负责的主管人员和其他直接责任人员处一万元以上十万元以下罚款。

电子信息发送服务提供者、应用软件下载服务提供者，不履行本法第四十八条第二款规定的安全管理义务的，依照前款规定处罚。

第六十九条 网络运营者违反本法规定，有下列行为之一的，由有关主管部门责令改正；拒不改正或者情节严重的，处五万元以上五十万元以下罚款，对直接负责的主管人员和其他直接责任人员，处一万元以上十万元以下罚款：

（一）不按照有关部门的要求对法律、行政法规禁止发布或者传输的信息，采取停止传输、消除等处置措施的；

（二）拒绝、阻碍有关部门依法实施的监督检查的；

（三）拒不向公安机关、国家安全机关提供技术支持和协助的。

第七十条 发布或者传输本法第十二条第二款和其他法律、行政法规禁止发布或者传输的信息的，依照有关法律、行政法规的规定处罚。

第七十一条 有本法规定的违法行为的，依照有关法律、行政法规的规定记入信用档案，并予以公示。

第七十二条 国家机关政务网络的运营者不履行本法规定的网络安全保护义务的，由其上级机关或者有关机关责令改正；对直接负责的主管人员和其他直接责任人员依法给予处分。

第七十三条 网信部门和有关部门违反本法第三十条规定，将在履行网络安全保护职责中获取的信息用于其他用途的，对直接负责的主管人员和其他直接责任人员依法给予处分。

网信部门和有关部门的工作人员玩忽职守、滥用职权、徇私舞弊，尚不构成犯罪的，依法给予处分。

第七十四条 违反本法规定，给他人造成损害的，依法承担民事责任。

违反本法规定，构成违反治安管理行为的，依法给予治安管理处罚；构成犯罪的，依法追究刑事责任。

第七十五条 境外的机构、组织、个人从事攻击、侵入、干扰、破坏等危害中华人民共和国的关键信息基础设施的活动，造成严重后果的，依法追究法律责任；国务院公安部门和有关部门并可以决定对该机构、组织、个人采取冻结财产或者其他必要的制裁措施。

第七章　附　　则

第七十六条　本法下列用语的含义：

（一）网络，是指由计算机或者其他信息终端及相关设备组成的按照一定的规则和程序对信息进行收集、存储、传输、交换、处理的系统。

（二）网络安全，是指通过采取必要措施，防范对网络的攻击、侵入、干扰、破坏和非法使用以及意外事故，使网络处于稳定可靠运行的状态，以及保障网络数据的完整性、保密性、可用性的能力。

（三）网络运营者，是指网络的所有者、管理者和网络服务提供者。

（四）网络数据，是指通过网络收集、存储、传输、处理和产生的各种电子数据。

（五）个人信息，是指以电子或者其他方式记录的能够单独或者与其他信息结合识别自然人个人身份的各种信息，包括但不限于自然人的姓名、出生日期、身份证件号码、个人生物识别信息、住址、电话号码等。

第七十七条　存储、处理涉及国家秘密信息的网络的运行安全保护，除应当遵守本法外，还应当遵守保密法律、行政法规的规定。

第七十八条　军事网络的安全保护，由中央军事委员会另行规定。

第七十九条　本法自 2017 年 6 月 1 日起施行。

中华人民共和国治安管理处罚法（节录）

（2005年8月28日第十届全国人民代表大会常务委员会第十七次会议通过 根据2012年10月26日第十一届全国人民代表大会常务委员会第二十九次会议《关于修改〈中华人民共和国治安管理处罚法〉的决定》修正）

第一章 总 则

第一条 为维护社会治安秩序，保障公共安全，保护公民、法人和其他组织的合法权益，规范和保障公安机关及其人民警察依法履行治安管理职责，制定本法。

第二条 扰乱公共秩序，妨害公共安全，侵犯人身权利、财产权利，妨害社会管理，具有社会危害性，依照《中华人民共和国刑法》的规定构成犯罪的，依法追究刑事责任；尚不够刑事处罚的，由公安机关依照本法给予治安管理处罚。

第三条 治安管理处罚的程序，适用本法的规定；本法没有规定的，适用《中华人民共和国行政处罚法》的有关规定。

第四条 在中华人民共和国领域内发生的违反治安管理行为，除法律有特别规定的外，适用本法。

在中华人民共和国船舶和航空器内发生的违反治安管理行为，除法律有特别规定的外，适用本法。

第五条 治安管理处罚必须以事实为依据，与违反治安管理行为的性质、情节以及社会危害程度相当。

实施治安管理处罚，应当公开、公正，尊重和保障人权，保护公民的人格尊严。

办理治安案件应当坚持教育与处罚相结合的原则。

第六条 各级人民政府应当加强社会治安综合治理，采取有效措施，化解社会矛盾，增进社会和谐，维护社会稳定。

第七条 国务院公安部门负责全国的治安管理工作。县级以上地方各级人民政府公安机关负责本行政区域内的治安管理工作。

治安案件的管辖由国务院公安部门规定。

第八条 违反治安管理的行为对他人造成损害的，行为人或者其监护人应当依法承担民事责任。

第九条 对于因民间纠纷引起的打架斗殴或者损毁他人财物等违反治安管理行为，情节较轻的，公安机关可以调解处理。经公安机关调解，当事人达成协议的，不予处罚。经调解未达成协议或者达成协议后不履行的，公安机关应当依照本法的规定对违反治安管理行为人给予处罚，并告知当事人可以就民事争议依法向人民法院提起民事诉讼。

第二章 处罚的种类和适用

第十条 治安管理处罚的种类分为：

（一）警告；

（二）罚款；

（三）行政拘留；

（四）吊销公安机关发放的许可证。

对违反治安管理的外国人，可以附加适用限期出境或者驱逐出境。

第十一条 办理治安案件所查获的毒品、淫秽物品等违禁品，赌具、赌资，吸食、注射毒品的用具以及直接用于实施违反治安管理行为的本人所有的工具，应当收缴，按照规定处理。

违反治安管理所得的财物，追缴退还被侵害人；没有被侵害人的，登记造册，公开拍卖或者按照国家有关规定处理，所得款项上缴国库。

第十二条 已满十四周岁不满十八周岁的人违反治安管理的，从轻或者减轻处罚；不满十四周岁的人违反治安管理的，不予处罚，但是应当责令其监护人严加管教。

第十三条 精神病人在不能辨认或者不能控制自己行为的时候违反治安管理的，不予处罚，但是应当责令其监护人严加看管和治疗。间歇性的精神病人在精神正常的时候违反治安管理的，应当给予处罚。

第十四条 盲人或者又聋又哑的人违反治安管理的，可以从轻、减轻或者不予处罚。

第十五条 醉酒的人违反治安管理的，应当给予处罚。

醉酒的人在醉酒状态中，对本人有危险或者对他人的人身、财产或者公共安全有威胁的，应当对其采取保护性措施约束至酒醒。

第十六条 有两种以上违反治安管理行为的，分别决定，合并执行。行政拘留处罚合并执行的，最长不超过二十日。

第十七条 共同违反治安管理的，根据违反治安管理行为人在违反治安管理行为中所起的作用，分别处罚。

教唆、胁迫、诱骗他人违反治安管理的，按照其教唆、胁迫、诱骗的行为处罚。

第十八条 单位违反治安管理的，对其直接负责的主管人员和其他直接责任人员依照本法的规定处罚。其他法律、行政法规对同一行为规定给予单位处罚的，依照其规定处罚。

第十九条 违反治安管理有下列情形之一的，减轻处罚或者不予处罚：

（一）情节特别轻微的；

（二）主动消除或者减轻违法后果，并取得被侵害人谅解的；

（三）出于他人胁迫或者诱骗的；

（四）主动投案，向公安机关如实陈述自己的违法行为的；

（五）有立功表现的。

第二十条 违反治安管理有下列情形之一的，从重处罚：

（一）有较严重后果的；

（二）教唆、胁迫、诱骗他人违反治安管理的；

（三）对报案人、控告人、举报人、证人打击报复的；

（四）六个月内曾受过治安管理处罚的。

第二十一条 违反治安管理行为人有下列情形之一，依照本法应当给予行政拘留处罚的，不执行行政拘留处罚：

（一）已满十四周岁不满十六周岁的；

（二）已满十六周岁不满十八周岁，初次违反治安管理的；

（三）七十周岁以上的；

（四）怀孕或者哺乳自己不满一周岁婴儿的。

第二十二条 违反治安管理行为在六个月内没有被公安机关发现的，不再处罚。

前款规定的期限，从违反治安管理行为发生之日起计算；违反治安管理行为有连续或者继续状态的，从行为终了之日起计算。

第三章 违反治安管理的行为和处罚

第一节 扰乱公共秩序的行为和处罚

第二十三条 有下列行为之一的，处警告或者二百元以下罚款；情节较重的，处五日以上十日以下拘留，可以并处五百元以下罚款：

（一）扰乱机关、团体、企业、事业单位秩序，致使工作、生产、营业、医疗、教学、科研不能正常进行，尚未造成严重损失的；

（二）扰乱车站、港口、码头、机场、商场、公园、展览馆或者其他公共场所秩序的；

（三）扰乱公共汽车、电车、火车、船舶、航空器或者其他公共交通工具上的秩序的；

（四）非法拦截或者强登、扒乘机动车、船舶、航空器以及其他交通工具，影响交通工具正常行驶的；

（五）破坏依法进行的选举秩序的。

聚众实施前款行为的，对首要分子处十日以上十五日以下拘留，可以并处一千元以下罚款。

……

第二十五条 有下列行为之一的，处五日以上十日以下拘留，可以并处五百元以下罚款；情节较轻的，处五日以下拘留或者五百元以下罚款：

（一）散布谣言，谎报险情、疫情、警情或者以其他方法故意扰乱公共秩序的；

（二）投放虚假的爆炸性、毒害性、放射性、腐蚀性物质或者传染病病原体等危险物质扰乱公共秩序的；

（三）扬言实施放火、爆炸、投放危险物质扰乱公共秩序的。

第二十六条 有下列行为之一的，处五日以上十日以下拘留，可以并处五百元以下罚款；情节较重的，处十日以上十五日以下拘留，可以并处一千元以下罚款：

（一）结伙斗殴的；

（二）追逐、拦截他人的；

（三）强拿硬要或者任意损毁、占用公私财物的；

（四）其他寻衅滋事行为。

第二十七条 有下列行为之一的，处十日以上十五日以下拘留，可以并处一千元以下罚款；情节较轻的，处五日以上十日以下拘留，可以并处五百元以下罚款：

（一）组织、教唆、胁迫、诱骗、煽动他人从事邪教、会道门活动或者利用邪教、会道门、迷信活动，扰乱社会秩序、损害他人身体健康的；

（二）冒用宗教、气功名义进行扰乱社会秩序、损害他人身体健康活动的。

第二十八条 违反国家规定，故意干扰无线电业务正常进行的，或者对正常运行的无线电台（站）产生有害干扰，经有关主管部门指出后，拒不采取有效措施消除的，处五日以上十日以下拘留；情节严重的，处十日以上十五日以下拘留。

第二十九条 有下列行为之一的，处五日以下拘留；情节较重的，处五日以上十日以下拘留：

（一）违反国家规定，侵入计算机信息系统，造成危害的；

（二）违反国家规定，对计算机信息系统功能进行删除、修改、增加、干扰，造成计算机信息系统不能正常运行的；

（三）违反国家规定，对计算机信息系统中存储、处理、传输的数据和应用程序进行删除、修改、增加的；

（四）故意制作、传播计算机病毒等破坏性程序，影响计算机信息系统正常运行的。

……

第三节 侵犯人身权利、财产权利的行为和处罚

第四十条 有下列行为之一的，处十日以上十五日以下拘留，并处五百元以上一千元以下罚款；情节较轻的，处五日以上十日以下拘留，并处二百元以上五百元以下罚款：

（一）组织、胁迫、诱骗不满十六周岁的人或者残疾人进行恐怖、残忍表演的；

（二）以暴力、威胁或者其他手段强迫他人劳动的；

（三）非法限制他人人身自由、非法侵入他人住宅或者非法搜查他人身体的。

第四十一条 胁迫、诱骗或者利用他人乞讨的，处十日以上十五日以下拘留，可以并处一千元以下罚款。

反复纠缠、强行讨要或者以其他滋扰他人的方式乞讨的，处五日以下拘留或者警告。

第四十二条 有下列行为之一的，处五日以下拘留或者五百元以下罚款；情节较重的，处五日以上十日以下拘留，可以并处五百元以下

罚款：

（一）写恐吓信或者以其他方法威胁他人人身安全的；

（二）公然侮辱他人或者捏造事实诽谤他人的；

（三）捏造事实诬告陷害他人，企图使他人受到刑事追究或者受到治安管理处罚的；

（四）对证人及其近亲属进行威胁、侮辱、殴打或者打击报复的；

（五）多次发送淫秽、侮辱、恐吓或者其他信息，干扰他人正常生活的；

（六）偷窥、偷拍、窃听、散布他人隐私的。

……

第四十四条 猥亵他人的，或者在公共场所故意裸露身体，情节恶劣的，处五日以上十日以下拘留；猥亵智力残疾人、精神病人、不满十四周岁的人或者有其他严重情节的，处十日以上十五日以下拘留。

……

第四十六条 强买强卖商品，强迫他人提供服务或者强迫他人接受服务的，处五日以上十日以下拘留，并处二百元以上五百元以下罚款；情节较轻的，处五日以下拘留或者五百元以下罚款。

第四十七条 煽动民族仇恨、民族歧视，或者在出版物、计算机信息网络中刊载民族歧视、侮辱内容的，处十日以上十五日以下拘留，可以并处一千元以下罚款。

第四十八条 冒领、隐匿、毁弃、私自开拆或者非法检查他人邮件的，处五日以下拘留或者五百元以下罚款。

第四十九条 盗窃、诈骗、哄抢、抢夺、敲诈勒索或者故意损毁公私财物的，处五日以上十日以下拘留，可以并处五百元以下罚款；情节较重的，处十日以上十五日以下拘留，可以并处一千元以下罚款。

第四节 妨害社会管理的行为和处罚

第五十条 有下列行为之一的，处警告或者二百元以下罚款；情节严重的，处五日以上十日以下拘留，可以并处五百元以下罚款：

（一）拒不执行人民政府在紧急状态情况下依法发布的决定、命令的；

（二）阻碍国家机关工作人员依法执行职务的；

（三）阻碍执行紧急任务的消防车、救护车、工程抢险车、警车等车辆通行的；

（四）强行冲闯公安机关设置的警戒带、警戒区的。

阻碍人民警察依法执行职务的，从重处罚。

……

第五十五条 煽动、策划非法集会、游行、示威，不听劝阻的，处十日以上十五日以下拘留。

……

第六十八条 制作、运输、复制、出售、出租淫秽的书刊、图片、影片、音像制品等淫秽物品或者利用计算机信息网络、电话以及其他通讯工具传播淫秽信息的，处十日以上十五日以下拘留，可以并处三千元以下罚款；情节较轻的，处五日以下拘留或者五百元以下罚款。

第六十九条 有下列行为之一的，处十日以上十五日以下拘留，并处五百元以上一千元以下罚款：

（一）组织播放淫秽音像的；

（二）组织或者进行淫秽表演的；

（三）参与聚众淫乱活动的。

明知他人从事前款活动，为其提供条件的，依照前款的规定处罚。

……

第七十六条 有本法第六十七条、第六十八条、第七十条的行为，屡教不改的，可以按照国家规定采取强制性教育措施。

第四章　处罚程序

第一节　调　　查

第七十七条　公安机关对报案、控告、举报或者违反治安管理行为人主动投案，以及其他行政主管部门、司法机关移送的违反治安管理案件，应当及时受理，并进行登记。

第七十八条　公安机关受理报案、控告、举报、投案后，认为属于违反治安管理行为的，应当立即进行调查；认为不属于违反治安管理行为的，应当告知报案人、控告人、举报人、投案人，并说明理由。

第七十九条　公安机关及其人民警察对治安案件的调查，应当依法进行。严禁刑讯逼供或者采用威胁、引诱、欺骗等非法手段收集证据。

以非法手段收集的证据不得作为处罚的根据。

第八十条　公安机关及其人民警察在办理治安案件时，对涉及的国家秘密、商业秘密或者个人隐私，应当予以保密。

第八十一条　人民警察在办理治安案件过程中，遇有下列情形之一的，应当回避；违反治安管理行为人、被侵害人或者其法定代理人也有权要求他们回避：

（一）是本案当事人或者当事人的近亲属的；

（二）本人或者其近亲属与本案有利害关系的；

（三）与本案当事人有其他关系，可能影响案件公正处理的。

人民警察的回避，由其所属的公安机关决定；公安机关负责人的回避，由上一级公安机关决定。

第八十二条　需要传唤违反治安管理行为人接受调查的，经公安机关办案部门负责人批准，使用传唤证传唤。对现场发现的违反治安管理行为人，人民警察经出示工作证件，可以口头传唤，但应当在询问笔录中注明。

公安机关应当将传唤的原因和依据告知被传唤人。对无正当理由不接受传唤或者逃避传唤的人，可以强制传唤。

第八十三条 对违反治安管理行为人，公安机关传唤后应当及时询问查证，询问查证的时间不得超过八小时；情况复杂，依照本法规定可能适用行政拘留处罚的，询问查证的时间不得超过二十四小时。

公安机关应当及时将传唤的原因和处所通知被传唤人家属。

第八十四条 询问笔录应当交被询问人核对；对没有阅读能力的，应当向其宣读。记载有遗漏或者差错的，被询问人可以提出补充或者更正。被询问人确认笔录无误后，应当签名或者盖章，询问的人民警察也应当在笔录上签名。

被询问人要求就被询问事项自行提供书面材料的，应当准许；必要时，人民警察也可以要求被询问人自行书写。

询问不满十六周岁的违反治安管理行为人，应当通知其父母或者其他监护人到场。

第八十五条 人民警察询问被侵害人或者其他证人，可以到其所在单位或者住处进行；必要时，也可以通知其到公安机关提供证言。

人民警察在公安机关以外询问被侵害人或者其他证人，应当出示工作证件。

询问被侵害人或者其他证人，同时适用本法第八十四条的规定。

第八十六条 询问聋哑的违反治安管理行为人、被侵害人或者其他证人，应当有通晓手语的人提供帮助，并在笔录上注明。

询问不通晓当地通用的语言文字的违反治安管理行为人、被侵害人或者其他证人，应当配备翻译人员，并在笔录上注明。

第八十七条 公安机关对与违反治安管理行为有关的场所、物品、人身可以进行检查。检查时，人民警察不得少于二人，并应当出示工作证件和县级以上人民政府公安机关开具的检查证明文件。对确有必要立即进行检查的，人民警察经出示工作证件，可以当场检查，但检查公民住所应当出示县级以上人民政府公安机关开具的检查证明文件。

检查妇女的身体，应当由女性工作人员进行。

第八十八条 检查的情况应当制作检查笔录，由检查人、被检查人和见证人签名或者盖章；被检查人拒绝签名的，人民警察应当在笔录上注明。

第八十九条 公安机关办理治安案件，对与案件有关的需要作为证据的物品，可以扣押；对被侵害人或者善意第三人合法占有的财产，不得扣押，应当予以登记。对与案件无关的物品，不得扣押。

对扣押的物品，应当会同在场见证人和被扣押物品持有人查点清楚，当场开列清单一式二份，由调查人员、见证人和持有人签名或者盖章，一份交给持有人，另一份附卷备查。

对扣押的物品，应当妥善保管，不得挪作他用；对不宜长期保存的物品，按照有关规定处理。经查明与案件无关的，应当及时退还；经核实属于他人合法财产的，应当登记后立即退还；满六个月无人对该财产主张权利或者无法查清权利人的，应当公开拍卖或者按照国家有关规定处理，所得款项上缴国库。

第九十条 为了查明案情，需要解决案件中有争议的专门性问题的，应当指派或者聘请具有专门知识的人员进行鉴定；鉴定人鉴定后，应当写出鉴定意见，并且签名。

第二节 决 定

第九十一条 治安管理处罚由县级以上人民政府公安机关决定；其中警告、五百元以下的罚款可以由公安派出所决定。

第九十二条 对决定给予行政拘留处罚的人，在处罚前已经采取强制措施限制人身自由的时间，应当折抵。限制人身自由一日，折抵行政拘留一日。

第九十三条 公安机关查处治安案件，对没有本人陈述，但其他证据能够证明案件事实的，可以作出治安管理处罚决定。但是，只有本人陈述，没有其他证据证明的，不能作出治安管理处罚决定。

第九十四条 公安机关作出治安管理处罚决定前，应当告知违反治安管理行为人作出治安管理处罚的事实、理由及依据，并告知违反治安管理行为人依法享有的权利。

违反治安管理行为人有权陈述和申辩。公安机关必须充分听取违反治安管理行为人的意见，对违反治安管理行为人提出的事实、理由和证据，应当进行复核；违反治安管理行为人提出的事实、理由或者证据成立的，公安机关应当采纳。

公安机关不得因违反治安管理行为人的陈述、申辩而加重处罚。

第九十五条 治安案件调查结束后，公安机关应当根据不同情况，分别作出以下处理：

（一）确有依法应当给予治安管理处罚的违法行为的，根据情节轻重及具体情况，作出处罚决定；

（二）依法不予处罚的，或者违法事实不能成立的，作出不予处罚决定；

（三）违法行为已涉嫌犯罪的，移送主管机关依法追究刑事责任；

（四）发现违反治安管理行为人有其他违法行为的，在对违反治安管理行为作出处罚决定的同时，通知有关行政主管部门处理。

第九十六条 公安机关作出治安管理处罚决定的，应当制作治安管理处罚决定书。决定书应当载明下列内容：

（一）被处罚人的姓名、性别、年龄、身份证件的名称和号码、住址；

（二）违法事实和证据；

（三）处罚的种类和依据；

（四）处罚的执行方式和期限；

（五）对处罚决定不服，申请行政复议、提起行政诉讼的途径和期限；

（六）作出处罚决定的公安机关的名称和作出决定的日期。

决定书应当由作出处罚决定的公安机关加盖印章。

第九十七条 公安机关应当向被处罚人宣告治安管理处罚决定书，

并当场交付被处罚人；无法当场向被处罚人宣告的，应当在二日内送达被处罚人。决定给予行政拘留处罚的，应当及时通知被处罚人的家属。

有被侵害人的，公安机关应当将决定书副本抄送被侵害人。

第九十八条 公安机关作出吊销许可证以及处二千元以上罚款的治安管理处罚决定前，应当告知违反治安管理行为人有权要求举行听证；违反治安管理行为人要求听证的，公安机关应当及时依法举行听证。

第九十九条 公安机关办理治安案件的期限，自受理之日起不得超过三十日；案情重大、复杂的，经上一级公安机关批准，可以延长三十日。

为了查明案情进行鉴定的期间，不计入办理治安案件的期限。

第一百条 违反治安管理行为事实清楚，证据确凿，处警告或者二百元以下罚款的，可以当场作出治安管理处罚决定。

第一百零一条 当场作出治安管理处罚决定的，人民警察应当向违反治安管理行为人出示工作证件，并填写处罚决定书。处罚决定书应当当场交付被处罚人；有被侵害人的，并将决定书副本抄送被侵害人。

前款规定的处罚决定书，应当载明被处罚人的姓名、违法行为、处罚依据、罚款数额、时间、地点以及公安机关名称，并由经办的人民警察签名或者盖章。

当场作出治安管理处罚决定的，经办的人民警察应当在二十四小时内报所属公安机关备案。

第一百零二条 被处罚人对治安管理处罚决定不服的，可以依法申请行政复议或者提起行政诉讼。

第三节 执 行

第一百零三条 对被决定给予行政拘留处罚的人，由作出决定的公安机关送达拘留所执行。

第一百零四条 受到罚款处罚的人应当自收到处罚决定书之日起十五日内，到指定的银行缴纳罚款。但是，有下列情形之一的，人民警察可以当场收缴罚款：

（一）被处五十元以下罚款，被处罚人对罚款无异议的；

（二）在边远、水上、交通不便地区，公安机关及其人民警察依照本法的规定作出罚款决定后，被处罚人向指定的银行缴纳罚款确有困难，经被处罚人提出的；

（三）被处罚人在当地没有固定住所，不当场收缴事后难以执行的。

第一百零五条　人民警察当场收缴的罚款，应当自收缴罚款之日起二日内，交至所属的公安机关；在水上、旅客列车上当场收缴的罚款，应当自抵岸或者到站之日起二日内，交至所属的公安机关；公安机关应当自收到罚款之日起二日内将罚款缴付指定的银行。

第一百零六条　人民警察当场收缴罚款的，应当向被处罚人出具省、自治区、直辖市人民政府财政部门统一制发的罚款收据；不出具统一制发的罚款收据的，被处罚人有权拒绝缴纳罚款。

第一百零七条　被处罚人不服行政拘留处罚决定，申请行政复议、提起行政诉讼的，可以向公安机关提出暂缓执行行政拘留的申请。公安机关认为暂缓执行行政拘留不致发生社会危险的，由被处罚人或者其近亲属提出符合本法第一百零八条规定条件的担保人，或者按每日行政拘留二百元的标准交纳保证金，行政拘留的处罚决定暂缓执行。

第一百零八条　担保人应当符合下列条件：

（一）与本案无牵连；

（二）享有政治权利，人身自由未受到限制；

（三）在当地有常住户口和固定住所；

（四）有能力履行担保义务。

第一百零九条　担保人应当保证被担保人不逃避行政拘留处罚的执行。

担保人不履行担保义务，致使被担保人逃避行政拘留处罚的执行的，由公安机关对其处三千元以下罚款。

第一百一十条 被决定给予行政拘留处罚的人交纳保证金，暂缓行政拘留后，逃避行政拘留处罚的执行的，保证金予以没收并上缴国库，已经作出的行政拘留决定仍应执行。

第一百一十一条 行政拘留的处罚决定被撤销，或者行政拘留处罚开始执行的，公安机关收取的保证金应当及时退还交纳人。

第五章 执法监督

第一百一十二条 公安机关及其人民警察应当依法、公正、严格、高效办理治安案件，文明执法，不得徇私舞弊。

第一百一十三条 公安机关及其人民警察办理治安案件，禁止对违反治安管理行为人打骂、虐待或者侮辱。

第一百一十四条 公安机关及其人民警察办理治安案件，应当自觉接受社会和公民的监督。

公安机关及其人民警察办理治安案件，不严格执法或者有违法违纪行为的，任何单位和个人都有权向公安机关或者人民检察院、行政监察机关检举、控告；收到检举、控告的机关，应当依据职责及时处理。

第一百一十五条 公安机关依法实施罚款处罚，应当依照有关法律、行政法规的规定，实行罚款决定与罚款收缴分离；收缴的罚款应当全部上缴国库。

第一百一十六条 人民警察办理治安案件，有下列行为之一的，依法给予行政处分；构成犯罪的，依法追究刑事责任：

（一）刑讯逼供、体罚、虐待、侮辱他人的；

（二）超过询问查证的时间限制人身自由的；

（三）不执行罚款决定与罚款收缴分离制度或者不按规定将罚没的财物上缴国库或者依法处理的；

（四）私分、侵占、挪用、故意损毁收缴、扣押的财物的；

（五）违反规定使用或者不及时返还被侵害人财物的；

（六）违反规定不及时退还保证金的；

（七）利用职务上的便利收受他人财物或者谋取其他利益的；

（八）当场收缴罚款不出具罚款收据或者不如实填写罚款数额的；

（九）接到要求制止违反治安管理行为的报警后，不及时出警的；

（十）在查处违反治安管理活动时，为违法犯罪行为人通风报信的；

（十一）有徇私舞弊、滥用职权，不依法履行法定职责的其他情形的。

办理治安案件的公安机关有前款所列行为的，对直接负责的主管人员和其他直接责任人员给予相应的行政处分。

第一百一十七条 公安机关及其人民警察违法行使职权，侵犯公民、法人和其他组织合法权益的，应当赔礼道歉；造成损害的，应当依法承担赔偿责任。

第六章 附 则

第一百一十八条 本法所称以上、以下、以内，包括本数。

第一百一十九条 本法自 2006 年 3 月 1 日起施行。1986 年 9 月 5 日公布、1994 年 5 月 12 日修订公布的《中华人民共和国治安管理处罚条例》同时废止。

全国人民代表大会常务委员会
关于加强网络信息保护的决定

（2012年12月28日第十一届全国人民代表大会常务委员会第三十次会议通过）

为了保护网络信息安全，保障公民、法人和其他组织的合法权益，维护国家安全和社会公共利益，特作如下决定：

一、国家保护能够识别公民个人身份和涉及公民个人隐私的电子信息。

任何组织和个人不得窃取或者以其他非法方式获取公民个人电子信息，不得出售或者非法向他人提供公民个人电子信息。

二、网络服务提供者和其他企业事业单位在业务活动中收集、使用公民个人电子信息，应当遵循合法、正当、必要的原则，明示收集、使用信息的目的、方式和范围，并经被收集者同意，不得违反法律、法规的规定和双方的约定收集、使用信息。

网络服务提供者和其他企业事业单位收集、使用公民个人电子信息，应当公开其收集、使用规则。

三、网络服务提供者和其他企业事业单位及其工作人员对在业务活动中收集的公民个人电子信息必须严格保密，不得泄露、篡改、毁损，不得出售或者非法向他人提供。

四、网络服务提供者和其他企业事业单位应当采取技术措施和其他必要措施，确保信息安全，防止在业务活动中收集的公民个人电子信息泄露、毁损、丢失。在发生或者可能发生信息泄露、毁损、丢失的情况时，应当立即采取补救措施。

五、网络服务提供者应当加强对其用户发布的信息的管理，发现法律、法规禁止发布或者传输的信息的，应当立即停止传输该信息，采取消除等处置措施，保存有关记录，并向有关主管部门报告。

六、网络服务提供者为用户办理网站接入服务，办理固定电话、移动电话等入网手续，或者为用户提供信息发布服务，应当在与用户签订协议或者确认提供服务时，要求用户提供真实身份信息。

七、任何组织和个人未经电子信息接收者同意或者请求，或者电子信息接收者明确表示拒绝的，不得向其固定电话、移动电话或者个人电子邮箱发送商业性电子信息。

八、公民发现泄露个人身份、散布个人隐私等侵害其合法权益的网络信息，或者受到商业性电子信息侵扰的，有权要求网络服务提供者删除有关信息或者采取其他必要措施予以制止。

九、任何组织和个人对窃取或者以其他非法方式获取、出售或者非法向他人提供公民个人电子信息的违法犯罪行为以及其他网络信息违法犯罪行为，有权向有关主管部门举报、控告；接到举报、控告的部门应当依法及时处理。被侵权人可以依法提起诉讼。

十、有关主管部门应当在各自职权范围内依法履行职责，采取技术措施和其他必要措施，防范、制止和查处窃取或者以其他非法方式获取、出售或者非法向他人提供公民个人电子信息的违法犯罪行为以及其他网络信息违法犯罪行为。有关主管部门依法履行职责时，网络服务提供者应当予以配合，提供技术支持。

国家机关及其工作人员对在履行职责中知悉的公民个人电子信息应当予以保密，不得泄露、篡改、毁损，不得出售或者非法向他人提供。

十一、对有违反本决定行为的，依法给予警告、罚款、没收违法所得、吊销许可证或者取消备案、关闭网站、禁止有关责任人员从事网络服务业务等处罚，记入社会信用档案并予以公布；构成违反治安管理行为的，依法给予治安管理处罚。构成犯罪的，依法追究刑事责任。侵害他人民事权益的，依法承担民事责任。

十二、本决定自公布之日起施行。

全国人民代表大会常务委员会
关于维护互联网安全的决定

（2000 年 12 月 28 日第九届全国人民代表大会常务委员会第十九次会议通过　根据 2009 年 8 月 27 日第十一届全国人民代表大会常务委员会第十次会议《关于修改部分法律的决定》修正）

我国的互联网，在国家大力倡导和积极推动下，在经济建设和各项事业中得到日益广泛的应用，使人们的生产、工作、学习和生活方式已经开始并将继续发生深刻的变化，对于加快我国国民经济、科学技术的发展和社会服务信息化进程具有重要作用。同时，如何保障互联网的运行安全和信息安全问题已经引起全社会的普遍关注。为了兴利除弊，促进我国互联网的健康发展，维护国家安全和社会公共利益，保护个人、法人和其他组织的合法权益，特作如下决定：

一、为了保障互联网的运行安全，对有下列行为之一，构成犯罪的，依照刑法有关规定追究刑事责任：

（一）侵入国家事务、国防建设、尖端科学技术领域的计算机信息系统；

（二）故意制作、传播计算机病毒等破坏性程序，攻击计算机系统及通信网络，致使计算机系统及通信网络遭受损害；

（三）违反国家规定，擅自中断计算机网络或者通信服务，造成计算机网络或者通信系统不能正常运行。

二、为了维护国家安全和社会稳定，对有下列行为之一，构成犯罪的，依照刑法有关规定追究刑事责任：

（一）利用互联网造谣、诽谤或者发表、传播其他有害信息，煽动颠覆国家政权、推翻社会主义制度，或者煽动分裂国家、破坏国家统一；

（二）通过互联网窃取、泄露国家秘密、情报或者军事秘密；

（三）利用互联网煽动民族仇恨、民族歧视，破坏民族团结；

（四）利用互联网组织邪教组织、联络邪教组织成员，破坏国家法律、行政法规实施。

三、为了维护社会主义市场经济秩序和社会管理秩序，对有下列行为之一，构成犯罪的，依照刑法有关规定追究刑事责任：

（一）利用互联网销售伪劣产品或者对商品、服务作虚假宣传；

（二）利用互联网损害他人商业信誉和商品声誉；

（三）利用互联网侵犯他人知识产权；

（四）利用互联网编造并传播影响证券、期货交易或者其他扰乱金融秩序的虚假信息；

（五）在互联网上建立淫秽网站、网页，提供淫秽站点链接服务，或者传播淫秽书刊、影片、音像、图片。

四、为了保护个人、法人和其他组织的人身、财产等合法权利，对有下列行为之一，构成犯罪的，依照刑法有关规定追究刑事责任：

（一）利用互联网侮辱他人或者捏造事实诽谤他人；

（二）非法截获、篡改、删除他人电子邮件或者其他数据资料，侵犯公民通信自由和通信秘密；

（三）利用互联网进行盗窃、诈骗、敲诈勒索。

五、利用互联网实施本决定第一条、第二条、第三条、第四条所列行为以外的其他行为，构成犯罪的，依照刑法有关规定追究刑事责任。

六、利用互联网实施违法行为，违反社会治安管理，尚不构成犯罪的，由公安机关依照《治安管理处罚法》予以处罚；违反其他法律、行政法规，尚不构成犯罪的，由有关行政管理部门依法给予行政处罚；对直接负责的主管人员和其他直接责任人员，依法给予行政处分或者纪律处分。

利用互联网侵犯他人合法权益，构成民事侵权的，依法承担民事责任。

七、各级人民政府及有关部门要采取积极措施，在促进互联网的应用和网络技术的普及过程中，重视和支持对网络安全技术的研究和开发，增强网络的安全防护能力。有关主管部门要加强对互联网的运行安全和信息安全的宣传教育，依法实施有效的监督管理，防范和制止利用互联网进行的各种违法活动，为互联网的健康发展创造良好的社会环境。从事互联网业务的单位要依法开展活动，发现互联网上出现违法犯罪行为和有害信息时，要采取措施，停止传输有害信息，并及时向有关机关报告。任何单位和个人在利用互联网时，都要遵纪守法，抵制各种违法犯罪行为和有害信息。人民法院、人民检察院、公安机关、国家安全机关要各司其职，密切配合，依法严厉打击利用互联网实施的各种犯罪活动。要动员全社会的力量，依靠全社会的共同努力，保障互联网的运行安全与信息安全，促进社会主义精神文明和物质文明建设。

互联网信息服务管理办法

（2000年9月25日中华人民共和国国务院令第292号公布 根据2011年1月8日《国务院关于废止和修改部分行政法规的决定》修订）

第一条 为了规范互联网信息服务活动，促进互联网信息服务健康有序发展，制定本办法。

第二条 在中华人民共和国境内从事互联网信息服务活动，必须遵守本办法。

本办法所称互联网信息服务，是指通过互联网向上网用户提供信息的服务活动。

第三条 互联网信息服务分为经营性和非经营性两类。

经营性互联网信息服务，是指通过互联网向上网用户有偿提供信息或者网页制作等服务活动。

非经营性互联网信息服务，是指通过互联网向上网用户无偿提供具有公开性、共享性信息的服务活动。

第四条 国家对经营性互联网信息服务实行许可制度；对非经营性互联网信息服务实行备案制度。

未取得许可或者未履行备案手续的，不得从事互联网信息服务。

第五条 从事新闻、出版、教育、医疗保健、药品和医疗器械等互联网信息服务，依照法律、行政法规以及国家有关规定须经有关主管部门审核同意的，在申请经营许可或者履行备案手续前，应当依法经有关主管部门审核同意。

第六条 从事经营性互联网信息服务，除应当符合《中华人民共和国电信条例》规定的要求外，还应当具备下列条件：

（一）有业务发展计划及相关技术方案；

（二）有健全的网络与信息安全保障措施，包括网站安全保障措施、信息安全保密管理制度、用户信息安全管理制度；

（三）服务项目属于本办法第五条规定范围的，已取得有关主管部门同意的文件。

第七条 从事经营性互联网信息服务，应当向省、自治区、直辖市电信管理机构或者国务院信息产业主管部门申请办理互联网信息服务增值电信业务经营许可证（以下简称经营许可证）。

省、自治区、直辖市电信管理机构或者国务院信息产业主管部门应当自收到申请之日起60日内审查完毕，作出批准或者不予批准的决定。予以批准的，颁发经营许可证；不予批准的，应当书面通知申请人并说明理由。

申请人取得经营许可证后，应当持经营许可证向企业登记机关办理登记手续。

第八条 从事非经营性互联网信息服务，应当向省、自治区、直辖市电信管理机构或者国务院信息产业主管部门办理备案手续。办理备案时，应当提交下列材料：

（一）主办单位和网站负责人的基本情况；

（二）网站网址和服务项目；

（三）服务项目属于本办法第五条规定范围的，已取得有关主管部门的同意文件。

省、自治区、直辖市电信管理机构对备案材料齐全的，应当予以备案并编号。

第九条 从事互联网信息服务，拟开办电子公告服务的，应当在申请经营性互联网信息服务许可或者办理非经营性互联网信息服务备案时，按照国家有关规定提出专项申请或者专项备案。

第十条 省、自治区、直辖市电信管理机构和国务院信息产业主管部门应当公布取得经营许可证或者已履行备案手续的互联网信息服务提供者名单。

第十一条 互联网信息服务提供者应当按照经许可或者备案的项目提供服务，不得超出经许可或者备案的项目提供服务。

非经营性互联网信息服务提供者不得从事有偿服务。

互联网信息服务提供者变更服务项目、网站网址等事项的，应当提前 30 日向原审核、发证或者备案机关办理变更手续。

第十二条 互联网信息服务提供者应当在其网站主页的显著位置标明其经营许可证编号或者备案编号。

第十三条 互联网信息服务提供者应当向上网用户提供良好的服务，并保证所提供的信息内容合法。

第十四条 从事新闻、出版以及电子公告等服务项目的互联网信息服务提供者，应当记录提供的信息内容及其发布时间、互联网地址或者域名；互联网接入服务提供者应当记录上网用户的上网时间、用户账号、互联网地址或者域名、主叫电话号码等信息。

互联网信息服务提供者和互联网接入服务提供者的记录备份应当保存 60 日，并在国家有关机关依法查询时，予以提供。

第十五条 互联网信息服务提供者不得制作、复制、发布、传播含有下列内容的信息：

（一）反对宪法所确定的基本原则的；

（二）危害国家安全，泄露国家秘密，颠覆国家政权，破坏国家统一的；

（三）损害国家荣誉和利益的；

（四）煽动民族仇恨、民族歧视，破坏民族团结的；

（五）破坏国家宗教政策，宣扬邪教和封建迷信的；

（六）散布谣言，扰乱社会秩序，破坏社会稳定的；

（七）散布淫秽、色情、赌博、暴力、凶杀、恐怖或者教唆犯罪的；

（八）侮辱或者诽谤他人，侵害他人合法权益的；

（九）含有法律、行政法规禁止的其他内容的。

第十六条 互联网信息服务提供者发现其网站传输的信息明显属于本办法第十五条所列内容之一的，应当立即停止传输，保存有关记录，并向国家有关机关报告。

第十七条 经营性互联网信息服务提供者申请在境内境外上市或者同外商合资、合作，应当事先经国务院信息产业主管部门审查同意；其中，外商投资的比例应当符合有关法律、行政法规的规定。

第十八条 国务院信息产业主管部门和省、自治区、直辖市电信管理机构，依法对互联网信息服务实施监督管理。

新闻、出版、教育、卫生、药品监督管理、工商行政管理和公安、国家安全等有关主管部门，在各自职责范围内依法对互联网信息内容实施监督管理。

第十九条 违反本办法的规定，未取得经营许可证，擅自从事经营性互联网信息服务，或者超出许可的项目提供服务的，由省、自治区、直辖市电信管理机构责令限期改正，有违法所得的，没收违法所得，处违法所得3倍以上5倍以下的罚款；没有违法所得或者违法所得不足5万元的，处10万元以上100万元以下的罚款；情节严重的，责令关闭网站。

违反本办法的规定，未履行备案手续，擅自从事非经营性互联网信息服务，或者超出备案的项目提供服务的，由省、自治区、直辖市电信管理机构责令限期改正；拒不改正的，责令关闭网站。

第二十条 制作、复制、发布、传播本办法第十五条所列内容之一的信息，构成犯罪的，依法追究刑事责任；尚不构成犯罪的，由公安机关、国家安全机关依照《中华人民共和国治安管理处罚法》、《计算机信息网络国际联网安全保护管理办法》等有关法律、行政法规的规定予以处罚；对经营性互联网信息服务提供者，并由发证机关责令停业整顿直至吊销经营许可证，通知企业登记机关；对非经营性互联网信息服务提供者，并由备案机关责令暂时关闭网站直至关闭网站。

第二十一条 未履行本办法第十四条规定的义务的，由省、自治区、直辖市电信管理机构责令改正；情节严重的，责令停业整顿或者暂时关闭网站。

第二十二条 违反本办法的规定，未在其网站主页上标明其经营许可证编号或者备案编号的，由省、自治区、直辖市电信管理机构责令改正，处5000元以上5万元以下的罚款。

第二十三条 违反本办法第十六条规定的义务的，由省、自治区、直辖市电信管理机构责令改正；情节严重的，对经营性互联网信息服务提供者，并由发证机关吊销经营许可证，对非经营性互联网信息服务提供者，并由备案机关责令关闭网站。

第二十四条 互联网信息服务提供者在其业务活动中，违反其他法律、法规的，由新闻、出版、教育、卫生、药品监督管理和工商行政管理等有关主管部门依照有关法律、法规的规定处罚。

第二十五条 电信管理机构和其他有关主管部门及其工作人员，玩忽职守、滥用职权、徇私舞弊，疏于对互联网信息服务的监督管理，造成严重后果，构成犯罪的，依法追究刑事责任；尚不构成犯罪的，对直接负责的主管人员和其他直接责任人员依法给予降级、撤职直至开除的行政处分。

第二十六条 在本办法公布前从事互联网信息服务的，应当自本办法公布之日起60日内依照本办法的有关规定补办有关手续。

第二十七条 本办法自公布之日起施行。

最高人民法院 最高人民检察院

关于办理非法利用信息网络、帮助信息网络犯罪活动等刑事案件适用法律若干问题的解释

法释〔2019〕15号

(2019年6月3日最高人民法院审判委员会第1771次会议、2019年9月4日最高人民检察院第十三届检察委员会第二十三次会议通过 2019年10月21日公布 自2019年11月1日起施行)

为依法惩治拒不履行信息网络安全管理义务、非法利用信息网络、帮助信息网络犯罪活动等犯罪，维护正常网络秩序，根据《中华人民共和国刑法》《中华人民共和国刑事诉讼法》的规定，现就办理此类刑事案件适用法律的若干问题解释如下：

第一条 提供下列服务的单位和个人，应当认定为刑法第二百八十六条之一第一款规定的“网络服务提供者”：

(一) 网络接入、域名注册解析等信息网络接入、计算、存储、传输服务；

(二) 信息发布、搜索引擎、即时通讯、网络支付、网络预约、网络购物、网络游戏、网络直播、网站建设、安全防护、广告推广、应用商店等信息网络应用服务；

(三) 利用信息网络提供的电子政务、通信、能源、交通、水利、金融、教育、医疗等公共服务。

第二条 刑法第二百八十六条之一第一款规定的“监管部门责令采取改正措施”，是指网信、电信、公安等依照法律、行政法规的规定

承担信息网络安全监管职责的部门，以责令整改通知书或者其他文书形式，责令网络服务提供者采取改正措施。

认定“经监管部门责令采取改正措施而拒不改正”，应当综合考虑监管部门责令改正是否具有法律、行政法规依据，改正措施及期限要求是否明确、合理，网络服务提供者是否具有按照要求采取改正措施的能力等因素进行判断。

第三条 拒不履行信息网络安全管理义务，具有下列情形之一的，应当认定为刑法第二百八十六条之一第一款第一项规定的“致使违法信息大量传播”：

（一）致使传播违法视频文件二百个以上的；

（二）致使传播违法视频文件以外的其他违法信息二千个以上的；

（三）致使传播违法信息，数量虽未达到第一项、第二项规定标准，但是按相应比例折算合计达到有关数量标准的；

（四）致使向二千个以上用户账号传播违法信息的；

（五）致使利用群组成员账号数累计三千以上的通讯群组或者关注人员账号数累计三万以上的社交网络传播违法信息的；

（六）致使违法信息实际被点击数达到五万以上的；

（七）其他致使违法信息大量传播的情形。

第四条 拒不履行信息网络安全管理义务，致使用户信息泄露，具有下列情形之一的，应当认定为刑法第二百八十六条之一第一款第二项规定的“造成严重后果”：

（一）致使泄露行踪轨迹信息、通信内容、征信信息、财产信息五百条以上的；

（二）致使泄露住宿信息、通信记录、健康生理信息、交易信息等其他可能影响人身、财产安全的用户信息五千条以上的；

（三）致使泄露第一项、第二项规定以外的用户信息五万条以上的；

（四）数量虽未达到第一项至第三项规定标准，但是按相应比例折算合计达到有关数量标准的；

（五）造成他人死亡、重伤、精神失常或者被绑架等严重后果的；

（六）造成重大经济损失的；

（七）严重扰乱社会秩序的；

（八）造成其他严重后果的。

第五条 拒不履行信息网络安全管理义务，致使影响定罪量刑的刑事案件证据灭失，具有下列情形之一的，应当认定为刑法第二百八十六条之一第一款第三项规定的“情节严重”：

（一）造成危害国家安全犯罪、恐怖活动犯罪、黑社会性质组织犯罪、贪污贿赂犯罪案件的证据灭失的；

（二）造成可能判处五年有期徒刑以上刑罚犯罪案件的证据灭失的；

（三）多次造成刑事案件证据灭失的；

（四）致使刑事诉讼程序受到严重影响的；

（五）其他情节严重的情形。

第六条 拒不履行信息网络安全管理义务，具有下列情形之一的，应当认定为刑法第二百八十六条之一第一款第四项规定的“有其他严重情节”：

（一）对绝大多数用户日志未留存或者未落实真实身份信息认证义务的；

（二）二年内经多次责令改正拒不改正的；

（三）致使信息网络服务被主要用于违法犯罪的；

（四）致使信息网络服务、网络设施被用于实施网络攻击，严重影响生产、生活的；

（五）致使信息网络服务被用于实施危害国家安全犯罪、恐怖活动犯罪、黑社会性质组织犯罪、贪污贿赂犯罪或者其他重大犯罪的；

（六）致使国家机关或者通信、能源、交通、水利、金融、教育、医疗等领域提供公共服务的信息网络受到破坏，严重影响生产、生活的；

（七）其他严重违反信息网络安全管理义务的情形。

第七条 刑法第二百八十七条之一规定的“违法犯罪”，包括犯罪行为和属于刑法分则规定的行为类型但尚未构成犯罪的违法行为。

第八条 以实施违法犯罪活动为目的而设立或者设立后主要用于实施违法犯罪活动的网站、通讯群组，应当认定为刑法第二百八十七条之一第一款第一项规定的“用于实施诈骗、传授犯罪方法、制作或者销售违禁物品、管制物品等违法犯罪活动的网站、通讯群组”。

第九条 利用信息网络提供信息的链接、截屏、二维码、访问账号密码及其他指引访问服务的，应当认定为刑法第二百八十七条之一第一款第二项、第三项规定的“发布信息”。

第十条 非法利用信息网络，具有下列情形之一的，应当认定为刑法第二百八十七条之一第一款规定的“情节严重”：

（一）假冒国家机关、金融机构名义，设立用于实施违法犯罪活动的网站的；

（二）设立用于实施违法犯罪活动的网站，数量达到三个以上或者注册账号数累计达到二千以上的；

（三）设立用于实施违法犯罪活动的通讯群组，数量达到五个以上或者群组成员账号数累计达到一千以上的；

（四）发布有关违法犯罪的信息或者为实施违法犯罪活动发布信息，具有下列情形之一的：

1. 在网站上发布有关信息一百条以上的；

2. 向二千个以上用户账号发送有关信息的；

3. 向群组成员数累计达到三千以上的通讯群组发送有关信息的；

4. 利用关注人员账号数累计达到三万以上的社交网络传播有关信息的；

（五）违法所得一万元以上的；

（六）二年内曾因非法利用信息网络、帮助信息网络犯罪活动、危害计算机信息系统安全受过行政处罚，又非法利用信息网络的；

（七）其他情节严重的情形。

第十一条 为他人实施犯罪提供技术支持或者帮助，具有下列情形之一的，可以认定行为人明知他人利用信息网络实施犯罪，但是有相反证据的除外：

（一）经监管部门告知后仍然实施有关行为的；

（二）接到举报后不履行法定管理职责的；

（三）交易价格或者方式明显异常的；

（四）提供专门用于违法犯罪的程序、工具或者其他技术支持、帮助的；

（五）频繁采用隐蔽上网、加密通信、销毁数据等措施或者使用虚假身份，逃避监管或者规避调查的；

（六）为他人逃避监管或者规避调查提供技术支持、帮助的；

（七）其他足以认定行为人明知的情形。

第十二条 明知他人利用信息网络实施犯罪，为其犯罪提供帮助，具有下列情形之一的，应当认定为刑法第二百八十七条之二第一款规定的“情节严重”：

（一）为三个以上对象提供帮助的；

（二）支付结算金额二十万元以上的；

（三）以投放广告等方式提供资金五万元以上的；

（四）违法所得一万元以上的；

（五）二年内曾因非法利用信息网络、帮助信息网络犯罪活动、危害计算机信息系统安全受过行政处罚，又帮助信息网络犯罪活动的；

（六）被帮助对象实施的犯罪造成严重后果的；

（七）其他情节严重的情形。

实施前款规定的行为，确因客观条件限制无法查证被帮助对象是否达到犯罪的程度，但相关数额总计达到前款第二项至第四项规定标准五倍以上，或者造成特别严重后果的，应当以帮助信息网络犯罪活动罪追究行为人的刑事责任。

第十三条 被帮助对象实施的犯罪行为可以确认，但尚未到案、尚未依法裁判或者因未达到刑事责任年龄等原因依法未予追究刑事责任的，不影响帮助信息网络犯罪活动罪的认定。

第十四条 单位实施本解释规定的犯罪的，依照本解释规定的相应自然人犯罪的定罪量刑标准，对直接负责的主管人员和其他直接责任人员定罪处罚，并对单位判处罚金。

第十五条 综合考虑社会危害程度、认罪悔罪态度等情节，认为犯罪情节轻微的，可以不起诉或者免予刑事处罚；情节显著轻微危害不大的，不以犯罪论处。

第十六条 多次拒不履行信息网络安全管理义务、非法利用信息网络、帮助信息网络犯罪活动构成犯罪，依法应当追诉的，或者二年内多次实施前述行为未经处理的，数量或者数额累计计算。

第十七条 对于实施本解释规定的犯罪被判处刑罚的，可以根据犯罪情况和预防再犯罪的需要，依法宣告职业禁止；被判处管制、宣告缓刑的，可以根据犯罪情况，依法宣告禁止令。

第十八条 对于实施本解释规定的犯罪的，应当综合考虑犯罪的危害程度、违法所得数额以及被告人的前科情况、认罪悔罪态度等，依法判处罚金。

第十九条 本解释自 2019 年 11 月 1 日起施行。

解读《最高人民法院、最高人民检察院关于办理非法利用信息网络、帮助信息网络犯罪活动等刑事案件适用法律若干问题的解释》

周加海 喻海松*

2019年9月，最高人民法院、最高人民检察院联合发布《最高人民法院、最高人民检察院关于办理非法利用信息网络、帮助信息网络犯罪活动等刑事案件适用法律若干问题的解释》（法释〔2019〕15号，以下简称《解释》），自2019年11月1日起施行。为便于在司法实践中正确理解与适用，现就《解释》的制定背景、起草中的主要考虑和主要内容介绍如下。

一、《解释》的制定背景与经过

近年来，网络犯罪呈上升趋势，各种传统犯罪日益向互联网迁移，网络犯罪呈高发多发态势，严重危害国家安全、社会秩序和人民群众合法权益。为进一步严惩网络犯罪，维护正常网络秩序，2015年11月1日起施行的刑法修正案（九）增设了刑法第二百八十六条之一和第二百八十七条之一、之二，规定了拒不履行信息网络安全管理义务罪，非法利用信息网络罪和帮助信息网络犯罪活动罪。刑法修正案（九）施行以来，各级公检法机关依据修改后的刑法规定，严肃惩处相关网络犯

* 作者单位：最高人民法院。

罪。截至2019年9月，全国法院共审理相关网络犯罪案件260件，判决473人。其中，非法利用信息网络刑事案件159件、223人，帮助信息网络犯罪活动刑事案件98件、247人。

依法严惩网络犯罪，切实维护网络安全，对于维护国家安全、社会秩序和人民群众合法权益，发挥了重要作用。但是，在查办案件过程中，有意见反映，刑法修正案（九）新增相关网络犯罪的定罪量刑标准较为原则，不易把握；另有一些法律适用问题存在认识分歧，影响了案件办理。鉴此，为保障法律正确、统一适用，依法严厉惩治、有效防范网络犯罪，最高人民法院会同最高人民检察院，在公安部等部门的大力支持下，经深入调查研究、广泛征求意见、反复论证完善，起草了《解释》。

二、《解释》起草中的主要考虑

为确保《解释》的内容科学合理，能够适应形势发展、满足实践需要，在起草过程中，主要有以下几点考虑：

第一，贯彻刑法修改精神，依法严惩网络犯罪。网络犯罪不仅严重侵害公民的人身安全和财产安全，而且严重影响社会秩序甚至国家安全，依法有效惩治网络犯罪已经成为当前及未来一段时期的重要任务。基于当前网络犯罪的态势，根据修法精神，《解释》相关条文彰显了对网络犯罪的严惩立场：设置较低的入罪门槛，以适当减小取证工作难度，对网络犯罪“打早打小”；规制为网络犯罪提供技术支持和其他帮助的行为，对网络犯罪全链条惩治；在自由刑的基础上进一步加大职业禁止、禁止令和财产刑的适用力度，防止相关犯罪分子“重操旧业”。

第二，坚持问题导向，有效解决司法实务问题。从调研情况来看，拒不履行信息网络安全管理义务罪、非法利用信息网络罪、帮助信息网络犯罪活动罪的定罪量刑标准尚不明确，网络服务提供者的范围、经政府有关部门责令采取改正措施而拒不改正的认定、非法利用信息网络罪中“违法犯罪”与帮助信息网络犯罪活动罪中“犯罪”的把握等法律适用问题存在较大争议，亟待通过司法解释加以明确。《解释》相关条文根据司法实践具体情况，全面解决办案实际中的难题，切实提升打击实效。

第三，坚持安全与发展并重，兼顾网络安全和网络服务业发展的需要。网络服务提供者依法切实履行信息网络安全管理义务，是维护网络安全的前提和基础。《解释》明确了拒不履行信息网络安全管理义务罪的入罪标准，以充分发挥刑法的威慑和教育功能，促进网络服务提供者认真履行防止违法信息传播、保护用户信息安全、留存刑事案件证据等义务，切实维护网络安全。同时，《解释》坚持实事求是和刑法谦抑原则，以确保相关刑事责任的追究依法、妥当、合理，确保网络服务业的健康、有序发展。

三、《解释》的主要内容

《解释》依照刑法、刑事诉讼法的规定，对拒不履行信息网络安全管理义务罪、非法利用信息网络罪、帮助信息网络犯罪活动罪的定罪量刑标准和相关法律适用问题作了较为全面、系统的规定，共十九个条文，大致可以归纳为如下八个方面的问题。

（一）拒不履行信息网络安全管理义务罪的主体范围

根据刑法第二百八十六条之一的规定，拒不履行信息网络安全管理义务罪的主体是网络服务提供者。因此，明确网络服务提供者的范围，是确保拒不履行信息网络安全管理义务罪准确适用的前提和基础。网络安全法第七十六条第一项规定：“网络，是指由计算机或者其他信息终端及相关设备组成的按照一定的规则和程序对信息进行收集、存储、传输、交换、处理的系统。”第三项规定：“网络运营者，是指网络的所有者、管理者和网络服务提供者。”可见，“网络”与“信息系统”含义相同，包括联入公共通信网的系统和未联入公共通信网的系统，涵括对外提供服务的系统和不对外提供服务而自用的系统。而刑法第二百八十六条之一使用了“网络服务提供者”，自然不能包括网络安全法规定的网络运营者的所有情形。经研究认为，网络服务提供者包括提供互联网服务的网络运营者，也包括虽然提供内部网络服务但涉及公共服务的网络运营者。基于此，《解释》第一条规定，提供下列服务的单位和个人，应当认定为刑法第二百八十六条之一第一款规定的网络服务提供者：（1）网络接入、域名注册解析等信息网络接入、计算、存储、传输服务；（2）信息发布、搜索引擎、即时通讯、网络支付、网络预约、网络购物、网络游戏、网络直播、网站建设、安全防护、广告推广、应用商店等信息网络应用服务；（3）利用信息网络提供的电子政务、通信、能源、交通、水利、金融、教育、医疗等公共服务。

（二）拒不履行信息网络安全管理义务罪的前提要件

根据刑法第二百八十六条之一的规定，构成拒不履行信息网络安全管理义务罪，以“经政府有关部门责令采取改正措施而拒不改正”作为前提要件。根据司法实践情况，为统一司法适用，《解释》第二条对“经政府有关部门责令采取改正措施而拒不改正”的认定作了明确。

1. “监管部门责令采取改正措施”的含义。网络安全法第八条第一款规定：“国家网信部门负责统筹协调网络安全工作和相关监督管理工作。国务院电信主管部门、公安部门和其他有关机关依照本法和有关法律、行政法规的规定，在各自职责范围内负责网络安全保护和监督管理工作。”据此，《解释》第二条第一款规定：“刑法第二百八十六条之一第一款规定的‘监管部门责令采取改正措施’，是指网信、电信、公安等依照法律、行政法规的规定承担信息网络安全监管职责的部门，以责令整改通知书或者其他文书形式，责令网络服务提供者采取改正措施。”

2. “经监管部门责令采取改正措施而拒不改正”的认定。根据司法实践反映的问题，基于拒不履行信息网络安全管理义务罪系不作为犯的属性，《解释》第二条第二款进一步规定：“认定‘经监管部门责令采取改正措施而拒不改正'，应当综合考虑监管部门责令改正是否具有法律、行政法规依据，改正措施及期限要求是否明确、合理，网络服务提供者是否具有按照要求采取改正措施的能力等因素进行判断。"

（三）拒不履行信息网络安全管理义务罪的入罪标准

刑法第二百八十六条之一第一款第一项至第三项列举了拒不履行信息网络安全管理义务，致使违法信息大量传播、致使用户信息泄露以及致使刑事案件证据灭失的入罪情形，并设置了兜底项"有其他严重情节的"。为统一司法适用，《解释》根据拒不履行信息网络安全管理义务罪的不同情形，对其入罪标准作了明确。

1. 致使违法信息大量传播。根据司法实践的情况，《解释》第三条主要从违法信息数量、传播范围等方面明确了"致使违法信息大量传播"的认定标准：根据违法信息的类型不同，第一项至第三项区分违法视频文件和其他违法信息设置不同标准；根据传播方式的不同，以传播用户账号数、通讯群组和社交网络账号数以及实际被点击数设置不同标准。具体而言，拒不履行信息网络安全管理义务，具有下列情形之一的，应当认定为刑法第二百八十六条之一第一款第一项规定的致使违法信息大量传播：（1）致使传播违法视频文件 200 个以上的；（2）致使传播违法视频文件以外的其他违法信息 2000 个以上的；（3）致使传播违法信息，数量虽未达到前述规定标准，但是按相应比例折算合计达到有关数量标准的；（4）致使向 2000 个以上用户账号传播违法信息的；（5）致使利用群组成员账号数累计 3000 以上的通讯群组或者关注人员账号数累计 3 万以上的社交网络传播违法信息的；（6）致使违法信息实际被点击数达到 5 万以上的；（7）其他致使违法信息大量传播的情形。

2. 致使用户信息泄露，造成严重后果。根据司法实践情况，《解释》第四条主要从泄露的用户信息数量、后果严重程度等方面明确了"致使用户信息泄露，造成严重后果"的认定标准。其中，与侵犯公民个人信息罪的入罪标准相协调，区分高度敏感信息、敏感信息、一般信息设置不同标准。具体而言，拒不履行信息网络安全管理义务，致使用户信息泄露，具有下列情形之一的，应当认定为刑法第二百八十六条之一第一款第二项规定的造成严重后果：（1）致使泄露行踪轨迹信息、通信内容、征信信息、财产信息500条以上的；（2）致使泄露住宿信息、通信记录、健康生理信息、交易信息等其他可能影响人身、财产安全的用户信息5000条以上的；（3）致使泄露一般用户信息5万条以上的；（4）数量虽未达到前述规定标准，但是按相应比例折算合计达到有关数量标准的；（5）造成他人死亡、重伤、精神失常或者被绑架等严重后果的；（6）造成重大经济损失的；（7）严重扰乱社会秩序的；（8）造成其他严重后果的。

3. 致使刑事案件证据灭失，情节严重。根据司法实践的情况，《解释》第五条主要从相关证据所涉案件重要程度、造成证据灭失的次数、对刑事诉讼程序的影响等方面明确了“致使刑事案件证据灭失，情节严重”的认定标准。具体而言，拒不履行信息网络安全管理义务，致使影响定罪量刑的刑事案件证据灭失，具有下列情形之一的，应当认定为刑法第二百八十六条之一第一款第三项规定的情节严重：（1）造成危害国家安全犯罪、恐怖活动犯罪、黑社会性质组织犯罪、贪污贿赂犯罪案件的证据灭失的；（2）造成可能判处5年有期徒刑以上刑罚犯罪案件的证据灭失的；（3）多次造成刑事案件证据灭失的；（4）致使刑事诉讼程序受到严重影响的；（5）其他情节严重的情形。

4. 有其他严重情节。根据司法实践的情况，《解释》第六条主要从拒不履行信息网络安全管理义务的重要程度、前科情况、造成后果等方面对“有其他严重情节”作了明确。具体而言，拒不履行信息网络安全管理义务，具有下列情形之一的，应当认定为刑法第二百八十六条之一第一款第四项规定的有其他严重情节：（1）对绝大多数用户日志未留存或者未落实真实身份信息认证义务的；（2）2年内经多次责令改正拒不改正的；（3）致使信息网络服务被主要用于违法犯罪的；（4）致使信息网络服务、网络设施被用于实施网络攻击，严重影响生产、生活的；（5）致使信息网络服务被用于实施危害国家安全犯罪、恐怖活动犯罪、黑社会性质组织犯罪、贪污贿赂犯罪或者其他重大犯罪的；（6）致使国家机关或者通信、能源、交通、水利、金融、教育、医疗等领域提供公共服务的信息网络受到破坏，严重影响生产、生活的；（7）其他严重违反信息网络安全管理义务的情形。

（四）非法利用信息网络罪的客观行为方式

刑法第二百八十七条之一多处涉及“违法犯罪”的表述，包括“用于实施诈骗、传授犯罪方法、制作或者销售违禁物品、管制物品等违法犯罪活动的网站、通讯群组”“有关制作或者销售毒品、枪支、淫秽物品等违禁物品、管制物品或者其他违法犯罪信息”“为实施诈骗等违法犯罪活动”等。经研究，《解释》第七条规定：“刑法第二百八十七条之一规定的‘违法犯罪’，包括犯罪行为和属于刑法分则规定的行为类型但尚未构成犯罪的违法行为。”据此，一方面，对刑法第二百八十七条之一规定中的“等”，应当作“等外”的理解，即不只限于该条所明确列举的类型，也包括其他违法犯罪。另一方面，对于刑法未规定、仅在治安管理处罚法或者其他法律法规规定的行政违法行为，即使利用信息网络实施，也不应当构成非法利用信息网络罪。例如，对于买卖驾照计分的行为，目前无法直接追究刑事责任；对于此类行为，即使通过互联网、通信群组发布相关信息的，也不构成非法利用信息网络罪。

《解释》明确了刑法第二百八十七条之一第一款第一项规定的“用于实施诈骗、传授犯罪方法、制作或者销售违禁物品、管制物品等违法犯罪活动的网站、通讯群组”的认定规则。为区别于用于正常活动的网站、通讯群组，《解释》第八条从网站、群组的设立目的与设立后主要从事的活动两个方面予以明确，规定：“以实施违法犯罪活动为目的而设立或者设立后主要用于实施违法犯罪活动的网站、通讯群组，应当认定为刑法第二百八十七条之一第一款第一项规定的‘用于实施诈骗、传授犯罪方法、制作或者销售违禁物品、管制物品等违法犯罪活动的网站、通讯群组’。”

《解释》明确了刑法第二百八十七条之一第一款第二项、第三项规定的发布信息的含义。实践中，有些行为人为逃避打击，不直接发布信息，而是发布信息的链接地址、截屏，或者将包含信息的文件放到网盘等存储空间后发布访问账号、密码。如在某案中，行为人将大量淫秽视频存入网盘后，在网上发布网盘账号、密码。经研究认为，此种情形与直接发布信息并无差异，应当认定为发布信息。基于此，《解释》第九条规定：“利用信息网络提供信息的链接、截屏、二维码、访问账号密码及其他指引访问服务的，应当认定为刑法第二百八十七条之一第一款第二项、第三项规定的‘发布信息’。”

（五）非法利用信息网络罪的入罪标准

根据刑法第二百八十七条之一第一款的规定，非法利用信息网络以情节严重作为入罪要件。根据司法实践的具体情况，《解释》第十条主要从设立网站、通讯群组、发布信息的数量，违法所得数额，前科情况等方面明确了情节严重的认定标准。具体而言，非法利用信息网络，具有下列情形之一的，应当认定为刑法第二百八十七条之一第一款规定的情节严重：（1）假冒国家机关、金融机构名义，设立用于实施违法犯罪活动的网站的。实践中，不少从事诈骗活动的犯罪分子会假冒国家机关或者金融机构名义设立用于实施违法犯罪活动的网站，如针对工商银行（icbc. com. cn）制作钓鱼网站，犯罪分子将网站内容托管到服务器后申请诸如 lcbc. com、1cbc. cn、icdc. cn 等近似于工商银行域名的虚假域名指向网站后台。基于此，《解释》将此种情形规定为情节严重。（2）设立用于实施违法犯罪活动的网站，数量达到 3 个以上或者注册账号数累计达到 2000 以上的。（3）设立用于实施违法犯罪活动的通讯群组，数量达到 5 个以上或者群组成员账号数累计达到 1000 以上的。

(4) 发布有关违法犯罪的信息或者为实施违法犯罪活动发布信息，具有下列情形之一的：①在网站上发布有关信息100条以上的；②向2000个以上用户账号发送有关信息的；③向群组成员数累计达到3000以上的通讯群组发送有关信息的；④利用关注人员账号数累计达到3万以上的社交网络传播有关信息的。(5) 违法所得1万元以上的。从实践来看，非法利用信息网络设立网站、通讯群组或者发布信息，可能获取广告费、会员注册费或者其他违法所得。基于此，《解释》将违法所得数额确定为情节严重的认定标准之一。(6) 2年内曾因非法利用信息网络、帮助信息网络犯罪活动、危害计算机信息系统安全受过行政处罚，又非法利用信息网络的。(7) 其他情节严重的情形。

(六) 帮助信息网络犯罪活动罪的主观明知推定规则

根据刑法第二百八十七条之二的规定，帮助信息网络犯罪活动罪以行为人明知他人利用信息网络实施犯罪为前提。经研究认为，对帮助信息网络犯罪活动罪主观明知的认定，应当结合一般人的认知水平和行为人的认知能力、相关行为是否违反法律的禁止性规定、行为人是否履行管理职责、是否逃避监管或者规避调查、是否因同类行为受过处罚，以及行为人的供述和辩解等情况进行综合判断。根据司法实践的情况，《解释》第十一条总结了主观明知的推定情形。具体而言，为他人实施犯罪提供技术支持或者帮助，具有下列情形之一的，可以认定行为人明知他人利用信息网络实施犯罪，但是有相反证据的除外：(1) 经监管部门告知后仍然实施有关行为的。随着信息技术的发展，监管部门不一定通过专门文书进行告知，甚至未必采用书面告知方式，特别是遇到紧急事件时，监管部门往往通过即时通讯群组、电话、短信、电子邮件等多种方式告知，只要有相关证据可以证明已经告知即可，故未限定告知方式。(2) 接到举报后不履行法定管理职责的。网络服务提供者在为网络应用提供服务的同时也担负相关的管理职责，但现实中服务商不可能对所有服务对象进行相关管理。如网站托管服务商一般只负责网站软硬件环境的建设和维护，对网站内容不予管理，故不能要求服务商主动发现全部违法犯罪行为，但在接到举报后应当履行法定管理职责。例如，网站托管服务商在接到举报某服务对象托管的网站为淫秽色情网站后，仍不依法采取关停、删除、报案等措施，继续为该网站提供服务的，可以认定其主观明知。（3）交易价格或者方式明显异常的。例如，第三方支付平台从一般的支付活动中收取1.5%的费用，而在有的赌博案件中第三方支付平台收取超过10%的费用。从这一收费明显异常情况，可以看出该第三方支付平台对服务对象从事犯罪活动实际上是心知肚明的，故推定其具有主观明知。（4）提供专门用于违法犯罪的程序、工具或者其他技术支持、帮助的。实践中，随着网络犯罪案件的分工日益细化，滋生出专门用于违法犯罪的活动，如替人开卡，取钱车手，贩卖“多卡合一”（银行卡、电话卡、支付宝账号、微信账号、身份证），解冻被支付宝、微信等支付工具安全策略冻结的未实名账户等服务；此外，还有专门用于违法犯罪活动的程序、工具，如仿冒银行、执法部门网站制作钓鱼网站。可以说，这些活动或者程序、工具并非社会正常活动所需，而系为违法犯罪活动提供帮助的专门服务，故相关从业人员对其服务对象系可能涉嫌犯罪主观上实际是明知的，故将此种情形推定为主观明知。（5）频繁采用隐蔽上网、加密通信、销毁数据等措施或者使用虚假身份，逃避监管或者规避调查的。实践中，一些行为人在帮助信息网络犯罪活动中长期使用加密措施或者虚假身份，对于此类逃避监管或者规避调查的行为，可以推定行为人主观明知。（6）为他人逃避监管或者规避调查提供技术支持、帮助的。（7）其他足以认定行为人明知的情形。实践中还有一些情形可以推断行为人主观明知，如取钱人持有多张户主不同的银行卡或者多张假身份证，无法说明缘由的，亦可以推定其主观明知。

（七）帮助信息网络犯罪活动罪的入罪标准

根据刑法第二百八十七条之二的规定，帮助信息网络犯罪活动以情节严重为入罪门槛。根据司法实践的具体情况，《解释》第十二条第一款明确了情节严重的认定标准。具体而言，明知他人利用信息网络实施犯罪，为其犯罪提供帮助，具有下列情形之一的，应当认定为刑法第二百八十七条之二第一款规定的情节严重：（1）为3个以上对象提供帮助的；（2）支付结算金额20万元以上的；（3）以投放广告等方式提供资金5万元以上的；（4）违法所得1万元以上的；（5）2年内曾因非法利用信息网络、帮助信息网络犯罪活动、危害计算机信息系统安全受过行政处罚，又帮助信息网络犯罪活动的；（6）被帮助对象实施的犯罪造成严重后果的；（7）其他情节严重的情形。

需要注意的是，考虑到与传统犯罪中帮助行为不同，网络犯罪中帮助者往往为众多对象提供帮助，一一查证被帮助对象是否已构成犯罪存在客观困难，而帮助行为累计的社会危害性严重，《解释》第十二条第二款规定："实施前款规定的行为，确因客观条件限制无法查证被帮助对象是否达到犯罪的程度，但相关数额总计达到前款第二项至第四项规定标准五倍以上，或者造成特别严重后果的，应当以帮助信息网络犯罪活动罪追究行为人的刑事责任。"适用本款时应当注意：一是此种情形下通常是被帮助对象人数众多，对于帮助单个或者少数对象利用信息网络实施犯罪的，必须以被帮助对象构成犯罪为入罪前提；二是确因客观条件限制无法证实被帮助对象实施的行为达到犯罪程度，但经查证确系刑法分则规定的行为的，如果是一般的违法行为也不能适用这一例外规则；三是情节远高于情节严重的程度，即此种情形下虽然无法查证被帮助对象构成犯罪，但帮助行为本身具有十分严重的社会危害性，达到独立刑事惩处的程度。

此外，根据刑法第二百八十七条之二第一款的规定，帮助信息网络犯罪活动罪中被帮助对象的行为必须构成犯罪，但是对此处规定的"犯罪"只应理解为相关犯罪查证属实，而不能理解为要求经人民法院生效裁判确认。同时，即使被帮助对象的行为符合刑法规定的其他构成要件，但因行为人未达到刑事责任年龄等原因依法未予追究刑事责任的，也不应影响帮助信息网络犯罪活动罪的认定。基于此，《解释》第十三条规定："被帮助对象实施的犯罪行为可以确认，但尚未到案、尚未依法裁判或者因未达到刑事责任年龄等原因依法未予追究刑事责任的，不影响帮助信息网络犯罪活动罪的认定。"

（八）相关网络犯罪的其他问题

根据司法实践的情况，《解释》还对相关网络犯罪的其他问题作了明确：

1. 单位实施相关网络犯罪的定罪量刑标准。《解释》第十四条规定："单位实施本解释规定的犯罪的，依照本解释规定的相应自然人犯罪的定罪量刑标准，对直接负责的主管人员和其他直接责任人员定罪处罚，并对单位判处罚金。"

2. 相关网络犯罪的认罪认罚从宽规则。考虑到司法实践中的复杂情况，根据认罪认罚从宽制度的要求，《解释》第十五条规定："综合考虑社会危害程度、认罪悔罪态度等情节，认为犯罪情节轻微的，可以不起诉或者免予刑事处罚；情节显著轻微危害不大的，不以犯罪论处。"

3. 相关网络犯罪的数量数额累计规则。《解释》第十六条规定："多次拒不履行信息网络安全管理义务、非法利用信息网络、帮助信息网络犯罪活动构成犯罪，依法应当追诉的，或者二年内多次实施前述行为未经处理的，数量或者数额累计计算。"

4. 相关网络犯罪的职业禁止和禁止令适用规则。刑法规定，因利用职业便利实施犯罪的，人民法院可以根据犯罪情况和预防再犯罪的需要，禁止其自刑罚执行完毕之日或者假释之日起从事相关执业，期限为3年至5年；判处管制、宣告缓刑的，可以根据犯罪情况，同时禁止犯罪分子在执行期间从事特定活动。鉴于网络犯罪相当程度存在再犯现象，不少行为人"重操旧业"的现实情况，《解释》第十七条专门规定："对于实施本解释规定的犯罪被判处刑罚的，可以根据犯罪情况和预防再犯罪的需要，依法宣告职业禁止；被判处管制、宣告缓刑的，可以根据犯罪情况，依法宣告禁止令。”

5. 相关网络犯罪的罚金刑适用规则。网络犯罪具有明显的牟利性，行为人实施该类犯罪主要是为了牟取非法利益，因此，有必要加大财产刑的适用力度，让行为人在经济上得不偿失，进而剥夺其再次实施犯罪的经济能力。基于此，《解释》第十八条规定：“对于实施本解释规定的犯罪的，应当综合考虑犯罪的危害程度、违法所得数额以及被告人的前科情况、认罪悔罪态度等，依法判处罚金。”

最高人民法院　最高人民检察院

关于办理侵犯公民个人信息刑事案件适用法律若干问题的解释

法释〔2017〕10号

（2017年3月20日最高人民法院审判委员会第1712次会议、2017年4月26日最高人民检察院第十二届检察委员会第63次会议通过　2017年5月8日公布　自2017年6月1日起施行）

为依法惩治侵犯公民个人信息犯罪活动，保护公民个人信息安全和合法权益，根据《中华人民共和国刑法》《中华人民共和国刑事诉讼法》的有关规定，现就办理此类刑事案件适用法律的若干问题解释如下：

第一条　刑法第二百五十三条之一规定的"公民个人信息"，是指以电子或者其他方式记录的能够单独或者与其他信息结合识别特定自然人身份或者反映特定自然人活动情况的各种信息，包括姓名、身份证件号码、通信通讯联系方式、住址、账号密码、财产状况、行踪轨迹等。

第二条　违反法律、行政法规、部门规章有关公民个人信息保护的规定的，应当认定为刑法第二百五十三条之一规定的"违反国家有关规定"。

第三条　向特定人提供公民个人信息，以及通过信息网络或者其他途径发布公民个人信息的，应当认定为刑法第二百五十三条之一规定的"提供公民个人信息"。

未经被收集者同意，将合法收集的公民个人信息向他人提供的，属于刑法第二百五十三条之一规定的“提供公民个人信息”，但是经过处理无法识别特定个人且不能复原的除外。

第四条 违反国家有关规定，通过购买、收受、交换等方式获取公民个人信息，或者在履行职责、提供服务过程中收集公民个人信息的，属于刑法第二百五十三条之一第三款规定的“以其他方法非法获取公民个人信息”。

第五条 非法获取、出售或者提供公民个人信息，具有下列情形之一的，应当认定为刑法第二百五十三条之一规定的“情节严重”：

（一）出售或者提供行踪轨迹信息，被他人用于犯罪的；

（二）知道或者应当知道他人利用公民个人信息实施犯罪，向其出售或者提供的；

（三）非法获取、出售或者提供行踪轨迹信息、通信内容、征信信息、财产信息五十条以上的；

（四）非法获取、出售或者提供住宿信息、通信记录、健康生理信息、交易信息等其他可能影响人身、财产安全的公民个人信息五百条以上的；

（五）非法获取、出售或者提供第三项、第四项规定以外的公民个人信息五千条以上的；

（六）数量未达到第三项至第五项规定标准，但是按相应比例合计达到有关数量标准的；

（七）违法所得五千元以上的；

（八）将在履行职责或者提供服务过程中获得的公民个人信息出售或者提供给他人，数量或者数额达到第三项至第七项规定标准一半以上的；

（九）曾因侵犯公民个人信息受过刑事处罚或者二年内受过行政处罚，又非法获取、出售或者提供公民个人信息的；

（十）其他情节严重的情形。

实施前款规定的行为，具有下列情形之一的，应当认定为刑法第二百五十三条之一第一款规定的“情节特别严重”：

（一）造成被害人死亡、重伤、精神失常或者被绑架等严重后果的；

（二）造成重大经济损失或者恶劣社会影响的；

（三）数量或者数额达到前款第三项至第八项规定标准十倍以上的；

（四）其他情节特别严重的情形。

第六条 为合法经营活动而非法购买、收受本解释第五条第一款第三项、第四项规定以外的公民个人信息，具有下列情形之一的，应当认定为刑法第二百五十三条之一规定的“情节严重”：

（一）利用非法购买、收受的公民个人信息获利五万元以上的；

（二）曾因侵犯公民个人信息受过刑事处罚或者二年内受过行政处罚，又非法购买、收受公民个人信息的；

（三）其他情节严重的情形。

实施前款规定的行为，将购买、收受的公民个人信息非法出售或者提供的，定罪量刑标准适用本解释第五条的规定。

第七条 单位犯刑法第二百五十三条之一规定之罪的，依照本解释规定的相应自然人犯罪的定罪量刑标准，对直接负责的主管人员和其他直接责任人员定罪处罚，并对单位判处罚金。

第八条 设立用于实施非法获取、出售或者提供公民个人信息违法犯罪活动的网站、通讯群组，情节严重的，应当依照刑法第二百八十七条之一的规定，以非法利用信息网络罪定罪处罚；同时构成侵犯公民个人信息罪的，依照侵犯公民个人信息罪定罪处罚。

第九条 网络服务提供者拒不履行法律、行政法规规定的信息网络安全管理义务，经监管部门责令采取改正措施而拒不改正，致使用户的公民个人信息泄露，造成严重后果的，应当依照刑法第二百八十六条之一的规定，以拒不履行信息网络安全管理义务罪定罪处罚。

第十条 实施侵犯公民个人信息犯罪，不属于“情节特别严重”，行为人系初犯，全部退赃，并确有悔罪表现的，可以认定为情节轻微，不起诉或者免予刑事处罚；确有必要判处刑罚的，应当从宽处罚。

第十一条 非法获取公民个人信息后又出售或者提供的，公民个人信息的条数不重复计算。

向不同单位或者个人分别出售、提供同一公民个人信息的，公民个人信息的条数累计计算。

对批量公民个人信息的条数，根据查获的数量直接认定，但是有证据证明信息不真实或者重复的除外。

第十二条 对于侵犯公民个人信息犯罪，应当综合考虑犯罪的危害程度、犯罪的违法所得数额以及被告人的前科情况、认罪悔罪态度等，依法判处罚金。罚金数额一般在违法所得的一倍以上五倍以下。

第十三条 本解释自 2017 年 6 月 1 日起施行。

最高人民法院　最高人民检察院
关于办理利用信息网络实施诽谤等刑事案件适用法律若干问题的解释

法释〔2013〕21号

（2013年9月5日最高人民法院审判委员会第1589次会议、
2013年9月2日最高人民检察院第十二届检察委员会第9次会议通过
2013年9月6日最高人民法院、最高人民检察院公告公布
自2013年9月10日起施行）

为保护公民、法人和其他组织的合法权益，维护社会秩序，根据《中华人民共和国刑法》《全国人民代表大会常务委员会关于维护互联网安全的决定》等规定，对办理利用信息网络实施诽谤、寻衅滋事、敲诈勒索、非法经营等刑事案件适用法律的若干问题解释如下：

第一条　具有下列情形之一的，应当认定为刑法第二百四十六条第一款规定的“捏造事实诽谤他人”：

（一）捏造损害他人名誉的事实，在信息网络上散布，或者组织、指使人员在信息网络上散布的；

（二）将信息网络上涉及他人的原始信息内容篡改为损害他人名誉的事实，在信息网络上散布，或者组织、指使人员在信息网络上散布的；

明知是捏造的损害他人名誉的事实，在信息网络上散布，情节恶劣的，以“捏造事实诽谤他人”论。

第二条　利用信息网络诽谤他人，具有下列情形之一的，应当认定

为刑法第二百四十六条第一款规定的“情节严重”：

（一）同一诽谤信息实际被点击、浏览次数达到五千次以上，或者被转发次数达到五百次以上的；

（二）造成被害人或者其近亲属精神失常、自残、自杀等严重后果的；

（三）二年内曾因诽谤受过行政处罚，又诽谤他人的；

（四）其他情节严重的情形。

第三条 利用信息网络诽谤他人，具有下列情形之一的，应当认定为刑法第二百四十六条第二款规定的“严重危害社会秩序和国家利益”：

（一）引发群体性事件的；

（二）引发公共秩序混乱的；

（三）引发民族、宗教冲突的；

（四）诽谤多人，造成恶劣社会影响的；

（五）损害国家形象，严重危害国家利益的；

（六）造成恶劣国际影响的；

（七）其他严重危害社会秩序和国家利益的情形。

第四条 一年内多次实施利用信息网络诽谤他人行为未经处理，诽谤信息实际被点击、浏览、转发次数累计计算构成犯罪的，应当依法定罪处罚。

第五条 利用信息网络辱骂、恐吓他人，情节恶劣，破坏社会秩序的，依照刑法第二百九十三条第一款第（二）项的规定，以寻衅滋事罪定罪处罚。

编造虚假信息，或者明知是编造的虚假信息，在信息网络上散布，或者组织、指使人员在信息网络上散布，起哄闹事，造成公共秩序严重混乱的，依照刑法第二百九十三条第一款第（四）项的规定，以寻衅滋事罪定罪处罚。

第六条 以在信息网络上发布、删除等方式处理网络信息为由，威胁、要挟他人，索取公私财物，数额较大，或者多次实施上述行为的，依照刑法第二百七十四条的规定，以敲诈勒索罪定罪处罚。

第七条 违反国家规定，以营利为目的，通过信息网络有偿提供删除信息服务，或者明知是虚假信息，通过信息网络有偿提供发布信息等服务，扰乱市场秩序，具有下列情形之一的，属于非法经营行为“情节严重”，依照刑法第二百二十五条第（四）项的规定，以非法经营罪定罪处罚：

（一）个人非法经营数额在五万元以上，或者违法所得数额在二万元以上的；

（二）单位非法经营数额在十五万元以上，或者违法所得数额在五万元以上的。

实施前款规定的行为，数额达到前款规定的数额五倍以上的，应当认定为刑法第二百二十五条规定的“情节特别严重”。

第八条 明知他人利用信息网络实施诽谤、寻衅滋事、敲诈勒索、非法经营等犯罪，为其提供资金、场所、技术支持等帮助的，以共同犯罪论处。

第九条 利用信息网络实施诽谤、寻衅滋事、敲诈勒索、非法经营犯罪，同时又构成刑法第二百二十一条规定的损害商业信誉、商品声誉罪，第二百七十八条规定的煽动暴力抗拒法律实施罪，第二百九十一条之一规定的编造、故意传播虚假恐怖信息罪等犯罪的，依照处罚较重的规定定罪处罚。

第十条 本解释所称信息网络，包括以计算机、电视机、固定电话机、移动电话机等电子设备为终端的计算机互联网、广播电视网、固定通信网、移动通信网等信息网络，以及向公众开放的局域网络。

解读《最高人民法院、最高人民检察院关于办理利用信息网络实施诽谤等刑事案件适用法律若干问题的解释》

最高人民法院刑事审判第三庭

为保护公民、法人和其他组织的合法权益，维护社会秩序，最高人民法院、最高人民检察院于 2013 年 9 月 9 日联合发布了法释〔2013〕21 号《最高人民法院、最高人民检察院关于办理利用信息网络实施诽谤等刑事案件适用法律若干问题的解释》（以下简称《解释》）。《解释》明确规定了利用信息网络实施诽谤、寻衅滋事、敲诈勒索、非法经营犯罪的认定及处罚问题，对依法准确惩治此类犯罪，提供了较为明确的司法解释依据。为便于司法实践中正确理解与适用，现就《解释》的制定背景、起草过程中的主要考虑、主要内容等问题介绍如下。

一、《解释》的制定背景

随着信息技术的快速发展，以互联网为主体包括通信网、广播电视传输覆盖网在内的信息网络日益普及，并呈现出“三网合一”的趋势。截至 2013 年 6 月，我国网民已达 5.91 亿，手机网民已达 4.64 亿。信息网络的普及，不仅促进了经济社会快速、平稳发展，也方便了人们的工作、学习和生活，还便利了人民群众依法积极行使表达权和监督权。与此同时，一些不法分子将信息网络作为一种新的犯罪平台，恣意实施诽谤、寻衅滋事、敲诈勒索、非法经营等违法犯罪活动。有人在信息网络上捏造事实恶意诽谤他人，损害他人名誉；有人利用社会敏感热点问题，炮制谣言，误导民众，造成公共秩序混乱，甚至引发群体性事件；有人以在信息网络上发布、删除负面信息相要挟，索取被害人或者被害单位财物，聚敛钱财；还有一些专门从事造谣、炒作、删帖等活动的所谓“网络公关公司”及“网络推手”，违反国家规定，以营利为目的，有偿提供删帖、发帖等服务，牟取巨额非法利益。上述违法犯罪活动侵犯了公民的名誉权、财产权等合法权益，破坏了社会公共秩序和市场管理秩序。广大人民群众深受其害，社会各界对此反映强烈，要求依法惩治利用信息网络实施的各类违法犯罪活动。

近年来，国家为加强信息网络管理，规范信息网络秩序，相继出台了一系列法律法规，如《全国人民代表大会常务委员会关于维护互联网安全的决定》、国务院《互联网信息服务管理办法》等，对促进信息网络健康发展起到了积极作用。但利用信息网络实施的诽谤、寻衅滋事、敲诈勒索、非法经营等犯罪，是伴随着信息网络的飞速发展而出现的新情况、新问题。虽然刑法对采用传统手段实施的上述犯罪早已作出了规定，但对于利用信息网络实施的上述犯罪，尚缺乏有针对性的、明确的、具体的规定，因此，司法实践中该方面存在着法律适用不够明确的问题。

为确保法律适用统一，依法惩治、有效防范利用信息网络实施的诽谤等犯罪，最高人民法院会同最高人民检察院对当前群众反映比较强烈的利用信息网络实施的诽谤、寻衅滋事、敲诈勒索、非法经营犯罪的法律适用问题进行了深入调研，广泛征求立法机关、行政机关和专家学者等社会各方面的意见，起草了《解释》。

二、《解释》起草过程中的主要考虑

为确保《解释》符合刑法规定精神，体现信息网络特点，适应司法实践需要，在起草《解释》过程中，注重把握了以下几项原则：

第一，立足保护公民合法权益，维护社会秩序。利用信息网络实施的诽谤、寻衅滋事、敲诈勒索、非法经营等犯罪，有的侵害了公民的名誉权、财产权，有的扰乱了公共秩序和市场管理秩序。网络造谣、传谣活动也妨碍了网民从信息网络上获取真实信息。《解释》通过依法惩治利用信息网络实施的诽谤、敲诈勒索等犯罪，为受害者伸张正义，恢复名誉，保护公民财产权利不受侵犯。同时，网络秩序是现实社会公共秩序的延伸，以法治思维和法治方式规制网络行为，是维护健康、有序的网络秩序的现实需要。《解释》顺应了新时期广大人民群众对依法惩治信息网络犯罪、规范信息网络秩序的普遍期待和迫切要求，严密了刑事法网，依法打击此类犯罪行为，有助于维护社会公共秩序，为广大人民群众创造良好的社会环境。

第二，坚持罪刑法定原则，依法科学解释。利用信息网络实施的诽谤等犯罪，只是诽谤罪等传统犯罪在信息时代的新型表现形式，有现实的社会危害性。《解释》严格依照刑法规定的诽谤罪、寻衅滋事罪、敲诈勒索罪、非法经营罪的犯罪构成要件，针对网络犯罪的行为特征和实际危害，明确了定罪量刑的具体标准。同时，《解释》对相关犯罪“情节严重”的认定标准、共同犯罪的认定标准等也作出明确规定。为依法惩治上述犯罪提供了明确的司法解释依据，有助于统一司法标准，规范司法行为，确保严格依法办案。

第三，明确法律界限，保障公民依法行使表达权和监督权。广大网民通过网络表达意见、关注社会问题、进行舆论监督，是公民行使言论自由权利、参与国家政治生活的重要方式。公民依法在信息网络上发表言论的权利，始终受到我国法律的保护。国家通过网络上的各种信息和评论，能够了解社会情况和群众对公共事务的意见和建议，但网民在行使表达权的同时，不能触及法律底线。任何一个国家的法律都不会允许有诽谤他人的所谓“言论自由”。出台《解释》不是为了“管制”网络言论。《解释》厘清了在信息网络上发表言论的法律边界，也严格区分恶意造谣、恶意传谣行为与不明真相发帖、转帖行为之间的界限，有助于确保公众依法、充分行使宪法赋予的表达权和监督权，最大限度地保护公众的言论自由。

第四，注重教育引导，推动信息网络健康发展。《解释》同时还具有教育、引导作用，有助于促使广大网民自觉规范上网言行，营造健康、积极的网络环境，实现良好的社会效果。同时，《解释》立足当前实际，依法打击公众反映强烈的利用信息网络实施的相关犯罪，有助于促进相关部门加强对信息网络的日常管理，完善网络违法犯罪防范机制，推动信息网络健康、有序发展。

三、《解释》的主要内容

《解释》共十个条文，主要包括以下六个方面的内容：（1）利用信息网络实施诽谤犯罪的行为方式、入罪标准、适用公诉程序的条件；（2）利用信息网络实施寻衅滋事犯罪的行为方式及具体认定；（3）利用信息网络实施敲诈勒索犯罪的行为方式及具体认定；（4）利用信息网络实施非法经营犯罪的行为方式及数额标准；（5）所涉共同犯罪和犯罪竞合的处理；（6）对信息网络的含义进行了明确界定，包括以计算机、电视机、固定电话机、移动电话机等电子设备为终端的计算机互联网、广播电视网、固定通信网、移动通信网等信息网络，以及向公众开放的局域网络。

（一）利用信息网络实施诽谤犯罪的认定

《解释》第一条至第四条分别规定了利用信息网络实施诽谤犯罪"捏造事实诽谤他人"的行为方式，"情节严重"的入罪标准，"严重危害社会秩序和国家利益"时适用公诉程序的条件，以及诽谤信息数量的累计计算等问题。

1. "捏造事实诽谤他人"的认定。《解释》第一条对刑法第二百四十六条中的"捏造事实诽谤他人"作出了具体规定，主要包括三种行为方式：

一是"捏造并散布"，即《解释》第一款第一项规定的"捏造损害他人名誉的事实，在信息网络上散布，或者组织、指使人员在信息网络上散布的”。这是最为典型的网络诽谤行为方式，具体是指行为人捏造损害他人名誉的事实后，由本人在信息网络上散布，或者行为人捏造损害他人名誉的事实后，组织、指使人员在信息网络上散布。后者也包括行为人捏造损害他人名誉的事实后，支付报酬雇用人员在信息网络上散布。

二是“篡改并散布”，即《解释》第一款第二项规定的“将信息网络上涉及他人的原始信息内容篡改为损害他人名誉的事实，在信息网络上散布，或者组织、指使人员在信息网络上散布的”。该项规定主要针对“歪曲捏造”的情形。“篡改”是指“用作伪的手段改动或曲解”，也就是“实质性修改”，即故意改变事实。如网络上出现一个原始帖子，称“某被害人在某酒店与异性友人共进晚餐”。原帖内容可能是真实的，或者即使失真，也达不到“损害名誉”的程度。行为人为达到诽谤他人的目的，借题发挥，恶意地将原帖内容歪曲修改为“某被害人与其情妇在某酒店开房过夜”。这就是典型的“篡改”，且“篡改”后的内容已经损害了他人的名誉。实践中除“歪曲捏造”外、还存在故意放大、渲染等情形。对此除非达到“实质性修改”的程度，否则一般不能认定为“篡改”。

三是“明知是捏造而散布”，即《解释》第二款规定的“明知是捏造的损害他人名誉的事实，在信息网络上散布，情节恶劣的，以‘捏造事实诽谤他人’论”。本条前款两项规定是针对造谣者，本款规定针对恶意传谣者。需要强调的是，如果行为人不明知是他人捏造的虚假事实而在信息网络上发布、转发的，即使对被害人的名誉造成了一定的损害，按照主客观相一致的原则，也不构成诽谤罪。实践中要严格区分构成犯罪的恶意诽谤行为和普通网民在不明真相情况下进行的发帖、转帖行为。适用本款规定应注意把握以下问题：（1）关于“明知”的认定。“明知”在刑法上包括两种情形：①“知道”，即有证据证明行为人知道特定的事实，例如行为人及其“上家”均承认，行为人明确知道在信息网络上散布的信息系“上家”捏造的损害他人名誉的事实。②“应当知道”，即行为人虽否认自己知道在信息网络上散布的信息系捏造的损害他人名誉的事实，但基于相关证据，能够推定行为人知道该情况，且行为人对此不能作出合理解释。实践中，认定行为人“应当知道”要依法有据，不能主观指证，必须依据相关证据材料综合判断。在认定“应当知道”时应当特别慎重，要将恶意传谣者与不明真相的无恶意传谣者区别开来。实践中如果把握不准或有争议的，应当本着“就低不就高”“有利行为人”的原则，不认定为“应当知道”。(2) 关于“情节恶劣”的认定。本款不仅要求行为人“明知”是捏造的损害他人名誉的事实，而且要求达到“情节恶劣”的程度，才能以“捏造事实诽谤他人”论。主要考虑是，对于恶意传谣者与造谣者也要区别对待。恶意传谣者不是捏造事实诽谤他人的“源头”，判定其行为性质，也应当注意考察具体情节的恶劣程度。需要说明的是，“情节恶劣”不同于诽谤罪入罪标准的“情节严重”，它指的是恶意传谣者“明知是捏造的事实而在信息网络上传播”行为的恶劣程度，如行为人的动机卑劣、散布的诽谤信息内容恶毒或者行为人长期诽谤他人等。

2. “情节严重”的认定。根据刑法第二百四十六条第一款的规定，行为人捏造事实诽谤他人，必须达到“情节严重”的程度，依法才构成诽谤罪。《解释》第二条采取列举的方式，明确了认定网络诽谤犯罪“情节严重”的具体标准，规定了较为严格的入罪门槛。

一是数量标准。《解释》第二条第一项规定，“同一诽谤信息实际被点击、浏览次数达到五千次以上，或者被转发次数达到五百次以上的”，应当认定为诽谤行为“情节严重”。如果一个捏造的损害他人名誉的信息被众多人所点击、浏览而知晓，足以说明被害人的名誉已经受到损害，具有现实的社会危害性。《解释》将被点击、浏览次数确定为“五千次”，是依据实证调研的结果，也参考了有关司法解释的先例。将被转发次数确定为“五百次”，与被点击、浏览次数保持一比十的关系，是根据网络传播规律，听取了专业部门意见，进行了技术论证，严格审慎确定的。

需要注意的是，《解释》规定的上述数量标准，是指同一诽谤信息“实际”被点击、浏览或者被转发次数。这就意味着，在计算具体数量时，应当扣除被害人自己点击、浏览或者转发的次数，也应当扣除网站管理人员为维护网站而点击等的次数。此外，还应扣除其他故意虚增而点击等，导致统计失真的次数。

二是危害后果标准。《解释》第二条第二项规定，“造成被害人或者其近亲属精神失常、自残、自杀等严重后果的”，应当认定为诽谤行为“情节严重”。如果网络诽谤行为在现实生活中已经造成上述后果，显然具有现实的社会危害性，构成了犯罪。此种情形就不问诽谤信息实际被点击、浏览或者被转发次数，应当认定为“情节严重”。

三是主观恶性标准。《解释》第二条第三项规定，“二年内曾因诽谤受过行政处罚，又诽谤他人的”，应当认定为诽谤行为“情节严重”。体现了刑法对行为人主观恶性、人身危险性的重视和评价。对于这种屡教不改，反复恶意诽谤他人的行为人，不论诽谤信息被点击、浏览、转发的次数，也不论是否造成被害人或者近亲属精神失常、自残、自杀等后果，也应当认定为“情节严重”。

3. “严重危害社会秩序和国家利益”的认定。根据刑法第二百四十六条第二款的规定，诽谤罪除“严重危害社会秩序和国家利益的”情形外，属于“告诉才处理”的案件。对于“严重危害社会秩序和国家利益”的诽谤案件，应由公安机关立案侦查，人民检察院提起公诉。为了明确网络诽谤刑事案件适用公诉程序的条件，《解释》第三条列举了“严重危害社会秩序和国家利益”的七种情形，既充分尊重当事人的处分权，依法保护被害人的合法权益，也有助于惩治严重危害社会秩序和国家利益的诽谤犯罪。

（1）关于“引发群体性事件的”情形。行为人捏造事实诽谤他人，进而引发了群体性事件，显然属于已经对社会秩序造成了实际的危害。（2）关于“引发公共秩序混乱的”情形。主要是指妨害国家的公共管理活动，引发生产秩序、生活秩序、学习秩序、工作秩序等公共秩序的混乱。（3）关于“引发民族、宗教冲突的”情形。民族、宗教问题关系到国家统一、社会稳定、经济社会发展，属于非常重要的国家利益。如果行为人实施诽谤犯罪涉及民族、宗教问题，进而引发民族、宗教冲突，破坏民族团结、宗教政策的，属于对国家利益造成了严重危害。（4）关于“诽谤多人，造成恶劣社会影响的”情形。主要是考虑到，行为人不间断地恶意诽谤多人，不仅侵犯了各个被害人的名誉权，实际上也已经严重危害了社会秩序。如果对此也适用自诉程序，需要多名被害人分别提起自诉且需要并案处理，不利于切实保护被害人的合法权益。（5）关于“损害国家形象，严重危害国家利益的”情形。行为人通过诽谤特定的对象，抹黑我国的政治制度，损害我国的国家形象，涉及国家利益，社会危害性大。（6）关于“造成恶劣国际影响的”情形。主要是指诽谤外国元首和政府首脑等，引发外事交涉、外交抗议等情形。（7）最后设置了“其他严重危害社会秩序和国家利益的情形”的兜底条款。

广大网民利用信息网络进行“网络反腐”，对反腐倡廉工作发挥了积极的作用。一些腐败案件最先就是在网络上曝光，引起有关部门的高度重视，随后得到了及时的处理。对于广大网民通过信息网络检举、揭发他人违法违纪行为的，有关部门应当认真对待，负责任地核实，及时公布调查结果。即使检举、揭发的部分内容失实，只要不是故意捏造事实诽谤他人的，或者不属于明知是捏造的损害他人名誉的事实而在信息网络上散布的，就不应以诽谤罪追究刑事责任。但是，对于那些打着“网络反腐”的幌子，恶意捏造事实诽谤他人的行为，尤其是有组织地大肆诽谤他人的行为，事实清楚，证据确实充分，构成犯罪的，就应依法追究刑事责任。司法机关要严格依法办案，严格入罪标准，防止误伤那些积极进行舆论监督、但部分举报内容失实的举报者。

（二）利用信息网络实施寻衅滋事犯罪的认定

信息网络既是工作、生活、学习的重要途径和手段，也是公众沟通交流的主要媒介和平台，体现出较强的“工具性”和“公共性”特征。《解释》第五条结合信息网络的上述两种属性，明确了利用信息网络实施寻衅滋事犯罪的两种行为方式。

1. 利用信息网络辱骂、恐吓他人的认定及处理。《解释》第五条第一款规定，利用信息网络辱骂、恐吓他人，情节恶劣，破坏社会秩序的，以寻衅滋事罪定罪处罚。该款规定反映出信息网络的工具性特征。实践中需要把握以下两点：一是如果利用信息网络辱骂特定的个人，则可能存在寻衅滋事罪与侮辱罪的竞合。如果辱骂他人情节恶劣，破坏社会秩序的，应按照《解释》第九条的规定，依照处罚较重的罪即寻衅滋事罪定罪处罚。二是要严格入罪标准。辱骂、恐吓行为必须达到“情节恶劣”的程度，同时对社会秩序造成了现实的破坏。对于一些网民在网络上发泄不满，辱骂他人的，要重在教育，强化管理，一般不要轻易适用本款规定按犯罪处理。

2. 在信息网络上编造、散布虚假信息，起哄闹事的认定。《解释》第五条第二款规定：“编造虚假信息，或者明知是编造的虚假信息，在信息网络上散布，或者组织、指使人员在信息网络上散布，起哄闹事，造成公共秩序严重混乱的，依照刑法第二百九十三条第一款第（四）项的规定，以寻衅滋事罪定罪处罚。”

信息网络具有明显的公共属性和社会属性。网络社会已经与现实社会融为一体，成为现实社会的重要组成部分。网络信息必然会对现实社会产生直接的、实实在在的影响。显而易见，编造虚假信息并在信息网络上散布，起哄闹事，进而造成公共秩序严重混乱，此类行为具有现实的社会危害性，应当以寻衅滋事罪追究刑事责任。实践中需要把握以下两点：一是该款规定的“虚假信息”，不是针对特定的自然人而捏造的虚假事实，而是针对不特定的自然人或者单位、公共事件而编造的虚假信息。如果针对特定的自然人，捏造损害其名誉的虚假事实，并在网络上散布的，应当适用《解释》第一条的规定处理。二是“造成公共秩序严重混乱”，主要是指导致现实社会公共秩序严重混乱。网络空间是现实社会的组成部分，行为人在信息网络上散布虚假信息，起哄闹事，在导致网络秩序混乱的同时，往往会导致现实社会公共秩序的混乱，甚至引发群体性事件等。对此以寻衅滋事罪定罪处罚，于法有据。

（三）利用信息网络实施敲诈勒索犯罪的认定

《解释》第六条明确规定了利用信息网络实施敲诈勒索犯罪的行为方式。

1. 利用信息网络实施敲诈勒索犯罪的行为方式。《解释》第六条规定："以在信息网络上发布、删除等方式处理网络信息为由，威胁、要挟他人，索取公私财物，数额较大，或者多次实施上述行为的，依照刑法第二百七十四条的规定，以敲诈勒索罪定罪处罚。"实践中，主要表现为"发帖型"敲诈勒索和"删帖型"敲诈勒索两种方式。"发帖型"敲诈勒索，是指行为人通过各种途径收集到有关被害人的负面信息，然后主动联系被害人，以在信息网络上发布相关负面信息为由，威胁、要挟被害人，进而索取财物。而"删帖型"敲诈勒索，是指行为人通过各种途径收集到有关被害人的负面信息后，先在信息网络上发布，然后主动联系被害人，以删除上述负面信息为条件威胁、要挟被害人，进而索取财物。与"发帖型"敲诈勒索相比，"删帖型"敲诈勒索通常要借助一定的网络平台。例如，行为人自己建立或者经营所谓的"维权网站"，收集不利于被害人的负面信息后，发布在该网站，然后与被害人联系并告知该网站上有不利于被害人的负面信息，要求对方将特定数额的钱款存入指定的账户，否则就要继续在网络上发布或者炒作相关的负面信息，由此达到索取财物的非法目的。

2. 利用信息网络实施敲诈勒索犯罪罪与非罪的界限。《解释》第六条采用了"索取"的表述，意味着认定敲诈勒索罪，要求行为人必须有主动向被害人实施威胁、要挟并索要财物的行为。尤其是对于"删帖型"敲诈勒索，如果行为人没有主动与被害人联系删帖事宜，未实施威胁、要挟，而是在被害人主动上门联系请求删帖的情况下，以

“广告费”“赞助费”“服务费”等名义收取被害人费用的，不认定为敲诈勒索罪。如果被害人主动上门联系请求删帖，但并不同意支付费用，而行为人以不支付费用，或者不支付指定数额的费用就不删帖甚至将对负面信息进一步炒作为由，威胁、要挟被害人，进而索取费用的，可以认定为敲诈勒索罪。此外，《解释》第六条采用的是“信息”而非“虚假信息”的表述。行为人威胁将要在信息网络上发布、删除的涉及被害人的负面信息即使是真实的，但只要其出于非法占有的目的，以发布、删除该负面信息为由索取公私财物，仍然构成敲诈勒索罪。

（四）利用信息网络实施非法经营犯罪的认定

利用信息网络实施的非法经营犯罪，反映出当前网络犯罪的非法牟利特征突出，组织链条明显。《解释》第七条规定了利用信息网络实施非法经营犯罪的行为方式和数额标准等问题。

1.“违反国家规定”的理解。《解释》第七条规定的认定行为人“违反国家规定”的依据，主要是指违反《全国人民代表大会常务委员会关于维护互联网安全的决定》和国务院《互联网信息服务管理办法》的相关规定。依照《全国人民代表大会常务委员会关于维护互联网安全的决定》的规定，利用互联网实施该决定第一条、第二条、第三条、第四条所列行为以外的其他行为，构成犯罪的，依照刑法有关规定追究刑事责任。依照《互联网信息服务管理办法》的规定，国家对经营性互联网信息服务实行许可制度，对非经营性互联网信息服务实行备案制度，未取得国家有关部门的许可，不得从事互联网有偿信息服务。当前，一些“网络公关公司”以营利为目的提供非法删帖服务，或者明知是虚假信息而提供发布信息等服务，扰乱了信息网络服务市场管理秩序，属于未经国家许可，“通过互联网向上网用户有偿提供信息或者网页制作等服务活动”中“等服务活动”的情形。

2.“以营利为目的”的认定。当前，一些“网络公关公司”“营销公司”通过在信息网络上进行信息炒作、发布不实信息等方式，吸引公众关注，进而牟取非法利益。这种以营利为目的，通过信息网络向他人有偿提供删除信息服务，或者明知是虚假信息，通过信息网络有偿提供发布信息等服务的行为，实际上是为诽谤、敲诈勒索、寻衅滋事等违法犯罪提供了传播虚假信息的手段、平台，扩大了信息网络上虚假信息的影响范围。不仅扰乱网络秩序，而且破坏了市场管理秩序，是当前信息网络上种种乱象的重要推手，具有较大的社会危害性，应当以非法经营罪定罪处罚。对于个别网民并非专门从事经营活动，只是偶尔一两次帮助他人发帖，并收取一定费用的，即使数额达到了《解释》规定的标准，一般也不宜认定为“以营利为目的”。

3. 利用信息网络实施非法经营犯罪的行为方式。《解释》第七条规定了利用信息网络实施非法经营犯罪的两种行为方式：一是通过信息网络有偿提供删除信息服务；二是明知是虚假信息，通过信息网络有偿提供发布信息等服务。对于通过信息网络向他人有偿提供删除信息服务的，《解释》不要求行为人明知所删除的信息为虚假信息。当前一些“网络公关公司”的主要业务是“删帖”业务，但删除的信息中有相当一部分是广大网民发布的真实信息。国家依法保护网络用户合法的信息交流活动，这属于信息网络服务市场管理秩序的重要组成部分。行为人以营利为目的，有偿删除信息网络用户发布的真实信息，其行为既侵犯了广大网民的合法权益，也破坏了信息网络服务市场管理秩序，应当以非法经营罪定罪处罚。对于通过信息网络向他人有偿提供发布信息等服务的，《解释》明确规定，必须以行为人明知所发布的信息是虚假信息为前提。如果行为人通过信息网络有偿提供发布信息服务，但发布的信息是真实的，即使收取了一定数额的费用，也不应认定为非法经营罪。

4. 非法经营犯罪数额的认定。刑法第二百二十五条规定的非法经营罪，要求达到“情节严重”的程度，才构成犯罪。“情节严重”的标准在实践中主要体现为非法经营数额或者违法所得数额。《解释》第七条第一款明确了个人和单位通过信息网络实施非法经营犯罪“情节严重”的数额标准，即：个人非法经营数额在五万元以上，或者违法所得数额在二万元以上；单位非法经营数额在十五万元以上，或者违法所得数额在五万元以上。此外，《解释》第二款还明确了个人和单位通过信息网络实施非法经营犯罪“情节特别严重”的数额标准，分别是“情节严重”标准的五倍以上。符合该数额标准的，应依法处五年以上有期徒刑，并处违法所得一倍以上五倍以下罚金或者没收财产。

（五）共同犯罪的认定和犯罪竞合的处理

1. 共同犯罪的认定。利用信息网络实施诽谤等犯罪，行为人在实践中可能面临资金、场所、技术等方面的困难，进而寻求他人的帮助，从而涉及共同犯罪问题。《解释》第八条规定：“明知他人利用信息网络实施诽谤、寻衅滋事、敲诈勒索、非法经营等犯罪，为其提供资金、场所、技术支持等帮助的，以共同犯罪论处。”实践中对于共同犯罪的认定，必须以行为人明知他人利用信息网络实施诽谤、寻衅滋事、敲诈勒索、非法经营等犯罪为前提。如果不明知他人利用信息网络实施相关犯罪活动，即使客观上提供了资金、场所、技术等帮助，也不应认定为共同犯罪。

2. 犯罪竞合的处理。利用信息网络实施诽谤、寻衅滋事、敲诈勒索、非法经营犯罪，可能同时构成刑法第二百二十一条规定的损害商业信誉、商品声誉罪，第二百七十八条规定的煽动暴力抗拒法律实施罪，第二百九十一条之一规定的编造、故意传播虚假恐怖信息罪等犯罪。针对司法实践的具体情况，《解释》第九条规定，对于上述情形依照处罚较重的规定定罪处罚。

最高人民法院 最高人民检察院

关于办理寻衅滋事刑事案件适用法律若干问题的解释

法释〔2013〕18号

（2013年5月27日最高人民法院审判委员会第1579次会议、
2013年4月28日最高人民检察院第十二届检察委员会第5次会议通过
2013年7月15日最高人民法院、最高人民检察院公告公布
自2013年7月22日起施行）

为依法惩治寻衅滋事犯罪，维护社会秩序，根据《中华人民共和国刑法》的有关规定，现就办理寻衅滋事刑事案件适用法律的若干问题解释如下：

第一条 行为人为寻求刺激、发泄情绪、逞强耍横等，无事生非，实施刑法第二百九十三条规定的行为的，应当认定为“寻衅滋事”。

行为人因日常生活中的偶发矛盾纠纷，借故生非，实施刑法第二百九十三条规定的行为的，应当认定为“寻衅滋事”，但矛盾系由被害人故意引发或者被害人对矛盾激化负有主要责任的除外。

行为人因婚恋、家庭、邻里、债务等纠纷，实施殴打、辱骂、恐吓他人或者损毁、占用他人财物等行为的，一般不认定为“寻衅滋事”，但经有关部门批评制止或者处理处罚后，继续实施前列行为，破坏社会秩序的除外。

第二条 随意殴打他人，破坏社会秩序，具有下列情形之一的，应当认定为刑法第二百九十三条第一款第一项规定的“情节恶劣”：

（一）致一人以上轻伤或者二人以上轻微伤的；

（二）引起他人精神失常、自杀等严重后果的；

（三）多次随意殴打他人的；

（四）持凶器随意殴打他人的；

（五）随意殴打精神病人、残疾人、流浪乞讨人员、老年人、孕妇、未成年人，造成恶劣社会影响的；

（六）在公共场所随意殴打他人，造成公共场所秩序严重混乱的；

（七）其他情节恶劣的情形。

第三条 追逐、拦截、辱骂、恐吓他人，破坏社会秩序，具有下列情形之一的，应当认定为刑法第二百九十三条第一款第二项规定的“情节恶劣”：

（一）多次追逐、拦截、辱骂、恐吓他人，造成恶劣社会影响的；

（二）持凶器追逐、拦截、辱骂、恐吓他人的；

（三）追逐、拦截、辱骂、恐吓精神病人、残疾人、流浪乞讨人员、老年人、孕妇、未成年人，造成恶劣社会影响的；

（四）引起他人精神失常、自杀等严重后果的；

（五）严重影响他人的工作、生活、生产、经营的；

（六）其他情节恶劣的情形。

第四条 强拿硬要或者任意损毁、占用公私财物，破坏社会秩序，具有下列情形之一的，应当认定为刑法第二百九十三条第一款第三项规定的“情节严重”：

（一）强拿硬要公私财物价值一千元以上，或者任意损毁、占用公私财物价值二千元以上的；

（二）多次强拿硬要或者任意损毁、占用公私财物，造成恶劣社会影响的；

（三）强拿硬要或者任意损毁、占用精神病人、残疾人、流浪乞讨人员、老年人、孕妇、未成年人的财物，造成恶劣社会影响的；

（四）引起他人精神失常、自杀等严重后果的；

（五）严重影响他人的工作、生活、生产、经营的；

（六）其他情节严重的情形。

第五条 在车站、码头、机场、医院、商场、公园、影剧院、展览会、运动场或者其他公共场所起哄闹事，应当根据公共场所的性质、公共活动的重要程度、公共场所的人数、起哄闹事的时间、公共场所受影响的范围与程度等因素，综合判断是否“造成公共场所秩序严重混乱”。

第六条 纠集他人三次以上实施寻衅滋事犯罪，未经处理的，应当依照刑法第二百九十三条第二款的规定处罚。

第七条 实施寻衅滋事行为，同时符合寻衅滋事罪和故意杀人罪、故意伤害罪、故意毁坏财物罪、敲诈勒索罪、抢夺罪、抢劫罪等罪的构成要件的，依照处罚较重的犯罪定罪处罚。

第八条 行为人认罪、悔罪，积极赔偿被害人损失或者取得被害人谅解的，可以从轻处罚；犯罪情节轻微的，可以不起诉或者免予刑事处罚。

解读《最高人民法院、最高人民检察院关于办理寻衅滋事刑事案件适用法律若干问题的解释》

周加海　喻海松*

为依法惩治寻衅滋事犯罪，维护社会秩序，最高人民法院、最高人民检察院联合发布了《最高人民法院、最高人民检察院关于办理寻衅滋事刑事案件适用法律若干问题的解释》（法释〔2013〕15号，以下简称《解释》），自2013年7月22日起施行。为便于司法实践中正确理解和适用，现就《解释》的制定背景、主要内容介绍如下。

一、《解释》的制定背景

1997年修订刑法时，将流氓罪分解为强制猥亵、侮辱妇女罪，聚众斗殴罪，聚众淫乱罪和寻衅滋事罪四种犯罪。1997年刑法第二百九十三条规定："有下列寻衅滋事行为之一，破坏社会秩序的，处五年以下有期徒刑、拘役或者管制：（一）随意殴打他人，情节恶劣的；（二）追逐、拦截、辱骂他人，情节恶劣的；（三）强拿硬要或者任意损毁、占用公私财物，情节严重的；（四）在公共场所起哄闹事，造成公共场所秩序严重混乱的。"

针对实践中寻衅滋事违法犯罪出现的新情况，2011年2月25日通过的刑法修正案（八）对刑法第二百九十三条作了进一步完善：一是在原第二项"追逐、拦截、辱骂"后增加了"恐吓"他人的行为；二

* 作者单位：最高人民法院。

是增加一款纠集他人多次实施寻衅滋事严重破坏社会秩序的行为，规定对此种行为“处五年以上十年以下有期徒刑，可以并处罚金”。

寻衅滋事罪系司法实践中的常见多发犯罪，在人民法院受理的刑事案件中占有相当比例。为准确、统一适用法律，依法严惩寻衅滋事犯罪，最高人民法院会同最高人民检察院在深入调研的基础上，对迫切需要解决的法律适用问题进行了认真梳理，经广泛征求意见、反复研究论证，起草了《解释》。

二、《解释》的主要内容

《解释》共八条，明确了以下八个方面问题：

（一）关于“寻衅滋事”的认定

寻衅滋事罪的四种表现形式与刑法规定的其他犯罪，如故意伤害罪、故意毁坏财物罪、强制猥亵、侮辱妇女罪、抢劫罪等罪在行为方式上存在重合与交叉。准确界定“寻衅滋事”，是正确区分有关行为是构成寻衅滋事罪还是其他犯罪，或者只是一般违法行为的关键。而从实践情况看，目前对这一问题的认识和把握还不尽准确、统一，影响了相关案件的依法及时处理。为规范、统一法律适用，准确把握罪与非罪、此罪与彼罪的界限，有必要首先对何谓“寻衅滋事”作出明确。此外，明确何谓“寻衅滋事”，是准确认定本罪的共性问题、基础性问题。如不对此作出明确，则在解释“随意殴打他人，情节恶劣”“追逐、拦截、辱骂、恐吓他人，情节恶劣”“强拿硬要或者任意损毁、占用公私财物，情节严重”等内容时，均需对这一问题作出规定，这将使解释条文明显重复。鉴此，《解释》第一条首先对“寻衅滋事”的认定作了一般性规定。

第一款规定：“行为人为寻求刺激、发泄情绪、逞强耍横等，无事生非，实施刑法第二百九十三条规定的行为的，应当认定为‘寻衅滋事’。”该款规定的是“无事生非型”寻衅滋事。对此类行为应当认定为“寻衅滋事”，在理论上、实践中观点一致。

第二款规定："行为人因日常生活中的偶发矛盾纠纷，借故生非，实施刑法第二百九十三条规定的行为的，应当认定为'寻衅滋事'，但矛盾系由被害人故意引发或者被害人对矛盾激化负有主要责任的除外。"该款规定的是"小题大做型"寻衅滋事。传统刑法理论认为，寻衅滋事只能表现为无事生非。这一观点有失妥当。从实践看，"无事生非型"寻衅滋事已极为少见，甚至从极端意义上讲并不存在，如认为只有"无事生非"才属于寻衅滋事，将极大地不当限缩寻衅滋事罪的成立范围。在日常生活中偶发矛盾纠纷，如与他人无意碰撞后，即小题大做、借题发挥，实施随意殴打他人或者任意毁损他人财物等行为的，明显不属于解决纠纷的合理方式，明显超出解决纠纷的合理限度，尽管事出有因，也可认为是借故寻衅，也破坏社会秩序，应当认定为"寻衅滋事"。当然，如矛盾系由被害人故意引发或者被害人对矛盾激化负有主要责任的（如被害人的车挡住了行为人的路，经行为人请求，被害人拒绝挪动，甚至辱骂行为人，从而引起双方冲突的），则不应认定为"寻衅滋事"；构成其他犯罪的，可以其他犯罪论处。

第三款规定："行为人因婚恋、家庭、邻里、债务等纠纷，实施殴打、辱骂、恐吓他人或者损毁、占用他人财物等行为的，一般不认定为'寻衅滋事'，但经有关部门批评制止或者处理处罚后，继续实施前列行为，破坏社会秩序的除外。"该款规定了因婚恋、家庭、邻里、债务等纠纷实施相应行为构成寻衅滋事的标准。行为人因婚恋、家庭、邻里、债务等纠纷，特别是基于积怨，实施殴打、辱骂、恐吓他人或者损毁、占用他人财物等行为的，由于行为人并非"寻衅"，一般不应以寻衅滋事论处；但是，行为人经有关部门批评制止或者处理处罚后，拒不改正，继续实施前列行为，破坏社会秩序的，也可认定为"寻衅滋事"。需要特别强调的是，根据刑法和《解释》规定，对此种情形以"寻衅滋事"论处，必须以行为人的行为"破坏社会秩序"为条件。寻衅滋事是扰乱公共秩序罪，根据刑法第二百九十三条规定，实施寻衅滋事行为，破坏社会秩序的，才能构成寻衅滋事罪。如行为人因婚恋、家庭等纠纷实施的有关行为并未破坏社会秩序，则即使其此前曾受有关部门批评制止或者处理处罚，依法也不能认定为“寻衅滋事”。

（二）关于随意殴打他人“情节恶劣”的认定标准

从实践看，在寻衅滋事罪的四种表现形式中，“随意殴打他人”占绝对比重。经对某地2010年至2012年审结的寻衅滋事案件的抽样调查显示，随意殴打他人的案件共701件，占案件总量的89.07%。因此，准确界定随意殴打他人“情节恶劣”的认定标准，意义重大。

《解释》第二条明确，随意殴打他人，破坏社会秩序，具有下列情形之一的，应当认定为刑法第二百九十三条第一款第一项规定的“情节恶劣”：（1）致一人以上轻伤或者二人以上轻微伤的；（2）引起他人精神失常、自杀等严重后果的；（3）多次随意殴打他人的；（4）持凶器随意殴打他人的；（5）随意殴打精神病人、残疾人、流浪乞讨人员、老年人、孕妇、未成年人，造成恶劣社会影响的；（6）在公共场所随意殴打他人，造成公共场所秩序严重混乱的；（7）其他情节恶劣的情形。需注意的是，并非所有随意殴打精神病人、残疾人等特殊人员以及在公共场所随意殴打他人的行为均属于“情节恶劣”，均构成寻衅滋事罪。如实施上述行为，未造成恶劣社会影响或造成公共场所秩序严重混乱的，属于违反治安管理处罚法的一般违法行为。

（三）关于追逐、拦截、辱骂、恐吓他人“情节恶劣”的认定标准

《解释》第三条明确，追逐、拦截、辱骂、恐吓他人，破坏社会秩序，具有下列情形之一的，应当认定为刑法第二百九十三条第一款第二项规定的“情节恶劣”：（1）多次追逐、拦截、辱骂、恐吓他人，造成恶劣社会影响的；（2）持凶器追逐、拦截、辱骂、恐吓他人的；（3）追逐、拦截、辱骂、恐吓精神病人、残疾人、流浪乞讨人员、老年人、孕妇、未成年人，造成恶劣社会影响的；（4）引起他人精神失常、自杀等严重后果的；（5）严重影响他人的工作、生活、生产、经营的；（6）其他情节恶劣的情形。

（四）关于强拿硬要或者任意损毁、占用公私财物“情节严重”的认定标准

2008 年《最高人民检察院、公安部关于公安机关管辖的刑事案件立案追诉标准的规定（一）》第三十七条第三项规定，“强拿硬要或者任意损毁、占用公私财物价值二千元以上”，属于“情节严重”。经研究认为，这一规定不尽妥当。一是根据 2002 年《最高人民法院关于审理抢夺刑事案件具体应用法律若干问题的解释》的规定，抢夺公私财物价值人民币五百元至二千元以上的，为“数额较大”。如规定“强拿硬要”二千元以上的，才属于“情节严重”，将导致相关犯罪的入罪标准有失平衡。二是强拿硬要与任意损毁、占用，两种行为的社会危害程度存在差异，不宜适用同一数额标准。

《解释》第四条明确，强拿硬要或者任意损毁、占用公私财物，破坏社会秩序，具有下列情形之一的，应当认定为刑法第二百九十三条第一款第三项规定的“情节严重”：（1）强拿硬要公私财物价值一千元以上，或者任意损毁、占用公私财物价值二千元以上的；（2）多次强拿硬要或者任意损毁、占用公私财物，造成恶劣社会影响的；（3）强拿硬要或者任意损毁、占用精神病人、残疾人、流浪乞讨人员、老年人、孕妇、未成年人的财物，造成恶劣社会影响的；（4）引起他人精神失常、自杀等严重后果的；（5）严重影响他人的工作、生活、生产、经营的；（6）其他情节严重的情形。

（五）关于在公共场所起哄闹事“造成公共场所秩序严重混乱”的认定标准

《解释》第五条对在公共场所起哄闹事“造成公共场所秩序严重混乱”的认定标准作了规定，明确在车站、码头、机场、医院、商场、公园、影剧院、展览会、运动场或者其他公共场所起哄闹事，应当根据公共场所的性质、公共活动的重要程度、公共场所的人数、起哄闹事的时间、公共场所受影响的范围与程度等因素，综合判断是否“造成公

共场所秩序严重混乱”。

（六）关于纠集他人多次寻衅滋事的认定

根据刑法第二百九十三条第二款的规定，纠集他人多次实施该条第一款行为，严重破坏社会秩序的，处五年以上十年以下有期徒刑，可以并处罚金。实践中对于该规定的具体理解存在不同认识，主要集中在如下三个问题：（1）应否有时间跨度的限制；（2）每次实施的寻衅滋事行为是否须构成犯罪；（3）每次寻衅滋事行为是否须未经处理。经研究，《解释》第六条规定：“纠集他人三次以上实施寻衅滋事犯罪，未经处理的，应当依照刑法第二百九十三条第二款的规定处罚。”据此，对寻衅滋事行为依照刑法第二百九十三条第二款的规定“处五年以上十年以下有期徒刑，可以并处罚金”，应当同时满足以下两个条件：一是每次实施的寻衅滋事行为均构成犯罪。二是每次寻衅滋事行为未经处理，包括行政处理和刑事处理。至于多次寻衅滋事行为的时间跨度，《解释》未作限制，只要未超过法定追诉时效的，均可计入。

（七）关于寻衅滋事罪与其他犯罪竞合时的处理规则

《解释》第七条明确了寻衅滋事罪与其他犯罪竞合时的处理规则，即“从一重处断”，规定实施寻衅滋事行为，同时符合寻衅滋事罪和故意杀人罪、故意伤害罪、故意毁坏财物罪、敲诈勒索罪、抢夺罪、抢劫罪等罪的构成要件的，依照处罚较重的犯罪定罪处罚。

（八）关于寻衅滋事刑事案件的从宽处理

《解释》第八条对寻衅滋事刑事案件的从宽处理作了规定，明确行为人认罪、悔罪，积极赔偿被害人损失或者取得被害人谅解的，可以从轻处罚；犯罪情节轻微的，可以不起诉或者免予刑事处罚。

最高人民法院　最高人民检察院　公安部　司法部

关于办理利用信息网络实施黑恶势力犯罪刑事案件若干问题的意见

（2019年7月23日）

为认真贯彻中央关于开展扫黑除恶专项斗争的部署要求，正确理解和适用最高人民法院、最高人民检察院、公安部、司法部《关于办理黑恶势力犯罪案件若干问题的指导意见》（法发〔2018〕1号，以下简称《指导意见》），根据刑法、刑事诉讼法、网络安全法及有关司法解释、规范性文件的规定，现对办理利用信息网络实施黑恶势力犯罪案件若干问题提出以下意见：

一、总体要求

1. 各级人民法院、人民检察院、公安机关及司法行政机关应当统一执法思想、提高执法效能，坚持“打早打小”，坚决依法严厉惩处利用信息网络实施的黑恶势力犯罪，有效维护网络安全和经济、社会生活秩序。

2. 各级人民法院、人民检察院、公安机关及司法行政机关应当正确运用法律，严格依法办案，坚持“打准打实”，认真贯彻落实宽严相济刑事政策，切实做到宽严有据、罚当其罪，实现政治效果、法律效果和社会效果的统一。

3. 各级人民法院、人民检察院、公安机关及司法行政机关应当分工负责，互相配合、互相制约，切实加强与相关行政管理部门的协作，健全完善风险防控机制，积极营造线上线下社会综合治理新格局。

二、依法严惩利用信息网络实施的黑恶势力犯罪

4. 对通过发布、删除负面或虚假信息，发送侮辱性信息、图片，以及利用信息、电话骚扰等方式，威胁、要挟、恐吓、滋扰他人，实施黑恶势力违法犯罪的，应当准确认定，依法严惩。

5. 利用信息网络威胁他人，强迫交易，情节严重的，依照刑法第二百二十六条的规定，以强迫交易罪定罪处罚。

6. 利用信息网络威胁、要挟他人，索取公私财物，数额较大，或者多次实施上述行为的，依照刑法第二百七十四条的规定，以敲诈勒索罪定罪处罚。

7. 利用信息网络辱骂、恐吓他人，情节恶劣，破坏社会秩序的，依照刑法第二百九十三条第一款第二项的规定，以寻衅滋事罪定罪处罚。

编造虚假信息，或者明知是编造的虚假信息，在信息网络上散布，或者组织、指使人员在信息网络上散布，起哄闹事，造成公共秩序严重混乱的，依照刑法第二百九十三条第一款第四项的规定，以寻衅滋事罪定罪处罚。

8. 侦办利用信息网络实施的强迫交易、敲诈勒索等非法敛财类案件，确因被害人人数众多等客观条件的限制，无法逐一收集被害人陈述的，可以结合已收集的被害人陈述，以及经查证属实的银行账户交易记录、第三方支付结算账户交易记录、通话记录、电子数据等证据，综合认定被害人人数以及涉案资金数额等。

三、准确认定利用信息网络实施犯罪的黑恶势力

9. 利用信息网络实施违法犯罪活动，符合刑法、《指导意见》以及最高人民法院、最高人民检察院、公安部、司法部《关于办理恶势力刑事案件若干问题的意见》等规定的恶势力、恶势力犯罪集团、黑社会性质组织特征和认定标准的，应当依法认定为恶势力、恶势力犯罪集团、黑社会性质组织。

认定利用信息网络实施违法犯罪活动的黑社会性质组织时，应当依照刑法第二百九十四条第五款规定的“四个特征”进行综合审查判断，分析“四个特征”相互间的内在联系，根据在网络空间和现实社会中实施违法犯罪活动对公民人身、财产、民主权利和经济、社会生活秩序所造成的危害，准确评价，依法予以认定。

10. 认定利用信息网络实施违法犯罪的黑恶势力组织特征，要从违法犯罪的起因、目的，以及组织、策划、指挥、参与人员是否相对固定，组织形成后是否持续进行犯罪活动、是否有明确的职责分工、行为规范、利益分配机制等方面综合判断。利用信息网络实施违法犯罪的黑恶势力组织成员之间一般通过即时通讯工具、通讯群组、电子邮件、网盘等信息网络方式联络，对部分组织成员通过信息网络方式联络实施黑恶势力违法犯罪活动，即使相互未见面、彼此不熟识，不影响对组织特征的认定。

11. 利用信息网络有组织地通过实施违法犯罪活动或者其他手段获取一定数量的经济利益，用于违法犯罪活动或者支持该组织生存、发展的，应当认定为符合刑法第二百九十四条第五款第二项规定的黑社会性质组织经济特征。

12. 通过线上线下相结合的方式，有组织地多次利用信息网络实施违法犯罪活动，侵犯不特定多人的人身权利、民主权利、财产权利，破坏经济秩序、社会秩序的，应当认定为符合刑法第二百九十四条第五款第三项规定的黑社会性质组织行为特征。单纯通过线上方式实施的违法犯罪活动，且不具有为非作恶、欺压残害群众特征的，一般不应作为黑社会性质组织行为特征的认定依据。

13. 对利用信息网络实施黑恶势力犯罪非法控制和影响的“一定区域或者行业”，应当结合危害行为发生地或者危害行业的相对集中程度，以及犯罪嫌疑人、被告人在网络空间和现实社会中的控制和影响程度综合判断。虽然危害行为发生地、危害的行业比较分散，但涉案犯罪组织利用信息网络多次实施强迫交易、寻衅滋事、敲诈勒索等违法犯罪活动，在网络空间和现实社会造成重大影响，严重破坏经济、社会生活秩序的，应当认定为“在一定区域或者行业内，形成非法控制或者重大影响”。

四、利用信息网络实施黑恶势力犯罪案件管辖

14. 利用信息网络实施的黑恶势力犯罪案件管辖依照《关于办理黑社会性质组织犯罪案件若干问题的规定》和《关于办理网络犯罪案件适用刑事诉讼程序若干问题的意见》的有关规定确定，坚持以犯罪地管辖为主、被告人居住地管辖为辅的原则。

15. 公安机关可以依法对利用信息网络实施的黑恶势力犯罪相关案件并案侦查或者指定下级公安机关管辖，并案侦查或者由上级公安机关指定管辖的公安机关应当全面调查收集能够证明黑恶势力犯罪事实的证据，各涉案地公安机关应当积极配合。并案侦查或者由上级公安机关指定管辖的案件，需要提请批准逮捕、移送审查起诉、提起公诉的，由立案侦查的公安机关所在地的人民检察院、人民法院受理。

16. 人民检察院对于公安机关提请批准逮捕、移送审查起诉的利用信息网络实施的黑恶势力犯罪案件，人民法院对于已进入审判程序的利用信息网络实施的黑恶势力犯罪案件，被告人及其辩护人提出的管辖异议成立，或者办案单位发现没有管辖权的，受案人民检察院、人民法院经审查，可以依法报请与有管辖权的人民检察院、人民法院共同的上级人民检察院、人民法院指定管辖，不再自行移交。对于在审查批准逮捕阶段，上级检察机关已经指定管辖的案件，审查起诉工作由同一人民检察院受理。人民检察院、人民法院认为应当分案起诉、审理的，可以依法分案处理。

17. 公安机关指定下级公安机关办理利用信息网络实施的黑恶势力犯罪案件的，应当同时抄送同级人民检察院、人民法院。人民检察院认为需要依法指定审判管辖的，应当协商同级人民法院办理指定管辖有关事宜。

18. 本意见自2019年10月21日起施行。

最高人民检察院
关于印发《人民检察院办理网络犯罪案件规定》的通知

（2021 年 1 月 22 日）

各级人民检察院：

《人民检察院办理网络犯罪案件规定》已经 2020 年 12 月 14 日最高人民检察院第十三届检察委员会第五十七次会议通过，现印发你们，请结合实际，认真贯彻落实。

人民检察院办理网络犯罪案件规定

第一章 一般规定

第一条 为规范人民检察院办理网络犯罪案件，维护国家安全、网络安全、社会公共利益，保护公民、法人和其他组织的合法权益，根据《中华人民共和国刑事诉讼法》《人民检察院刑事诉讼规则》等规定，结合司法实践，制定本规定。

第二条 本规定所称网络犯罪是指针对信息网络实施的犯罪，利用信息网络实施的犯罪，以及其他上下游关联犯罪。

第三条 人民检察院办理网络犯罪案件应当加强全链条惩治，注重审查和发现上下游关联犯罪线索。对涉嫌犯罪，公安机关未立案侦查、应当提请批准逮捕而未提请批准逮捕或者应当移送起诉而未移送起诉的，依法进行监督。

第四条 人民检察院办理网络犯罪案件应当坚持惩治犯罪与预防犯罪并举，建立捕、诉、监、防一体的办案机制，加强以案释法，发挥检察建议的作用，促进有关部门、行业组织、企业等加强网络犯罪预防和治理，净化网络空间。

第五条 网络犯罪案件的管辖适用刑事诉讼法及其他相关规定。

有多个犯罪地的，按照有利于查清犯罪事实、有利于保护被害人合法权益、保证案件公正处理的原则确定管辖。

因跨区域犯罪、共同犯罪、关联犯罪等原因存在管辖争议的，由争议的人民检察院协商解决，协商不成的，报请共同的上级人民检察院指定管辖。

第六条 人民检察院办理网络犯罪案件应当发挥检察一体化优势，加强跨区域协作办案，强化信息互通、证据移交、技术协作，增强惩治网络犯罪的合力。

第七条 人民检察院办理网络犯罪案件应当加强对电子数据收集、提取、保全、固定等的审查，充分运用同一电子数据往往具有的多元关联证明作用，综合运用电子数据与其他证据，准确认定案件事实。

第八条 建立检察技术人员、其他有专门知识的人参与网络犯罪案件办理制度。根据案件办理需要，吸收检察技术人员加入办案组辅助案件办理。积极探索运用大数据、云计算、人工智能等信息技术辅助办案，提高网络犯罪案件办理的专业化水平。

第九条 人民检察院办理网络犯罪案件，对集团犯罪或者涉案人数众多的，根据行为人的客观行为、主观恶性、犯罪情节及地位、作用等综合判断责任轻重和刑事追究的必要性，按照区别对待原则分类处理，依法追诉。

第十条 人民检察院办理网络犯罪案件应当把追赃挽损贯穿始终，主动加强与有关机关协作，保证及时查封、扣押、冻结涉案财物，阻断涉案财物移转链条，督促涉案人员退赃退赔。

第二章　引导取证和案件审查

第十一条　人民检察院办理网络犯罪案件应当重点围绕主体身份同一性、技术手段违法性、上下游行为关联性等方面全面审查案件事实和证据，注重电子数据与其他证据之间的相互印证，构建完整的证据体系。

第十二条　经公安机关商请，根据追诉犯罪的需要，人民检察院可以派员适时介入重大、疑难、复杂网络犯罪案件的侦查活动，并对以下事项提出引导取证意见：

（一）案件的侦查方向及可能适用的罪名；

（二）证据的收集、提取、保全、固定、检验、分析等；

（三）关联犯罪线索；

（四）追赃挽损工作；

（五）其他需要提出意见的事项。

人民检察院开展引导取证活动时，涉及专业性问题的，可以指派检察技术人员共同参与。

第十三条　人民检察院可以通过以下方式了解案件办理情况：

（一）查阅案件材料；

（二）参加公安机关对案件的讨论；

（三）了解讯（询）问犯罪嫌疑人、被害人、证人的情况；

（四）了解、参与电子数据的收集、提取；

（五）其他方式。

第十四条　人民检察院介入网络犯罪案件侦查活动，发现关联犯罪或其他新的犯罪线索，应当建议公安机关依法立案或移送相关部门；对于犯罪嫌疑人不构成犯罪的，依法监督公安机关撤销案件。

第十五条　人民检察院可以根据案件侦查情况，向公安机关提出以下取证意见：

（一）能够扣押、封存原始存储介质的，及时扣押、封存；

（二）扣押可联网设备时，及时采取信号屏蔽、信号阻断或者切断电源等方式，防止电子数据被远程破坏；

（三）及时提取账户密码及相应数据，如电子设备、网络账户、应用软件等的账户密码，以及存储于其中的聊天记录、电子邮件、交易记录等；

（四）及时提取动态数据，如内存数据、缓存数据、网络连接数据等；

（五）及时提取依赖于特定网络环境的数据，如点对点网络传输数据、虚拟专线网络中的数据等；

（六）及时提取书证、物证等客观证据，注意与电子数据相互印证。

第十六条 对于批准逮捕后要求公安机关继续侦查、不批准逮捕后要求公安机关补充侦查或者审查起诉退回公安机关补充侦查的网络犯罪案件，人民检察院应当重点围绕本规定第十二条第一款规定的事项，有针对性地制作继续侦查提纲或者补充侦查提纲。对于专业性问题，应当听取检察技术人员或者其他有专门知识的人的意见。

人民检察院应当及时了解案件继续侦查或者补充侦查的情况。

第十七条 认定网络犯罪的犯罪嫌疑人，应当结合全案证据，围绕犯罪嫌疑人与原始存储介质、电子数据的关联性、犯罪嫌疑人网络身份与现实身份的同一性，注重审查以下内容：

（一）扣押、封存的原始存储介质是否为犯罪嫌疑人所有、持有或者使用；

（二）社交、支付结算、网络游戏、电子商务、物流等平台的账户信息、身份认证信息、数字签名、生物识别信息等是否与犯罪嫌疑人身份关联；

（三）通话记录、短信、聊天信息、文档、图片、语音、视频等文件内容是否能够反映犯罪嫌疑人的身份；

（四）域名、IP 地址、终端 MAC 地址、通信基站信息等是否能够反映电子设备为犯罪嫌疑人所使用；

（五）其他能够反映犯罪嫌疑人主体身份的内容。

第十八条 认定犯罪嫌疑人的客观行为，应当结合全案证据，围绕其利用的程序工具、技术手段的功能及其实现方式、犯罪行为和结果之间的关联性，注重审查以下内容：

（一）设备信息、软件程序代码等作案工具；

（二）系统日志、域名、IP 地址、WiFi 信息、地理位置信息等是否能够反映犯罪嫌疑人的行为轨迹；

（三）操作记录、网络浏览记录、物流信息、交易结算记录、即时通信信息等是否能够反映犯罪嫌疑人的行为内容；

（四）其他能够反映犯罪嫌疑人客观行为的内容。

第十九条 认定犯罪嫌疑人的主观方面，应当结合犯罪嫌疑人的认知能力、专业水平、既往经历、人员关系、行为次数、获利情况等综合认定，注重审查以下内容：

（一）反映犯罪嫌疑人主观故意的聊天记录、发布内容、浏览记录等；

（二）犯罪嫌疑人行为是否明显违背系统提示要求、正常操作流程；

（三）犯罪嫌疑人制作、使用或者向他人提供的软件程序是否主要用于违法犯罪活动；

（四）犯罪嫌疑人支付结算的对象、频次、数额等是否明显违反正常交易习惯；

（五）犯罪嫌疑人是否频繁采用隐蔽上网、加密通信、销毁数据等措施或者使用虚假身份；

（六）其他能够反映犯罪嫌疑人主观方面的内容。

第二十条 认定犯罪行为的情节和后果，应当结合网络空间、网络行为的特性，从违法所得、经济损失、信息系统的破坏、网络秩序的危害程度以及对被害人的侵害程度等综合判断，注重审查以下内容：

（一）聊天记录、交易记录、音视频文件、数据库信息等能够反映犯罪嫌疑人违法所得、获取和传播数据及文件的性质、数量的内容；

（二）账号数量、信息被点击次数、浏览次数、被转发次数等能够反映犯罪行为对网络空间秩序产生影响的内容；

（三）受影响的计算机信息系统数量、服务器日志信息等能够反映犯罪行为对信息网络运行造成影响程度的内容；

（四）被害人数量、财产损失数额、名誉侵害的影响范围等能够反映犯罪行为对被害人的人身、财产等造成侵害的内容；

（五）其他能够反映犯罪行为情节、后果的内容。

第二十一条 人民检察院办理网络犯罪案件，确因客观条件限制无法逐一收集相关言词证据的，可以根据记录被害人人数、被侵害的计算机信息系统数量、涉案资金数额等犯罪事实的电子数据、书证等证据材料，在审查被告人及其辩护人所提辩解、辩护意见的基础上，综合全案证据材料，对相关犯罪事实作出认定。

第二十二条 对于数量众多的同类证据材料，在证明是否具有同样的性质、特征或者功能时，因客观条件限制不能全部验证的，可以进行抽样验证。

第二十三条 对鉴定意见、电子数据等技术性证据材料，需要进行专门审查的，应当指派检察技术人员或者聘请其他有专门知识的人进行审查并提出意见。

第二十四条 人民检察院在审查起诉过程中，具有下列情形之一的，可以依法自行侦查：

（一）公安机关未能收集的证据，特别是存在灭失、增加、删除、修改风险的电子数据，需要及时收集和固定的；

（二）经退回补充侦查未达到补充侦查要求的；

（三）其他需要自行侦查的情形。

第二十五条 自行侦查由检察官组织实施，开展自行侦查的检察人员不得少于二人。需要技术支持和安全保障的，由人民检察院技术部门和警务部门派员协助。必要时，可以要求公安机关予以配合。

第二十六条 人民检察院办理网络犯罪案件的部门，发现或者收到侵害国家利益、社会公共利益的公益诉讼案件线索的，应当及时移送负责公益诉讼的部门处理。

第三章 电子数据的审查

第二十七条 电子数据是以数字化形式存储、处理、传输的，能够证明案件事实的数据，主要包括以下形式：

（一）网页、社交平台、论坛等网络平台发布的信息；

（二）手机短信、电子邮件、即时通信、通讯群组等网络通讯信息；

（三）用户注册信息、身份认证信息、数字签名、生物识别信息等用户身份信息；

（四）电子交易记录、通信记录、浏览记录、操作记录、程序安装、运行、删除记录等用户行为信息；

（五）恶意程序、工具软件、网站源代码、运行脚本等行为工具信息；

（六）系统日志、应用程序日志、安全日志、数据库日志等系统运行信息；

（七）文档、图片、音频、视频、数字证书、数据库文件等电子文件及其创建时间、访问时间、修改时间、大小等文件附属信息。

第二十八条 电子数据取证主要包括以下方式：收集、提取电子数据；电子数据检查和侦查实验；电子数据检验和鉴定。

收集、提取电子数据可以采取以下方式：

（一）扣押、封存原始存储介质；

（二）现场提取电子数据；

（三）在线提取电子数据；

（四）冻结电子数据；

（五）调取电子数据。

第二十九条 人民检察院办理网络犯罪案件，应当围绕客观性、合法性、关联性的要求对电子数据进行全面审查。注重审查电子数据与案件事实之间的多元关联，加强综合分析，充分发挥电子数据的证明作用。

第三十条 对电子数据是否客观、真实，注重审查以下内容：

（一）是否移送原始存储介质，在原始存储介质无法封存、不便移动时，是否说明原因，并注明相关情况；

（二）电子数据是否有数字签名、数字证书等特殊标识；

（三）电子数据的收集、提取过程及结果是否可以重现；

（四）电子数据有增加、删除、修改等情形的，是否附有说明；

（五）电子数据的完整性是否可以保证。

第三十一条 对电子数据是否完整，注重审查以下内容：

（一）原始存储介质的扣押、封存状态是否完好；

（二）比对电子数据完整性校验值是否发生变化；

（三）电子数据的原件与备份是否相同；

（四）冻结后的电子数据是否生成新的操作日志。

第三十二条 对电子数据的合法性，注重审查以下内容：

（一）电子数据的收集、提取、保管的方法和过程是否规范；

（二）查询、勘验、扣押、调取、冻结等的法律手续是否齐全；

（三）勘验笔录、搜查笔录、提取笔录等取证记录是否完备；

（四）是否由符合法律规定的取证人员、见证人、持有人（提供人）等参与，因客观原因没有见证人、持有人（提供人）签名或者盖章的，是否说明原因；

（五）是否按照有关规定进行同步录音录像；

（六）对于收集、提取的境外电子数据是否符合国（区）际司法协作及相关法律规定的要求。

第三十三条 对电子数据的关联性，注重审查以下内容：

（一）电子数据与案件事实之间的关联性；

（二）电子数据及其存储介质与案件当事人之间的关联性。

第三十四条 原始存储介质被扣押封存的，注重从以下方面审查扣押封存过程是否规范：

（一）是否记录原始存储介质的品牌、型号、容量、序列号、识别码、用户标识等外观信息，是否与实物一一对应；

（二）是否封存或者计算完整性校验值，封存前后是否拍摄被封存原始存储介质的照片，照片是否清晰反映封口或者张贴封条处的状况；

（三）是否由取证人员、见证人、持有人（提供人）签名或者盖章。

第三十五条 对原始存储介质制作数据镜像予以提取固定的，注重审查以下内容：

（一）是否记录原始存储介质的品牌、型号、容量、序列号、识别码、用户标识等外观信息，是否记录原始存储介质的存放位置、使用人、保管人；

（二）是否附有制作数据镜像的工具、方法、过程等必要信息；

（三）是否计算完整性校验值；

（四）是否由取证人员、见证人、持有人（提供人）签名或者盖章。

第三十六条 提取原始存储介质中的数据内容并予以固定的，注重审查以下内容：

（一）是否记录原始存储介质的品牌、型号、容量、序列号、识别码、用户标识等外观信息，是否记录原始存储介质的存放位置、使用人、保管人；

（二）所提取数据内容的原始存储路径，提取的工具、方法、过程等信息，是否一并提取相关的附属信息、关联痕迹、系统环境等信息；

（三）是否计算完整性校验值；

（四）是否由取证人员、见证人、持有人（提供人）签名或者盖章。

第三十七条 对于在线提取的电子数据，注重审查以下内容：

（一）是否记录反映电子数据来源的网络地址、存储路径或者数据提取时的进入步骤等；

（二）是否记录远程计算机信息系统的访问方式、电子数据的提取日期和时间、提取的工具、方法等信息，是否一并提取相关的附属信息、关联痕迹、系统环境等信息；

（三）是否计算完整性校验值；

（四）是否由取证人员、见证人、持有人（提供人）签名或者盖章。

对可能无法重复提取或者可能出现变化的电子数据，是否随案移送反映提取过程的拍照、录像、截屏等材料。

第三十八条 对冻结的电子数据，注重审查以下内容：

（一）冻结手续是否符合规定；

（二）冻结的电子数据是否与案件事实相关；

（三）冻结期限是否即将到期、有无必要继续冻结或者解除；

（四）冻结期间电子数据是否被增加、删除、修改等。

第三十九条 对调取的电子数据，注重审查以下内容：

（一）调取证据通知书是否注明所调取的电子数据的相关信息；

（二）被调取单位、个人是否在通知书回执上签名或者盖章；

（三）被调取单位、个人拒绝签名、盖章的，是否予以说明；

（四）是否计算完整性校验值或者以其他方法保证电子数据的完整性。

第四十条 对电子数据进行检查、侦查实验，注重审查以下内容：

（一）是否记录检查过程、检查结果和其他需要记录的内容，并由检查人员签名或者盖章；

（二）是否记录侦查实验的条件、过程和结果，并由参加侦查实验的人员签名或者盖章；

（三）检查、侦查实验使用的电子设备、网络环境等是否与发案现场一致或者基本一致；

（四）是否使用拍照、录像、录音、通信数据采集等一种或者多种方式客观记录检查、侦查实验过程。

第四十一条 对电子数据进行检验、鉴定，注重审查以下内容：

（一）鉴定主体的合法性。包括审查司法鉴定机构、司法鉴定人员的资质，委托鉴定事项是否符合司法鉴定机构的业务范围，鉴定人员是否存在回避等情形；

（二）鉴定材料的客观性。包括鉴定材料是否真实、完整、充分，取得方式是否合法，是否与原始电子数据一致；

（三）鉴定方法的科学性。包括鉴定方法是否符合国家标准、行业标准，方法标准的选用是否符合相关规定；

（四）鉴定意见的完整性。是否包含委托人、委托时间、检材信息、鉴定或者分析论证过程、鉴定结果以及鉴定人签名、日期等内容；

（五）鉴定意见与其他在案证据能否相互印证。

对于鉴定机构以外的机构出具的检验、检测报告，可以参照本条规定进行审查。

第四十二条 行政机关在行政执法和查办案件过程中依法收集、提取的电子数据，人民检察院经审查符合法定要求的，可以作为刑事案件的证据使用。

第四十三条 电子数据的收集、提取程序有下列瑕疵，经补正或者作出合理解释的，可以采用；不能补正或者作出合理解释的，不得作为定案的根据：

（一）未以封存状态移送的；

（二）笔录或者清单上没有取证人员、见证人、持有人（提供人）签名或者盖章的；

（三）对电子数据的名称、类别、格式等注明不清的；

（四）有其他瑕疵的。

第四十四条 电子数据系篡改、伪造、无法确定真伪的，或者有其他无法保证电子数据客观、真实情形的，不得作为定案的根据。

电子数据有增加、删除、修改等情形，但经司法鉴定、当事人确认等方式确定与案件相关的重要数据未发生变化，或者能够还原电子数据原始状态、查清变化过程的，可以作为定案的根据。

第四十五条 对于无法直接展示的电子数据，人民检察院可以要求公安机关提供电子数据的内容、存储位置、附属信息、功能作用等情况的说明，随案移送人民法院。

第四章 出庭支持公诉

第四十六条 人民检察院依法提起公诉的网络犯罪案件，具有下列情形之一的，可以建议人民法院召开庭前会议：

（一）案情疑难复杂的；

（二）跨国（边）境、跨区域案件社会影响重大的；

（三）犯罪嫌疑人、被害人等人数众多、证据材料较多的；

（四）控辩双方对电子数据合法性存在较大争议的；

（五）案件涉及技术手段专业性强，需要控辩双方提前交换意见的；

（六）其他有必要召开庭前会议的情形。

必要时，人民检察院可以向法庭申请指派检察技术人员或者聘请其他有专门知识的人参加庭前会议。

第四十七条 人民法院开庭审理网络犯罪案件，公诉人出示证据可以借助多媒体示证、动态演示等方式进行。必要时，可以向法庭申请指派检察技术人员或者聘请其他有专门知识的人进行相关技术操作，并就专门性问题发表意见。

公诉人在出示电子数据时，应当从以下方面进行说明：

（一）电子数据的来源、形成过程；

（二）电子数据所反映的犯罪手段、人员关系、资金流向、行为轨迹等案件事实；

（三）电子数据与被告人供述、被害人陈述、证人证言、物证、书证等的相互印证情况；

（四）其他应当说明的内容。

第四十八条 在法庭审理过程中，被告人及其辩护人针对电子数据的客观性、合法性、关联性提出辩解或者辩护意见的，公诉人可以围绕争议点从证据来源是否合法，提取、复制、制作过程是否规范，内容是否真实完整，与案件事实有无关联等方面，有针对性地予以答辩。

第四十九条 支持、推动人民法院开庭审判网络犯罪案件全程录音录像。对庭审全程录音录像资料，必要时人民检察院可以商请人民法院复制，并将存储介质附检察卷宗保存。

第五章 跨区域协作办案

第五十条 对跨区域网络犯罪案件，上级人民检察院应当加强统一指挥和统筹协调，相关人民检察院应当加强办案协作。

第五十一条 上级人民检察院根据办案需要，可以统一调用辖区内的检察人员参与办理网络犯罪案件。

第五十二条 办理关联网络犯罪案件的人民检察院可以相互申请查阅卷宗材料、法律文书，了解案件情况，被申请的人民检察院应当予以协助。

第五十三条 承办案件的人民检察院需要向办理关联网络犯罪案件的人民检察院调取证据材料的，可以持相关法律文书和证明文件申请调取在案证据材料，被申请的人民检察院应当配合。

第五十四条 承办案件的人民检察院需要异地调查取证的，可以将相关法律文书及证明文件传输至证据所在地的人民检察院，请其代为调查取证。相关法律文书应当注明具体的取证对象、方式、内容和期限等。

被请求协助的人民检察院应当予以协助，及时将取证结果送达承办案件的人民检察院；无法及时调取的，应当作出说明。被请求协助的人民检察院有异议的，可以与承办案件的人民检察院进行协商；无法解决的，由承办案件的人民检察院报请共同的上级人民检察院决定。

第五十五条 承办案件的人民检察院需要询问异地证人、被害人的，可以通过远程视频系统进行询问，证人、被害人所在地的人民检察院应当予以协助。远程询问的，应当对询问过程进行同步录音录像。

第六章 跨国（边）境司法协作

第五十六条 办理跨国网络犯罪案件应当依照《中华人民共和国国际刑事司法协助法》及我国批准加入的有关刑事司法协助条约，加强国际司法协作，维护我国主权、安全和社会公共利益，尊重协作国司法主权、坚持平等互惠原则，提升跨国司法协作质效。

第五十七条 地方人民检察院在案件办理中需要向外国请求刑事司法协助的，应当制作刑事司法协助请求书并附相关材料，经报最高人民检察院批准后，由我国与被请求国间司法协助条约规定的对外联系机关向外国提出申请。没有刑事司法协助条约的，通过外交途径联系。

第五十八条 人民检察院参加现场移交境外证据的检察人员不少于二人，外方有特殊要求的除外。

移交、开箱、封存、登记的情况应当制作笔录，由最高人民检察院或者承办案件的人民检察院代表、外方移交人员签名或者盖章，一般应当全程录音录像。有其他见证人的，在笔录中注明。

第五十九条 人民检察院对境外收集的证据，应当审查证据来源是否合法、手续是否齐备以及证据的移交、保管、转换等程序是否连续、规范。

第六十条 人民检察院办理涉香港特别行政区、澳门特别行政区、台湾地区的网络犯罪案件，需要当地有关部门协助的，可以参照本规定及其他相关规定执行。

第七章 附　　则

第六十一条 人民检察院办理网络犯罪案件适用本规定，本规定没有规定的，适用其他相关规定。

第六十二条 本规定中下列用语的含义：

（一）信息网络，包括以计算机、电视机、固定电话机、移动电话机等电子设备为终端的计算机互联网、广播电视网、固定通信网、移动通信网等信息网络，以及局域网络；

（二）存储介质，是指具备数据存储功能的电子设备、硬盘、光盘、优盘、记忆棒、存储芯片等载体；

（三）完整性校验值，是指为防止电子数据被篡改或者破坏，使用散列算法等特定算法对电子数据进行计算，得出的用于校验数据完整性的数据值；

（四）数字签名，是指利用特定算法对电子数据进行计算，得出的用于验证电子数据来源和完整性的数据值；

（五）数字证书，是指包含数字签名并对电子数据来源、完整性进行认证的电子文件；

（六）生物识别信息，是指计算机利用人体所固有的生理特征（包括人脸、指纹、声纹、虹膜、DNA 等）或者行为特征（步态、击键习惯等）来进行个人身份识别的信息；

（七）运行脚本，是指使用一种特定的计算机编程语言，依据符合语法要求编写的执行指定操作的可执行文件；

（八）数据镜像，是指二进制（0101 排序的数据码流）相同的数据复制件，与原件的内容无差别；

（九）MAC 地址，是指计算机设备中网卡的唯一标识，每个网卡有且只有一个 MAC 地址。

第六十三条 人民检察院办理国家安全机关、海警机关、监狱等移送的网络犯罪案件，适用本规定和其他相关规定。

第六十四条 本规定由最高人民检察院负责解释。

第六十五条 本规定自发布之日起施行。

刑法罪名适用参考

非法经营罪

第二百二十五条　违反国家规定，有下列非法经营行为之一，扰乱市场秩序，情节严重的，处五年以下有期徒刑或者拘役，并处或者单处违法所得一倍以上五倍以下罚金；情节特别严重的，处五年以上有期徒刑，并处违法所得一倍以上五倍以下罚金或者没收财产：

（一）未经许可经营法律、行政法规规定的专营、专卖物品或者其他限制买卖的物品的；

（二）买卖进出口许可证、进出口原产地证明以及其他法律、行政法规规定的经营许可证或者批准文件的；

（三）未经国家有关主管部门批准非法经营证券、期货、保险业务的，或者非法从事资金支付结算业务的；

（四）其他严重扰乱市场秩序的非法经营行为。

【释解与适用】

本条是关于非法经营罪及其刑罚的规定。

本条规定的非法经营罪，是指违反国家规定，有所列非法经营行为之一，扰乱市场秩序的犯罪。其中，“违反国家规定”，根据刑法规定，是指违反全国人民代表大会及其常务委员会制定的法律和决定，国务院制定的行政法规、规定的行政措施、发布的决定和命令。

实践中，网络暴力信息的传播、扩散往往有专业的“公司”“组织”“网络水军”的参与。这些参与者以营利为目的，非法从事有偿删帖服务，或者利用信息网络大肆传播虚假信息，严重影响了网络信息服务市场秩序，特别是在网络普及化的今天，非常容易造成严重的社会危害性。因此，对于该种扰乱市场秩序，情节严重的行为，符合本条第四项规定的，应认定为非法经营罪。《最高人民法院、最高人民检察院关于办理利用信息网络实施诽谤等刑事案件适用法律若干问题的解释》第七条规定了构成本罪“情节严重”的非法经营数额或违法所得数额。

本条第四项规定的“其他严重扰乱市场秩序的非法经营行为”，是针对现实生活中非法经营犯罪活动的复杂性和多样性所作的概括性规定。这里所说的其他非法经营行为应当具备以下条件：其一，这种行为发生在经营活动中，主要是生产、流通领域。其二，这种行为违反法律、法规的规定。其三，具有社会危害性，严重扰乱市场经济秩序。如《最高人民法院关于审理扰乱电信市场管理秩序案件具体应用法律若干问题的解释》规定，违反国家规定，采取租用国际专线、私设转接设备或者其他方法，擅自经营国际电信业务或者涉港澳台电信业务进行营利活动，扰乱电信市场管理秩序，情节严重的，依照刑法第二百二十五条第四项的规定，以非法经营罪定罪处罚。

本条对非法经营罪的处刑分为两档刑：第一档刑为情节严重的，处五年以下有期徒刑或者拘役，并处或者单处违法所得一倍以上五倍以下罚金；第二档刑为情节特别严重的，处五年以上有期徒刑，并处违法所得一倍以上五倍以下罚金或者没收财产。此外，根据刑法第二百三十一条的规定，单位犯本条规定之罪的，对单位判处罚金，并对其直接负责的主管人员和其他直接责任人员，依照本条的规定，定罪处罚。对于什么是“情节严重”“情节特别严重”，可由司法解释根据司法实践作出规定。例如，根据 2013 年《最高人民法院、最高人民检察院关于办理利用信息网络实施诽谤等刑事案件适用法律若干问题的解释》第七条的规定，违反国家规定，以营利为目的，通过信息网络有偿提供删除信息服务，或者明知是虚假信息，通过信息网络有偿提供发布信息等服务，扰乱市场秩序，具有下列情形之一的，属于非法经营行为“情节严重”，依照刑法第二百二十五条第四项的规定，以非法经营罪定罪处罚：（1）个人非法经营数额在五万元以上，或者违法所得数额在二万元以上的；（2）单位非法经营数额在十五万元以上，或者违法所得数额在五万元以上的。实施前款规定的行为，数额达到前款规定的数额五倍以上的，应当认定为刑法第二百二十五条规定的“情节特别严重”。

根据2017年《最高人民法院、最高人民检察院关于办理扰乱无线电通讯管理秩序等刑事案件适用法律若干问题的解释》第四条的规定，非法生产、销售“黑广播”“伪基站”、无线电干扰器等无线电设备，具有下列情形之一的，应当认定为刑法第二百二十五条规定的“情节严重”：（1）非法生产、销售无线电设备三套以上的；（2）非法经营数额五万元以上的；（3）其他情节严重的情形。实施前款规定的行为，数量或者数额达到前款第一项、第二项规定标准五倍以上，或者具有其他情节特别严重的情形的，应当认定为刑法第二百二十五条规定的“情节特别严重”。

【适用中需要注意的问题】

关于“其他严重扰乱市场秩序的非法经营行为”的理解问题。本条规定了四种情况，其中第四项“其他严重扰乱市场秩序的非法经营行为”属于兜底性的规定。实践中，对于该项规定的适用是否会被“扩大化”，各方面提出了一些担忧。对此，从严把握该项规定的适用是适当和必要的，符合法治精神的，也契合我国社会主义市场经济的发展进程。司法机关面对实践中出现的一些新情况和新问题，通过遵循立法关于非法经营罪的本意，以司法解释等方式，经过严格的程序，也对一些情况明确适用该项规定。总体上，对于该项的认定和理解，应考虑与前三项所列的违法经营专营、专卖等物品，买卖进出口许可证、进出口原产地证等批准文件，未经国家有关主管部门批准非法经营证券、期货、保险等业务的情形具有相当的社会危害程度。司法机关应根据案件的情况和需要，审慎判断适用非法经营罪。

【关联规定】

◆司法解释

《最高人民法院、最高人民检察院关于办理扰乱无线电通讯管理秩序等刑事案件适用法律若干问题的解释》（2017年6月27日公布，自2017年7月1日起施行）

第四条 非法生产、销售“黑广播”“伪基站”、无线电干扰器等无线电设备，具有下列情形之一的，应当认定为刑法第二百二十五条规定的“情节严重”：

（一）非法生产、销售无线电设备三套以上的；

（二）非法经营数额五万元以上的；

（三）其他情节严重的情形。

实施前款规定的行为，数量或者数额达到前款第一项、第二项规定标准五倍以上，或者具有其他情节特别严重的情形的，应当认定为刑法第二百二十五条规定的“情节特别严重”。

在非法生产、销售无线电设备窝点查扣的零件，以组装完成的套数以及能够组装的套数认定；无法组装为成套设备的，每三套广播信号调制器（激励器）认定为一套“黑广播”设备，每三块主板认定为一套“伪基站”设备。

《最高人民法院、最高人民检察院关于办理利用信息网络实施诽谤等刑事案件适用法律若干问题的解释》（2013年9月6日公布，自2013年9月10日起施行）

第七条 违反国家规定，以营利为目的，通过信息网络有偿提供删除信息服务，或者明知是虚假信息，通过信息网络有偿提供发布信息等服务，扰乱市场秩序，具有下列情形之一的，属于非法经营行为“情节严重”，依照刑法第二百二十五条第（四）项的规定，以非法经营罪定罪处罚：

（一）个人非法经营数额在五万元以上，或者违法所得数额在二万元以上的；

（二）单位非法经营数额在十五万元以上，或者违法所得数额在五万元以上的。

实施前款规定的行为，数额达到前款规定的数额五倍以上的，应当认定为刑法第二百二十五条规定的“情节特别严重”。

第八条 明知他人利用信息网络实施诽谤、寻衅滋事、敲诈勒索、非法经营等犯罪，为其提供资金、场所、技术支持等帮助的，以共同犯罪论处。

第九条 利用信息网络实施诽谤、寻衅滋事、敲诈勒索、非法经营犯罪，同时又构成刑法第二百二十一条规定的损害商业信誉、商品声誉罪，第二百七十八条规定的煽动暴力抗拒法律实施罪，第二百九十一条之一规定的编造、故意传播虚假恐怖信息罪等犯罪的，依照处罚较重的规定定罪处罚。

第十条 本解释所称信息网络，包括以计算机、电视机、固定电话机、移动电话机等电子设备为终端的计算机互联网、广播电视网、固定通信网、移动通信网等信息网络，以及向公众开放的局域网络。

《最高人民检察院关于非法经营国际或港澳台地区电信业务行为法律适用问题的批复》（2002年2月6日公布，自2002年2月11日起施行）

违反《中华人民共和国电信条例》规定，采取租用电信国际专线、私设转接设备或者其他方法，擅自经营国际或者香港特别行政区、澳门特别行政区和台湾地区电信业务进行营利活动，扰乱电信市场管理秩序，情节严重的，应当依照《刑法》第二百二十五条第（四）项的规定，以非法经营罪追究刑事责任。

《最高人民法院关于审理扰乱电信市场管理秩序案件具体应用法律若干问题的解释》（2000年5月12日公布，自2000年5月24日起施行）

第一条 违反国家规定，采取租用国际专线、私设转接设备或者其他方法，擅自经营国际电信业务或者涉港澳台电信业务进行营利活动，扰乱电信市场管理秩序，情节严重的，依照刑法第二百二十五条第（四）项的规定，以非法经营罪定罪处罚。

第二条 实施本解释第一条规定的行为，具有下列情形之一的，属于非法经营行为"情节严重"：

（一）经营去话业务数额在100万元以上的；

（二）经营来话业务造成电信资费损失数额在100万元以上的。

具有下列情形之一的，属于非法经营行为"情节特别严重"：

（一）经营去话业务数额在500万元以上的；

（二）经营来话业务造成电信资费损失数额在500万元以上的。

第三条 实施本解释第一条规定的行为，经营数额或者造成电信资费损失数额接近非法经营行为"情节严重"、"情节特别严重"的数额起点标准，并具有下列情形之一的，可以分别认定为非法经营行为"情节严重"、"情节特别严重"：

（一）两年内因非法经营国际电信业务或者涉港澳台电信业务行为受过行政处罚两次以上的；

（二）因非法经营国际电信业务或者涉港澳台电信业务行为造成其他严重后果的。

第四条 单位实施本解释第一条规定的行为构成犯罪的，对单位判处罚金，并对其直接负责的主管人员和其他直接责任人员，依照本解释第二条、第三条的规定处罚。

第五条 违反国家规定，擅自设置、使用无线电台（站），或者擅自占用频率，非法经营国际电信业务或者涉港澳台电信业务进行营利活动，同时构成非法经营罪和刑法第二百八十八条规定的扰乱无线电通讯管理秩序罪的，依照处罚较重的规定定罪处罚。

第十条 本解释所称"经营去话业务数额"，是指以行为人非法经营国际电信业务或者涉港澳台电信业务的总时长（分钟数）乘以行为人每分钟收取的用户使用费所得的数额。

本解释所称"电信资费损失数额"，是指以行为人非法经营国际电信业务或者涉港澳台电信业务的总时长（分钟数）乘以在合法电信业务中我国应当得到的每分钟国际结算价格所得的数额。

◆司法政策

《最高人民检察院、公安部关于公安机关管辖的刑事案件立案追诉标准的规定（二）》（2022年4月6日）

第七十一条 ［非法经营案（刑法第二百二十五条）］违反国家规定，进行非法经营活动，扰乱市场秩序，涉嫌下列情形之一的，应予立案追诉：

……

（七）以营利为目的，通过信息网络有偿提供删除信息服务，或者明知是虚假信息，通过信息网络有偿提供发布信息等服务，扰乱市场秩序，具有下列情形之一的：

1. 个人非法经营数额在五万元以上，或者违法所得数额在二万元以上的；

2. 单位非法经营数额在十五万元以上，或者违法所得数额在五万元以上的。

（八）非法生产、销售“黑广播”“伪基站”、无线电干扰器等无线电设备，具有下列情形之一的：

1. 非法生产、销售无线电设备三套以上的；

2. 非法经营数额在五万元以上的；

3. 虽未达到上述数额标准，但二年内因非法生产、销售无线电设备受过二次以上行政处罚，又非法生产、销售无线电设备的。

……

《最高人民法院、最高人民检察院、公安部关于依法开展打击淫秽色情网站专项行动有关工作的通知》（2004年7月16日）

对于违反国家规定，擅自设立互联网上网服务营业场所，或者擅自从事互联网上网服务经营活动，情节严重，构成犯罪的，以非法经营罪追究刑事责任。

侮辱罪、诽谤罪

第二百四十六条　以暴力或者其他方法公然侮辱他人或者捏造事实诽谤他人，情节严重的，处三年以下有期徒刑、拘役、管制或者剥夺政治权利。

前款罪，告诉的才处理，但是严重危害社会秩序和国家利益的除外。

通过信息网络实施第一款规定的行为，被害人向人民法院告诉，但提供证据确有困难的，人民法院可以要求公安机关提供协助。

【释解与适用】

本条是关于侮辱罪、诽谤罪及其刑罚的规定。

我国宪法第三十八条规定："中华人民共和国公民的人格尊严不受侵犯。禁止用任何方法对公民进行侮辱、诽谤和诬告陷害。"尊重他人的人格和名誉，是每一个公民应有的道德品质和必须遵循的共同生活准则。

本条共分三款。第一款是对侮辱罪、诽谤罪及其处罚的规定。依照本款的规定，侮辱罪，是指以暴力或者其他方法公然侮辱他人，情节严重的行为；诽谤罪，是指故意捏造事实，公然损害他人人格和名誉，情节严重的行为。

侮辱罪、诽谤罪侵犯的客体是他人的人格尊严和名誉权。人格尊严和名誉权是公民基本的人身权利。所谓人格尊严，是指公民基于自己所处的社会环境、地位、声望等客观条件而对自己或他人的人格价值和社会价值的认识和尊重。所谓名誉，是指公民在社会生活中所获得的名望声誉，是一个人的品德、才干、信誉等在社会生活中所获得的社会评价。所谓名誉权，是指以名誉的维护和安全为内容的人格权。侮辱罪、诽谤罪的犯罪对象只能是自然人，侮辱、诽谤法人以及其他团体、组织等单位，不构成侮辱罪和诽谤罪。需要注意的是，根据刑法第二百九十九条的规定，在公共场合故意以焚烧、毁损、涂划、玷污、践踏等方式侮辱中华人民共和国国旗、国徽的，应以侮辱国旗、国徽罪依法追究刑事责任。

在客观表现方面，侮辱罪和诽谤罪有所不同。侮辱罪客观方面主要表现为以暴力或其他方法公然贬损他人人格、破坏他人声誉，情节严重的行为。这里所说的侮辱行为，可以是暴力，也可以是暴力以外的其他方法。所谓“暴力”，是指以强制方法来损害他人人格和名誉，如强迫他人“戴高帽”游行、当众剥光他人衣服、以粪便泼人、强迫他人作出有辱人格的动作等。这里的暴力，其目的不是损害他人的身体健康，如果在实施暴力侮辱的过程中造成他人死亡或者伤害后果的，可能同时构成故意杀人罪或者故意伤害罪。所谓“其他方法”，是指以语言、文字等暴力以外的方法侮辱他人，语言侮辱如当众用恶毒刻薄的语言对被害人进行嘲笑、辱骂，使其当众出丑，散布被害人的生活隐私、生理缺陷等，文字侮辱如贴传单、漫画、书刊或者其他公开的文字等方式诋毁他人人格、侮辱他人。值得注意的是，随着信息网络的普及和发展，利用互联网侮辱、诽谤他人的行为也不断增多，如通过网络对他人进行辱骂攻击、发布涉及他人隐私信息或图片、捏造损害他人人格、名誉的事实等，这类行为借助互联网传播快、范围广的特点，往往给被害人造成更大伤害。本罪中侮辱他人的行为，必须是公然进行，如果不是公然，不构成本罪。所谓“公然”侮辱他人，是指当众或者利用能够使多人听到或看到的方式，对他人进行侮辱，公然侮辱并不一定要求被害人在场。如果行为人仅仅针对被害人进行侮辱，没有第三人在场，也不可能被第三者知悉，则不构成本罪，因为只有他人在场，被害人的名誉才会受到伤害。所谓“他人”，在这里是指特定的人，即侮辱他人的行为必须是明确地针对某特定的人实施，如果不是针对特定的人，而是一般的“骂街”、谩骂等，不构成侮辱罪。

诽谤罪在客观方面表现为行为人实施捏造并散布某种虚构的事实，足以贬损他人人格、名誉的行为。“诽谤”，是指故意捏造事实，并且进行散播；所谓“捏造事实”，就是无中生有，凭空制造虚假的事实，而且这些内容已经或足以给被害人的人格、名誉造成损害。诽谤除捏造事实外还要将该捏造的事实进行散播，散播包括使用口头方法和书面方法，口头方法是通过言论捏造事实并散布，书面方法包括用图画、报刊、书信或者通过互联网等方法，故意捏造事实并散布的行为。捏造事实的行为与散播行为必须同时具备才构成本罪。如果只是捏造事实与个别亲友私下议论，没有散播的，或者散播的是客观事实而不是捏造的虚假事实的，即使有损于他人的人格、名誉，也不构成本罪。与侮辱罪类似，诽谤罪也必须是针对特定的人实施，这种行为不一定公开地指明对方姓名，但是只要从内容上知道被害人是谁，就可以构成诽谤罪，如果行为人捏造并散布的内容不针对特定的对象，也不能构成本罪。

依照本款规定，构成侮辱罪、诽谤罪的行为，都必须是情节严重的行为，虽有侮辱、诽谤他人的行为，但情节不严重的，只属于一般的民事侵权行为。这里所说的“情节严重”，主要是指侮辱、诽谤他人手段恶劣、后果严重或者影响很坏等情况，如：当众扯光被害人的衣服；强令被害人当众爬过自己胯下；当众向被害人身上泼粪便；给被害人脸上摸黑灰、挂破鞋并游街示众；捏造事实诽谤他人，致使被害人受到严重精神刺激而自伤、自残或者自杀；侮辱、诽谤执行公务的人员，造成恶劣影响；等等。

侮辱罪、诽谤罪都是故意犯罪，并有侮辱、诽谤他人的目的，过失的行为不构成犯罪。侮辱罪、诽谤罪属于一般主体犯罪，任何年满十六周岁，且具有刑事责任能力的人，均可成为侮辱罪、诽谤罪的主体。关于侮辱罪、诽谤罪的刑罚，依照本款的规定，以暴力或者其他方法公然侮辱他人或者捏造事实诽谤他人，情节严重的，处三年以下有期徒刑、拘役、管制或者剥夺政治权利。

本条第二款是关于侮辱罪、诽谤罪属于告诉才处理的犯罪及例外情形的规定。依照本款的规定，对于侮辱罪、诽谤罪，只有被侮辱人、被诽谤人亲自向人民法院控告的，人民法院才能受理，对于被侮辱人、被诽谤人不控告的，司法机关不能主动追究侮辱、诽谤行为人的刑事责任。法律之所以将这类案件规定为告诉才处理的犯罪，主要是为了更好地保护当事人的隐私，维护其合法权益。同时，侮辱罪、诽谤罪作为告诉才处理的犯罪也存在例外情形：一是根据刑法第九十八条的规定，如果被害人受强制或者威吓而无法告诉的，人民检察院和被害人的近亲属也可以告诉；二是依照本款的规定，严重危害社会秩序和国家利益的除外。需要指出的是，上述两种例外情形性质并不相同，对于被害人受强制或者威吓而无法告诉的，人民检察院和被害人近亲属的告诉，没有改变侮辱罪、诽谤罪告诉才处理的性质，只是由他人或者机关代被害人自己告诉，这里需要被害人有告诉的意愿，如果他人代为告诉后，被害人可以在人民法院宣判以前撤回告诉。但是对于严重危害社会秩序和国家利益的案件，根据本款规定不再适用告诉才处理的规定，而应作为公诉案件处理，由人民检察院提起公诉。这里所说的“严重危害社会秩序和国家利益”，主要是指侮辱、诽谤行为严重扰乱社会秩序的，侮辱、诽谤外交使节造成恶劣国际影响的，侮辱、诽谤行为给国家形象造成恶劣影响的，等等。

本条第三款是关于对通过信息网络实施侮辱、诽谤行为，人民法院可以要求公安机关提供协助的规定。随着网络的普及和发展，通过信息网络实施侮辱、诽谤犯罪的案件开始增多，对此2009年修改的《全国人民代表大会常务委员会关于维护互联网安全的决定》第四条中规定，为了保护个人、法人和其他组织的人身、财产等合法权利，对利用互联网侮辱他人或者捏造事实诽谤他人的行为，构成犯罪的，依照刑法有关规定追究刑事责任。由于法律将一般的侮辱、诽谤罪规定为告诉才处理的犯罪，根据2012年刑事诉讼法第二百零四条、第二百零五条规定，告诉才处理的犯罪属于自诉案件，人民法院对于自诉案件进行审查后，按照下列情形分别处理：（1）犯罪事实清楚，有足够证据的案件，应当开庭审判；（2）缺乏罪证的自诉案件，如果自诉人提不出补充证据，应当说服自诉人撤回自诉，或者裁定驳回。实践中，由于网络本身的虚拟性，被害人遭受网络侮辱、诽谤行为后，很难确认行为人身份，往往无法达到自诉案件法院开庭审理的要求。为了打击网络侮辱、诽谤行为，维护被害人权益，刑法修正案（九）根据实际需要和有关方面的建议，增加了本款规定。对于被害人向人民法院告诉的通过网络实施的侮辱、诽谤行为，被害人提供证据确有困难，受理被害人告诉的人民法院可以根据具体情况，要求公安机关提供协助。被害人“提供证据确有困难”是指被害人通过正常的途径难以查明犯罪嫌疑人身份，难以收集、固定相应的犯罪证据。由于实践中的情况复杂，对此法律规定的较为原则，需要司法机关在处理具体案件过程中根据情况确定。这里的“提供协助”，主要是指由公安机关查明犯罪嫌疑人的身份信息，向互联网企业调取有关犯罪证据，协助人民法院查明有关案情，等等。根据人民警察法的规定，公安机关负有预防、制止和侦查违法犯罪活动的职责，在人民法院要求公安机关提供协助的情况下，公安机关可以行使法律赋予的职权，开展相应调查工作。

【适用中需要注意的问题】

1. 侮辱罪与诽谤罪的区别主要在于：侮辱罪不是用捏造的方式进行，而诽谤罪必须是捏造事实的方式；侮辱包含暴力侮辱行为，而诽谤罪一般不使用暴力手段。实践中侮辱罪往往是当着被害人的面进行的，而诽谤罪则是当众或者向第三者散布的，被害人不一定在场。

2. 关于侮辱罪与强制猥亵他人、侮辱妇女犯罪的界限。当行为人采用强扒妇女衣服、对女性身体进行某些猥亵、侮辱动作时，对行为人是定侮辱罪还是强制猥亵他人的犯罪、侮辱妇女犯罪，容易发生混淆。二者的区别在于，行为人的主观目的和动机不同，侮辱罪中的侮辱妇女，行为人的目的在于败坏妇女的名誉，贬低其人格，动机多出于私愤报复、发泄不满等，与侮辱男性没有什么区别；而猥亵他人、侮辱妇女行为，行为人的目的在于寻求畸形的性刺激，满足其下流的心理需求。此外，侮辱罪的对象一般是针对特定的人，而猥亵、侮辱妇女犯罪的对象具有不特定性。

3. 对于实施侮辱、诽谤行为，尚不构成犯罪的，可以依法给予治安管理处罚。治安管理处罚法第四十二条中规定，“公然侮辱他人或者捏造事实诽谤他人的”，处五日以下拘留或者五百元以下罚款；情节较重的，处五日以上十日以下拘留，可以并处五百元以下罚款。

【关联规定】

◆司法解释

《最高人民法院关于〈中华人民共和国刑法修正案（九）〉时间效力问题的解释》（2015年10月29日公布，自2015年11月1日起施行）

第四条 对于2015年10月31日以前通过信息网络实施的刑法第二百四十六条第一款规定的侮辱、诽谤行为，被害人向人民法院告诉，但提供证据确有困难的，适用修正后刑法第二百四十六条第三款的规定。

《最高人民法院、最高人民检察院关于办理利用信息网络实施诽谤等刑事案件适用法律若干问题的解释》（2013年9月6日公布，自2013年9月10日起施行）

第一条 具有下列情形之一的，应当认定为刑法第二百四十六条第一款规定的“捏造事实诽谤他人”：

（一）捏造损害他人名誉的事实，在信息网络上散布，或者组织、指使人员在信息网络上散布的；

（二）将信息网络上涉及他人的原始信息内容篡改为损害他人名誉的事实，在信息网络上散布，或者组织、指使人员在信息网络上散布的；

明知是捏造的损害他人名誉的事实，在信息网络上散布，情节恶劣的，以“捏造事实诽谤他人”论。

第二条 利用信息网络诽谤他人，具有下列情形之一的，应当认定为刑法第二百四十六条第一款规定的“情节严重”：

（一）同一诽谤信息实际被点击、浏览次数达到五千次以上，或者被转发次数达到五百次以上的；

（二）造成被害人或者其近亲属精神失常、自残、自杀等严重后果的；

（三）二年内曾因诽谤受过行政处罚，又诽谤他人的；

（四）其他情节严重的情形。

第三条 利用信息网络诽谤他人，具有下列情形之一的，应当认定为刑法第二百四十六条第二款规定的“严重危害社会秩序和国家利益”：

（一）引发群体性事件的；

（二）引发公共秩序混乱的；

（三）引发民族、宗教冲突的；

（四）诽谤多人，造成恶劣社会影响的；

（五）损害国家形象，严重危害国家利益的；

（六）造成恶劣国际影响的；

（七）其他严重危害社会秩序和国家利益的情形。

第四条 一年内多次实施利用信息网络诽谤他人行为未经处理，诽谤信息实际被点击、浏览、转发次数累计计算构成犯罪的，应当依法定罪处罚。

第八条 明知他人利用信息网络实施诽谤、寻衅滋事、敲诈勒索、非法经营等犯罪，为其提供资金、场所、技术支持等帮助的，以共同犯罪论处。

第九条 利用信息网络实施诽谤、寻衅滋事、敲诈勒索、非法经营犯罪，同时又构成刑法第二百二十一条规定的损害商业信誉、商品声誉罪，第二百七十八条规定的煽动暴力抗拒法律实施罪，第二百九十一条之一规定的编造、故意传播虚假恐怖信息罪等犯罪的，依照处罚较重的规定定罪处罚。

第十条 本解释所称信息网络，包括以计算机、电视机、固定电话机、移动电话机等电子设备为终端的计算机互联网、广播电视网、固定通信网、移动通信网等信息网络，以及向公众开放的局域网络。

《最高人民法院关于审理非法出版物刑事案件具体应用法律若干问题的解释》（1998 年 12 月 17 日公布，自 1998 年 12 月 23 日起施行）

第六条 在出版物中公然侮辱他人或者捏造事实诽谤他人，情节严重的，依照刑法第二百四十六条的规定，分别以侮辱罪或者诽谤罪定罪处罚。

◆司法政策

《最高人民法院、最高人民检察院、公安部关于依法惩治网络暴力违法犯罪的指导意见》（2023 年 9 月 20 日）

二、准确适用法律，依法严惩网络暴力违法犯罪

2. 依法惩治网络诽谤行为。在信息网络上制造、散布谣言，贬损他人人格、损害他人名誉，情节严重，符合刑法第二百四十六条规定的，以诽谤罪定罪处罚。

3. 依法惩治网络侮辱行为。在信息网络上采取肆意谩骂、恶意诋毁、披露隐私等方式，公然侮辱他人，情节严重，符合刑法第二百四十六条规定的，以侮辱罪定罪处罚。[①]

7. 依法惩治网络暴力违法行为。实施网络侮辱、诽谤等网络暴力

① 需要注意的是，实践中，对于网络侮辱行为是否达到“情节严重”的程度，应当根据侮辱信息的具体情形、传播范围，以及行为手段、造成危害后果等因素，综合评价对被害人社会评价、人格尊严的损害程度，依法准确作出认定。特别是，考虑到手机等移动网络终端的广泛普及，以及当前互联网海量信息的实际情况，单纯依据相关信息的被点击、浏览次数或者被转发次数入罪应当特别慎重，以切实贯彻罪责刑相适应原则，确保案件办理取得良好效果。参见周加海、喻海松、李振华：《〈关于依法惩治网络暴力违法犯罪的指导意见〉的理解与适用》，载《中国应用法学》2023 年第 5 期。

行为，尚不构成犯罪，符合治安管理处罚法等规定的，依法予以行政处罚。

8. 依法严惩网络暴力违法犯罪。对网络暴力违法犯罪，应当体现从严惩治精神，让人民群众充分感受到公平正义。坚持严格执法司法，对于网络暴力违法犯罪，依法严肃追究，切实矫正“法不责众”的错误倾向。要重点打击恶意发起者、组织者、恶意推波助澜者以及屡教不改者。实施网络暴力违法犯罪，具有下列情形之一的，依法从重处罚：

（1）针对未成年人、残疾人实施的；

（2）组织“水军”、“打手”或者其他人员实施的；

（3）编造“涉性”话题侵害他人人格尊严的；

（4）利用“深度合成”等生成式人工智能技术发布违法信息的；

（5）网络服务提供者发起、组织的。

9. 依法支持民事维权。针对他人实施网络暴力行为，侵犯他人名誉权、隐私权等人格权，受害人请求行为人承担民事责任的，人民法院依法予以支持。

10. 准确把握违法犯罪行为的认定标准。通过信息网络检举、揭发他人犯罪或者违法违纪行为，只要不是故意捏造事实或者明知是捏造的事实而故意散布的，不应当认定为诽谤违法犯罪。针对他人言行发表评论、提出批评，即使观点有所偏颇、言论有些偏激，只要不是肆意谩骂、恶意诋毁的，不应当认定为侮辱违法犯罪。

12. 准确把握侮辱罪、诽谤罪的公诉条件。根据刑法第二百四十六条第二款的规定，实施侮辱、诽谤犯罪，严重危害社会秩序和国家利益的，应当依法提起公诉。对于网络侮辱、诽谤是否严重危害社会秩序，应当综合侵害对象、动机目的、行为方式、信息传播范围、危害后果等因素作出判定。

实施网络侮辱、诽谤行为，具有下列情形之一的，应当认定为刑法第二百四十六条第二款规定的“严重危害社会秩序”：

（1）造成被害人或者其近亲属精神失常、自杀等严重后果，社会影响恶劣的；

（2）随意以普通公众为侵害对象，相关信息在网络上大范围传播，引发大量低俗、恶意评论，严重破坏网络秩序，社会影响恶劣的；

（3）侮辱、诽谤多人或者多次散布侮辱、诽谤信息，社会影响恶劣的；

（4）组织、指使人员在多个网络平台大量散布侮辱、诽谤信息，社会影响恶劣的；

（5）其他严重危害社会秩序的情形。

《公安部关于严格依法办理侮辱诽谤案件的通知》（2009年4月3日）

一、切实提高对严格依法办理侮辱、诽谤案件重要意义的认识。一些地方公安机关不能正确办理侮辱、诽谤案件，直接原因是对有关法律理解不当、定性不准，深层次的原因是对新形势下人民内部矛盾缺乏清醒的认识。各级公安机关要清醒地认识到，随着国家民主法制建设的不断推进，人民群众的法制意识和政治参与意识不断增强，一些群众从不同角度提出批评、建议，是行使民主权利的表现。部分群众对一些社会消极现象发牢骚、吐怨气，甚至发表一些偏激言论，在所难免。如果将群众的批评、牢骚以及一些偏激言论视作侮辱、诽谤，使用刑罚或治安处罚的方式解决，不仅于法无据，而且可能激化矛盾，甚至被别有用心的人利用，借机攻击我国的社会制度和司法制度，影响党和政府的形象。各级公安机关要从维护社会和谐稳定的大局出发，深刻认识严格准确、依法办理好侮辱、诽谤案件的重要意义，始终坚持党的事业至上、人民利益至上、宪法法律至上，按照“最大限度地增加和谐因素，最大限度地减少不和谐因素”的要求，切实做到严格、公正、文明执法，努力化解矛盾，避免因执法不当而引发新的不安定因素。

二、准确把握侮辱、诽谤公诉案件的管辖范围及基本要件。根据《刑法》第二百四十六条的规定，侮辱、诽谤案件一般属于自诉案件，应当由公民个人自行向人民法院提起诉讼，只有在侮辱、诽谤行为“严重危害社会秩序和国家利益”时，公安机关才能按照公诉程序立案侦查。公安机关在依照公诉程序办理侮辱、诽谤刑事案件时，必须准确把握犯罪构成要件。对于不具备“严重危害社会秩序和国家利益”这一基本要件的，公安机关不得作为公诉案件管辖。对于具有下列情形之一的侮辱、诽谤行为，应当认定为“严重危害社会秩序和国家利益”，以侮辱罪、诽谤罪立案侦查，作为公诉案件办理：（一）因侮辱、诽谤行为导致群体性事件，严重影响社会秩序的；（二）因侮辱、诽谤外交使节、来访的外国国家元首、政府首脑等人员，造成恶劣国际影响的；（三）因侮辱、诽谤行为给国家利益造成严重危害的其他情形。公安机关在接到公民对侮辱、诽谤行为的报案、控告或者举报后，首先要认真审查，判明是否属于公安机关管辖。对于符合上述情形，但通过公诉可能对国家利益和国家形象造成更大损害的，可以通过其他方式予以处理。对于经过审查认为不属于上述情形但涉嫌犯罪的侮辱、诽谤案件，公安机关应当问明情况，制作笔录，并将案件材料移交有管辖权的人民法院，同时向当事人说明此类案件依照法律规定属于自诉案件，不属公安机关管辖，告知其到人民法院自行提起诉讼。公安机关在立案前的审查过程中，不得对有关人员和财产采取强制性措施。对于不构成犯罪但违反《治安管理处罚法》的，要通过治安调解，最大限度地化解矛盾和纠纷；对于调解不成的，应依法给予治安管理处罚。公安机关在办理侮辱、诽谤案件时，要深入细致，辨法析理，努力争取让违法犯罪行为人和被侵害人心悦诚服地接受处理结果，化消极因素为积极因素，取得法律效果和社会效果的统一。

侵犯公民个人信息罪

第二百五十三条之一　违反国家有关规定，向他人出售或者提供公民个人信息，情节严重的，处三年以下有期徒刑或者拘役，并处或者单处罚金；情节特别严重的，处三年以上七年以下有期徒刑，并处罚金。

违反国家有关规定，将在履行职责或者提供服务过程中获得的公民个人信息，出售或者提供给他人的，依照前款的规定从重处罚。

窃取或者以其他方法非法获取公民个人信息的，依照第一款的规定处罚。

单位犯前三款罪的，对单位判处罚金，并对其直接负责的主管人员和其他直接责任人员，依照各该款的规定处罚。

【释解与适用】

本条是关于侵犯公民个人信息罪及其刑罚的规定。

本条共分四款。第一款是关于违规向他人出售或者非法提供公民个人信息的犯罪和处罚的规定。这是刑法修正案（九）新增加的规定，主要是为了惩治违背公民个人意愿，出售、非法提供其个人信息和倒卖公民个人信息行为。刑法修正案（七）增加的第二百五十三条之一第一款规定了国家机关、金融等单位的工作人员违规出售、提供公民个人信息犯罪，属于特殊主体的犯罪，本款将犯罪主体扩大至一般主体，即任何年满十六周岁的人，违反国家有关规定，向他人出售或者非法提供公民个人信息的行为，不论来源如何，只要符合本款规定的，都可以定罪处罚予以惩治。本款规定犯罪的客体是公民对个人信息享有的权利，这里规定的“公民个人信息”，是指以电子或者其他方式记录的能够单独或者与其他信息结合识别特定自然人身份或者反映特定自然人活动情况的各种信息，包括姓名、身份证件号码、通信联系方式、住址、账号密码、财产状况、行踪轨迹等。本款规定犯罪的主观方面是故意，即违反国家有关规定，故意出售和非法提供公民个人信息。这里所说的“违反国家有关规定”，是指违反了有关法律、行政法规、部门规章等国家层面涉及公民个人信息管理方面的规定。例如，反洗钱法第五条规定：“对依法履行反洗钱职责或者义务获得的客户身份资料和交易信息，应当予以保密；非依法律规定，不得向任何单位和个人提供。反洗钱行政主管部门和其他依法负有反洗钱监督管理职责的部门、机构履行反洗钱职责获得的客户身份资料和交易信息，只能用于反洗钱行政调查。司法机关依照本法获得的客户身份资料和交易信息，只能用于反洗钱刑事诉讼。”此外，商业银行法、居民身份证法、护照法、消费者权益保护法、旅游法、社会保险法、统计法等法律也都有关于公民个人信息保护的规定。本款规定犯罪的客观方面表现为，向他人出售和非法提供公民个人信息，情节严重的行为。这里的“出售”，是指将自己掌握的公民信息卖给他人，自己从中牟利的行为。“提供”，是指违反国家有关规定，将自己掌握的公民信息提供给他人的行为，如现实生活中公民安装网络宽带，需将个人的身份证号提供给电信部门，电信部门只能以安装网络宽带的目的使用公民个人身份号码，如果电信部门的工作人员违反国家有关规定，将公民的身份证号提供给他人的，则属于非法提供。这里的“他人”，包括单位和个人。根据本款规定，向他人出售和非法提供公民个人信息达到情节严重的程度，是构成本罪的条件，尚未达到情节严重的，可依据法律、法规有关规定予以行政处罚。“情节严重”，一般是指大量出售公民个人信息的，多次出售公民个人信息的，出售公民个人信息获利数额较大的，以及公民个人信息被他人使用后，给公民造成了经济上的重大损失或者严重影响到公民个人的正常生活等情况，具体情节应当由司法机关依法根据案件的具体情况认定。对此，《最高人民法院、最高人民检察院关于办理侵犯公民个人信息刑事案件适用法律若干问题的解释》作了具体的规定。根据本款规定，对于情节严重构成犯罪的，处三年以下有期徒刑或者拘役，并处或者单处罚金；情节特别严重的，处三年以上七年以下有期徒刑，并处罚金。

第二款是关于对在履行职责或者提供服务过程中获得的公民个人信息，出售或者提供给他人，情节严重的从重处罚的规定。本款是原刑法第二百五十三条之一第一款的规定，刑法修正案（九）对本款作了修改：一是删去“国家机关或者金融、电信、交通、教育、医疗等单位的工作人员”和“将本单位在履行职责或者提供服务过程中获得的”中的“本单位”，扩大了犯罪主体的范围，即所有在履行职责或者提供服务过程中可以收集、获得公民个人信息的单位和个人，如果违反规定将公民个人信息出售或提供给他人，都可以适用本条规定追究刑事责任。二是将“违反国家规定”修改为“违反国家有关规定”，扩大了构成犯罪的范围。与“国家规定”相比，“国家有关规定”的范围更宽，包括法律、行政法规、部门规章等国家层面的涉及公民个人信息保护的规定，有利于根据不同行业、领域的特点有针对性地保护公民个人信息。三是加重了对本款犯罪的处罚，由于本款犯罪“依照前款规定从重处罚”，实施本款犯罪行为，情节严重的，处三年以下有期徒刑或者拘役，并处或者单处罚金；情节特别严重的，处三年以上七年以下有期徒刑，并处罚金。与刑法原条文规定的刑罚相比，法定刑由最高可以判处三年有期徒刑，提高至最高可以判处七年有期徒刑。

实践中，在政府行政管理以及金融、电信、交通、医疗、物业管理、宾馆住宿服务、快递等社会公共服务领域，收集和储存了大量的公民个人信息。这些信息为提高行政管理和各项公共服务的质量和效率提供了便利。但是，一些组织或个人，违反职业道德和保密义务，将公民个人的信息资料出售或泄露给他人，获取非法利益。这些侵害公民合法权益的现象时有发生，甚至个人信息被一些犯罪分子用于诈骗犯罪活动，对公民的人身、财产安全以及正常的工作、生活构成严重威胁。与普通向他人出售或者提供公民个人信息犯罪行为相比，出售或提供履职、提供服务过程中获得的公民个人信息的行为容易引发大范围的信息泄露，具有更大的社会危害性，而且违反了职业的操守，应当从严打击，从重惩处，因此，刑法修正案（九）规定对这种行为依照第一款的规定从重处罚。应当注意的是，本款中的信息必须是单位在履行职责或者提供服务过程中获得的信息，也就是说利用公权力或者在提供公共服务过程中依法获得的信息，如购买飞机票必须提供本人的身份证号码，在银行等金融机构办理金融业务必须提供个人的身份证号码等情况。

第三款是关于非法获取公民个人信息的犯罪和处罚的规定。本款是原刑法第二百五十三条第二款的规定，刑法修正案（九）将该款移作第三款，同时将“上述信息”修改为“公民个人信息”，明确范围，避免产生歧义。根据本款规定，窃取或者以其他方法非法获取公民个人信息，情节严重的，构成非法获取公民个人信息罪，应当依照第一款的规定，情节严重的，处三年以下有期徒刑或者拘役，并处或者单处罚金；情节特别严重的，处三年以上七年以下有期徒刑，并处罚金。这里的“窃取”，是指采用秘密的方法或不为人知的方法取得公民个人信息的行为，如在 ATM 机旁用望远镜偷看或用摄像机偷拍他人银行卡密码、卡号或身份证号或通过网络技术手段获得他人的个人信息等情况。“以其他方法非法获取”，是指通过购买、欺骗等方式非法获取公民个人信息的行为。应当注意的是，本款规定的非法获取公民个人信息的行为，需达到情节严重的程度，才能构成非法获取公民个人信息的犯罪。情节严重是构成本罪的必要条件。这里的“情节严重”，一般是指非法获取公民个人信息的手段恶劣、获取了公民个人大量的信息、多次窃取或非法获取公民个人信息后又出售给他人牟利等情节。

第四款是关于单位犯罪的处罚规定。本款规定的犯罪主体，是公司、企业、事业单位、机关、团体等单位。根据本款规定，单位有出售或者非法提供公民个人信息和非法获取公民个人信息的行为，构成犯罪的，对单位判处罚金，并对单位直接负责的主管人员和其他直接责任人员，分别依照前三款的规定处罚。本款对单位犯罪规定了双重处罚原则，即对单位判处罚金，罚金的具体数额法律未作规定，可由司法机关根据犯罪情节决定。在对单位判处罚金的同时，对单位直接负责的主管人员和其他直接责任人员，分别按照前三款关于自然人的犯罪处罚。需要指出的是，由于第二款规定，依照第一款的规定从重处罚，所以对直接负责的主管人员和其他直接责任人员犯本条第二款罪的，也应依照第一款的规定从重处罚。

【适用中需要注意的问题】

实践中需要注意，除本条规定外，刑法和其他法律法规还有一些规定可能涉及侵犯公民个人信息的行为。如刑法第二百五十二条规定的隐匿、毁弃或者非法开拆他人信件，侵犯公民通信自由权利犯罪；刑法第二百五十三条规定的邮政工作人员私自开拆或者隐匿、毁弃邮件、电报犯罪；刑法第一百七十七条之一规定的窃取、收买或者非法提供他人信用卡信息资料的犯罪；刑法第二百八十四条规定的非法使用窃听、窃照专用器材的犯罪等。如果行为人为非法获取公民个人信息而采用了侵犯公民通信自由权利、通信秘密、非法使用窃听、窃照专用器材的手段或者在实施上述犯罪的过程中同时窃取、获取了公民个人信息的，则可能同时构成本条规定的犯罪和其他罪名，应当根据案件的具体情况从一重罪处罚或者是数罪并罚。

【关联规定】

◆法律

《中华人民共和国个人信息保护法》（2021年8月20日公布，自2021年11月1日起施行）

第四条 个人信息是以电子或者其他方式记录的与已识别或者可识别的自然人有关的各种信息，不包括匿名化处理后的信息。

个人信息的处理包括个人信息的收集、存储、使用、加工、传输、提供、公开、删除等。

第十三条 符合下列情形之一的，个人信息处理者方可处理个人信息：

（一）取得个人的同意；

（二）为订立、履行个人作为一方当事人的合同所必需，或者按照依法制定的劳动规章制度和依法签订的集体合同实施人力资源管理所必需；

（三）为履行法定职责或者法定义务所必需；

（四）为应对突发公共卫生事件，或者紧急情况下为保护自然人的生命健康和财产安全所必需；

（五）为公共利益实施新闻报道、舆论监督等行为，在合理的范围内处理个人信息；

（六）依照本法规定在合理的范围内处理个人自行公开或者其他已经合法公开的个人信息；

（七）法律、行政法规规定的其他情形。

依照本法其他有关规定，处理个人信息应当取得个人同意，但是有前款第二项至第七项规定情形的，不需取得个人同意。

◆司法解释

《最高人民法院、最高人民检察院关于办理侵犯公民个人信息刑事案件适用法律若干问题的解释》（2017年5月8日公布，自2017年6月1日起施行）

第一条 刑法第二百五十三条之一规定的“公民个人信息”，是指以电子或者其他方式记录的能够单独或者与其他信息结合识别特定自然人身份或者反映特定自然人活动情况的各种信息，包括姓名、身份证件号码、通信通讯联系方式、住址、账号密码、财产状况、行踪轨迹等。

第二条 违反法律、行政法规、部门规章有关公民个人信息保护的规定的，应当认定为刑法第二百五十三条之一规定的“违反国家有关规定”。

第三条 向特定人提供公民个人信息，以及通过信息网络或者其他途径发布公民个人信息的，应当认定为刑法第二百五十三条之一规定的“提供公民个人信息”。

未经被收集者同意，将合法收集的公民个人信息向他人提供的，属于刑法第二百五十三条之一规定的“提供公民个人信息”，但是经过处理无法识别特定个人且不能复原的除外。

第四条 违反国家有关规定，通过购买、收受、交换等方式获取公民个人信息，或者在履行职责、提供服务过程中收集公民个人信息的，属于刑法第二百五十三条之一第三款规定的“以其他方法非法获取公民个人信息”。

第五条 非法获取、出售或者提供公民个人信息，具有下列情形之一的，应当认定为刑法第二百五十三条之一规定的“情节严重”：

（一）出售或者提供行踪轨迹信息，被他人用于犯罪的；

（二）知道或者应当知道他人利用公民个人信息实施犯罪，向其出售或者提供的；

（三）非法获取、出售或者提供行踪轨迹信息、通信内容、征信信息、财产信息五十条以上的；

（四）非法获取、出售或者提供住宿信息、通信记录、健康生理信息、交易信息等其他可能影响人身、财产安全的公民个人信息五百条以上的；

（五）非法获取、出售或者提供第三项、第四项规定以外的公民个人信息五千条以上的；

（六）数量未达到第三项至第五项规定标准，但是按相应比例合计达到有关数量标准的；

（七）违法所得五千元以上的；

（八）将在履行职责或者提供服务过程中获得的公民个人信息出售

或者提供给他人，数量或者数额达到第三项至第七项规定标准一半以上的；

（九）曾因侵犯公民个人信息受过刑事处罚或者二年内受过行政处罚，又非法获取、出售或者提供公民个人信息的；

（十）其他情节严重的情形。

实施前款规定的行为，具有下列情形之一的，应当认定为刑法第二百五十三条之一第一款规定的“情节特别严重”：

（一）造成被害人死亡、重伤、精神失常或者被绑架等严重后果的；

（二）造成重大经济损失或者恶劣社会影响的；

（三）数量或者数额达到前款第三项至第八项规定标准十倍以上的；

（四）其他情节特别严重的情形。

第六条 为合法经营活动而非法购买、收受本解释第五条第一款第三项、第四项规定以外的公民个人信息，具有下列情形之一的，应当认定为刑法第二百五十三条之一规定的“情节严重”：

（一）利用非法购买、收受的公民个人信息获利五万元以上的；

（二）曾因侵犯公民个人信息受过刑事处罚或者二年内受过行政处罚，又非法购买、收受公民个人信息的；

（三）其他情节严重的情形。

实施前款规定的行为，将购买、收受的公民个人信息非法出售或者提供的，定罪量刑标准适用本解释第五条的规定。

第七条 单位犯刑法第二百五十三条之一规定之罪的，依照本解释规定的相应自然人犯罪的定罪量刑标准，对直接负责的主管人员和其他直接责任人员定罪处罚，并对单位判处罚金。

第八条 设立用于实施非法获取、出售或者提供公民个人信息违法犯罪活动的网站、通讯群组，情节严重的，应当依照刑法第二百八十七条之一的规定，以非法利用信息网络罪定罪处罚；同时构成侵犯公民个人信息罪的，依照侵犯公民个人信息罪定罪处罚。

第九条 网络服务提供者拒不履行法律、行政法规规定的信息网络安全管理义务，经监管部门责令采取改正措施而拒不改正，致使用户的公民个人信息泄露，造成严重后果的，应当依照刑法第二百八十六条之一的规定，以拒不履行信息网络安全管理义务罪定罪处罚。

第十条 实施侵犯公民个人信息犯罪，不属于“情节特别严重”，行为人系初犯，全部退赃，并确有悔罪表现的，可以认定为情节轻微，不起诉或者免予刑事处罚；确有必要判处刑罚的，应当从宽处罚。

第十一条 非法获取公民个人信息后又出售或者提供的，公民个人信息的条数不重复计算。

向不同单位或者个人分别出售、提供同一公民个人信息的，公民个人信息的条数累计计算。

对批量公民个人信息的条数，根据查获的数量直接认定，但是有证据证明信息不真实或者重复的除外。

第十二条 对于侵犯公民个人信息犯罪，应当综合考虑犯罪的危害程度、犯罪的违法所得数额以及被告人的前科情况、认罪悔罪态度等，依法判处罚金。罚金数额一般在违法所得的一倍以上五倍以下。

◆司法政策

《最高人民法院、最高人民检察院、公安部关于依法惩治网络暴力违法犯罪的指导意见》（2023 年 9 月 20 日）

二、准确适用法律，依法严惩网络暴力违法犯罪

4. 依法惩治侵犯公民个人信息行为。组织“人肉搜索”，违法收集并向不特定多数人发布公民个人信息，情节严重，符合刑法第二百五十三条之一规定的，以侵犯公民个人信息罪定罪处罚；依照刑法和司法解释规定，同时构成其他犯罪的，依照处罚较重的规定定罪处罚。

《最高人民法院、最高人民检察院、公安部关于办理电信网络诈骗等刑事案件适用法律若干问题的意见》（2016 年 12 月 19 日）

三、全面惩处关联犯罪

（二）违反国家有关规定，向他人出售或者提供公民个人信息，窃取或者以其他方法非法获取公民个人信息，符合刑法第二百五十三条之一规定的，以侵犯公民个人信息罪追究刑事责任。

使用非法获取的公民个人信息，实施电信网络诈骗犯罪行为，构成数罪的，应当依法予以并罚。

《最高人民法院、最高人民检察院、公安部关于依法惩处侵害公民个人信息犯罪活动的通知》（2013 年 4 月 23 日）

出售、非法提供公民个人信息罪的犯罪主体，除国家机关或金融、电信、交通、教育、医疗单位的工作人员之外，还包括在履行职责或者提供服务过程中获得公民个人信息的商业、房地产业等服务业中其他企事业单位的工作人员。公民个人信息包括公民的姓名、年龄、有效证件号码、婚姻状况、工作单位、学历、履历、家庭住址、电话号码等能够识别公民个人身份或者涉及公民个人隐私的信息、数据资料。对于在履行职责或者提供服务过程中，将获得的公民个人信息出售或者非法提供给他人，被他人用以实施犯罪，造成受害人人身伤害或者死亡，或者造成重大经济损失、恶劣社会影响的，或者出售、非法提供公民个人信息数量较大，或者违法所得数额较大的，均应当依法以出售、非法提供公民个人信息罪追究刑事责任。对于窃取或者以购买等方法非法获取公民个人信息数量较大，或者违法所得数额较大，或者造成其他严重后果的，应当依法以非法获取公民个人信息罪追究刑事责任。对使用非法获取的个人信息，实施其他犯罪行为，构成数罪的，应当依法予以并罚。单位实施侵害公民个人信息犯罪的，应当追究直接负责的主管人员和其他直接责任人员的刑事责任。要依法加大对财产刑的适用力度，剥夺犯罪分子非法获利和再次犯罪的资本。

……侵害公民个人信息犯罪网络覆盖面大，关系错综复杂。犯罪行为发生地、犯罪结果发生地、犯罪分子所在地等往往不在一地。同时，由于犯罪行为大多依托互联网、移动电子设备，通过即时通讯工具、电子邮件等多种方式实施，调查取证难度很大……对于几个公安机关都有权管辖的案件，由最初受理的公安机关管辖。必要时，可以由主要犯罪地的公安机关管辖。对管辖不明确或者有争议的刑事案件，可以由有关公安机关协商。协商不成的，由共同的上级公安机关指定管辖……

敲诈勒索罪

第二百七十四条　敲诈勒索公私财物，数额较大或者多次敲诈勒索的，处三年以下有期徒刑、拘役或者管制，并处或者单处罚金；数额巨大或者有其他严重情节的，处三年以上十年以下有期徒刑，并处罚金；数额特别巨大或者有其他特别严重情节的，处十年以上有期徒刑，并处罚金。

【释解与适用】

本条是关于敲诈勒索罪及其刑罚的规定。

本条规定的“敲诈勒索”，是指以非法占有为目的，对公私财物的所有人、保管人使用威胁或者要挟的方法，勒索公私财物的行为。本罪的主体是一般犯罪主体。构成敲诈勒索罪必须具备以下条件：（1）行为人具有非法占有他人财物的目的。（2）行为人实施了以威胁或者要挟的方法勒索财物的行为，这是敲诈勒索罪最主要的特点。威胁和要挟，是指通过对被害人及其关系密切的人精神上的强制，对其在心理上造成恐惧，产生压力。威胁或者要挟的方法多种多样，如以将要实施暴力，揭发隐私、违法犯罪活动，毁坏名誉相威胁等。其形式可以是口头的，也可以是书面的，还可以通过第三者转达；可以是明示，也可以是暗示。在取得他人财物的时间上，既可以迫使对方当场交出，也可以限期交出。总之，是通过对公私财物的所有人、保管人实施精神上的强制，使其产生恐惧、畏惧心理，不得已而交出财物。（3）敲诈勒索的财物数额较大或者多次敲诈勒索。数额较大，是敲诈勒索行为构成犯罪的基本要件。如果敲诈勒索的财物数额较小，一般应当依照治安管理处罚法的规定予以处罚，不需要动用刑罚。多次敲诈勒索，是刑法修正案（八）增加规定的构成犯罪的条件。有的犯罪分子，特别是黑社会性质组织和恶势力团伙成员，凭借其组织或团伙的非法控制或影响，频繁实施敲诈勒索行为，欺压群众，扰乱社会治安，具有严重的社会危害性。对多次敲诈勒索的行为，即使敲诈勒索的财物数额没有达到较大的标准，也应当依法定罪处罚。

根据《最高人民法院、最高人民检察院关于办理利用信息网络实施诽谤等刑事案件适用法律若干问题的解释》第六条之规定，以在信息网络上发布、删除等方式处理网络信息为由，威胁、要挟他人，索取公私财物，数额较大，或者多次实施上述行为的，依照刑法第二百七十四条的规定，以敲诈勒索罪定罪处罚。

本条对敲诈勒索罪量刑档次的划分采取了数额加情节的标准。刑法修正案（八）对敲诈勒索罪的量刑作了两处修改。一是为适应打击实际中一些敲诈勒索财物数额特别巨大或者情节特别严重的犯罪的需要，增设了“十年以上有期徒刑，并处罚金”这一量刑档次。二是为在经济上打击敲诈勒索这一财产性犯罪，在每一量刑档次都增加规定了财产刑。根据《最高人民法院、最高人民检察院关于办理敲诈勒索刑事案件适用法律若干问题的解释》第一条的规定，敲诈勒索公私财物“数额较大”，以二千元至五千元为起点；“数额巨大”，以三万元至十万元为起点；“数额特别巨大”，以三十万元至五十万元为起点。各省、自治区、直辖市高级人民法院、人民检察院可以根据本地区经济发展状况和社会治安状况，在上述数额幅度内，共同研究确定本地区执行的具体数额标准，并报最高人民法院、最高人民检察院备案。根据该司法解释，敲诈勒索的犯罪分子是否“有其他严重情节”“有其他特别严重情节”，应当考虑犯罪分子是否为累犯或者惯犯，是否为共同犯罪的首要分子或者黑社会性质组织、恶势力团伙的组织领导者，敲诈勒索手段是否恶劣，敲诈勒索对象是否系未成年人等弱势群体的，是否有冒充国家工作人员进行敲诈勒索等情节，是否造成严重后果等。二年内敲诈勒索三次以上的，应当认定为刑法第二百七十四条规定的“多次敲诈勒索”。

根据本条规定，敲诈勒索公私财物，数额较大或者多次敲诈勒索的，处三年以下有期徒刑、拘役或者管制，并处或者单处罚金；数额巨大或者有其他严重情节的，处三年以上十年以下有期徒刑，并处罚金；数额特别巨大或者有其他特别严重情节的，处十年以上有期徒刑，并处罚金。

【适用中需要注意的问题】

1. 在实际执行中要注意区分敲诈勒索罪和抢劫罪的界限。抢劫罪与敲诈勒索罪均属侵犯财产罪，从犯罪客体来看，不仅都侵犯了他人财物的所有权关系，有时还同时侵犯到公民的人身权利。从主观方面来看，两者都具有非法占有公私财物的目的。客观方面也存在相似之处，例如可能都当场使用威胁方式，恐吓被害人，迫使其立即交付财物。但是二者也存在许多重要的区别：（1）威胁的实施方式不同。抢劫罪的威胁，是当场直接向被害人发出的，具有直接的公开性；而敲诈勒索罪的威胁可以是面对被害人公开实行，也可以是利用书信、通讯设备或者通过第三人的转告通知被害人的间接实施。（2）威胁的紧迫性不同。这是两者之间的重要区别。抢劫罪的威胁，都是直接侵犯人的生命健康的暴力威胁，如以杀害、伤害相威胁，对被害人产生了现实威胁，达到使被害人不能反抗的地步；敲诈勒索罪威胁的内容较广泛，可以是针对人身实施暴力、伤害相威胁，也可以是以毁人名誉、毁其前途、设置困境等相威胁，例如采用揭发隐私、举报犯罪行为等相威胁，虽然使被害人产生恐惧感和压迫感，但是并没有达到使被害人不能反抗的地步，被害人在决定是否交付财物上尚有考虑、选择的余地。（3）威胁索取的利益性质不同。抢劫罪索取的利益之性质，一般只是财物；而敲诈勒索罪索取利益之性质，可以是财物，包括动产和不动产，也可以是其他财产性利益。（4）非法取得利益的时间不同。抢劫罪非法取得利益的时间只能是当场取得；敲诈勒索罪非法取得利益的时间，有时是当场取得，有时是特定时间以后取得。

2. 在实践中还要注意区分敲诈勒索罪与绑架罪的界限。敲诈勒索罪与绑架罪均以非法占有为目的，均有勒索财物的行为，均既侵犯公私财产所有权，又侵犯公民的人身权利，因此两罪存在着相似之处。但敲诈勒索罪与绑架罪仍存在较大的区别，主要表现在：（1）犯罪客体不同。两者的犯罪客体均是复杂客体，但是敲诈勒索罪侵犯的主要客体是公私财产的所有权，因而该罪在刑法分则体系上被归属于侵犯财产罪的一种；而绑架罪侵犯的主要客体则是公民的人身权利，虽然其也在某种程度上侵犯公私财产所有权，但其属于次要客体，因而在刑法分则体系上被归属于侵犯公民人身权利罪的一种。（2）犯罪行为特征不同。敲诈勒索罪是以将要实施的侵害相威胁，勒索数额较大的公私财物或者财产性利益，而没有实施绑架行为；绑架罪则主要是通过绑架人质，以交换人质为条件，逼人质亲友交出财物。（3）行为暴力程度不同。敲诈勒索罪的威胁既可以是暴力侵害，也可以是非暴力侵害；绑架罪则是以杀害、伤害人质相威胁，而且因发出勒索口令时人质已在其绑架掌握之中，这种威胁内容随时都可能付诸实施，具有加害的现实性和紧迫性。

【关联规定】

◆司法解释

《最高人民法院、最高人民检察院关于办理利用信息网络实施诽谤等刑事案件适用法律若干问题的解释》（2013年9月6日公布，自2013年9月10日起施行）

第六条 以在信息网络上发布、删除等方式处理网络信息为由，威胁、要挟他人，索取公私财物，数额较大，或者多次实施上述行为的，依照刑法第二百七十四条的规定，以敲诈勒索罪定罪处罚。

第八条 明知他人利用信息网络实施诽谤、寻衅滋事、敲诈勒索、非法经营等犯罪，为其提供资金、场所、技术支持等帮助的，以共同犯罪论处。

第九条 利用信息网络实施诽谤、寻衅滋事、敲诈勒索、非法经营犯罪，同时又构成刑法第二百二十一条规定的损害商业信誉、商品声誉罪，第二百七十八条规定的煽动暴力抗拒法律实施罪，第二百九十一条之一规定的编造、故意传播虚假恐怖信息罪等犯罪的，依照处罚较重的规定定罪处罚。

《最高人民法院、最高人民检察院关于办理敲诈勒索刑事案件适用法律若干问题的解释》（2013年4月23日公布，自2013年4月27日起施行）

第一条 敲诈勒索公私财物价值二千元至五千元以上、三万元至十万元以上、三十万元至五十万元以上的，应当分别认定为刑法第二百七十四条规定的“数额较大”、“数额巨大”、“数额特别巨大”。

各省、自治区、直辖市高级人民法院、人民检察院可以根据本地区经济发展状况和社会治安状况，在前款规定的数额幅度内，共同研究确定本地区执行的具体数额标准，报最高人民法院、最高人民检察院批准。

第二条 敲诈勒索公私财物，具有下列情形之一的，“数额较大”的标准可以按照本解释第一条规定标准的百分之五十确定：

（一）曾因敲诈勒索受过刑事处罚的；

（二）一年内曾因敲诈勒索受过行政处罚的；

（三）对未成年人、残疾人、老年人或者丧失劳动能力人敲诈勒索的；

（四）以将要实施放火、爆炸等危害公共安全犯罪或者故意杀人、绑架等严重侵犯公民人身权利犯罪相威胁敲诈勒索的；

（五）以黑恶势力名义敲诈勒索的；

（六）利用或者冒充国家机关工作人员、军人、新闻工作者等特殊身份敲诈勒索的；

（七）造成其他严重后果的。

第三条 二年内敲诈勒索三次以上的，应当认定为刑法第二百七十四条规定的“多次敲诈勒索”。

第四条 敲诈勒索公私财物，具有本解释第二条第三项至第七项规定的情形之一，数额达到本解释第一条规定的“数额巨大”、“数额特别巨大”百分之八十的，可以分别认定为刑法第二百七十四条规定的“其他严重情节”、“其他特别严重情节”。

第五条 敲诈勒索数额较大，行为人认罪、悔罪，退赃、退赔，并具有下列情形之一的，可以认定为犯罪情节轻微，不起诉或者免予刑事处罚，由有关部门依法予以行政处罚：

（一）具有法定从宽处罚情节的；

（二）没有参与分赃或者获赃较少且不是主犯的；

（三）被害人谅解的；

（四）其他情节轻微、危害不大的。

第六条 敲诈勒索近亲属的财物，获得谅解的，一般不认为是犯罪；认定为犯罪的，应当酌情从宽处理。

被害人对敲诈勒索的发生存在过错的，根据被害人过错程度和案件其他情况，可以对行为人酌情从宽处理；情节显著轻微危害不大的，不认为是犯罪。

第七条 明知他人实施敲诈勒索犯罪，为其提供信用卡、手机卡、通讯工具、通讯传输通道、网络技术支持等帮助的，以共同犯罪论处。

第八条 对犯敲诈勒索罪的被告人，应当在二千元以上、敲诈勒索数额的二倍以下判处罚金；被告人没有获得财物的，应当在二千元以上十万元以下判处罚金。

第九条 本解释公布施行后，《最高人民法院关于敲诈勒索罪数额认定标准问题的规定》（法释〔2000〕11 号）同时废止；此前发布的司法解释与本解释不一致的，以本解释为准。

◆司法政策

《最高人民法院、最高人民检察院关于常见犯罪的量刑指导意见（试行）》（2021年6月16日公布，自2021年7月1日起施行）

四、常见犯罪的量刑

（十五）敲诈勒索罪

1. 构成敲诈勒索罪的，根据下列情形在相应的幅度内确定量刑起点：

（1）达到数额较大起点的，或者二年内三次敲诈勒索的，在一年以下有期徒刑、拘役幅度内确定量刑起点。

（2）达到数额巨大起点或者有其他严重情节的，在三年至五年有期徒刑幅度内确定量刑起点。

（3）达到数额特别巨大起点或者有其他特别严重情节的，在十年至十二年有期徒刑幅度内确定量刑起点。

2. 在量刑起点的基础上，根据敲诈勒索数额、次数、犯罪情节严重程度等其他影响犯罪构成的犯罪事实增加刑罚量，确定基准刑。

多次敲诈勒索，数额达到较大以上的，以敲诈勒索数额确定量刑起点，敲诈勒索次数可以作为调节基准刑的量刑情节；数额未达到较大的，以敲诈勒索次数确定量刑起点，超过三次的次数作为增加刑罚量的事实。

3. 构成敲诈勒索罪的，根据敲诈勒索的数额、手段、次数、危害后果等犯罪情节，综合考虑被告人缴纳罚金的能力，在二千元以上敲诈勒索数额的二倍以下决定罚金数额；被告人没有获得财物的，在二千元以上十万元以下判处罚金。

4. 构成敲诈勒索罪的，综合考虑敲诈勒索的手段、数额、次数、危害后果、退赃退赔等犯罪事实、量刑情节，以及被告人的主观恶性、人身危险性、认罪悔罪表现等因素，决定缓刑的适用。

《最高人民法院、最高人民检察院、公安部、司法部关于办理利用信息网络实施黑恶势力犯罪刑事案件若干问题的意见》（2019 年 7 月 23 日公布，自 2019 年 10 月 21 日起施行）

6. 利用信息网络威胁、要挟他人，索取公私财物，数额较大，或者多次实施上述行为的，依照刑法第二百七十四条的规定，以敲诈勒索罪定罪处罚。

8. 侦办利用信息网络实施的强迫交易、敲诈勒索等非法敛财类案件，确因被害人人数众多等客观条件的限制，无法逐一收集被害人陈述的，可以结合已收集的被害人陈述，以及经查证属实的银行账户交易记录、第三方支付结算账户交易记录、通话记录、电子数据等证据，综合认定被害人人数以及涉案资金数额等。

《最高人民法院、最高人民检察院、公安部、司法部关于办理实施“软暴力”的刑事案件若干问题的意见》（2019 年 4 月 9 日）

八、以非法占有为目的，采用“软暴力”手段强行索取公私财物，同时符合《刑法》第二百七十四条规定的其他犯罪构成要件的，应当以敲诈勒索罪定罪处罚。

《关于办理敲诈勒索刑事案件适用法律若干问题的解释》第三条中“二年内敲诈勒索三次以上”，包括已受行政处罚的行为。

十、根据本意见第五条、第八条规定，对已受行政处罚的行为追究刑事责任的，行为人先前所受的行政拘留处罚应当折抵刑期，罚款应当抵扣罚金。

十一、雇佣、指使他人采用“软暴力”手段强迫交易、敲诈勒索，构成强迫交易罪、敲诈勒索罪的，对雇佣者、指使者，一般应当以共同犯罪中的主犯论处。

拒不履行信息网络安全管理义务罪

第二百八十六条之一　网络服务提供者不履行法律、行政法规规定的信息网络安全管理义务，经监管部门责令采取改正措施而拒不改正，有下列情形之一的，处三年以下有期徒刑、拘役或者管制，并处或者单处罚金：

（一）致使违法信息大量传播的；

（二）致使用户信息泄露，造成严重后果的；

（三）致使刑事案件证据灭失，情节严重的；

（四）有其他严重情节的。

单位犯前款罪的，对单位判处罚金，并对其直接负责的主管人员和其他直接责任人员，依照前款的规定处罚。

有前两款行为，同时构成其他犯罪的，依照处罚较重的规定定罪处罚。

【释解与适用】

本条是关于拒不履行信息网络安全管理义务罪及其刑罚的规定。

本条共分三款。第一款是关于对网络服务提供者不履行法律、行政法规规定的安全管理义务如何定罪处罚的规定。根据本款规定，不履行网络安全管理义务犯罪具有以下特征。

第一，犯罪的主体是网络服务提供者，包括通过计算机互联网、广播电视网、固定通信网、移动通信网等信息网络，向公众提供网络服务的机构和个人。根据其提供的服务内容，可以分为互联网接入服务提供者和互联网内容服务提供者。其中，互联网接入服务提供者为终端用户提供专线、拨号上网或者其他接入互联网的服务，包括物理网络提供商和网络接口提供商；互联网内容服务提供者向用户提供新闻、信息、资料、音视频等内容服务，如新浪、搜狐、163 等国内知名互联网企业就是典型的互联网内容提供商。此外，按照服务对象和提供的信息的不同，还可以进一步分为网上媒体运营商、数据库运营商、信息咨询商和信息发布代理商等。《最高人民法院、最高人民检察院关于办理非法利用信息网络、帮助信息网络犯罪活动等刑事案件适用法律若干问题的解释》第一条对如何认定网络服务提供者作了明确规定，规定提供下列服务的单位和个人，应当认定为“网络服务提供者”：（1）网络接入、域名注册解析等信息网络接入、计算、存储、传输服务；（2）信息发布、搜索引擎、即时通讯、网络支付、网络预约、网络购物、网络游戏、网络直播、网站建设、安全防护、广告推广、应用商店等信息网络应用服务；（3）利用信息网络提供的电子政务、通信、能源、交通、水利、金融、教育、医疗等公共服务。

第二，犯罪客观方面，须具备下列条件：一是行为人不履行法律、行政法规规定的信息网络安全管理义务；二是行为人经监管部门责令采取改正措施而拒不改正；三是行为人拒不改正的行为导致特定危害后果的发生。

其一，行为人不履行法律、行政法规规定的信息网络安全管理义务。根据本款规定，网络服务提供者不履行网络安全管理义务，是指不履行法律和行政法规规定的义务。司法实践中在认定行为人是否有不履行相关安全管理义务的行为时，需要结合相关法律、行政法规关于安全管理义务的具体规定和要求认定。这方面的法律、行政法规主要有网络安全法以及《全国人民代表大会常务委员会关于加强网络信息保护的决定》《互联网信息服务管理办法》《计算机信息网络国际联网安全保护管理办法》《电信条例》等。根据这些法律、行政法规的规定，网络服务提供者应当按照网络安全等级保护制度的要求，履行安全保护义务主要有：（1）制定内部安全管理制度和操作规程，确定网络安全负责人，落实网络安全保护责任。网络服务提供者应当建立相应的管理制度，包括网站安全保障制度、信息安全保密管理制度、用户信息安全管理制度等。如关于加强网络信息保护的决定要求网络服务提供者为用户办理网站接入服务，办理固定电话、移动电话等入网手续，或者为用户提供信息发布服务，应当在与用户签订协议或者确认提供服务时，要求用户提供真实身份信息；应当采取技术措施和其他必要措施，确保信息安全，防止在业务活动中收集的公民个人电子信息泄露、毁损、丢失；在发生或者可能发生信息泄露、毁损、丢失的情况时，应当立即采取补救措施。（2）采取防范计算机病毒和网络攻击、网络侵入等危害网络安全行为的技术措施。网络安全法第二十五条规定，网络运营者应当制定网络安全事件应急预案，及时处置系统漏洞、计算机病毒、网络攻击、网络侵入等安全风险；在发生危害网络安全的事件时，立即启动应急预案，采取相应的补救措施，并按照规定向有关主管部门报告。《电信条例》《互联网信息服务管理办法》等规定，互联网信息服务提供者应当向上网用户提供良好的服务，并保证所提供的信息内容合法。任何单位和个人不得利用互联网制作、复制、查阅和传播违法信息，网络服务提供者发现上述信息，应当立即停止传输该信息，采取删除网络中含有上述内容的地址、目录或者关闭服务器等处置措施，同时保留有关原始记录，并向主管部门报告。（3）采取监测、记录网络运行状态、网络安全事件的技术措施，并按照规定留存相关的网络日志不少于六个月。如《互联网信息服务管理办法》要求从事新闻、出版以及电子公告等服务项目的互联网信息服务提供者，应当记录提供的信息内容及其发布时间、互联网地址或者域名；互联网接入服务提供者应当记录上网用户的上网时间、用户账号、互联网地址或者域名、主叫电话号码等信息。互联网信息服务提供者和互联网接入服务提供者的记录备份应当保存六十日，并在国家有关机关依法查询时，予以提供。（4）采取数据分类、重要数据备份和加密等措施。（5）法律、行政法规规定的其他义务。

其二，必须“经监管部门责令采取改正措施而拒不改正”。这里的“监管部门”是指依据法律、行政法规的规定对网络服务提供者负有监督管理职责的各个部门。由于信息网络安全涉及面较广，相关监管部门也涉及各个领域。如《互联网信息服务管理办法》规定，国务院信息产业主管部门和省、自治区、直辖市电信管理机构，依法对互联网信息服务实施监督管理，新闻、出版、教育、卫生、药品监督管理、工商行政管理和公安、国家安全等有关主管部门，在各自职责范围内依法对互联网信息内容实施监督管理。《国务院关于授权国家互联网信息办公室负责互联网信息内容管理工作的通知》授权国家互联网信息办公室负责全国互联网信息内容管理工作，并负责监督管理执法。《计算机信息网络国际联网安全保护管理办法》规定，公安部计算机管理监察机构负责计算机信息网络国际联网的安全保护管理工作。这里的“责令采取改正措施”应当是上述负有监督管理职责的部门，根据相关网络服务提供者在安全管理方面存在的问题，依法提出的改正错误，堵塞漏洞，加强防范等要求。即责令的主体、责令的方式和程序，都要有法律行政法规的依据，符合依法行政的要求。至于监管部门“责令采取改正措施”的形式和内容，往往要视具体情况而定。有的是监管部门发现网络服务提供者安全防范措施不符合要求，要求其采取加强措施；有的是发现网络服务提供者没有严格执行相关安全管理制度，如对网上信息内容和网络日志信息记录备份不全或留存时间过短等；有的是在日常安全检查时发现网络上出现违法信息，要求网络服务提供者采取临时性补救措施，如监管部门发现传播违法信息的网址、目录或者服务器，通知网络服务提供者删除信息、关闭服务，防止信息进一步扩散；还有的是依法采取相关处罚措施，如责令停业整顿或者暂时关闭网站；等等。“拒不改正”是指明知而故意加以拒绝。实践中，认定网络服务提供者是否“拒不改正”，应当考虑以下因素：（1）网络服务提供者是否收到监管部门提出的责令采取改正措施的要求；相关责令整改要求是否明确、具体。（2）网络服务提供者对监管部门提出的采取改正措施的要求，在主观上是否具有拖延或者拒绝执行的故意。（3）网络服务提供者是否具有依照监管部门提出的要求，采取相应改正措施的能力。对于确实因为资源、技术等条件限制，没有或者一时难以达到监管部门要求的，不能认定为是本款规定的“拒不改正”。根据《最高人民法院、最高人民检察院关于办理非法利用信息网络、帮助信息网络犯罪活动等刑事案件适用法律若干问题的解释》第二条规定，“监管部门责令采取改正措施”，是指网信、电信、公安等依照法律、行政法规的规定承担信息网络安全监管职责的部门，以责令整改通知书或者其他文书形式，责令网络服务提供者采取改正措施。认定“经监管部门责令采取改正措施而拒不改正”，应当综合考虑监管部门责令改正是否具有法律、行政法规依据，改正措施及期限要求是否明确、合理，网络服务提供者是否具有按照要求采取改正措施的能力等因素进行判断。

其三，必须导致特定危害后果的发生。根据本款的规定，网络服务提供者拒不采取改正措施，导致了下列危害后果发生的，才能追究其刑事责任。

1. 致使违法信息大量传播。“违法信息”是指其内容违反相关法律法规规定的信息。如《电信条例》规定，违法信息是指下列信息：含有反对宪法所确定的基本原则；危害国家安全，泄露国家秘密，颠覆国家政权，破坏国家统一；损害国家荣誉和利益；煽动民族仇恨、民族歧视，破坏民族团结；破坏国家宗教政策，宣扬邪教和封建迷信；散布谣言，扰乱社会秩序，破坏社会稳定；散布淫秽、色情、赌博、暴力、凶杀、恐怖或者教唆犯罪；侮辱或者诽谤他人，侵害他人合法权益；含有法律、行政法规禁止的其他内容。违法信息大量传播，会对公民的人身权利、财产权利以及国家安全、社会稳定等造成严重损害，因此，网络服务提供者拒不采取改正措施，致使发生违法信息大量传播的危害后果的，应当依照本款规定追究刑事责任。需要注意的是，造成违法信息大量传播本身就是其行为造成的危害后果，只要事实上造成了违法信息大量传播，即可构成本罪，而不是一定要发生具体的实害性的犯罪结果。

认定违法信息大量传播，主要可根据违法信息的数量、被转载的次数、受众的人数以及传播的具体渠道等因素综合考量。根据《最高人民法院、最高人民检察院关于办理非法利用信息网络、帮助信息网络犯罪活动等刑事案件适用法律若干问题的解释》第三条规定，拒不履行信息网络安全管理义务，具有下列情形之一的，应当认定为“致使违法信息大量传播”：（1）致使传播违法视频文件二百个以上的；（2）致使传播违法视频文件以外的其他违法信息二千个以上的；（3）致使传播违法信息，数量虽未达到第一项、第二项规定标准，但是按相应比例折算合计达到有关数量标准的；（4）致使向二千个以上用户账号传播违法信息的；（5）致使利用群组成员账号数累计三千以上的通讯群组或者关注人员账号数累计三万以上的社交网络传播违法信息的；（6）致使违法信息实际被点击数达到五万以上的；（7）其他致使违法信息大量传播的情形。

2. 致使用户信息泄露，造成严重后果的。这里的“用户信息”主要包括三类：一是关于用户基本情况信息，如网络服务提供者在服务的过程中收集的个人用户的姓名、出生日期、身份证件号码、住址、电话号码等以及企业用户商业信息等。这类信息通常涉及用户个人隐私，也是法律保护的重点。二是用户的行为类信息，如用户购买服务或者产品的记录；与企业的联络记录；用户的消费行为、偏好、生活方式等相关信息。例如，电子商务网站记录的用户购买的商品、交易的时间、频率等；移动通信公司记录的用户的通话时间、时长、呼叫号码、状态、通话频率等。三是与用户行为相关的，反映和影响用户行为和心理的相关信息，包括用户的满意度、忠诚度、对产品或服务的偏好、竞争对手行为等。上述用户信息有的涉及公民个人隐私，有的属于企业商业秘密，根据相关法律、行政法规的规定，网络服务提供者应当对其收集或者保存的用户信息采取保护措施，防止信息的泄露。“造成严重后果”包括：导致用户遭到人身伤害、名誉受到严重损害、受到较大经济损失、正常生活或者生产经营受到严重影响等。根据《最高人民法院、最高人民检察院关于办理非法利用信息网络、帮助信息网络犯罪活动等刑事案件适用法律若干问题的解释》第四条规定，拒不履行信息网络安全管理义务，致使用户信息泄露，具有下列情形之一的，应当认定为“造成严重后果”：（1）致使泄露行踪轨迹信息、通信内容、征信信息、财产信息五百条以上的；（2）致使泄露住宿信息、通信记录、健康生理信息、交易信息等其他可能影响人身、财产安全的用户信息五千条以上的；（3）致使泄露第一项、第二项规定以外的用户信息五万条以上的；（4）数量虽未达到第一项至第三项规定标准，但是按相应比例折算合计达到有关数量标准的；（5）造成他人死亡、重伤、精神失常或者被绑架等严重后果的；（6）造成重大经济损失的；（7）严重扰乱社会秩序的；（8）造成其他严重后果的。

3. 致使刑事案件证据灭失，情节严重的。主要是指网络服务提供者未按照要求保存用户信息或者采取其他安全防卫措施，导致相关刑事追诉活动因为重要证据灭失而遭受严重障碍。这里的“情节严重”，主要可以根据所涉及的案件的重大程度、灭失的证据的重要性、证据灭失是否可补救、对刑事追诉活动的影响等因素综合考量。根据《最高人民法院、最高人民检察院关于办理非法利用信息网络、帮助信息网络犯罪活动等刑事案件适用法律若干问题的解释》第五条规定，拒不履行信息网络安全管理义务，致使影响定罪量刑的刑事案件证据灭失，具有下列情形之一的，应当认定为“情节严重”：（1）造成危害国家安全犯罪、恐怖活动犯罪、黑社会性质组织犯罪、贪污贿赂犯罪案件的证据灭失的；（2）造成可能判处五年有期徒刑以上刑罚犯罪案件的证据灭失的；（3）多次造成刑事案件证据灭失的；（4）致使刑事诉讼程序受到严重影响的；（5）其他情节严重的情形。

4. 有其他严重情节的。这一规定是为了应对实践中可能出现的各种复杂情况，所作的一项兜底规定。司法实践中在具体适用时，可以参考本款前三项规定的情形中造成的社会危害程度，结合行为人拒不采取改正措施给公民合法权益，给社会公共利益以及国家利益造成的危害后果的具体情况认定。根据《最高人民法院、最高人民检察院关于办理非法利用信息网络、帮助信息网络犯罪活动等刑事案件适用法律若干问题的解释》第六条规定，拒不履行信息网络安全管理义务，具有下列情形之一的，应当认定为“有其他严重情节”：(1) 对绝大多数用户日志未留存或者未落实真实身份信息认证义务的；(2) 二年内经多次责令改正拒不改正的；(3) 致使信息网络服务被主要用于违法犯罪的；(4) 致使信息网络服务、网络设施被用于实施网络攻击，严重影响生产、生活的；(5) 致使信息网络服务被用于实施危害国家安全犯罪、恐怖活动犯罪、黑社会性质组织犯罪、贪污贿赂犯罪或者其他重大犯罪的；(6) 致使国家机关或者通信、能源、交通、水利、金融、教育、医疗等领域提供公共服务的信息网络受到破坏，严重影响生产、生活的；(7) 其他严重违反信息网络安全管理义务的情形。

对于本罪的刑罚，根据第一款的规定，网络服务提供者不履行安全管理义务，构成犯罪的，处三年以下有期徒刑、拘役或者管制，并处或者单处罚金。

本条第二款是关于单位不履行网络安全管理义务的处刑规定。

实践中，网络服务提供者多数为互联网企业，现行法律、行政法规对互联网企业的安全管理义务都有明确具体的规定，只有互联网企业切实履行法律、行政法规赋予的安全管理义务，网络安全才能够真正落到实处，因此，本款对单位犯罪的处刑作了规定。根据本款规定，单位犯本罪的，实行双罚制，即对不履行网络安全管理义务的单位判处罚金，并对其直接负责的主管人员和其他直接责任人员，依照第一款的规定，处以三年以下有期徒刑、拘役或者管制，并处或者单处罚金。

本条第三款是关于有前两款行为，同时构成其他犯罪的，如何定罪处罚的规定。

本条是对网络服务提供者拒不履行安全管理义务犯罪的专门规定，实践中网络服务提供者拒不履行安全管理义务的行为，根据其具体情况还可能构成刑法规定的其他犯罪，如刑法第一百二十条之三规定的宣扬恐怖主义、极端主义的犯罪，第三百六十四条规定的传播淫秽物品罪，第三百九十八条规定的故意或者过失泄露国家秘密罪，第三百零七条规定的帮助毁灭、伪造证据罪，第三百一十一条规定的拒绝提供间谍犯罪、恐怖主义、极端主义犯罪证据罪等。根据本款的规定，对网络服务提供者不履行网络安全管理义务，构成其他犯罪的，依照处罚较重的规定定罪处罚，即从一重罪定罪处罚。

【关联规定】

◆司法解释

《最高人民法院、最高人民检察院关于办理非法利用信息网络、帮助信息网络犯罪活动等刑事案件适用法律若干问题的解释》（2019 年 10 月 21 日公布，自 2019 年 11 月 1 日起施行）

第一条 提供下列服务的单位和个人，应当认定为刑法第二百八十六条之一第一款规定的“网络服务提供者”：

（一）网络接入、域名注册解析等信息网络接入、计算、存储、传输服务；

（二）信息发布、搜索引擎、即时通讯、网络支付、网络预约、网络购物、网络游戏、网络直播、网站建设、安全防护、广告推广、应用商店等信息网络应用服务；

（三）利用信息网络提供的电子政务、通信、能源、交通、水利、金融、教育、医疗等公共服务。

第二条 刑法第二百八十六条之一第一款规定的“监管部门责令采取改正措施”，是指网信、电信、公安等依照法律、行政法规的规定承担信息网络安全监管职责的部门，以责令整改通知书或者其他文书形式，责令网络服务提供者采取改正措施。

认定“经监管部门责令采取改正措施而拒不改正”，应当综合考虑监管部门责令改正是否具有法律、行政法规依据，改正措施及期限要求是否明确、合理，网络服务提供者是否具有按照要求采取改正措施的能力等因素进行判断。

第三条 拒不履行信息网络安全管理义务，具有下列情形之一的，应当认定为刑法第二百八十六条之一第一款第一项规定的“致使违法信息大量传播”：

（一）致使传播违法视频文件二百个以上的；

（二）致使传播违法视频文件以外的其他违法信息二千个以上的；

（三）致使传播违法信息，数量虽未达到第一项、第二项规定标准，但是按相应比例折算合计达到有关数量标准的；

（四）致使向二千个以上用户账号传播违法信息的；

（五）致使利用群组成员账号数累计三千以上的通讯群组或者关注人员账号数累计三万以上的社交网络传播违法信息的；

（六）致使违法信息实际被点击数达到五万以上的；

（七）其他致使违法信息大量传播的情形。

第四条 拒不履行信息网络安全管理义务，致使用户信息泄露，具有下列情形之一的，应当认定为刑法第二百八十六条之一第一款第二项规定的“造成严重后果”：

（一）致使泄露行踪轨迹信息、通信内容、征信信息、财产信息五百条以上的；

（二）致使泄露住宿信息、通信记录、健康生理信息、交易信息等其他可能影响人身、财产安全的用户信息五千条以上的；

（三）致使泄露第一项、第二项规定以外的用户信息五万条以上的；

（四）数量虽未达到第一项至第三项规定标准，但是按相应比例折算合计达到有关数量标准的；

（五）造成他人死亡、重伤、精神失常或者被绑架等严重后果的；

（六）造成重大经济损失的；

（七）严重扰乱社会秩序的；

（八）造成其他严重后果的。

第五条 拒不履行信息网络安全管理义务，致使影响定罪量刑的刑事案件证据灭失，具有下列情形之一的，应当认定为刑法第二百八十六条之一第一款第三项规定的“情节严重”：

（一）造成危害国家安全犯罪、恐怖活动犯罪、黑社会性质组织犯罪、贪污贿赂犯罪案件的证据灭失的；

（二）造成可能判处五年有期徒刑以上刑罚犯罪案件的证据灭失的；

（三）多次造成刑事案件证据灭失的；

（四）致使刑事诉讼程序受到严重影响的；

（五）其他情节严重的情形。

第六条 拒不履行信息网络安全管理义务，具有下列情形之一的，应当认定为刑法第二百八十六条之一第一款第四项规定的“有其他严重情节”：

（一）对绝大多数用户日志未留存或者未落实真实身份信息认证义务的；

（二）二年内经多次责令改正拒不改正的；

（三）致使信息网络服务被主要用于违法犯罪的；

（四）致使信息网络服务、网络设施被用于实施网络攻击，严重影响生产、生活的；

（五）致使信息网络服务被用于实施危害国家安全犯罪、恐怖活动犯罪、黑社会性质组织犯罪、贪污贿赂犯罪或者其他重大犯罪的；

（六）致使国家机关或者通信、能源、交通、水利、金融、教育、医疗等领域提供公共服务的信息网络受到破坏，严重影响生产、生活的；

（七）其他严重违反信息网络安全管理义务的情形。

第十四条　单位实施本解释规定的犯罪的，依照本解释规定的相应自然人犯罪的定罪量刑标准，对直接负责的主管人员和其他直接责任人员定罪处罚，并对单位判处罚金。

第十五条　综合考虑社会危害程度、认罪悔罪态度等情节，认为犯罪情节轻微的，可以不起诉或者免予刑事处罚；情节显著轻微危害不大的，不以犯罪论处。

第十六条　多次拒不履行信息网络安全管理义务、非法利用信息网络、帮助信息网络犯罪活动构成犯罪，依法应当追诉的，或者二年内多次实施前述行为未经处理的，数量或者数额累计计算。

第十七条　对于实施本解释规定的犯罪被判处刑罚的，可以根据犯罪情况和预防再犯罪的需要，依法宣告职业禁止；被判处管制、宣告缓刑的，可以根据犯罪情况，依法宣告禁止令。

第十八条　对于实施本解释规定的犯罪的，应当综合考虑犯罪的危害程度、违法所得数额以及被告人的前科情况、认罪悔罪态度等，依法判处罚金。

◆司法政策

《最高人民法院、最高人民检察院、公安部关于依法惩治网络暴力违法犯罪的指导意见》（2023 年 9 月 20 日）

二、准确适用法律，依法严惩网络暴力违法犯罪

6. 依法惩治拒不履行信息网络安全管理义务行为。网络服务提供者对于所发现的有关网络暴力违法犯罪的信息不依法履行信息网络安全管理义务，经监管部门责令采取改正措施而拒不改正，致使违法信息大量传播或者有其他严重情节，符合刑法第二百八十六条之一规定的，以拒不履行信息网络安全管理义务罪定罪处罚；依照刑法和司法解释规定，同时构成其他犯罪的，依照处罚较重的规定定罪处罚。

《最高人民法院、最高人民检察院、公安部关于办理电信网络诈骗等刑事案件适用法律若干问题的意见》（2016年12月19日）

三、全面惩处关联犯罪

（六）网络服务提供者不履行法律、行政法规规定的信息网络安全管理义务，经监管部门责令采取改正措施而拒不改正，致使诈骗信息大量传播，或者用户信息泄露造成严重后果的，依照刑法第二百八十六条之一的规定，以拒不履行信息网络安全管理义务罪追究刑事责任。同时构成诈骗罪的，依照处罚较重的规定定罪处罚。

非法利用信息网络罪

第二百八十七条之一　利用信息网络实施下列行为之一，情节严重的，处三年以下有期徒刑或者拘役，并处或者单处罚金：

（一）设立用于实施诈骗、传授犯罪方法、制作或者销售违禁物品、管制物品等违法犯罪活动的网站、通讯群组的；

（二）发布有关制作或者销售毒品、枪支、淫秽物品等违禁物品、管制物品或者其他违法犯罪信息的；

（三）为实施诈骗等违法犯罪活动发布信息的。

单位犯前款罪的，对单位判处罚金，并对其直接负责的主管人员和其他直接责任人员，依照第一款的规定处罚。

有前两款行为，同时构成其他犯罪的，依照处罚较重的规定定罪处罚。

【释解与适用】

本条是关于非法利用信息网络罪及其刑罚的规定。

本条共分三款。第一款是关于非法利用信息网络罪及其处罚的规定。根据本款的规定，利用信息网络实施以下三类行为，且情节严重的，构成本款规定的犯罪。

1. 设立用于实施诈骗、传授犯罪方法、制作或者销售违禁物品、管制物品等违法犯罪活动的网站、通讯群组的行为。这里的“网站”是其设立者或者维护者制作的用于展示特定内容的相关网页的集合，便于使用者在其上发布信息或者获取信息；“通讯群组”是网上供具有相同需求的人群集合在一起进行交流的平台和工具，如 QQ、微信等。网站和通讯群组为人们获取资讯、从事经济社会活动、相互通信提供了极大便利，同时也成为一些违法犯罪人员纠集聚合、实施犯罪的工具和手段。根据《最高人民法院、最高人民检察院关于办理非法利用信息网络、帮助信息网络犯罪活动等刑事案件适用法律若干问题的解释》第八条的规定，以实施违法犯罪活动为目的而设立或者设立后主要用于实施违法犯罪活动的网站、通讯群组，应当认定为“用于实施诈骗、传授犯罪方法、制作或者销售违禁物品、管制物品等违法犯罪活动的网站、通讯群组”。该解释第七条规定，“违法犯罪”，包括犯罪行为和属于刑法分则规定的行为类型但尚未构成犯罪的违法行为。

2. 发布有关制作或者销售毒品、枪支、淫秽物品等违禁物品、管制物品或者其他违法犯罪信息的行为。本款第一项对设立网站、通讯群组用于违法犯罪活动作了规定，本项则是对发布相关违法犯罪信息的行为作了规定。这里的违法犯罪信息主要是指制作、销售毒品、枪支、淫秽物品等违禁物品、管制物品的信息，但不限于这些信息，即还包括“其他违法犯罪信息”。实践中比较常见的发布“其他违法犯罪信息”的行为，有发布招嫖、销售假证、假发票、赌博、传销的信息等。根据《最高人民法院、最高人民检察院关于办理非法利用信息网络、帮助信息网络犯罪活动等刑事案件适用法律若干问题的解释》第九条的规定，利用信息网络提供信息的链接、截屏、二维码、访问账号密码及其他指引访问服务的，应当认定为“发布信息”。《最高人民法院、最高人民检察院关于办理组织、强迫、引诱、容留、介绍卖淫刑事案件适用法律若干问题的解释》第八条第二款规定，利用信息网络发布招嫖违法信息，情节严重的，依照本罪定罪处罚。此外，需要说明的是，与第一项不同，本项规定的发布违法犯罪信息，其发布途径更为广泛，不仅包括在网站、通讯群组中发布违法犯罪信息，还包括通过广播、电视等其他信息网络发布信息。

第一项规定了“设立用于实施诈骗、传授犯罪方法、制作或者销售违禁物品、管制物品等违法犯罪活动的网站、通讯群组”的犯罪行为，在实践中认定这类行为有以下几点需要注意：（1）行为人设立网站、通讯群组的目的是用于实施违法犯罪活动。如果行为人是出于发布合法信息，从事正常的社交或者网络经营行为等目的设立网站、通讯群组，事后被他人用于从事违法犯罪行为的，不属于本项规定的设立用于违法犯罪活动的网站、通讯群组。当然，如果行为人事后知道他人利用其设立的网站、通讯群组从事违法犯罪活动，而为其提供技术支持的，可以适用刑法修正案（九）增设的第二百八十七条之二关于帮助实施网络犯罪的规定追究刑事责任。此外，也不排除当事人设立网站或者通讯群组的初始目的是正当的，但在以后将这一网站或者通讯群组逐步演变为用以实施违法犯罪的信息平台的情况。这种情况，也属于本条第一款第一项规定的设立用于实施违法犯罪活动的网站、通讯群组。（2）行为人设立违法犯罪网站、通讯群组，主要是从事诈骗、传授犯罪方法、制作或者销售违禁物品、管制物品，但并不限于法律明确列举的这几类违法犯罪活动。司法实践中如果行为人设立网站是为了实施其他违法犯罪行为的，也可以构成本罪，刑法列举的是比较常见多发的几类违法犯罪活动。为实施诈骗而设立网站和通讯群组，是实践中最为常见的一种犯罪情形。典型的如设立“钓鱼网站”，通过钓鱼网站窃取、记录用户网上银行账号、密码等数据，进而用于诈骗、窃取用户网银资金；假冒网上购物、在线支付网站，欺骗用户直接将钱打入专门账户；通过假冒产品和广告宣传获取用户信任，骗取用户财物；恶意团购网站或购物网站，假借“限时抢购”“秒杀”“团购”等噱头，骗取个人信息和银行账号等。设立传授犯罪方法的网站和通讯群组，如利用网站或者网络通讯工具传授杀人技巧、制造毒品技术等犯罪方法，有的甚至建立通讯群组专门买卖人体器官、交流奸淫猥亵幼女的经验等。这些违法犯罪网站使得很多犯罪技巧可以在网上轻易学到，从而降低了犯罪门槛，增加了公安机关侦查办案的难度。设立用于制作或者销售违禁物品、管制物品的网站和通讯群组，也是网络违法犯罪的常见类型。近年来，各地司法机关陆续办理了多起通过互联网论坛、博客、公共通讯群组或者专门建立的网站发布制作贩卖枪支弹药、毒品、迷幻剂、假币、爆炸物、管制刀具、窃听窃照器材等违禁物品或者管制物品的案件。这些行为，严重破坏国家对相关物品的管制秩序，相关物品流入社会，成为不法分子从事违法犯罪活动的工具，对公民的人身财产安全、公共安全以及国家安全造成严重威胁。此外，根据《最高人民法院、最高人民检察院关于办理侵犯公民个人信息刑事案件适用法律若干问题的解释》第八条的规定，设立用于实施非法获取、出售或者提供公民个人信息违法犯罪活动的网站、通讯群组，情节严重的，应当依照本罪规定定罪处罚。《最高人民法院关于审理毒品犯罪案件适用法律若干问题的解释》第十四条规定，利用信息网络，设立用于实施传授制造毒品、非法生产制毒物品的方法，贩卖毒品，非法买卖制毒物品或者组织他人吸食、注射毒品等违法犯罪活动的网站、通讯群组，或者发布实施前述违法犯罪活动的信息，情节严重的，应当依照刑法第二百八十七条之一的规定，以非法利用信息网络罪定罪处罚。《最高人民法院、最高人民检察院关于办理组织考试作弊等刑事案件适用法律若干问题的解释》第十一条规定，设立用于实施考试作弊的网站、通讯群组或者发布有关考试作弊的信息，情节严重的，应当依照刑法第二百八十七条之一的规定，以非法利用信息网络罪定罪处罚；同时构成组织考试作弊罪、非法出售、提供试题、答案罪、非法获取国家秘密罪等其他犯罪的，依照处罚较重的规定定罪处罚。

3. 为实施诈骗等违法犯罪活动发布信息。从行为方式上看，本款第二项、第三项都是发布信息，不同之处在于，第二项中行为人发布的信息本身具有明显的违法犯罪性质，如制作、销售毒品、淫秽物品等信息，而本项中行为人发布的信息，从表面上看往往不具有违法性，但行为人发布信息的目的，是吸引他人关注，借以实施诈骗等违法犯罪活动，相关信息只是其从事犯罪的幌子。如通过发布低价机票、旅游产品、保健品等商品信息，吸引他人购买，进而实施诈骗、传销等违法犯罪行为。这样规定，主要是针对网络诈骗犯罪跨地域、受害者众多、取证难等问题，将诈骗等违法犯罪行为人为实施犯罪在网络上发布信息的行为单独作为犯罪加以明确规定，实际上是将刑法惩治犯罪的环节前移，便于司法机关有效打击网络诈骗等违法犯罪活动，及时切断犯罪链条，防止更为严重的危害后果发生。因此，司法实践中，办案部门在查办具体案件时，应当依据掌握的线索，尽力查明行为人线下实际实施的各种犯罪行为。经过深入细致查证，有足够证据证明行为人实施了诈骗等犯罪的，应当依照刑法中关于诈骗罪等规定定罪处罚。如果经过深入工作，因为证据等原因，确实难以按照诈骗等犯罪追究的，可以根据本条规定，针对其所实际实施的为实施诈骗等犯罪而发布信息的行为，依法追究刑事责任。这样，才能做到罪责刑相适应，避免行为人因本条的规定而逃避诈骗等犯罪的追究。

根据本款规定，实施以上行为“情节严重”的，构成犯罪。关于“情节严重”的具体认定，可以结合行为人所发布信息的具体内容、数量、扩散范围、获取非法利益的数额、受害人的多少、造成的社会影响等因素综合考量。《最高人民法院、最高人民检察院关于办理非法利用信息网络、帮助信息网络犯罪活动等刑事案件适用法律若干问题的解释》第十条规定：“非法利用信息网络，具有下列情形之一的，应当认定为刑法第二百八十七条之一第一款规定的‘情节严重’：（一）假冒国家机关、金融机构名义，设立用于实施违法犯罪活动的网站的；（二）设立用于实施违法犯罪活动的网站，数量达到三个以上或者注册账号数累计达到二千以上的；（三）设立用于实施违法犯罪活动的通讯群组，数量达到五个以上或者群组成员账号数累计达到一千以上的；（四）发布有关违法犯罪的信息或者为实施违法犯罪活动发布信息，具有下列情形之一的：1. 在网站上发布有关信息一百条以上的；2. 向二千个以上用户账号发送有关信息的；3. 向群组成员数累计达到三千以上的通讯群组发送有关信息的；4. 利用关注人员账号数累计达到三万以上的社交网络传播有关信息的；（五）违法所得一万元以上的；（六）二年内曾因非法利用信息网络、帮助信息网络犯罪活动、危害计算机信息系统安全受过行政处罚，又非法利用信息网络的；（七）其他情节严重的情形。”

关于本罪的刑罚，根据本款的规定，行为人构成犯罪的，处三年以下有期徒刑或者拘役，并处或者单处罚金。

本条第二款是关于单位犯罪的处罚。

根据本款的规定，对单位犯第一款规定之罪的实行双罚制，对单位判处罚金，并对其直接负责的主管人员和其他直接责任人员，依照第一款的规定，处三年以下有期徒刑或者拘役，并处或者单处罚金。

本条第三款是关于实施本条规定的行为，同时又构成其他犯罪的，如何定罪处罚的规定。

本条是针对行为人为实施违法犯罪活动而设立网站、发布信息等行为作出的规定。只要行为人实施了本条规定的行为，达到情节严重的程度的，即构成犯罪，并不要求行为人实际上已实现了其具体的犯罪目的。如果行为人设立网站、发布信息，并且实际实施了相关的犯罪行为，则还可能构成相关犯罪，如设立销售毒品的网站，发布销售毒品的信息，并且实际销售了毒品，则还构成贩卖毒品罪。这种情况下，其设立销售毒品网站的行为成为其实施贩毒活动的途径或手段，对这种情况，根据本款规定，应当按照择一重罪论处的原则处理，即依照处罚较重的规定定罪处罚。

【关联规定】

◆司法解释

《最高人民法院、最高人民检察院关于办理非法利用信息网络、帮助信息网络犯罪活动等刑事案件适用法律若干问题的解释》（2019 年 10 月 21 日公布，自 2019 年 11 月 1 日起施行）

第七条 刑法第二百八十七条之一规定的“违法犯罪”，包括犯罪行为和属于刑法分则规定的行为类型但尚未构成犯罪的违法行为。

第八条 以实施违法犯罪活动为目的而设立或者设立后主要用于实施违法犯罪活动的网站、通讯群组，应当认定为刑法第二百八十七条之一第一款第一项规定的“用于实施诈骗、传授犯罪方法、制作或者销售违禁物品、管制物品等违法犯罪活动的网站、通讯群组”。

第九条 利用信息网络提供信息的链接、截屏、二维码、访问账号密码及其他指引访问服务的，应当认定为刑法第二百八十七条之一第一款第二项、第三项规定的“发布信息”。

第十条 非法利用信息网络，具有下列情形之一的，应当认定为刑法第二百八十七条之一第一款规定的“情节严重”：

（一）假冒国家机关、金融机构名义，设立用于实施违法犯罪活动的网站的；

（二）设立用于实施违法犯罪活动的网站，数量达到三个以上或者注册账号数累计达到二千以上的；

（三）设立用于实施违法犯罪活动的通讯群组，数量达到五个以上或者群组成员账号数累计达到一千以上的；

（四）发布有关违法犯罪的信息或者为实施违法犯罪活动发布信息，具有下列情形之一的：

1. 在网站上发布有关信息一百条以上的；

2. 向二千个以上用户账号发送有关信息的；

3. 向群组成员数累计达到三千以上的通讯群组发送有关信息的；

4. 利用关注人员账号数累计达到三万以上的社交网络传播有关信息的；

（五）违法所得一万元以上的；

（六）二年内曾因非法利用信息网络、帮助信息网络犯罪活动、危害计算机信息系统安全受过行政处罚，又非法利用信息网络的；

（七）其他情节严重的情形。

第十四条 单位实施本解释规定的犯罪的，依照本解释规定的相应自然人犯罪的定罪量刑标准，对直接负责的主管人员和其他直接责任人员定罪处罚，并对单位判处罚金。

第十五条 综合考虑社会危害程度、认罪悔罪态度等情节，认为犯罪情节轻微的，可以不起诉或者免予刑事处罚；情节显著轻微危害不大的，不以犯罪论处。

第十六条 多次拒不履行信息网络安全管理义务、非法利用信息网络、帮助信息网络犯罪活动构成犯罪，依法应当追诉的，或者二年内多次实施前述行为未经处理的，数量或者数额累计计算。

第十七条 对于实施本解释规定的犯罪被判处刑罚的，可以根据犯罪情况和预防再犯罪的需要，依法宣告职业禁止；被判处管制、宣告缓刑的，可以根据犯罪情况，依法宣告禁止令。

第十八条 对于实施本解释规定的犯罪的，应当综合考虑犯罪的危害程度、违法所得数额以及被告人的前科情况、认罪悔罪态度等，依法判处罚金。

《最高人民法院、最高人民检察院关于办理侵犯公民个人信息刑事案件适用法律若干问题的解释》（2017年5月8日公布，自2017年6月1日起施行）

第八条 设立用于实施非法获取、出售或者提供公民个人信息违法犯罪活动的网站、通讯群组，情节严重的，应当依照刑法第二百八十七条之一的规定，以非法利用信息网络罪定罪处罚；同时构成侵犯公民个人信息罪的，依照侵犯公民个人信息罪定罪处罚。

《最高人民法院关于审理毒品犯罪案件适用法律若干问题的解释》（2016年4月6日公布，自2016年4月11日起施行）

第十四条 利用信息网络，设立用于实施传授制造毒品、非法生产制毒物品的方法，贩卖毒品，非法买卖制毒物品或者组织他人吸食、注射毒品等违法犯罪活动的网站、通讯群组，或者发布实施前述违法犯罪活动的信息，情节严重的，应当依照刑法第二百八十七条之一的规定，以非法利用信息网络罪定罪处罚。

实施刑法第二百八十七条之一、第二百八十七条之二规定的行为，同时构成贩卖毒品罪、非法买卖制毒物品罪、传授犯罪方法罪等犯罪的，依照处罚较重的规定定罪处罚。

◆司法政策

《最高人民法院、最高人民检察院、公安部关于依法惩治网络暴力违法犯罪的指导意见》（2023 年 9 月 20 日）

二、准确适用法律，依法严惩网络暴力违法犯罪

5. 依法惩治借网络暴力事件实施的恶意营销炒作行为。基于蹭炒热度、推广引流等目的，利用互联网用户公众账号等推送、传播有关网络暴力违法犯罪的信息，符合刑法第二百八十七条之一规定的，以非法利用信息网络罪定罪处罚；依照刑法和司法解释规定，同时构成其他犯罪的，依照处罚较重的规定定罪处罚。

《最高人民法院、最高人民检察院、公安部关于办理电信网络诈骗等刑事案件适用法律若干问题的意见》（2016 年 12 月 19 日）

三、全面惩处关联犯罪

（七）实施刑法第二百八十七条之一、第二百八十七条之二规定之行为，构成非法利用信息网络罪、帮助信息网络犯罪活动罪，同时构成诈骗罪的，依照处罚较重的规定定罪处罚。

帮助信息网络犯罪活动罪

第二百八十七条之二　明知他人利用信息网络实施犯罪，为其犯罪提供互联网接入、服务器托管、网络存储、通讯传输等技术支持，或者提供广告推广、支付结算等帮助，情节严重的，处三年以下有期徒刑或者拘役，并处或者单处罚金。

单位犯前款罪的，对单位判处罚金，并对其直接负责的主管人员和其他直接责任人员，依照第一款的规定处罚。

有前两款行为，同时构成其他犯罪的，依照处罚较重的规定定罪处罚。

【释解与适用】

本条是关于帮助信息网络犯罪活动罪及其刑罚的规定。

本条共分三款。第一款是关于对为他人实施网络犯罪提供帮助如何定罪处罚的规定。根据第一款的规定，构成犯罪应当具备以下条件。

第一，行为人主观上明知他人利用网络实施犯罪。如果行为人对他人利用自己所提供的产品、服务进行犯罪不知情的，则不能依据本款的规定追究刑事责任。司法实践中，认定行为人主观上是否“明知”，可以结合其对他人所实际从事活动的认知情况，之间往来、联络的情况，收取费用的情况等证据，综合审查判断。如《最高人民法院、最高人民检察院、公安部关于办理网络赌博犯罪案件适用法律若干问题的意见》规定，行为人收到行政主管机关书面等方式的告知后，仍然实施帮助行为的；为赌博网站提供互联网接入、服务器托管、网络存储空间、通讯传输通道、投放广告、软件开发、技术支持、资金支付结算等服务，收取服务费明显异常的；在执法人员调查时，通过销毁、修改数据、账本等方式故意规避调查或者向犯罪嫌疑人通风报信的，以及有其他证据证明行为人明知的行为的，即可认定行为人符合“明知”的主观条件。对于如何认定行为人“明知”，根据《最高人民法院、最高人民检察院关于办理非法利用信息网络、帮助信息网络犯罪活动等刑事案件适用法律若干问题的解释》第十一条的规定，为他人实施犯罪提供技术支持或者帮助，具有下列情形之一的，可以认定行为人明知他人利用信息网络实施犯罪，但是有相反证据的除外：（1）经监管部门告知后仍然实施有关行为的；（2）接到举报后不履行法定管理职责的；（3）交易价格或者方式明显异常的；（4）提供专门用于违法犯罪的程序、工具或者其他技术支持、帮助的；（5）频繁采用隐蔽上网、加密通信、销毁数据等措施或者使用虚假身份，逃避监管或者规避调查的；（6）为他人逃避监管或者规避调查提供技术支持、帮助的；（7）其他足以认定行为人明知的情形。

第二，行为人实施了帮助他人利用信息网络实施犯罪的行为。根据本款规定，帮助行为主要有以下几种具体形式：（1）为他人实施网络犯罪提供互联网接入、服务器托管、网络存储、通讯传输等技术支持。其中，“互联网接入”是指为他人提供访问互联网或者在互联网发布信息的通路。目前常用的互联网接入服务有电话线拨号接入、ADSL 接入、光纤宽带接入、无线网络等方式。用户只有通过这些特定的通信线路连接到互联网服务提供商，享受其提供的互联网入网连接和信息服务，才能连接使用互联网或者建立服务器发布消息。这一规定主要针对互联网接入服务提供商，如果其明知他人利用其接入服务实施犯罪，仍继续让对方使用，情节严重的，构成本款规定的犯罪。“服务器托管”是指将服务器及相关设备托管到具有专门数据中心的机房。托管的服务器一般由客户通过远程方式自行维护，由机房负责提供稳定的电源、带宽、温湿度等物理环境。“网络存储”通常是指通过网络存储、管理数据的载体空间，如常用的百度网盘、QQ 中转站等。“通讯传输”是指用户之间传输信息的通路。比如电信诈骗犯罪中犯罪分子常用的VOIP电话，这种技术能将语音信号经技术处理后通过互联网传输出去。另一种常用的通讯传输通道是VPN（虚拟专用网络），该技术能在公用网络上建立专用网络，进行加密通讯。目前很多网络犯罪嫌疑人使用VPN技术隐藏其真实位置。此外，除上述明确列举的几种技术支持外，常见的为他人实施网络犯罪提供技术支持的行为方式还有销售赌博网站代码，为病毒、木马程序提供免杀服务，为网络盗窃、QQ视频诈骗制作专用木马程序，为设立钓鱼网站等技提供技术支持等行为。（2）为他人利用信息网络实施犯罪提供广告推广。这里的广告推广包括两种情况，一种是为利用网络实施犯罪的人做广告，拉客户。另一种情况是为他人设立的犯罪网站拉广告客户，帮助该犯罪网站获得广告收入，以支持犯罪网站的运营。打击此类行为，有利于切断犯罪网站收入来源。（3）为他人利用信息网络实施犯罪提供支付结算帮助。从实践的情况看，网络犯罪大多是为了直接或者间接获取经济利益。由于网络自身的特点，网络犯罪行为人要最终获得犯罪收益，往往需要借助第三方支付等各种网络支付结算服务提供者，以完成收款、转账、取现等活动。实践中甚至有一些人员，专门为网络诈骗集团提供收付款、转账、结算、现金提取服务等帮助。刑法修正案（九）增加对为他人利用信息网络实施犯罪提供“支付结算帮助”，就是针对的这种情况，这一规定有利于切断网络犯罪的资金流动。

第三，明知他人利用信息网络实施犯罪，而为其提供帮助，“情节严重”的，构成犯罪。对情节严重的认定，主要可结合行为人所帮助的具体网络犯罪的性质、危害后果，其帮助行为在相关网络犯罪中起到的实际作用，帮助行为非法获利的数额等情况综合考量。根据《最高人民法院、最高人民检察院关于办理非法利用信息网络、帮助信息网络犯罪活动等刑事案件适用法律若干问题的解释》第十二条的规定，明知他人利用信息网络实施犯罪，为其犯罪提供帮助，具有下列情形之一的，应当认定为“情节严重”：（1）为三个以上对象提供帮助的；（2）支付结算金额二十万元以上的；（3）以投放广告等方式提供资金五万元以上的；（4）违法所得一万元以上的；（5）二年内曾因非法利用信息网络、帮助信息网络犯罪活动、危害计算机信息系统安全受过行政处罚，又帮助信息网络犯罪活动的；（6）被帮助对象实施的犯罪造成严重后果的；（7）其他情节严重的情形。实施前款规定的行为，确因客观条件限制无法查证被帮助对象是否达到犯罪的程度，但相关数额总计达到前款第二项至第四项规定标准五倍以上，或者造成特别严重后果的，应当以帮助信息网络犯罪活动罪追究行为人的刑事责任。

第二款是关于单位犯罪的规定。

从实践中的情况看，本罪很多是一些提供互联网服务的公司、企业，为了牟取非法利益而实施的，为此，本条对单位犯罪作了规定。根据本条第二款的规定，单位犯第一款规定之罪的，对单位判处罚金，并对其直接负责的主管人员和其他直接责任人员，依照第一款的规定处罚，即处以三年以下有期徒刑或者拘役，并处或者单处罚金。

第三款是关于实施本条规定的犯罪，同时构成其他犯罪的，如何定罪处罚的规定。

根据刑法的相关规定，行为人为他人实施网络犯罪提供帮助的行为，可能构成相关犯罪的共犯；同时，技术支持、广告推广或者支付结算等帮助行为，还可能构成刑法第二百八十五条提供侵入、非法控制计算机信息系统程序、工具罪以及第一百九十一条洗钱罪等其他犯罪。为此，本条第三款规定了在这种情况下如何适用法律。根据本条第三款的规定，有前两款行为，同时构成其他犯罪的，依照处罚较重的规定定罪处罚，即按照从一重罪论处的原则处理。

【适用中需要注意的问题】

实践中需要注意的是，刑法分则规定的为网络犯罪提供技术类支持的罪名主要有三个：一是提供侵入、非法控制计算机信息系统程序、工具罪（刑法第二百八十五条）；二是非法利用信息网络罪（刑法第二百八十七条之一)；三是帮助信息网络犯罪活动罪（本条)。三个罪都是以行为人主观明知为构成要件，且都是以情节严重作为罪与非罪的界限。不同之处在于，提供侵入、非法控制计算机信息系统程序、工具罪的帮助行为表现为提供专门用于侵入、非法控制计算机信息系统的程序、工具，比如“抢票软件”“秒杀软件”等非法的计算机应用程序或者工具。非法利用信息网络罪的帮助行为是开设用于实施违法犯罪活动的网站、通讯群组，或者帮助发布违法犯罪信息。帮助信息网络犯罪活动罪的帮助行为是更为广泛的技术支持和帮助。

【关联规定】

◆司法解释

《最高人民法院、最高人民检察院关于办理非法利用信息网络、帮助信息网络犯罪活动等刑事案件适用法律若干问题的解释》（2019 年 10 月 21 日公布，自 2019 年 11 月 1 日起施行)

第十一条 为他人实施犯罪提供技术支持或者帮助，具有下列情形之一的，可以认定行为人明知他人利用信息网络实施犯罪，但是有相反证据的除外：

（一）经监管部门告知后仍然实施有关行为的；

（二）接到举报后不履行法定管理职责的；

（三）交易价格或者方式明显异常的；

（四）提供专门用于违法犯罪的程序、工具或者其他技术支持、帮助的；

（五）频繁采用隐蔽上网、加密通信、销毁数据等措施或者使用虚假身份，逃避监管或者规避调查的；

（六）为他人逃避监管或者规避调查提供技术支持、帮助的；

（七）其他足以认定行为人明知的情形。

第十二条 明知他人利用信息网络实施犯罪，为其犯罪提供帮助，具有下列情形之一的，应当认定为刑法第二百八十七条之二第一款规定的“情节严重”：

（一）为三个以上对象提供帮助的；

（二）支付结算金额二十万元以上的；

（三）以投放广告等方式提供资金五万元以上的；

（四）违法所得一万元以上的；

（五）二年内曾因非法利用信息网络、帮助信息网络犯罪活动、危害计算机信息系统安全受过行政处罚，又帮助信息网络犯罪活动的；

（六）被帮助对象实施的犯罪造成严重后果的；

（七）其他情节严重的情形。

实施前款规定的行为，确因客观条件限制无法查证被帮助对象是否达到犯罪的程度，但相关数额总计达到前款第二项至第四项规定标准五倍以上，或者造成特别严重后果的，应当以帮助信息网络犯罪活动罪追究行为人的刑事责任。

第十三条 被帮助对象实施的犯罪行为可以确认，但尚未到案、尚未依法裁判或者因未达到刑事责任年龄等原因依法未予追究刑事责任的，不影响帮助信息网络犯罪活动罪的认定。

第十四条 单位实施本解释规定的犯罪的，依照本解释规定的相应自然人犯罪的定罪量刑标准，对直接负责的主管人员和其他直接责任人员定罪处罚，并对单位判处罚金。

第十五条 综合考虑社会危害程度、认罪悔罪态度等情节，认为犯罪情节轻微的，可以不起诉或者免予刑事处罚；情节显著轻微危害不大的，不以犯罪论处。

第十六条 多次拒不履行信息网络安全管理义务、非法利用信息网络、帮助信息网络犯罪活动构成犯罪，依法应当追诉的，或者二年内多次实施前述行为未经处理的，数量或者数额累计计算。

第十七条 对于实施本解释规定的犯罪被判处刑罚的，可以根据犯罪情况和预防再犯罪的需要，依法宣告职业禁止；被判处管制、宣告缓刑的，可以根据犯罪情况，依法宣告禁止令。

第十八条 对于实施本解释规定的犯罪的，应当综合考虑犯罪的危害程度、违法所得数额以及被告人的前科情况、认罪悔罪态度等，依法判处罚金。

寻衅滋事罪

第二百九十三条 有下列寻衅滋事行为之一，破坏社会秩序的，处五年以下有期徒刑、拘役或者管制：

（一）随意殴打他人，情节恶劣的；

（二）追逐、拦截、辱骂、恐吓他人，情节恶劣的；

（三）强拿硬要或者任意损毁、占用公私财物，情节严重的；

（四）在公共场所起哄闹事，造成公共场所秩序严重混乱的。

纠集他人多次实施前款行为，严重破坏社会秩序的，处五年以上十年以下有期徒刑，可以并处罚金。

【释解与适用】

本条是关于寻衅滋事罪及其刑罚的规定。

本条共分两款。第一款是关于寻衅滋事罪及其处罚的规定。

本款规定的“寻衅滋事”，是指在公共场所无事生非，起哄捣乱，无理取闹，殴打伤害无辜，肆意挑衅，横行霸道，破坏社会秩序的行为。根据本款规定，寻衅滋事包括以下四种具体破坏社会秩序的行为。

第一，随意殴打他人，情节恶劣的。所谓“随意殴打他人”，是指出于要威风、取乐等目的，无故、无理殴打相识或者素不相识的人。这里的“情节恶劣的”，是指随意殴打他人手段残忍的；多次随意殴打他人的；等等。根据2013年《最高人民法院、最高人民检察院关于办理寻衅滋事刑事案件适用法律若干问题的解释》第二条的规定，随意殴打他人，破坏社会秩序，具有下列情形之一的，应当认定为“情节恶劣”：（1）致一人以上轻伤或者二人以上轻微伤的；（2）引起他人精神失常、自杀等严重后果的；(3) 多次随意殴打他人的；(4) 持凶器随意殴打他人的；(5) 随意殴打精神病人、残疾人、流浪乞讨人员、老年人、孕妇、未成年人，造成恶劣社会影响的；(6) 在公共场所随意殴打他人，造成公共场所秩序严重混乱的；(7) 其他情节恶劣的情形。

第二，追逐、拦截、辱骂、恐吓他人，情节恶劣的。所谓"追逐、拦截、辱骂、恐吓他人"，是指出于取乐、耍威风寻求精神刺激等目的，无故、无理追赶、拦挡、侮辱、谩骂他人。"恐吓"是指以威胁的语言、行为吓唬他人，如使用统一标记、身着统一服装、摆阵势等方式威震他人，使他人恐慌或屈从。这里的"情节恶劣的"，主要是指经常追逐、拦截、辱骂、恐吓他人的；造成恶劣影响或者激起民愤的；造成其他后果的；等等。根据上述解释第三条规定，追逐、拦截、辱骂、恐吓他人，破坏社会秩序，具有下列情形之一的，应当认定为"情节恶劣"：(1) 多次追逐、拦截、辱骂、恐吓他人，造成恶劣社会影响的；(2) 持凶器追逐、拦截、辱骂、恐吓他人的；(3) 追逐、拦截、辱骂、恐吓精神病人、残疾人、流浪乞讨人员、老年人、孕妇、未成年人，造成恶劣社会影响的；(4) 引起他人精神失常、自杀等严重后果的；(5) 严重影响他人的工作、生活、生产、经营的；(6) 其他情节恶劣的情形。

第三，强拿硬要或者任意损毁、占用公私财物，情节严重的。所谓"强拿硬要或者任意损毁、占用公私财物"，是指以蛮不讲理的手段，强行拿走、强行索要市场、商店的商品以及他人的财物，或者随心所欲损坏、毁灭、占用公私财物。这里的"情节严重的"，是指强拿硬要或者任意损毁、占用的公私财物数量大的；造成恶劣影响的；多次强拿硬要或者任意损毁、占用公私财物的；公私财物受到严重损失的；等等。根据上述解释第四条规定，强拿硬要或者任意损毁、占用公私财物，破坏社会秩序，具有下列情形之一的，应当认定为"情节严重"：(1) 强拿硬要公私财物价值一千元以上，或者任意损毁、占用公私财物价值二千元以上的；(2) 多次强拿硬要或者任意损毁、占用公私财物，造成恶劣社会影响的；(3) 强拿硬要或者任意损毁、占用精神病人、残疾人、流浪乞讨人员、老年人、孕妇、未成年人的财物，造成恶劣社会影响的；（4）引起他人精神失常、自杀等严重后果的；（5）严重影响他人的工作、生活、生产、经营的；（6）其他情节严重的情形。

第四，在公共场所起哄闹事，造成公共场所秩序严重混乱的。所谓“在公共场所起哄闹事”，是指出于取乐、寻求精神刺激等目的，在公共场所无事生非，制造事端，扰乱公共场所秩序的。这里所说的“公共场所”，是指具有公共性特点，对公众开放，供不特定的多数人随时出入、停留、使用的场所，包括车站、码头、民用航空站、商场、公园、影剧院、展览会、运动场所等；所谓“场所”应当是有具体的处所，不宜将网络公共空间解释为公共场所。对于一些公共场所中的私密空间也不宜视为公共场所等。“造成公共场所秩序严重混乱的”，是指公共场所正常的秩序受到破坏，引起群众惊慌、逃离等混乱局面的。根据上述解释第五条规定，在车站、码头、机场、医院、商场、公园、影剧院、展览会、运动场或者其他公共场所起哄闹事，应当根据公共场所的性质、公共活动的重要程度、公共场所的人数、起哄闹事的时间、公共场所受影响的范围与程度等因素，综合判断是否“造成公共场所秩序严重混乱”。

根据本款规定，行为人只要实施上述行为之一，即构成本罪。构成本罪的，处五年以下有期徒刑、拘役或者管制。

第二款是关于纠集他人多次实施寻衅滋事的犯罪及其处罚的规定。

本款规定主要是惩治以团伙或集团形式犯寻衅滋事罪的首要分子或主犯，也就是纠集者。这里的“纠集”是一个贬义词，是指共同犯罪中的首要分子或主犯，有目的地将他人联合、召集在一起。“多次”一般是指三次以上。“严重破坏社会秩序”，指的是不仅造成公共场所秩序的混乱，而且也造成所在地区的治安秩序紧张，搞得鸡犬不宁，人心惶惶，影响到人民群众的正常生活和工作秩序。

为惩治以团伙或集团形式进行寻衅滋事犯罪，本款规定了严厉的刑罚，即纠集他人多次实施寻衅滋事行为，严重破坏社会秩序的，对团伙或集团犯罪的首要分子，处五年以上十年以下有期徒刑，可以并处罚金。

【适用中需要注意的问题】

1. 注意区分罪与非罪的界限。对于寻衅滋事犯罪，其行为具有流氓特性，且必须具有情节恶劣、情节严重或者造成公共场所秩序严重混乱的情形，才构成本罪，对于情节轻微、危害不大的寻衅滋事行为，不能按照犯罪处理，如行为人因婚恋、家庭、邻里、债务等纠纷，发生一般性的殴打、辱骂、恐吓他人或者损毁、占用他人财物等，情节并不严重也不恶劣，也没有造成公共场所秩序严重混乱的，不能按照犯罪处理。

2. 本罪与抢劫罪的界限。寻衅滋事罪是严重扰乱社会秩序的犯罪，行为人实施寻衅滋事的行为时，客观上也可能表现为强拿硬要公私财物的特征。这种强拿硬要的行为与抢劫罪的区别在于，前者行为人主观上具有逞强好胜、寻求刺激、发泄情绪等目的，后者行为人一般只具有非法占有他人财物的目的；前者行为人客观上一般不以严重侵犯他人人身权利的方法强拿硬要财物，属于流氓性质的强拿硬要，而后者行为人则以暴力、胁迫等方式作为强抢他人财物的手段。司法实践中，对于未成年人使用或者威胁使用轻微暴力强抢他人少量财物的行为，一般不宜以抢劫罪定罪处罚，其行为如果符合寻衅滋事罪特征的，可以寻衅滋事罪定罪处罚。

3. 本罪与聚众扰乱社会秩序罪、聚众扰乱公共场所秩序、交通秩序罪的界限。主要区别在于目的和动机不同，寻衅滋事是为了满足耍威风、取乐等不正常的精神刺激或不健康的心理需要；而后两个罪是行为人用聚众闹事的方式，给有关机关、企事业单位、团体施压，以达到实现个人不合理的要求。

【关联规定】

◆司法解释

《最高人民法院、最高人民检察院关于办理利用信息网络实施诽谤等刑事案件适用法律若干问题的解释》（2013年9月6日公布，自2013年9月10日起施行）

第五条 利用信息网络辱骂、恐吓他人，情节恶劣，破坏社会秩序的，依照刑法第二百九十三条第一款第（二）项的规定，以寻衅滋事罪定罪处罚。

编造虚假信息，或者明知是编造的虚假信息，在信息网络上散布，或者组织、指使人员在信息网络上散布，起哄闹事，造成公共秩序严重混乱的，依照刑法第二百九十三条第一款第（四）项的规定，以寻衅滋事罪定罪处罚。

《最高人民法院、最高人民检察院关于办理寻衅滋事刑事案件适用法律若干问题的解释》（2013年7月15日公布，自2013年7月22日起施行）

第一条 行为人为寻求刺激、发泄情绪、逞强耍横等，无事生非，实施刑法第二百九十三条规定的行为的，应当认定为“寻衅滋事”。

行为人因日常生活中的偶发矛盾纠纷，借故生非，实施刑法第二百九十三条规定的行为的，应当认定为“寻衅滋事”，但矛盾系由被害人故意引发或者被害人对矛盾激化负有主要责任的除外。

行为人因婚恋、家庭、邻里、债务等纠纷，实施殴打、辱骂、恐吓他人或者损毁、占用他人财物等行为的，一般不认定为“寻衅滋事”，但经有关部门批评制止或者处理处罚后，继续实施前列行为，破坏社会秩序的除外。

第二条 随意殴打他人，破坏社会秩序，具有下列情形之一的，应当认定为刑法第二百九十三条第一款第一项规定的“情节恶劣”：

（一）致一人以上轻伤或者二人以上轻微伤的；

（二）引起他人精神失常、自杀等严重后果的；

（三）多次随意殴打他人的；

（四）持凶器随意殴打他人的；

（五）随意殴打精神病人、残疾人、流浪乞讨人员、老年人、孕妇、未成年人，造成恶劣社会影响的；

（六）在公共场所随意殴打他人，造成公共场所秩序严重混乱的；

（七）其他情节恶劣的情形。

第三条 追逐、拦截、辱骂、恐吓他人，破坏社会秩序，具有下列情形之一的，应当认定为刑法第二百九十三条第一款第二项规定的“情节恶劣”：

（一）多次追逐、拦截、辱骂、恐吓他人，造成恶劣社会影响的；

（二）持凶器追逐、拦截、辱骂、恐吓他人的；

（三）追逐、拦截、辱骂、恐吓精神病人、残疾人、流浪乞讨人员、老年人、孕妇、未成年人，造成恶劣社会影响的；

（四）引起他人精神失常、自杀等严重后果的；

（五）严重影响他人的工作、生活、生产、经营的；

（六）其他情节恶劣的情形。

第四条 强拿硬要或者任意损毁、占用公私财物，破坏社会秩序，具有下列情形之一的，应当认定为刑法第二百九十三条第一款第三项规定的“情节严重”：

（一）强拿硬要公私财物价值一千元以上，或者任意损毁、占用公私财物价值二千元以上的；

（二）多次强拿硬要或者任意损毁、占用公私财物，造成恶劣社会影响的；

（三）强拿硬要或者任意损毁、占用精神病人、残疾人、流浪乞讨人员、老年人、孕妇、未成年人的财物，造成恶劣社会影响的；

（四）引起他人精神失常、自杀等严重后果的；

（五）严重影响他人的工作、生活、生产、经营的；

（六）其他情节严重的情形。

第五条 在车站、码头、机场、医院、商场、公园、影剧院、展览会、运动场或者其他公共场所起哄闹事，应当根据公共场所的性质、公共活动的重要程度、公共场所的人数、起哄闹事的时间、公共场所受影响的范围与程度等因素，综合判断是否“造成公共场所秩序严重混乱”。

第六条 纠集他人三次以上实施寻衅滋事犯罪，未经处理的，应当依照刑法第二百九十三条第二款的规定处罚。

第七条 实施寻衅滋事行为，同时符合寻衅滋事罪和故意杀人罪、故意伤害罪、故意毁坏财物罪、敲诈勒索罪、抢夺罪、抢劫罪等罪的构成要件的，依照处罚较重的犯罪定罪处罚。

第八条 行为人认罪、悔罪，积极赔偿被害人损失或者取得被害人谅解的，可以从轻处罚；犯罪情节轻微的，可以不起诉或者免予刑事处罚。

◆司法政策

《最高人民法院、最高人民检察院关于常见犯罪的量刑指导意见（试行）》（2021年6月16日公布，自2021年7月1日起施行）

四、常见犯罪的量刑

（十八）寻衅滋事罪

1. 构成寻衅滋事罪的，根据下列情形在相应的幅度内确定量刑起点：

（1）寻衅滋事一次的，在三年以下有期徒刑、拘役幅度内确定量刑起点。

（2）纠集他人三次寻衅滋事（每次都构成犯罪），严重破坏社会秩序的，在五年至七年有期徒刑幅度内确定量刑起点。

2. 在量刑起点的基础上，根据寻衅滋事次数、伤害后果、强拿硬要他人财物或任意损毁、占用公私财物数额等其他影响犯罪构成的犯罪事实增加刑罚量，确定基准刑。

3. 构成寻衅滋事罪，判处五年以上十年以下有期徒刑，并处罚金的，根据寻衅滋事的次数、危害后果、对社会秩序的破坏程度等犯罪情节，综合考虑被告人缴纳罚金的能力，决定罚金数额。

4. 构成寻衅滋事罪的，综合考虑寻衅滋事的具体行为、危害后果、对社会秩序的破坏程度等犯罪事实、量刑情节，以及被告人的主观恶性、人身危险性、认罪悔罪表现等因素，决定缓刑的适用。

《最高人民法院、最高人民检察院、公安部、司法部关于办理利用信息网络实施黑恶势力犯罪刑事案件若干问题的意见》（2019 年 7 月 23 日公布，自 2019 年 10 月 21 日起施行）

二、依法严惩利用信息网络实施的黑恶势力犯罪

7. 利用信息网络辱骂、恐吓他人，情节恶劣，破坏社会秩序的，依照刑法第二百九十三条第一款第二项的规定，以寻衅滋事罪定罪处罚。

编造虚假信息，或者明知是编造的虚假信息，在信息网络上散布，或者组织、指使人员在信息网络上散布，起哄闹事，造成公共秩序严重混乱的，依照刑法第二百九十三条第一款第四项的规定，以寻衅滋事罪定罪处罚。

《最高人民法院、最高人民检察院、公安部、司法部关于办理实施“软暴力”的刑事案件若干问题的意见》①（2019 年 4 月 9 日）

五、采用“软暴力”手段，使他人产生心理恐惧或者形成心理强制，分别属于《刑法》第二百二十六条规定的“威胁”、《刑法》第二百九十三条第一款第（二）项规定的“恐吓”，同时符合其他犯罪构成要件的，应当分别以强迫交易罪、寻衅滋事罪定罪处罚。

《关于办理寻衅滋事刑事案件适用法律若干问题的解释》第二条至

---

① 参见刑法第二百九十四条相关规定。

第四条中的“多次”一般应当理解为二年内实施寻衅滋事行为三次以上。三次以上寻衅滋事行为既包括同一类别的行为，也包括不同类别的行为；既包括未受行政处罚的行为，也包括已受行政处罚的行为。

九、采用“软暴力”手段，同时构成两种以上犯罪的，依法按照处罚较重的犯罪定罪处罚，法律另有规定的除外。

十、根据本意见第五条、第八条规定，对已受行政处罚的行为追究刑事责任的，行为人先前所受的行政拘留处罚应当折抵刑期，罚款应当抵扣罚金。

侵害英雄烈士名誉、荣誉罪

第二百九十九条之一　侮辱、诽谤或者以其他方式侵害英雄烈士的名誉、荣誉，损害社会公共利益，情节严重的，处三年以下有期徒刑、拘役、管制或者剥夺政治权利。

【释解与适用】

本条是关于侵害英雄烈士名誉、荣誉罪及其刑罚的规定。

中华民族是英雄辈出的民族。近代以来，为了争取民族独立和人民解放，实现国家富强和人民幸福，促进世界和平和人类进步，中华民族涌现出了无数毕生奋斗、英勇献身的英雄烈士。英雄烈士是中华民族最优秀群体的代表，英雄烈士和他们所体现的爱国主义、英雄主义精神，是我们国魂、民族魂、党魂、军魂的不竭源泉和重要支撑，是中华民族精神的集体体现。英雄烈士的事迹和精神是中华民族共同记忆，是社会主义核心价值观的重要体现。

近年来，社会上有些人出于各种目的侮辱、诽谤英雄烈士，还有的以“学术自由”“还原历史”“探究细节”等为名，通过互联网、书刊等公开对党和国家长期宣传、人民群众高度尊崇的英雄烈士进行诋毁、丑化、贬损、质疑和否定，歪曲历史特别是近现代历史，造成了恶劣社会影响。比较典型的有侮辱、诽谤“狼牙山五壮士”、邱少云等英雄烈士群体、个人事件。例如，2013年某杂志刊发洪某撰写的《“狼牙山五壮士”的细节分歧》一文，该文以历史细节考据、学术研究为幌子，以细节否定英雄，企图达到抹黑“狼牙山五壮士”英雄形象和名誉的目的，引发“狼牙山五壮士”亲属及社会各界的反对、谴责。又如，

2013年5月孙某在某微博上以名为“作业本”的账号发文对邱少云烈士在烈火中英勇献身的行为进行恶意调侃，2015年4月，某饮品公司在其网络营销活动中，借助“作业本”相关言论进行营销，并与孙某进行网上互动，该言论及互动在网络平台上迅速传播，产生了较大负面影响，遭到广大网友的谴责。

侮辱、诽谤英雄烈士的实质目的是动摇中国共产党的执政根基和否定中国特色社会主义制度。抹黑这些代表性的英烈群体、人物，否定中国近现代历史，既是对社会主义核心价值观与革命英雄主义精神的否定和瓦解，也容易对群众尤其是年轻人的价值取向造成恶劣影响、冲击。这些行为不仅构成对英雄烈士人格利益的侵害和对英雄烈士近亲属合法利益的侵害，同时由于英雄烈士的事迹和精神已经成为社会公共利益的重要组成部分，也给社会公共利益造成损害。

对此，我国相关法律先后对侮辱、诽谤英雄烈士以及其他侵害英烈名誉、荣誉等的行为作了明确规定。2018年4月27日十三届全国人大常委会第二次会议通过了英雄烈士保护法，该法明确规定，国家保护英雄烈士，对英雄烈士予以褒扬、纪念，加强对英雄烈士事迹和精神的宣传、教育，维护英雄烈士的尊严和合法权益；全社会都应当崇尚、学习、捍卫英雄烈士；禁止歪曲、丑化、亵渎、否定英雄烈士事迹和精神。英雄烈士的姓名、肖像、名誉、荣誉受法律保护。任何组织和个人不得在公共场所、互联网或者利用广播电视、电影、出版物等，以侮辱、诽谤或者其他方式侵害英雄烈士的姓名、肖像、名誉、荣誉；不得将英雄烈士的姓名、肖像用于或者变相用于损害英雄烈士的名誉、荣誉等。对于侵害英雄烈士姓名、肖像、名誉、荣誉的，英雄烈士保护法第二十六条规定：“以侮辱、诽谤或者其他方式侵害英雄烈士的姓名、肖像、名誉、荣誉，损害社会公共利益的，依法承担民事责任；构成违反治安管理行为的，由公安机关依法给予治安管理处罚；构成犯罪的，依法追究刑事责任。”2020年民法典将英雄烈士的姓名、肖像、名誉、荣誉作为社会公共利益予以保护，民法典第一百八十五条规定：“侵害英雄烈士等的姓名、肖像、名誉、荣誉，损害社会公共利益的，应当承担民事责任。”

上述法律规定为依法追究侮辱、诽谤英雄烈士以及其他侵害英烈名誉、荣誉的行为提供了民事、行政法律依据。为了进一步保护英雄烈士名誉、荣誉，维护社会主义核心价值观，与英雄烈士保护法等相关法律相衔接，立法机关广泛听取意见，经反复研究，在各方面取得共识的基础上，将侮辱、诽谤英雄烈士的行为明确规定为犯罪。刑法修正案（十一）将侮辱、诽谤英雄烈士的行为入刑，是以法治思维和法治方式反对历史虚无主义，对于惩治侮辱、诽谤英雄烈士行为，保护英雄烈士的人格利益和社会公共利益，弘扬社会主义核心价值观，具有重要意义。通过增加本条规定，刑法与英雄烈士保护法、民法典等一起，构建起完整的英雄烈士保护法律体系。

侮辱、诽谤或者以其他方式侵害英雄烈士的名誉、荣誉，损害社会公共利益，情节严重的，构成本罪。这里的“英雄烈士”，包括近代以来，为国家、为民族、为人民作出牺牲和贡献的英烈先驱和革命先行者，重点是中国共产党、人民军队和中华人民共和国历史上涌现出的无数英雄烈士。英雄烈士既包括个人也包括群体，既包括有名英烈也包括无名英烈。本条保护的英雄烈士与英雄烈士保护法的保护范围是一致的，都是已经牺牲、逝世的英雄烈士。实践中，如果行为人侮辱、诽谤或者以其他方式侵害健在的英雄模范人物的名誉、荣誉，应当依照本法关于侮辱、诽谤罪的规定追究行为人的刑事责任，不适用本条。对健在的英雄模范人物的褒奖、保护，适用国家勋章和国家荣誉称号法等相关法律法规。

据统计，从中国民主革命到现在，约有 2000 万名英烈，但是经评定确认的只有约 196 万名。由于战争、历史条件等原因，大多数英烈都未能留下姓名，现在也无从考证，但他们同样受法律保护，也应被尊崇和铭记。实际发生的侵害英雄烈士名誉、荣誉案件中涉及的英雄烈士，一般都是知名的英雄烈士，其身份是清楚的，如果确需对英雄烈士的身份进行认定，可以通过相关工作机制予以解决。关于烈士的具体评定标准，2019 年《烈士褒扬条例》第八条第一款规定："公民牺牲符合下列情形之一的，评定为烈士：（一）在依法查处违法犯罪行为、执行国家安全工作任务、执行反恐怖任务和处置突发事件中牺牲的；（二）抢险救灾或者其他为了抢救、保护国家财产、集体财产、公民生命财产牺牲的；（三）在执行外交任务或者国家派遣的对外援助、维持国际和平任务中牺牲的；（四）在执行武器装备科研试验任务中牺牲的；（五）其他牺牲情节特别突出，堪为楷模的。"2019 年《军人抚恤优待条例》第八条第一款、第二款规定："现役军人死亡，符合下列情形之一的，批准为烈士：（一）对敌作战死亡，或者对敌作战负伤在医疗终结前因伤死亡的；（二）因执行任务遭敌人或者犯罪分子杀害，或者被俘、被捕后不屈遭敌人杀害或者被折磨致死的；（三）为抢救和保护国家财产、人民生命财产或者执行反恐怖任务和处置突发事件死亡的；（四）因执行军事演习、战备航行飞行、空降和导弹发射训练、试航试飞任务以及参加武器装备科研试验死亡的；（五）在执行外交任务或者国家派遣的对外援助、维持国际和平任务中牺牲的；（六）其他死难情节特别突出，堪为楷模的。现役军人在执行对敌作战、边海防执勤或者抢险救灾任务中失踪，经法定程序宣告死亡的，按照烈士对待。"

这里的"侮辱"主要是指通过语言、文字或者其他方式辱骂、贬低、嘲讽英雄烈士的行为。"诽谤"是指针对英雄烈士，捏造事实并进行散播，公然丑化、贬损英雄烈士，损害英雄烈士名誉、荣誉的行为。实践中比较常见的是通过网络、文学作品等形式侮辱、诽谤英雄烈士的情况。"以其他方式侵害英雄烈士的名誉、荣誉"，是指采用侮辱、诽谤以外的其他方式侵害英雄烈士的名誉、荣誉的行为，如虽未采用侮辱、诽谤方式，但以"还原历史""探究细节"等名义否定、贬损、丑化英雄烈士；非法披露涉及英雄烈士隐私的信息或者图片，侵害英雄烈士隐私等。

"损害社会公共利益"是构成本罪的要件之一，也是侮辱、诽谤或者以其他方式侵害英雄烈士的名誉、荣誉可能导致的后果。近代以来的无数英雄烈士和他们所获得的荣誉称号，在中华大地广泛传播，在全党、全军和全国各族人民中已经赢得了普遍的公众认同，既是国家及公众对他们作为中华民族的优秀儿女在反抗侵略、保家卫国中作出巨大牺牲的褒奖，也是他们应当获得的个人荣誉。在抗日战争时期，广大英雄烈士的光辉事迹成为激励中华儿女反抗侵略、英勇抗敌的精神动力之一，成为人民军队誓死捍卫国家利益、保障国家安全的军魂来源之一；在和平年代，英雄烈士的精神，仍然为广大人民群众树立了不畏艰辛、不怕困难，为国为民奋斗终生的精神指引。英雄烈士及其精神，是中华民族共同记忆的一部分，是中华民族精神的内核之一，也是社会主义核心价值观的重要内容。而民族的共同记忆、民族精神乃至社会主义核心价值观，无论是从我国的历史来看，还是从现行法律规定来看，都已经是社会公共利益的一部分。侮辱、诽谤或者以其他方式侵害英雄烈士的名誉、荣誉，会损害社会公共利益。

"情节严重的"是指侮辱、诽谤或者以其他方式侵害英雄烈士的名誉、荣誉，损害社会公共利益，造成严重的不良影响或者侵害行为持续时间长、范围广等情形。

关于本罪的刑罚，根据本条规定，侮辱、诽谤或者以其他方式侵害英雄烈士的名誉、荣誉，损害社会公共利益，情节严重的，处三年以下有期徒刑、拘役、管制或者剥夺政治权利。

【适用中需要注意的问题】

司法实践中，认定本罪需要注意：

1. 罪与非罪的界限。本罪在犯罪成立条件上有"情节严重"的限制，定罪时需要考虑行为是否具备实质的违法性，是否符合情节严重的要求。如果某种侵害英雄烈士名誉、荣誉，损害社会公共利益的行为，难以认定为情节严重的情况，不宜作为犯罪处理。

2. "英雄烈士"范围的具体判定。"英雄"是种概念，"烈士"则是属概念，“烈士”当然属于“英雄”的范畴之内。司法实践中如何准确判断“英雄烈士”范围，是本罪认定的重要内容。作为本罪法定对象的“英雄烈士”，虽然没有也无法给予一个十分确实的概念，但还是可从其基本特征等方面给予其判断的准则。具体而言，“英雄烈士”应同时具备政治性、社会性、时代性和法律属性等特征，司法实践中应综合判断。所谓政治性特征，体现的是国家对英雄烈士的高度肯定，是国家和民族的荣光和精神传承。所谓社会性特征，“英雄烈士”是社会的主流价值观的高度体现，是社会主义核心价值观的生动诠释，是被社会公众高度认可的。所谓时代性特征，是指“英雄烈士”的范围是有一定时间限定的，并非历史上所有的英雄人物。根据英雄烈士保护法第二条的规定，该时间段应限定为“近代以来”，即 1840 年鸦片战争以来涌现的杰出代表。所谓法律性，说明“英雄烈士”不仅是一个政治性、社会性概念，也是一个法律概念，英雄烈士保护法和《烈士褒扬条例》《军人抚恤优待条例》等法律法规对“烈士”等评定条件、程序等有明确规定，相关部门还依法公布了英雄烈士名录，这些都是司法实践中认定“英雄烈士”具体范围的参考依据。

【关联规定】

◆法律

《中华人民共和国民法典》

第一百八十五条 侵害英雄烈士等的姓名、肖像、名誉、荣誉，损害社会公共利益的，应当承担民事责任。

《中华人民共和国英雄烈士保护法》

第二十二条 禁止歪曲、丑化、亵渎、否定英雄烈士事迹和精神。

英雄烈士的姓名、肖像、名誉、荣誉受法律保护。任何组织和个人不得在公共场所、互联网或者利用广播电视、电影、出版物等，以侮辱、诽谤或者其他方式侵害英雄烈士的姓名、肖像、名誉、荣誉。任何组织和个人不得将英雄烈士的姓名、肖像用于或者变相用于商标、商业广告，损害英雄烈士的名誉、荣誉。

公安、文化、新闻出版、广播电视、电影、网信、市场监督管理、负责英雄烈士保护工作的部门发现前款规定行为的，应当依法及时处理。

第二十六条 以侮辱、诽谤或者其他方式侵害英雄烈士的姓名、肖像、名誉、荣誉，损害社会公共利益的，依法承担民事责任；构成违反治安管理行为的，由公安机关依法给予治安管理处罚；构成犯罪的，依法追究刑事责任。

◆司法政策

《最高人民法院、最高人民检察院、公安部关于依法惩治侵害英雄烈士名誉、荣誉违法犯罪的意见》（2022 年 1 月 11 日）

一、关于英雄烈士的概念和范围

根据英雄烈士保护法第二条的规定，刑法第二百九十九条之一规定的“英雄烈士”，主要是指近代以来，为了争取民族独立和人民解放，实现国家富强和人民幸福，促进世界和平和人类进步而毕生奋斗、英勇献身的英雄烈士。

司法适用中，对英雄烈士的认定，应当重点注意把握以下几点：

（一）英雄烈士的时代范围主要为“近代以来”，重点是中国共产党、人民军队和中华人民共和国历史上的英雄烈士。英雄烈士既包括个人，也包括群体；既包括有名英雄烈士，也包括无名英雄烈士。

（二）对经依法评定为烈士的，应当认定为刑法第二百九十九条之一规定的“英雄烈士”；已牺牲、去世，尚未评定为烈士，但其事迹和精神为我国社会普遍公认的英雄模范人物或者群体，可以认定为“英雄烈士”。

（三）英雄烈士是指已经牺牲、去世的英雄烈士。对侮辱、诽谤或者以其他方式侵害健在的英雄模范人物或者群体名誉、荣誉，构成犯罪的，适用刑法有关侮辱、诽谤罪等规定追究刑事责任，符合适用公诉程序条件的，由公安机关依法立案侦查，人民检察院依法提起公诉。但是，被侵害英雄烈士群体中既有已经牺牲的烈士，也有健在的英雄模范人物的，可以统一适用侵害英雄烈士名誉、荣誉罪。

二、关于侵害英雄烈士名誉、荣誉罪入罪标准

根据刑法第二百九十九条之一的规定，侮辱、诽谤或者以其他方式侵害英雄烈士的名誉、荣誉，损害社会公共利益，情节严重的，构成侵害英雄烈士名誉、荣誉罪。

司法实践中，对侵害英雄烈士名誉、荣誉的行为是否达到“情节严重”，应当结合行为方式，涉及英雄烈士的人数，相关信息的数量、传播方式、传播范围、传播持续时间，相关信息实际被点击、浏览、转发次数，引发的社会影响、危害后果以及行为人前科情况等综合判断。根据案件具体情况，必要时，可以参照适用《最高人民法院、最高人民检察院关于办理利用信息网络实施诽谤等刑事案件适用法律若干问题的解释》（法释〔2013〕21号）的规定。

侵害英雄烈士名誉、荣誉，达到入罪标准，但行为人认罪悔罪，综合考虑案件具体情节，认为犯罪情节轻微的，可以不起诉或者免予刑事处罚；情节显著轻微危害不大的，不以犯罪论处；构成违反治安管理行为的，由公安机关依法给予治安管理处罚。

三、关于办案工作要求

（一）坚决依法惩治。英雄烈士的事迹和精神是中华民族共同的历史记忆和宝贵的精神财富，英雄不容亵渎、先烈不容诋毁、历史不容歪曲。各级公安机关、人民检察院、人民法院要切实增强责任感和使命感，依法惩治侵害英雄烈士名誉、荣誉的违法犯罪活动，坚决维护中国特色社会主义制度，坚决维护社会公共利益。

（二）坚持宽严相济。对侵害英雄烈士名誉、荣誉的，要区分案件具体情况，落实宽严相济刑事政策，突出惩治重点，重在教育挽救，避免打击扩大化、简单化，确保实现政治效果、法律效果和社会效果的有

机统一。对利用抹黑英雄烈士恶意攻击我国基本社会制度、损害社会公共利益，特别是与境外势力勾连实施恶意攻击，以及长期、多次实施侵害行为的，要依法予以严惩。对没有主观恶意，仅因模糊认识、好奇等原因而发帖、评论的，或者行为人系在校学生、未成年人的，要以教育转化为主，切实做到教育大多数、打击极少数。

……

案例参考

一、指导性案例

葛某生诉洪某快名誉权、荣誉权纠纷案*

关键词 民事/名誉权/荣誉权/英雄烈士/社会公共利益

裁判要点

1. 对侵害英雄烈士名誉、荣誉等行为，英雄烈士的近亲属依法向人民法院提起诉讼的，人民法院应予受理。

2. 英雄烈士事迹和精神是中华民族的共同历史记忆和社会主义核心价值观的重要体现，英雄烈士的名誉、荣誉等受法律保护。人民法院审理侵害英雄烈士名誉、荣誉等案件，不仅要依法保护相关个人权益，还应发挥司法彰显公共价值功能，维护社会公共利益。

3. 任何组织和个人以细节考据、观点争鸣等名义对英雄烈士的事迹和精神进行污蔑和贬损，属于歪曲、丑化、亵渎、否定英雄烈士事迹和精神的行为，应当依法承担法律责任。

相关法条

《中华人民共和国侵权责任法》第二条、第十五条

基本案情

原告葛某生诉称：洪某快发表的《小学课本〈狼牙山五壮士〉有多处不实》一文以及《“狼牙山五壮士”的细节分歧》一文，以历史细节考据、学术研究为幌子，以细节否定英雄，企图达到抹黑“狼牙山

* 最高人民法院指导性案例99号。

五壮士”英雄形象和名誉的目的，请求判令洪某快停止侵权、公开道歉、消除影响。

被告洪某快辩称：涉案文章是学术文章，没有侮辱性的言辞，关于事实的表述有相应的根据，不是凭空捏造或者歪曲，不构成侮辱和诽谤，不构成名誉权的侵害，不同意葛某生的全部诉讼请求。

法院经审理查明：1941 年 9 月 25 日，在易县狼牙山发生了著名的狼牙山战斗。在这场战斗中，“狼牙山五壮士”英勇抗敌的基本事实和舍生取义的伟大精神，赢得了全中国人民的高度认同和广泛赞扬。中华人民共和国成立后，五壮士的事迹被编入义务教育教科书，五壮士被人民视为当代中华民族抗击外敌入侵的民族英雄。

2013 年 9 月 9 日，时任《炎黄春秋》杂志社执行主编的洪某快在财经网发表《小学课本〈狼牙山五壮士〉有多处不实》一文。文中写道：据《南方都市报》2013 年 8 月 31 日报道，广州越秀警方于 8 月 29 日晚间将一位在新浪微博上“污蔑狼牙山五壮士”的网民抓获，以虚构信息、散布谣言为由予以行政拘留 7 日。所谓“污蔑狼牙山五壮士”的“谣言”原本就有。据媒体报道，该网友实际上是传播了 2011 年 12 月 14 日百度贴吧里一篇名为《狼牙山五壮士真相原来是这样!》的帖子的内容，该帖子说五壮士“5 个人中有 3 个是当场被打死的，后来清理战场把尸体丢下悬崖。另两个当场被活捉，只是后来不知道什么原因又从日本人手上逃了出来”。2013 年第 11 期《炎黄春秋》杂志刊发洪某快撰写的《“狼牙山五壮士”的细节分歧》一文，亦发表于《炎黄春秋》杂志网站。该文分为“在何处跳崖”“跳崖是怎么跳的”“敌我双方战斗伤亡”“‘五壮士’是否拔了群众的萝卜”等部分。文章通过援引不同来源、不同内容、不同时期的报刊资料等，对“狼牙山五壮士”事迹中的细节质疑。

裁判结果

北京市西城区人民法院于 2016 年 6 月 27 日作出（2015）西民初字第 27841 号民事判决：一、被告洪某快立即停止侵害葛某林名誉、荣誉的行为；二、本判决生效后3日内，被告洪某快公开发布赔礼道歉公告，向原告葛某生赔礼道歉，消除影响。该公告须连续刊登5日，公告刊登媒体及内容须经本院审核，逾期不执行，本院将在相关媒体上刊登判决书的主要内容，所需费用由被告洪某快承担。一审宣判后，洪某快向北京市第二中级人民法院提起上诉，北京市第二中级人民法院于2016年8月15日作出（2016）京02民终6272号民事判决：驳回上诉，维持原判。

裁判理由

法院生效裁判认为：1941年9月25日，在易县狼牙山发生的狼牙山战斗，是被大量事实证明的著名战斗。在这场战斗中，“狼牙山五壮士”英勇抗敌的基本事实和舍生取义的伟大精神，赢得了全国人民高度认同和广泛赞扬，是五壮士获得“狼牙山五壮士”崇高名誉和荣誉的基础。“狼牙山五壮士”这一称号在全军、全国人民中已经赢得了普遍的公众认同，既是国家及公众对他们作为中华民族的优秀儿女在反抗侵略、保家卫国中作出巨大牺牲的褒奖，也是他们应当获得的个人名誉和个人荣誉。“狼牙山五壮士”是中国共产党领导的八路军在抵抗日本帝国主义侵略伟大斗争中涌现出来的英雄群体，是中国共产党领导的全民抗战并取得最终胜利的重要事件载体。“狼牙山五壮士”的事迹经由广泛传播，已成为激励无数中华儿女反抗侵略、英勇抗敌的精神动力之一；成为人民军队誓死捍卫国家利益、保障国家安全的军魂来源之一。在和平年代，“狼牙山五壮士”的精神仍然是我国公众树立不畏艰辛、不怕困难、为国为民奋斗终身的精神指引。这些英雄烈士及其精神，已经获得全民族的广泛认同，是中华民族共同记忆的一部分，是中华民族精神的内核之一，也是社会主义核心价值观的重要内容。而民族的共同记忆、民族精神乃至社会主义核心价值观，无论是从我国的历史上看，还是从现行法上看，都已经是社会公共利益的一部分。

涉案文章对于“狼牙山五壮士”在战斗中所表现出的英勇抗敌的事迹和舍生取义的精神这一基本事实，自始至终未作出正面评价。而是以考证“在何处跳崖”“跳崖是怎么跳的”“敌我双方战斗伤亡”以及“‘五壮士’是否拔了群众的萝卜”等细节为主要线索，通过援引不同时期的材料、相关当事者不同时期的言论，全然不考虑历史的变迁，各个材料所形成的时代背景以及各个材料的语境等因素。在无充分证据的情况下，涉案文章多处作出似是而非的推测、质疑乃至评价。因此，尽管涉案文章无明显侮辱性的语言，但通过强调与基本事实无关或者关联不大的细节，引导读者对“狼牙山五壮士”这一英雄烈士群体英勇抗敌事迹和舍生取义精神进行质疑，从而否定基本事实的真实性，进而降低他们的英勇形象和精神价值。洪某快的行为方式符合以贬损、丑化的方式损害他人名誉和荣誉权益的特征。

涉案文章通过刊物发行和网络传播，在全国范围内产生了较大影响，不仅损害了葛某林的个人名誉和荣誉，损害了葛某生的个人感情，也在一定范围和程度上伤害了社会公众的民族和历史情感。在我国，由于“狼牙山五壮士”的精神价值已经内化为民族精神和社会公共利益的一部分，因此，也损害了社会公共利益。洪某快作为具有一定研究能力和熟练使用互联网工具的人，应当认识到涉案文章的发表及其传播将会损害到“狼牙山五壮士”的名誉及荣誉，也会对其近亲属造成感情和精神上的伤害，更会损害到社会公共利益。在此情形下，洪某快有能力控制文章所可能产生的损害后果而未控制，仍以既有的状态发表，在主观上显然具有过错。

北京某光电科技有限公司、黄某兰诉赵某名誉权纠纷案*

关键词 民事/名誉权/网络侵权/微信群/公共空间

裁判要点

1. 认定微信群中的言论构成侵犯他人名誉权，应当符合名誉权侵

* 最高人民法院指导性案例143号。

权的全部构成要件，还应当考虑信息网络传播的特点并结合侵权主体、传播范围、损害程度等具体因素进行综合判断。

2. 不特定关系人组成的微信群具有公共空间属性，公民在此类微信群中发布侮辱、诽谤、污蔑或者贬损他人的言论构成名誉权侵权，应当依法承担法律责任。

相关法条

1.《中华人民共和国民法通则》第一百零一条、第一百二十条

2.《中华人民共和国侵权责任法》第六条、第二十条、第二十二条

基本案情

原告北京某光电科技有限公司（以下简称某公司）、黄某兰诉称：黄某兰系某公司员工，从事机器美容美甲业务。自 2017 年 1 月 17 日以来，被告赵某一直对二原告进行造谣、诽谤、诬陷，多次污蔑、谩骂，称黄某兰有精神分裂，污蔑某公司的仪器不正规、讹诈客户，并通过微信群等方式进行散布，造成原告名誉受到严重损害，生意受损，请求人民法院判令：（1）被告对二原告赔礼道歉，并以在北京市顺义区×号张贴公告、北京当地报纸刊登公告的方式为原告消除影响、恢复名誉；（2）赔偿原告某公司损失 2 万元；（3）赔偿二原告精神损害抚慰金各 5000 元。

被告赵某辩称：被告没有在小区微信群里发过损害原告名誉的信息，只与邻居、好朋友说过与二原告发生纠纷的事情，且此事对被告影响亦较大。某公司仪器不正规、讹诈客户非被告一人认为，其他人也有同感。原告的美容店经常不开，其损失与被告无关。故请求驳回原告的诉讼请求。

法院经审理查明：某公司在北京市顺义区某小区一层开有一家美容店，黄某兰系该公司股东兼任美容师。2017 年 1 月 17 日 16 时许，赵某陪同住小区的另一业主到该美容店做美容。黄某兰为顾客做美容，赵某询问之前其在该美容店祛斑的事情，后二人因美容服务问题发生口角。

后公安部门对赵某作出行政处罚决定书，给予赵某行政拘留 3 日的处罚。

原告主张赵某的微信昵称为 X 郡主（微信号 X——calm），且系小区业主微信群群主，双方发生纠纷后赵某多次在业主微信群中对二原告进行造谣、诽谤、污蔑、谩骂，并将黄某兰从业主群中移出，某公司因赵某的行为生意严重受损。原告提供微信聊天记录及张某某的证人证言予以证明。微信聊天记录来自两个微信群，人数分别为 345 人和 123 人，记载有昵称“X 郡主”发送的有关黄某兰、某公司的言论，以及其他群成员询问情况等的回复信息；证人张某某是某公司顾客，也是小区业主，其到庭陈述看到的微信群内容并当庭出示手机微信，群主微信号为“X——calm”。

赵某对原告陈述及证据均不予认可，并表示其 2016 年在涉诉美容店做激光祛斑，黄某兰承诺保证全部祛除掉，但做过两次后，斑越发严重，多次沟通，对方不同意退钱，事发当日其再次咨询此事，黄某兰却否认赵某在此做过祛斑，双方发生口角；赵某只有一个微信号，且经常换名字，现在业主群里叫“X 果”，自己不是群主，不清楚群主情况，没有加过黄某兰为好友，也没有在微信群里发过损害原告名誉的信息，只与邻居、朋友说过与原告的纠纷，某公司仪器不正规、讹诈客户，其他人也有同感，公民有言论自由。

经原告申请，法院自深圳市腾讯计算机系统有限公司调取了微信号“X——calm”的实名认证信息，确认为赵某，同时确认该微信号与黄某兰微信号“X-HL”互为好友时间为 2016 年 3 月 4 日 13 时 16 分 18 秒。赵某对此予以认可，但表示对于微信群中发送的有关黄某兰、某公司的信息并不清楚，现已经不用该微信号了，也退出了其中一个业主群。

裁判结果

北京市顺义区人民法院于 2017 年 9 月 19 日作出（2017）京 0113 民初 5491 号民事判决：一、被告赵某于本判决生效之日起 7 日内在顺义区×房屋门口张贴致歉声明，向原告黄某兰、某公司赔礼道歉，张贴时间为7日，致歉内容须经本院审核；如逾期不执行上述内容，则由本院在上述地址门口全文张贴本判决书内容；二、被告赵某于本判决生效之日起7日内赔偿原告某公司经济损失3000元；三、被告赵某于本判决生效之日起7日内赔偿原告黄某兰精神损害抚慰金2000元；四、驳回原告黄某兰、某公司的其他诉讼请求。宣判后，赵某提出上诉。北京市第三中级人民法院于2018年1月31日作出（2018）京03民终725号民事判决：驳回上诉，维持原判。

裁判理由

法院生效裁判认为：名誉权是民事主体依法享有的维护自己名誉并排除他人侵害的权利。民事主体不仅包括自然人，也包括法人及其他组织。民法通则第一百零一条规定，公民、法人享有名誉权，公民的人格尊严受法律保护，禁止用侮辱、诽谤等方式损害公民、法人的名誉。

本案的争议焦点为，被告赵某在微信群中针对原告黄某兰、某公司的言论是否构成名誉权侵权。传统名誉权侵权有四个构成要件，即受害人确有名誉被损害的事实、行为人行为违法、违法行为与损害后果之间有因果关系、行为人主观上有过错。对于微信群中的言论是否侵犯他人名誉权的认定，要符合传统名誉权侵权的全部构成要件，还应当考虑信息网络传播的特点并结合侵权主体、传播范围、损害程度等具体因素进行综合判断。

本案中，赵某否认其微信号“X——calm”所发的有关涉案信息是其本人所为，但就此未提供证据证明，且与已查明事实不符，故就该抗辩意见，法院无法采纳。根据庭审查明情况，结合微信聊天记录内容、证人证言、法院自深圳市腾讯计算机系统有限公司调取的材料，可以认定赵某在与黄某兰发生纠纷后，通过微信号在双方共同居住的小区两个业主微信群发布的信息中使用了“傻×”“臭傻×”“精神分裂”“装疯卖傻”等明显带有侮辱性的言论，并使用了黄某兰的照片作为配图，而对于某公司的“美容师不正规”“讹诈客户”“破仪器”“技术和产品都不灵”等贬损性言辞，赵某未提交证据证明其所发表言论的客观真实性；退一步讲，即使有相关事实发生，其亦应通过合法途径解决。赵某将上述不当言论发至有众多该小区住户的两个微信群，其主观过错明显，从微信群的成员组成、对其他成员的询问情况以及网络信息传播的便利、广泛、快捷等特点来看，涉案言论确易引发对黄某兰、某公司经营的美容店的猜测和误解，损害小区公众对某公司的信赖，对二者产生负面认识并造成黄某兰个人及某公司产品或者服务的社会评价降低，赵某的损害行为与黄某兰、某公司名誉受损之间存在因果关系，故赵某的行为符合侵犯名誉权的要件，已构成侵权。

行为人因过错侵害他人民事权益，应当承担侵权责任。不特定关系人组成的微信群具有公共空间属性，公民在此类微信群中发布侮辱、诽谤、污蔑或者贬损他人的言论构成名誉权侵权，应当依法承担法律责任。公民、法人的名誉权受到侵害，有权要求停止侵害，恢复名誉，消除影响，赔礼道歉，并可以要求赔偿损失。现黄某兰、某公司要求赵某基于侵犯名誉权之行为赔礼道歉，符合法律规定，应予以支持，赔礼道歉的具体方式由法院酌情确定。关于某公司名誉权被侵犯产生的经济损失，某公司提供的证据不能证明实际经济损失数额，但某公司在涉诉小区经营美容店，赵某在有众多该小区住户的微信群中发表不当言论势必会给兰世达公司的经营造成不良影响，故对某公司的该项请求，综合考虑赵某的过错程度、侵权行为内容与造成的影响、侵权持续时间、某公司实际营业情况等因素酌情确定。关于黄某兰主张的精神损害抚慰金，亦根据上述因素酌情确定具体数额。关于某公司主张的精神损害抚慰金，缺乏法律依据，故不予支持。

仇某侵害英雄烈士名誉、荣誉案*

【关键词】

侵害英雄烈士名誉、荣誉　情节严重　刑事附带民事公益诉讼

【要旨】

侵害英雄烈士名誉、荣誉罪中的“英雄烈士”，是指已经牺牲、逝世的英雄烈士。在同一案件中，行为人所侵害的群体中既有烈士，又有健在的英雄模范人物时，应当整体评价为侵害英雄烈士名誉、荣誉的行为，不宜区别适用侵害英雄烈士名誉、荣誉罪和侮辱罪、诽谤罪。刑法修正案（十一）实施后，以侮辱、诽谤或者其他方式侵害英雄烈士名誉、荣誉的行为，情节严重的，构成侵害英雄烈士名誉、荣誉罪。行为人利用信息网络侵害英雄烈士名誉、荣誉，引起广泛传播，造成恶劣社会影响的，应当认定为“情节严重”。英雄烈士没有近亲属或者近亲属不提起民事诉讼的，检察机关在提起公诉时，可以一并提起附带民事公益诉讼。

【基本案情】

被告人仇某，男，1982 年出生，南京某投资管理有限公司法定代表人。

2020 年 6 月，印度军队公然违背与我方达成的共识，悍然越线挑衅。在与之交涉和激烈斗争中，团长祁发宝身先士卒，身负重伤；营长陈红军、战士陈祥榕突入重围营救，奋力反击，英勇牺牲；战士肖思远

* 最高人民检察院指导性案例第 136 号。

突围后义无反顾返回营救战友，战斗至生命最后一刻；战士王焯冉在渡河支援途中，拼力救助被冲散的战友脱险，自己却淹没在冰河中。边防官兵誓死捍卫祖国领土，彰显了新时代卫国戍边官兵的昂扬风貌。同年6月，陈红军、陈祥榕、肖思远、王焯冉被评定为烈士；2021年2月，中央军委追授陈红军“卫国戍边英雄”荣誉称号，追记陈祥榕、肖思远、王焯冉一等功，授予祁发宝“卫国戍边英雄团长”荣誉称号。

2021年2月19日上午，仇某在卫国戍边官兵英雄事迹宣传报道后，为博取眼球，获得更多关注，在住处使用其新浪微博账号“辣笔小球”（粉丝数250余万），先后发布2条微博，歪曲卫国戍边官兵祁发宝、陈红军、陈祥榕、肖思远、王焯冉等人的英雄事迹，诋毁、贬损卫国戍边官兵的英雄精神。

上述微博在网络上迅速扩散，引起公众强烈愤慨，造成恶劣社会影响。截至当日15时30分，仇某删除微博时，上述2条微博共计被阅读202569次、转发122次、评论280次。

【检察履职情况】

（一）引导侦查取证

2021年2月20日，江苏省南京市公安局建邺分局对仇某以涉嫌寻衅滋事罪立案侦查并刑事拘留。当日，江苏省南京市建邺区人民检察院经公安机关商请介入侦查，围绕犯罪对象、动机、情节、行为方式及造成的社会影响等方面提出收集证据的意见，并同步开展公益诉讼立案调查。

（二）审查逮捕

2021年2月25日，建邺分局以仇某涉嫌寻衅滋事罪提请批准逮捕。3月1日，建邺区人民检察院以仇某涉嫌侵害英雄烈士名誉、荣誉罪批准逮捕。检察机关认为：首先，仇某发布微博，以戏谑口吻贬损英雄团长“临阵脱逃”，并提出四名战士因为营救团长而牺牲、立功，质疑牺牲人数、诋毁牺牲战士的价值，侵害了祁发宝等整个战斗团体的名誉、荣誉，根据刑法第二百九十三条、《最高人民法院、最高人民检察院关于办理利用信息网络实施诽谤等刑事案件适用法律若干问题的解释》(以下简称《网络诽谤的解释》）第五条的规定，已涉嫌寻衅滋事罪；其次，仇某的行为符合3月1日实施的刑法修正案（十一）增设的侵害英雄烈士名誉、荣誉罪的规定，根据刑法第十二条规定的“从旧兼从轻”原则，应当按刑法修正案（十一）处理；再次，仇某作为有250余万粉丝的微博博主，在国家弘扬卫国戍边官兵英雄事迹的特定时间节点实施上述行为，其言论在网络迅速、广泛扩散，造成恶劣社会影响，应当认定为“情节严重”。

(三) 审查起诉

2021年3月11日，建邺分局以仇某涉嫌侵害英雄烈士名誉、荣誉罪移送审查起诉。因本案系新罪名案件，没有类案和量刑指导意见供参考，建邺区人民检察院在依法审查证据、认定事实基础上，邀请不同职业、年龄、文化程度的群众参加听证，就量刑问题听取意见，并对仇某依法开展认罪认罚教育工作。仇某认罪认罚，同意量刑建议和程序适用，在辩护人见证下自愿签署具结书。

4月26日，建邺区人民检察院以仇某涉嫌侵害英雄烈士名誉、荣誉罪提起公诉，提出有期徒刑八个月的量刑建议。同时，检察机关就公益诉讼听取祁发宝和烈士近亲属的意见，他们提出希望检察机关依法办理。检察机关遂提起附带民事公益诉讼，请求判令仇某在国内主要门户网站及全国性媒体公开赔礼道歉、消除影响。

(四) 指控与证明犯罪

2021年5月31日，江苏省南京市建邺区人民法院依法公开开庭审理本案。仇某对检察机关指控的事实、证据及量刑建议均无异议，当庭再次表示认罪认罚，真诚向英雄烈士及其家属道歉，向社会各界忏悔。辩护人对指控罪名不持异议，认为仇某主观恶性较小，发布的微博虽多次发酵，但绝大多数网友对仇某的观点是不赞同的，造成的不良影响较小。公诉人答辩指出，仇某作为具有媒体从业经历的“网络大V”，恶意用游戏术语诋毁、贬损卫国戍边官兵，主观恶性明显。其微博账户拥有250余万粉丝，其不当言论在网络上迅速扩散、蔓延，网友对其口诛笔伐，恰恰说明其言论严重伤害民众情感，损害社会公共利益。

公益诉讼起诉人出示证据，证明仇某的行为、后果，发表了公益诉讼的意见。仇某及其诉讼代理人对检察机关提起刑事附带民事公益诉讼的事实、证据及诉讼请求均无异议。

（五）处理结果

建邺区人民法院审理后当庭宣判，采纳检察机关指控的事实、罪名及量刑建议，支持检察机关的公益诉讼，以仇某犯侵害英雄烈士名誉、荣誉罪判处有期徒刑八个月，并责令仇某自判决生效之日起十日内通过国内主要门户网站及全国性媒体公开赔礼道歉，消除影响。判决宣告后，仇某未提出上诉，判决已生效。2021年6月25日，仇某在《法治日报》及法制网发布道歉声明。

【指导意义】

（一）对侵害英雄烈士名誉、荣誉罪中的“英雄烈士”应当依照刑法修正案的本意作适当解释。本罪中的“英雄烈士”，是指已经牺牲、逝世的英雄烈士。如果行为人以侮辱、诽谤或者其他方式侵害健在的英雄模范人物名誉、荣誉，构成犯罪的，可以适用侮辱罪、诽谤罪追究刑事责任。但是，如果在同一案件中，行为人的行为所侵害的群体中既有已牺牲的烈士，又有健在的英雄模范人物时，应当整体评价为侵害英雄烈士名誉、荣誉的行为，不宜区别适用侵害英雄烈士名誉、荣誉罪和侮辱罪、诽谤罪。虽不属于烈士，但事迹、精神被社会普遍公认的已故英雄模范人物的名誉、荣誉被侵害的，因他们为国家、民族和人民作出巨大贡献和牺牲，其名誉、荣誉承载着社会主义核心价值观，应当纳入侵害英雄烈士名誉、荣誉罪的犯罪对象，与英雄烈士的名誉、荣誉予以刑法上的一体保护。

（二）刑法修正案（十一）实施后，侮辱、诽谤英雄烈士名誉、荣誉，情节严重的，构成侵害英雄烈士名誉、荣誉罪。刑法修正案（十一）实施前，实施侮辱、诽谤英雄烈士名誉、荣誉的行为，构成犯罪的，可以按照寻衅滋事罪追究刑事责任。刑法修正案（十一）实施后，对上述行为认定为侵害英雄烈士名誉、荣誉罪，符合立法精神，更具有针对性，更有利于实现对英雄烈士名誉、荣誉的特殊保护。发生在刑法修正案（十一）实施前的行为，实施后尚未处理或者正在处理的，应当根据刑法第十二条规定的"从旧兼从轻"原则，以侵害英雄烈士名誉、荣誉罪追究刑事责任。

（三）侵害英雄烈士名誉、荣誉罪中"情节严重"的认定，可以参照《网络诽谤的解释》的规定，并可以结合案发时间节点、社会影响等综合认定。《网络诽谤的解释》第二条规定，同一诽谤信息实际被点击、浏览次数达到5000次以上，或者被转发次数达到500次以上的；造成被害人或者其近亲属精神失常、自残、自杀等严重后果的；二年内曾因诽谤受过行政处罚，又诽谤他人的；具有其他情节严重的情形的，属于"情节严重"。办理利用信息网络侵害英雄烈士名誉、荣誉案件时，可以参照上述标准，或者虽未达到上述数量、情节要求，但在特定时间节点通过具有公共空间属性的网络平台和媒介公然侵害英雄烈士名誉、荣誉，引起广泛传播，造成恶劣社会影响的，也可以认定为"情节严重"。对于只是在相对封闭的网络空间，如在亲友微信群、微信朋友圈等发表不当言论，没有造成大范围传播的，可以不认定为"情节严重"。

（四）刑事检察和公益诉讼检察依法协同履职，维护社会公共利益。检察机关办理侵害英雄烈士名誉、荣誉案件，在英雄烈士没有近亲属，或者经征询意见，近亲属不提出民事诉讼时，应当充分履行刑事检察和公益诉讼检察职能，提起公诉的同时，可以向人民法院一并提起附带民事公益诉讼，同步推进刑事责任和民事责任的追究，实现审判阶段刑事诉讼、附带民事公益诉讼由人民法院同一合议庭审理、同步判决，提高诉讼效率、确保庭审效果。

【相关规定】

《中华人民共和国刑法》第十二条、第二百九十九条之一

《中华人民共和国民法典》第一百八十五条

《中华人民共和国英雄烈士保护法》第二十二条、第二十五条、第二十六条

《中华人民共和国国家勋章和国家荣誉称号法》第二条、第三条、第四条

《国家功勋荣誉表彰条例》第一条、第二条、第五条、第六条、第七条、第八条、第十四条

《最高人民法院、最高人民检察院关于办理利用信息网络实施诽谤等刑事案件适用法律若干问题的解释》第二条、第五条

《最高人民法院、最高人民检察院关于检察公益诉讼案件适用法律若干问题的解释》第二十条

郎某、何某诽谤案*

【关键词】

网络诽谤　严重危害社会秩序　自诉转公诉

* 最高人民检察院指导性案例第 137 号。

【要旨】

利用信息网络诽谤他人，破坏公众安全感，严重扰乱网络社会秩序，符合刑法第二百四十六条第二款“严重危害社会秩序”的，检察机关应当依法履行追诉职责，作为公诉案件办理。对公安机关未立案侦查，被害人已提出自诉的，检察机关应当处理好由自诉向公诉程序的转换。

【基本案情】

被告人郎某，男，1993 年出生，个体工商户。

被告人何某，男，1996 年出生，务工。

被害人谷某，女，1992 年出生，务工。

2020 年 7 月 7 日 18 时许，郎某在杭州市余杭区某小区东门快递驿站内，使用手机偷拍正在等待取快递的被害人谷某，并将视频发布在某微信群。后郎某、何某分别假扮快递员和谷某，捏造谷某结识快递员并多次发生不正当性关系的微信聊天记录。为增强聊天记录的可信度，郎某、何某还捏造“赴约途中”“约会现场”等视频、图片。7 月 7 日至 7 月 16 日期间，郎某将上述捏造的微信聊天记录截图 39 张及视频、图片陆续发布在该微信群，引发群内大量低俗、侮辱性评论。

8 月 5 日，上述偷拍的视频以及捏造的微信聊天记录截图 27 张被他人合并转发，并相继扩散到 110 余个微信群（群成员约 2.6 万）、7 个微信公众号（阅读数 2 万余次）及 1 个网站（浏览量 1000 次）等网络平台，引发大量低俗、侮辱性评论，严重影响了谷某的正常工作生活。

8 月至 12 月，此事经多家媒体报道引发网络热议，其中，仅微博话题“被造谣出轨女子至今找不到工作”阅读量就达 4.7 亿次、话题讨论 5.8 万人次。该事件在网络上广泛传播，给广大公众造成不安全感，严重扰乱了网络社会公共秩序。

【检察履职情况】

（一）推动案件转为公诉程序办理

2020年8月7日，谷某就郎某、何某涉嫌诽谤向浙江省杭州市公安局余杭分局报案。8月13日，余杭分局作出对郎某、何某行政拘留9日的决定。10月26日，谷某委托诉讼代理人向浙江省杭州市余杭区人民法院提起刑事自诉，并根据法院通知补充提交了相关材料。12月14日，法院立案受理并对郎某、何某采取取保候审强制措施。

因相关事件及视频在网络上进一步传播、蔓延，案件情势发生重大变化。检察机关认为，郎某、何某的行为不仅侵害被害人的人格权，而且经网络迅速传播，已经严重扰乱网络社会公共秩序。由于本案被侵害对象系随意选取，具有不特定性，任何人都可能成为被侵害对象，严重破坏了广大公众安全感。对此类案件，由自诉人收集证据并达到事实清楚，证据确实、充分的证明标准难度很大，只有通过公诉程序追诉才能及时、有效收集、固定证据，依法惩罚犯罪、维护社会公共秩序。12月22日，浙江省杭州市余杭区人民检察院建议公安机关立案侦查。

12月25日，余杭分局对郎某、何某涉嫌诽谤罪立案侦查。12月26日，谷某向余杭区人民法院撤回起诉。

（二）引导侦查取证

余杭区人民检察院围绕诽谤罪“情节严重”的标准以及“严重危害社会秩序”的公诉情形，向公安机关提出对诽谤信息传播侵害被害人人格权与社会秩序、公众安全感遭受破坏的相关证据一并收集固定的意见。公安机关经侦查，及时收集、固定了诽谤信息传播扩散情况、引发的低俗评论以及该案给广大公众造成的不安全感等关键证据。

（三）审查起诉

2021年1月20日，余杭分局将该案移送审查起诉。余杭区人民检察院审查认为，郎某、何某为寻求刺激、博取关注，捏造损害他人名誉的事实，在网络上散布，造成该信息被大量阅读、转发，严重侵害谷某的人格权，导致谷某被公司劝退，随后多次求职被拒，使谷某遭受一定经济损失，社会评价也遭受严重贬损，且二被告人侵害对象选择随意，造成不特定公众恐慌和社会安全感、秩序感下降；诽谤信息在网络上大范围流传，引发大量低俗评论，对网络公共秩序造成严重冲击，严重危害社会秩序，符合刑法第二百四十六条第二款“严重危害社会秩序”的规定。

2月26日，余杭区人民检察院依法对郎某、何某以涉嫌诽谤罪提起公诉。鉴于二被告人认罪认罚，对被害人进行赔偿并取得谅解，余杭区人民检察院对二被告人提出有期徒刑一年，缓刑二年的量刑建议。

(四) 指控与证明犯罪

2021年4月30日，余杭区人民法院依法公开开庭审理本案。庭审中，二被告人再次表示认罪认罚。

辩护人对检察机关指控事实、定性均无异议。郎某的辩护人提出，诽谤信息的传播介入了他人的编辑、转发，属于多因一果。公诉人答辩指出，郎某作为成年人应当知道网络具有开放性、不可控性，诽谤信息会被他人转发或者评论，因此，他人的扩散行为应当由其承担责任。而且，被他人转发，恰恰说明该诽谤信息对社会秩序的破坏。

(五) 处理结果

余杭区人民法院审理后当庭宣判，采纳检察机关指控的犯罪事实和量刑建议，判决二被告人有期徒刑一年，缓刑二年。宣判后，二被告人未提出上诉，判决已生效。

【指导意义】

(一) 准确把握网络诽谤犯罪“严重危害社会秩序”的认定条件。

网络涉及面广、浏览量大，一旦扩散，往往造成较大社会影响，与传统的发生在熟人之间、社区传播形式的诽谤案件不同，通过网络诽谤他人，诽谤信息经由网络广泛传播，严重损害被害人人格权，如果破坏了公序良俗和公众安全感，严重扰乱网络社会公共秩序的，应当认定为《最高人民法院、最高人民检察院关于办理利用信息网络实施诽谤等刑事案件适用法律若干问题的解释》第三条规定的“其他严重危害社会秩序的情形”。对此，可以根据犯罪方式、对象、内容、主观目的、传播范围和造成后果等，综合全案事实、性质、情节和危害程度等予以评价。

（二）坚持积极履职，依法惩治网络诽谤犯罪。网络诽谤传播广、危害大、影响难消除，被害人往往面临举证难、维权难，通过自诉很难实现权利救济，更无法通过自诉有效追究犯罪嫌疑人刑事责任。如果网络诽谤犯罪侵害了社会公共利益，就应当适用公诉程序处理。检察机关要适应新时代人民群众对人格尊严保护的更高需求，针对网络诽谤犯罪的特点，积极主动履职，加强与其他执法司法机关沟通协调，依法启动公诉程序，及时有效打击犯罪，加强对公民人格权的刑法保护，维护网络社会秩序，营造清朗网络空间。

（三）被害人已提起自诉的网络诽谤犯罪案件，因同时侵害公共利益需要适用公诉程序办理的，应当依法处理好程序转换。对自诉人已经提起自诉的网络诽谤犯罪案件，检察机关审查认为属于“严重危害社会秩序”，应当适用公诉程序的，应当履行法律监督职责，建议公安机关立案侦查。在公安机关立案后，对自诉人提起的自诉案件，人民法院尚未受理的，检察机关可以征求自诉人意见，由其撤回起诉。人民法院对自诉人的自诉案件受理以后，公安机关又立案的，检察机关可以征求自诉人意见，由其撤回起诉，或者建议人民法院依法裁定终止自诉案件的审理，以公诉案件审理。

【相关规定】

《中华人民共和国刑法》第二百四十六条

《中华人民共和国民法典》第九百九十条、第九百九十一条、第一千零二十四条

《最高人民法院、最高人民检察院关于办理利用信息网络实施诽谤等刑事案件适用法律若干问题的解释》第二条、第三条

《最高人民法院关于适用〈中华人民共和国刑事诉讼法〉的解释》第一条、第三百二十条

岳某侮辱案*

【关键词】

网络侮辱　裸照　情节严重　严重危害社会秩序　公诉程序

【要旨】

利用信息网络散布被害人的裸体视频、照片及带有侮辱性的文字，公然侮辱他人，贬损他人人格、破坏他人名誉，导致出现被害人自杀等后果，严重危害社会秩序的，应当按照公诉程序，以侮辱罪依法追究刑事责任。

【基本案情】

被告人岳某，男，1982 年出生，农民。

被害人张某，女，殁年 34 岁。

二人系同村村民，自 2014 年开始交往。交往期间，岳某多次拍摄张某裸露身体的照片和视频。2020 年 2 月，张某与岳某断绝交往。岳某为报复张某及其家人，在自己的微信朋友圈、快手 App 散布二人交往期间拍摄的张某的裸体照片、视频，并发送给张某的家人。后岳某的

* 最高人民检察院指导性案例第 138 号。

该快手账号因张某举报被封号。5月，岳某再次申请快手账号，继续散布张某的上述视频及写有侮辱性文字的张某照片，该快手App散布的视频、照片的浏览量达到600余次。

上述侮辱信息在当地迅速扩散、发酵，造成恶劣社会影响。同时，岳某还多次通过电话、微信骚扰、挑衅张某的丈夫。张某倍受舆论压力，最终不堪受辱服毒身亡。

【检察履职情况】

（一）审查逮捕

2020年7月6日，张某的丈夫以张某被岳某强奸为由到公安机关报案。7月7日，河北省肃宁县公安局立案侦查。7月13日，肃宁县公安局以岳某涉嫌强奸罪向河北省肃宁县人民检察院提请批准逮捕。

肃宁县人民检察院审查认为，因张某死亡，且无其他证据，无法证实岳某实施了强奸行为，但岳某为报复张某，将张某的裸体视频及带有侮辱性文字的照片发送到微信朋友圈和快手等网络平台，公然贬损张某人格、破坏其名誉，致张某自杀，情节严重，应当以侮辱罪追究其刑事责任。岳某侮辱他人，在当地造成恶劣影响，范围较广，严重危害社会秩序，应当适用公诉程序追诉。7月20日，肃宁县人民检察院以岳某涉嫌侮辱罪对其批准逮捕。

（二）审查起诉

2020年9月18日，肃宁县公安局以岳某涉嫌侮辱罪移送审查起诉。肃宁县人民检察院受理后，根据审查情况，要求公安机关向腾讯、快手公司补充调取岳某的账号信息及发布内容，确定发布内容的浏览量，以及在当地造成的社会影响。审查后，肃宁县人民检察院于10月9日以岳某涉嫌侮辱罪提起公诉，并结合认罪认罚情况，对岳某提出有期徒刑二年八个月的量刑建议。

（三）指控与证明犯罪

2020年11月25日，河北省肃宁县人民法院依法不公开开庭审理本案。

被告人岳某表示认罪认罚。岳某的辩护人提出，岳某的行为不构成犯罪。一是岳某的行为属于民事侵权行为，散布隐私尚未达到“情节严重”；二是岳某出于专门散布张某隐私视频和照片的目的而开设快手账号，两个账号粉丝共4人，不会有粉丝以外的人浏览，不符合侮辱罪“公然性”要求。公诉人答辩指出，岳某的行为已构成侮辱罪。一是张某因岳某的侮辱行为而自杀，该侮辱行为与死亡结果存在因果关系，属于“情节严重”；二是侮辱行为具有“公然性”。岳某将被害人的裸照、视频发送到网络上，使不特定多数人均可以看到，符合侮辱罪“公然性”的规定。而且，快手App并非只有成为粉丝才能浏览，粉丝人数少不代表浏览人数少，在案证据证实视频和照片的浏览量分别为222次、429次，且证人岳某坤等证实曾接收到快手同城推送的带有侮辱性文字的张某照片。

（四）处理结果

2020年12月3日，肃宁县人民法院作出判决，采纳检察机关指控的犯罪事实和量刑建议，以侮辱罪判处岳某有期徒刑二年八个月。判决宣告后，岳某未提出上诉，判决已生效。

【指导意义】

（一）侮辱他人行为恶劣或者造成被害人精神失常、自残、自杀等严重后果的，可以认定为“情节严重”。行为人以破坏他人名誉、贬低他人人格为目的，故意在网络上对他人实施侮辱行为，如散布被害人的个人隐私、生理缺陷等，情节严重的，应当认定为侮辱罪。侮辱罪“情节严重”，包括行为恶劣、后果严重等情形，如当众撕光妇女衣服的，当众向被害人泼洒粪便、污物的，造成被害人或者其近亲属精神失常、自残、自杀的，二年内曾因侮辱受过行政处罚又侮辱他人的，在网络上散布被害人隐私导致被广泛传播的，以及其他情节严重情形。

（二）侮辱罪“严重危害社会秩序”的情形可以结合行为方式、社会影响等综合认定。侮辱罪属于告诉才处理的犯罪，但严重危害社会秩序和国家利益的除外。行为人利用信息网络侮辱他人犯罪案件中，是否属于“严重危害社会秩序”的情形，可以根据《最高人民法院、最高人民检察院关于办理利用信息网络实施诽谤等刑事案件适用法律若干问题的解释》的相关规定予以认定。行为人在网络上散布被害人裸照、视频等严重侵犯他人隐私的信息，造成恶劣社会影响的，或者在网络上散布侮辱他人的信息，导致对被害人产生大量负面评价，造成恶劣社会影响的，不仅侵害被害人人格权，而且严重扰乱社会秩序的，可以认定为“其他严重危害社会秩序的情形”，按照公诉程序依法追诉。

（三）准确认定利用网络散布他人裸照、视频等隐私的行为性质。行为人在与被害人交往期间，获得了被害人的裸照、视频等，无论其获取行为是否合法，是否得到被害人授权，只要恶意对外散布，均应当承担相应法律责任，情节严重的，要依法追究刑事责任。对上述行为认定为侮辱罪还是强制侮辱罪，要结合行为人的主客观方面综合判断。如果行为人以破坏特定人名誉、贬低特定人人格为目的，故意在网络上对特定对象实施侮辱行为，情节严重的，应当认定为侮辱罪。如果行为人出于寻求精神刺激等动机，以暴力、胁迫或者其他方式，对妇女进行身体或者精神强制，使之不能反抗或者不敢反抗，进而实施侮辱的行为，应当认定为强制侮辱罪。

【相关规定】

《中华人民共和国刑法》第二百四十六条

《最高人民法院、最高人民检察院关于办理利用信息网络实施诽谤等刑事案件适用法律若干问题的解释》第二条、第三条、第五条

钱某制作、贩卖、传播淫秽物品牟利案*

【关键词】

制作、贩卖、传播淫秽物品牟利 私密空间行为 偷拍 淫秽物品

【要旨】

自然人在私密空间的日常生活属于民法典保护的隐私。行为人以牟利为目的，偷拍他人性行为并制作成视频文件，以贩卖、传播方式予以公开，不仅侵犯他人隐私，而且该偷拍视频公开后具有描绘性行为、宣扬色情的客观属性，符合刑法关于“淫秽物品”的规定，构成犯罪的，应当以制作、贩卖、传播淫秽物品牟利罪追究刑事责任。以牟利为目的提供互联网链接，使他人可以通过偷拍设备实时观看或者下载视频文件的，属于该罪的“贩卖、传播”行为。检察机关办理涉及偷拍他人隐私的刑事案件时，应当根据犯罪的主客观方面依法适用不同罪名追究刑事责任。

【基本案情】

被告人钱某，男，1990年出生，无固定职业。

钱某曾因偷拍他人性行为被行政拘留，仍不思悔改，产生通过互联网贩卖偷拍视频文件从中牟利的想法。2017年11月，钱某从网络上购买了多个偷拍设备，分别安装在多家酒店客房内，先后偷拍51对入住旅客的性行为，并将编辑、加工的偷拍视频文件保存至互联网云盘，通过非法网站、即时通讯软件发布贩卖信息。2018年5月9日，公安机关将钱某抓获，并在上述互联网云盘中检出偷拍视频114个。

---

* 最高人民检察院指导性案例第139号。

此外，钱某还以“付费包月观看”的方式，先后 182 次为他人通过偷拍设备实时观看入住旅客性行为或者下载偷拍视频提供互联网链接。

【检察履职情况】

（一）引导侦查取证

2018 年 6 月 8 日，四川省成都市公安局锦江分局以钱某涉嫌传播淫秽物品罪向检察机关提请批准逮捕。

四川省成都市锦江区人民检察院审查认为，钱某偷拍他人性行为后既有传播扩散行为，也有编辑加工、贩卖牟利行为，故以制作淫秽物品牟利罪对钱某批准逮捕，并向公安机关提出对扣押在案的手机进行电子数据检查和恢复，对其注册使用的互联网云盘信息进行提取和固定的取证意见。此后，公安机关进一步查明了钱某的作案方式、获利情况和危害后果。

（二）审查起诉

2018 年 8 月 15 日，锦江分局以钱某涉嫌制作、贩卖、传播淫秽物品牟利罪移送锦江区人民检察院审查起诉。审查起诉期间，钱某辩解其上传到互联网云盘的淫秽视频文件并非偷拍所得，而是从他人处获取后上传互联网用于个人观看。对此，检察机关自行补充侦查，对涉案多家酒店实地察看，详细了解装有偷拍设备的酒店客房布局、特征和偷拍设备安装位置、取景场域，通过与起获的视频文件中拍摄的客房画面逐一比对，结合其有罪供述，发现有 114 个视频文件中的场景与偷拍现场具有同一性，结合其他证据认定相关视频确系钱某偷拍。

2019 年 1 月 29 日，锦江区人民检察院以钱某涉嫌制作、贩卖、传播淫秽物品牟利罪提起公诉。

（三）指控与证明犯罪

2019年7月17日、7月24日，四川省成都市锦江区人民法院不公开开庭审理本案。

庭审中，辩护人对视频文件的性质和数量认定等提出了辩护意见。一是涉案的视频文件形式上不具有实物特征，内容上不具有淫秽特征，不属于淫秽物品；二是多个视频文件描绘的是同一对旅客的性行为，即便属于淫秽物品，也应当以被偷拍的旅客的对数认定数量，不能以设备自动分段或人为编辑制作的数量认定。

公诉人答辩指出，偷拍的视频文件属于淫秽物品，数量应当以钱某编辑、制作的数量为标准。一是涉案的视频文件属于淫秽物品。形式上，淫秽物品的视频文件形式与刊物、光盘等有形物具有同质性。对此，《全国人民代表大会常务委员会关于维护互联网安全的决定》明确规定，在互联网上建立淫秽网站、网页，提供淫秽站点链接服务，或者传播淫秽书刊、影片、音像、图片的，依照刑法有关规定追究刑事责任。最高人民法院、最高人民检察院的司法解释对制作、贩卖、传播视频文件、音频文件等淫秽电子信息也有明确规定。内容上，自然人在私密空间的性行为本身不具有淫秽性，但被告人将其编辑、贩卖、对外传播，则具有描绘性行为或者露骨宣扬色情的客观属性，符合刑法对“淫秽物品”的界定；二是视频文件的数量应当以钱某编辑、制作数量为标准，而非依据旅客区分。本案中每个视频文件都是钱某偷拍后通过筛选、剪辑而成；每个视频文件都能够独立播放，内容涉及不同性行为；每个视频文件都是露骨宣扬色情，被非法传播后都能给观看者带来淫秽性刺激，社会危害性不会因为数个片段均反映同一对旅客的性行为而降低。

（四）处理结果

2019年7月26日，锦江区人民法院作出判决，采纳检察机关指控的犯罪事实和意见，以制作、贩卖、传播淫秽物品牟利罪判处钱某有期徒刑三年六个月，并处罚金人民币 5000 元。宣判后，钱某未提出上诉，判决已生效。

（五）制发检察建议

旅客入住酒店偷拍事件频发，导致隐私安全无法得到保障，严重侵犯消费者的个人隐私，暴露出相关行业主管部门监管不力、经营者管理不善问题，检察机关从建立健全旅客隐私保护、落实实名登记入住制度、增加安防设施投入、加强日常检查巡查等方面，向治安主管部门和行业组织发出检察建议。治安主管部门落实整改，对辖区旅馆业进行滚动摸排、对场所软硬件开展检查，强化旅客入住“人证合一”，开展公民隐私权法制宣传，会同市场监管部门联合核查网络摄像头生产、销售商家，督促落实市场主体责任。行业组织开展了旅馆、酒店会员单位法制宣传、隐私安全保护培训，增加安防设备，会同治安主管部门制定治安安全防范规范，加强旅馆业安全管理水平，加大保护公民隐私安全力度。

【指导意义】

（一）准确界定“淫秽物品”“贩卖、传播行为”，依法严惩网络背景下传播淫秽物品犯罪。自然人的私人生活安宁和不愿受他人干扰的私密空间、私密活动、私密信息，依法不受侵犯。发生在酒店、旅馆、民宿等非公开空间内的性行为，属于隐私保护的范围。行为人偷拍他人性行为并经互联网传播扩散的视频，不仅侵害个人隐私，而且客观上具有描绘性行为的诲淫性，具有宣扬色情的危害性，符合刑法对“淫秽物品”的界定。行为人有偿提供互联网链接，他人付费后可以实时在线观看，与建立并运营“点对面”式互联网直播平台的传播行为性质相同，应当认定为贩卖、传播行为。

（二）行为人偷拍他人隐私，行为方式、目的多样，应当区分不同情形依法惩处。行为人非法使用偷拍设备窥探他人隐私，未贩卖、传播的，如果相关设备经鉴定属于窃听、窃照专用器材，造成严重后果的，应当以非法使用窃听、窃照专用器材罪追究刑事责任；如果行为人又将偷拍的内容贩卖、传播的，应当按照处罚较重的罪名追究刑事责任。行为人通过远程操控侵入他人自行安装的摄像头后台信息系统，对他人私密空间、行为进行窥探，进行遥控并自行观看，情节严重的，应当以非法控制计算机信息系统罪追究刑事责任；如果行为人在侵入上述计算机信息系统以后，又将偷拍的视频贩卖、传播的，应当按照处罚较重的罪名追究刑事责任。行为人以非法占有他人财物为目的，通过偷拍获取他人隐私，进而要挟他人、获取财物，构成犯罪的，应当以敲诈勒索罪追究刑事责任。上述行为尚未构成犯罪的，应当依法从严追究其行政违法责任。

（三）通过制发检察建议促进社会治理。个人隐私被非法收集、买卖，成为电信网络诈骗、网络传播淫秽物品等犯罪的源头，并催生出一条黑灰产业链，严重侵扰公民生活安宁、财产安全，破坏社会秩序。检察机关办案中要注意剖析案发地区、案发领域管理、制度上的漏洞，研究提出有针对性、可操作性的检察建议，推动有关部门建章立制、堵塞漏洞、消除隐患，促进完善社会治理。

【相关规定】

《中华人民共和国刑法》第三百六十三条、第三百六十七条

《最高人民法院、最高人民检察院关于办理利用互联网、移动通讯终端、声讯台制作、复制、出版、贩卖、传播淫秽电子信息刑事案件具体应用法律若干问题的解释》第一条

《最高人民法院、最高人民检察院关于办理利用互联网、移动通讯终端、声讯台制作、复制、出版、贩卖、传播淫秽电子信息刑事案件具体应用法律若干问题的解释（二）》第一条

柯某侵犯公民个人信息案*

【关键词】

侵犯公民个人信息　业主房源信息　身份识别　信息主体另行授权

【要旨】

业主房源信息是房产交易信息和身份识别信息的组合，包含姓名、通信通讯联系方式、住址、交易价格等内容，属于法律保护的公民个人信息。未经信息主体另行授权，非法获取、出售限定使用范围的业主房源信息，系侵犯公民个人信息的行为，情节严重、构成犯罪的，应当依法追究刑事责任。检察机关办理案件时应当对涉案公民个人信息进行具体甄别，筛除模糊、无效及重复信息，准确认定侵犯公民个人信息数量。

【基本案情】

被告人柯某，男，1980年出生，系安徽某信息技术有限公司经营者，开发了“房利帮”网站。

2016年1月起，柯某开始运营“房利帮”网站并开发同名手机App，以对外售卖上海市二手房租售房源信息为主营业务。运营期间，柯某对网站会员上传真实业主房源信息进行现金激励，吸引掌握该类信息的房产中介人员（另案处理）注册会员并向网站提供信息，有偿获取了大量包含房屋门牌号码及业主姓名、电话等非公开内容的业主房源信息。

---

* 最高人民检察院指导性案例第140号。

柯某在获取上述业主房源信息后，安排员工冒充房产中介人员逐一电话联系业主进行核实，将有效的信息以会员套餐形式提供给网站会员付费查询使用。上述员工在联系核实信息过程中亦未如实告知业主获取、使用业主房源信息的情况。

自 2016 年 1 月至案发，柯某通过运营“房利帮”网站共非法获取业主房源信息 30 余万条，以会员套餐方式出售获利达人民币 150 余万元。

上海市公安局金山分局在侦办一起侵犯公民个人信息案时，发现该案犯罪嫌疑人非法出售的部分信息购自“房利帮”网站，根据《最高人民法院、最高人民检察院、公安部关于办理网络犯罪案件适用刑事诉讼法若干问题的意见》的规定，柯某获取的均为上海地区的业主信息，遂对柯某立案侦查。

【检察履职情况】

（一）引导侦查取证

2017 年 11 月 17 日，金山分局以柯某涉嫌侵犯公民个人信息罪向上海市金山区人民检察院提请批准逮捕。

11 月 24 日，金山区人民检察院作出批准逮捕决定，并建议公安机关从电子数据、言词证据两方面，针对信息性质和经营模式继续取证。公安机关根据建议，一是调取了完整的运营数据库进行鉴定，确认了信息数量；二是结合“房利帮”网站员工证言，进一步向柯某确认了该公司是由其个人控制经营，以有偿获取、出售个人信息为业，查明本案属自然人犯罪而非单位犯罪。

（二）审查起诉

2018 年 1 月 19 日，金山分局将本案移送审查起诉。经退回补充侦查并完善证据，查清了案件事实。一是对信息数据甄别去重，结合网站的资金支出和柯某供述，进一步明确了有效业主房源信息的数量；二是对相关业主开展随机调查，证实房产中介人员向“房利帮”网站上传信息未经业主事先同意或者另行授权，以及业主在信息泄露后频遭滋扰等情况。

7 月 27 日，金山区人民检察院以柯某涉嫌侵犯公民个人信息罪提起公诉。

（三）指控与证明犯罪

2019 年 1 月 16 日，上海市金山区人民法院依法公开开庭审理本案。审理中，柯某及其辩护人对柯某的业务模式、涉案信息数量等事实问题无异议，但认为柯某的行为不构成犯罪。

辩护人提出，第一，房源信息是用于房产交易的商用信息，部分信息没有业主实名，不属于刑法保护的公民个人信息；第二，网站的房源信息多由房产中介人员上传，房产中介人员获取该信息时已得到业主许可，系公开信息，网站属合理使用，无须另行授权；第三，网站对信息核实后，将真实房源信息整合，主要向房产中介人员出售，促进房产交易，符合业主意愿和利益。

公诉人答辩指出，柯某的行为依法构成犯罪。第一，业主房源信息中的门牌号码、业主电话，组合后足以识别特定自然人，且部分信息有业主姓名，符合刑法对公民个人信息的界定；第二，业主委托房产中介时提供姓名、电话等，目的是供相对的房产中介提供服务时联系使用，不能以此视为业主同意或者授权中介对社会公开；第三，柯某安排员工冒充房产中介向业主核实时，仍未如实告知信息获取的途径及用途。而且，该网站并不从事中介业务帮助业主寻找交易对象，只是将公民个人信息用于倒卖牟利。

（四）处理结果

2019 年 12 月 31 日，金山区人民法院作出判决，采纳金山区人民检察院指控的犯罪事实和意见，以侵犯公民个人信息罪判处柯某有期徒刑三年，缓刑四年，并处罚金人民币 160 万元。宣判后，柯某未提出上诉，判决已生效。

【指导意义】

（一）包含房产信息和身份识别信息的业主房源信息属于公民个人信息。公民个人信息，是指以电子或者其他方式记录的能够单独或者与其他信息结合识别特定自然人身份或者反映特定自然人活动情况的各种信息，包括姓名、身份证件号码、通信通讯联络方式、住址、账号密码、财产状况、行踪轨迹等。业主房源信息包括房产坐落区域、面积、售租价格等描述房产特征的信息，也包含门牌号码、业主电话、姓名等具有身份识别性的信息，上述信息组合，使业主房源信息符合公民个人信息“识别特定自然人”的规定。上述信息非法流入公共领域存在较大风险。现实生活中，被害人因信息泄露被频繁滋扰，更有大量信息进入黑灰产业链，被用于电信网络诈骗、敲诈勒索等犯罪活动，严重威胁公民人身财产安全、社会公共利益，甚至危及国家信息安全，应当依法惩处。

（二）获取限定使用范围的信息需信息主体同意、授权。对生物识别、宗教信仰、特定身份、医疗健康、金融账户、行踪轨迹等敏感个人信息，进行信息处理须得到信息主体明确同意、授权。对非敏感个人信息，如上述业主电话、姓名等，应当根据具体情况作出不同处理。信息主体自愿、主动向社会完全公开的信息，可以认定同意他人获取，在不侵犯其合法利益的情况下可以合法、合理利用。但限定用途、范围的信息，如仅提供给中介供服务使用的，他人在未经另行授权的情况下，非法获取、出售，情节严重的，应当以侵犯公民个人信息罪追究刑事责任。

（三）认定公民个人信息数量，应当在全面固定数据基础上有效甄别。侵犯公民个人信息案件中，信息一般以电子数据形式存储，往往数据庞杂、真伪交织、形式多样。检察机关应当把握公民个人信息“可识别特定自然人身份或者反映特定自然人活动情况”的标准，准确提炼出关键性的识别要素，如家庭住址、电话号码、姓名等，对信息数据有效甄别。对包含上述信息的认定为有效的公民个人信息，以准确认定信息数量。

【相关规定】

《中华人民共和国刑法》第二百五十三条之一

《中华人民共和国网络安全法》第四十一条、第四十二条

《最高人民法院、最高人民检察院关于办理侵犯公民个人信息刑事案件适用法律若干问题的解释》第一条、第二条、第三条、第四条、第十一条

二、典型案例

依法惩治网络暴力违法犯罪典型案例

（2023年9月最高人民法院公布）

目　录

1. 吴某某诽谤案*

——网上随意诽谤他人，社会影响恶劣的，依法应当适用公诉程序

【基本案情】

被告人吴某某在网络平台上以个人账号“飞哥在东莞”编发故事，为开展地产销售吸引粉丝、增加流量。2021年11月19日，吴某某在网上浏览到被害人沈某某发布的“与外公的日常”帖文，遂下载并利用帖文图片在上述网络账号上发布帖文，捏造“73岁东莞清溪企业家豪

* 人民法院案例库亦收录了本案，详见本书第365页。

娶29岁广西大美女，赠送礼金、公寓、豪车”。上述帖文信息在网络上被大量转载、讨论，引起网民对沈某某肆意谩骂、诋毁，相关网络平台上对上述帖文信息的讨论量为75608条、转发量为31485次、阅读量为4.7亿余次，造成极恶劣社会影响。此外，被告人吴某某还针对闵某捏造并在网上发布诽谤信息。广东省东莞市第一市区人民检察院以诽谤罪对吴某某提起公诉。

【裁判结果】

广东省东莞市第一人民法院判决认为：被告人吴某某在信息网络上以捏造事实诽谤他人，情节严重，且严重危害社会秩序。综合被告人犯罪情节和认罪认罚情况，以诽谤罪判处被告人吴某某有期徒刑一年。该判决已发生法律效力。

【典型意义】

传统侮辱、诽谤多发生在熟人之间。为了更好地保护当事人的隐私，最大限度修复社会关系，刑法将此类案件规定为告诉才处理，并设置了“严重危害社会秩序和国家利益”的例外情形。随着网络时代的到来，侮辱、诽谤的行为对象发生重大变化。以网络暴力为例，所涉侮辱、诽谤行为往往针对素不相识的陌生人实施，受害人在确认侵害人、收集证据等方面存在现实困难，维权成本极高。对此，要准确把握侮辱罪、诽谤罪的公诉条件，依法对严重危害社会秩序的网络侮辱、诽谤案件提起公诉。需要注意的是，随意选择对象的网络侮辱、诽谤行为，可以使相关信息在线上以“网速”传播，迅速引发大规模负面评论，不仅严重侵害被害人的人格权益，还会产生“人人自危”的群体恐慌，严重影响社会公众的安全感，应当作为“严重危害社会秩序”的重要判断因素。

本案即是随意以普通公众为侵害对象的网络暴力案件，行为人为博取网络流量，随意以普通公众为侵害对象，捏造低俗信息诽谤素不相识的被害人，相关信息在网络上大范围传播，引发大量负面评论，累计阅读量超过4亿次，社会影响恶劣。基于此，办案机关认为本案属于“严重危害社会秩序”情形，依法适用公诉程序，以诽谤罪对被告人定罪判刑。

2. 常某一等侮辱案*

——网络侮辱造成被害人自杀，社会影响恶劣的，依法应当适用公诉程序

【基本案情】

2018年8月20日，被告人常某一之子在德阳某游泳馆游泳时，因与安某某发生碰撞后向安某某作吐口水动作，被安某某丈夫乔某某将头按入水中并掌掴。常某一闻讯与安某某、乔某某发生争执，并进入游泳馆女更衣室与安某某发生肢体冲突。公安民警接警后调解未果。次日上午，常某一、周某（另案处理）到乔某某单位反映上述情况，要求对乔某某作出处理，并拍摄该单位公示栏中乔某某姓名、职务、免冠照片等；下午，被告人常某一和被告人常某二（常某一堂妹）等人到安某某单位，要求立即处理安某某，并吵闹、言语攻击安某某，引发群众围观。常某一通过安某某单位微信公众号获取其姓名、单位、职务、免冠照片截图。此后，被告人常某一、常某二和被告人孙某某（常某一表妹）将乔某某、安某某的相关个人信息与上述游泳池事件视频关联，通过微信群、微博发布带有情绪性、侮辱性的帖文和评论，并推送给多家网络媒体。涉案游泳池事件被多家媒体报道、转载，在网络上引发大量针对乔某某、安某某的诋毁、谩骂。其间，乔某某、安某某通过他人与常某一联系协商未果。同月25日，安某某服药自杀，经抢救无效死

---

* 人民法院案例库亦收录了本案，详见本书第360页。

亡。四川省绵竹市人民检察院对常某一等提起公诉。

【裁判结果】

四川省绵竹市人民法院一审判决认为：被告人常某一、常某二、孙某某利用涉案泳池冲突事件煽动网络暴力，公然贬损被害人人格、损坏被害人名誉，造成被害人安某某不堪负面舆论的精神压力而自杀身亡。综合考虑各被告人在共同犯罪中所起作用、自首、悔罪表现以及被害人乔某某过错情况，以侮辱罪判处被告人常某一有期徒刑一年六个月；被告人常某二有期徒刑一年，缓刑二年；被告人孙某某有期徒刑六个月，缓刑一年。宣判后，被告人常某一提起上诉。四川省德阳市中级人民法院裁定驳回上诉，维持原判。

【典型意义】

与线下暴力直接造成人身伤害不同，网络暴力主要通过发布、传播信息，损害他人名誉、尊严等人格权益，实质是语言暴力。由于网络的特殊性，加之网络暴力信息“夺人眼球”，所涉信息极易在互联网空间被海量放大，快速扩散、发酵形成舆论风暴。网络暴力所引发的群体性网络负面言论，使得被害人面对海量信息的传播而无所适从、无从反抗，导致“社会性死亡”甚至精神失常、自杀等严重后果。近年来，网络暴力引发的悲剧接连发生，亟待依法予以严惩。

本案即是网络暴力引发严重后果的案件，行为人发布侮辱性言论，并通过网络推送，引发大量针对被害人的网络诋毁、谩骂，造成被害人自杀的严重后果，社会影响恶劣。基于此，办案机关依法适用公诉程序，以侮辱罪对三名被告人定罪判刑。

3. 王某某诉李某某侮辱案

——网上侮辱他人，情节严重的，构成侮辱罪

【基本案情】

自诉人王某某曾与被告人李某某交往，其间，李某某拍摄了王某某裸照。两人分手后，被告人李某某在自诉人微信粉丝群（成员400余人）内发布“爆料”文章，并配有自诉人裸照、“有偿约炮”“床照”等文字。2018年6月至7月，被告人将上述文章、照片编辑后分期在微博账号上发布，相关帖文被转发2万次，评论115次，点赞1033次，引起网民大量嘲讽攻击，给自诉人造成极大心理压力。被告人还在有关网络平台公开前述帖文的网络链接，被多个粉丝众多的网络账号转发，个别账号粉丝超过100万。

【裁判结果】

广东省深圳市南山区人民法院判决认为：被告人李某某为泄私愤，利用信息网络发布自诉人私密照片、侮辱性文字等信息，公然侮辱自诉人，致使相关信息被大量转发，其行为已构成侮辱罪。综合考虑被告人坦白、认罪等情节，以侮辱罪判处被告人李某某有期徒刑一年。宣判后，李某某提出上诉。广东省深圳市中级人民法院裁定驳回上诉，维持原判。

【典型意义】

根据刑法第二百四十六条规定，以暴力或者其他方法公然侮辱他人，情节严重的，构成侮辱罪。由于网络具有一定的特殊性，网络侮辱

等网络暴力行为的社会危害更加突显，集中表现为传播范围更大、传播速度更快。对于网络侮辱行为是否达到“情节严重”的程度，应当根据侮辱信息的具体情形、传播范围，以及行为手段、造成危害后果等因素，综合评价对被害人社会评价、人格尊严的损害程度，依法准确作出认定。需要特别注意的是，考虑到手机等移动网络终端已广泛普及，单纯依据相关信息的浏览数量入罪应当特别慎重，以确保案件处理符合罪责刑相适应原则。

本案即是网络侮辱案件，行为人发布包含被害人裸照等私密信息的网络帖文，并肆意发布低俗侮辱言论，致使相关信息大规模传播，严重损害被害人人格尊严，应当认为“情节严重”。基于此，人民法院以侮辱罪对被告人李某某定罪判刑。

4. 刘某某侵犯公民个人信息案

——购买并通过信息网络发布个人信息，
情节严重的，构成侵犯公民个人信息罪

【基本案情】

2019 年 1 月至 5 月间，被告人刘某某为泄愤报复网络主播李某某，从他人处购买李某某及其父母的姓名、年龄、住址、身份证号码、照片等个人信息。刘某某编辑上述照片等信息并添加诅咒文字后，通过几十个网络账号多次发布，称“李某某的身份证号，大家拿去借网贷”，相关网络帖文的阅读量达 1 万余次，引起大量负面评论。刘某某还利用网络账号大量添加被害人李某某的粉丝，以私信发送李某某的照片等个人身份信息，并扬言要蹲点杀害李某某。被害人李某某 2019 年 4 月、5 月间直播收入减少 4 万余元，大量粉丝对其取消关注。

【裁判结果】

湖南省醴陵市人民法院判决认为：被告人刘某某违反国家有关规定，非法获取公民个人信息，造成被害人经济损失，严重影响被害人生活，构成侵犯公民个人信息罪。综合考虑被告人坦白、退赃等情况，以侵犯公民个人信息罪判处被告人刘某某有期徒刑十个月，缓刑一年，并处罚金2万元。该判决已发生法律效力。

【典型意义】

网络暴力所涉行为类型多样，侵犯公民个人信息即为类型之一。特别是，通过“人肉搜索”“开盒”等，在网络上非法曝光他人隐私、发布公民个人信息，导致网络暴力直接针对具体个体，危害更加严重，甚至还可能转化为网下暴力，进而对人身权益带来直接损害。基于此，对网络暴力所涉侵犯公民个人信息的行为，必须严厉惩治，以有效维护被害人合法权益。

本案即是通过侵犯公民个人信息实施的网络暴力案件，行为人购买个人信息并通过网络对外发布，严重侵犯被害人个人信息权益，且对被害人正常工作、生活造成严重滋扰，应当认定为“情节严重”。基于此，人民法院以侵犯公民个人信息罪对被告人刘某某定罪判刑。

5. 汤某某、何某网上“骂战”被行政处罚案

——对尚不构成犯罪的网络暴力行为，依法予以治安管理处罚

【基本案情】

2023年2月，汤某某和何某因琐事多次发生冲突，未能协商解决。后双方矛盾日益激化，于同年6月在多个网络平台发布视频泄愤，相互

谩骂。随着“骂战”升级，二人开始捏造对方非法持枪、抢劫、强奸等不实信息，引发大量网民围观，跟进评论、嘲讽、谩骂，造成不良社会影响。

【处理结果】

云南省玉溪市公安局红塔分局依法传唤汤某某、何某，告知双方在网络上发布言论应当遵守法律法规，侵犯他人名誉或扰乱社会正常秩序的，需要承担法律责任。据此，依法对汤某某、何某处以行政拘留五日的处罚，并责令删除相关违法视频。

【典型意义】

网络暴力行为类型复杂多样，危害程度差异较大。基于此，在依法严惩网络暴力犯罪的同时，要根据案件具体情况，做好行刑衔接工作，贯彻综合治理原则。治安管理处罚法第四十二条规定：“有下列行为之一的，处五日以下拘留或者五百元以下罚款；情节较重的，处五日以上十日以下拘留，可以并处五百元以下罚款：……（二）公然侮辱他人或者捏造事实诽谤他人的……（六）偷窥、偷拍、窃听、散布他人隐私的。”据此，对于实施网络诽谤、侮辱等网络暴力行为，尚不构成犯罪，符合治安管理处罚法等规定的，依法予以行政处罚。

本案即是网络暴力治安管理处罚案件，行为人实施网络“骂战”，相互谩骂、诋毁，在损害对方名誉权的同时，破坏网络秩序，造成不良社会影响。公安机关依法予以治安管理处罚，责令删除违法信息，教育双方遵守法律法规，及时制止了网络暴力滋生蔓延和违法行为继续升级。

6. 李某某申请人格权侵害禁令案

——为避免合法权益受到难以弥补的损害，
人民法院可以依法作出人格权侵害禁令

【基本案情】

自2022年5月至2023年4月，被告张某某使用其拥有40万粉丝的网络账号直播40余次，发布针对李某某的视频，其中含有大量谩骂和人身攻击言辞，引发网民围观，跟进评论、嘲讽、诋毁。同时，张某某还组建粉丝群，煽动他人辱骂李某某。李某某据此向法院提起网络侵权责任纠纷诉讼。案件审理期间，经法庭释明后，张某某仍每晚定时直播，继续针对李某某发布相关侵权言论，并公开李某某数位身份证号码。2023年7月6日，李某某向法院提出人格权侵害禁令申请。

【裁判结果】

北京互联网法院裁定认为：结合张某某既往行为和本案实际情况，其正在实施侵害行为，且继续实施侵权行为的可能性较大。涉案直播视频播放量较高，若不及时制止，将极大增加原告李某某的维权负担，导致侵权影响范围、损害后果进一步扩大。据此，依法作出裁定，责令张某某立即停止在涉案账号中发布侵害李某某名誉权的内容。该裁定发生法律效力后，被申请人张某某已停止相关行为。

【典型意义】

网络暴力借助信息技术手段实施，与现实空间之中的侵害行为具有明显不同。特别是，网络暴力的强度及其对被害人合法权益的损害程度，往往与网络暴力信息的传播速度、规模直接相关联。基于此，阻断网络暴力信息扩散、发酵往往具有急迫性，需要采取紧急措施，避免对合法权益造成难以弥补的损害。对此，民法典第九百九十七条规定："民事主体有证据证明行为人正在实施或者即将实施侵害其人格权的违法行为，不及时制止将使其合法权益受到难以弥补的损害的，有权依法向人民法院申请采取责令行为人停止有关行为的措施。"据此，权利人对正在实施或者即将实施侵害其人格权的网络暴力行为，在提起民事诉讼时，还可以向人民法院申请依法适用人格权侵害禁令制度。

本案即是依法适用人格权侵害禁令的案例，被告发布相关侵权信息的持续时间较长、信息受众群体规模巨大，对原告名誉权造成严重负面影响，人民法院根据原告申请，在一周内即作出人格权侵害禁令，及时制止了被告继续实施相关行为，有力维护了受害人合法权益。

7. 王某某等诉龚某名誉权纠纷案

——为有效维护受害人合法权益，可以判令行为人通过公开道歉等方式消除不良影响

【基本案情】

王某某、高某夫妇与龚某系邻居，双方因邻里琐事产生矛盾。2022年6月，龚某在成员百余人的"互帮互助群"和"邻里互助群"小区微信群内，发布针对王某某夫妇家庭生活、子女教育及道德品行方面的言论。王某某、高某认为龚某的言论给其造成了精神痛苦，导致了其社会评价降低、名誉受损等后果，向法院提起名誉权纠纷诉讼，请求判令龚某在上述微信群内公开赔礼道歉并赔偿精神损害抚慰金。

【裁判结果】

上海市闵行区人民法院判决认为：龚某在近百人的小区微信群内发

布的针对王某某、高某夫妇的涉案言论，易使涉案微信群内的其他成员陷入错误判断，造成其人格受贬损、名誉被诋毁及社会评价降低的后果，故认定龚某发表的涉案言论构成侵犯王某某、高某名誉权，判决龚某在涉案两个微信群内以书面形式公开赔礼道歉，并赔偿精神损害抚慰金1000元。判决生效后，因涉案微信群之一已解散，在执行法官见证下，龚某逐户上门说明情况，同时在楼道口张贴致歉公告。

【典型意义】

网络暴力信息往往具有传播范围广、持续时间长、社会危害大、影响消除难的特点。办案机关根据案件进展情况，及时澄清事实真相，有效消除不良影响，是遏制网络暴力危害、保障受害人权益的重要方面。对于相关民事案件，除了让被告承担相应的侵权赔偿责任外，还可以判令其通过公开道歉等方式，及时消除不良影响，实现对受害人人格权的有效保护。

本案即是判令行为人公开道歉的案例，被告涉案言论在小区微信群传播，影响受害人的日常生活，对其社会评价造成不良影响。基于此，为受害人及时消除不良影响不仅必要，而且可行。人民法院结合具体案情，在涉案微信群解散、不具备线上执行条件的情况下，由执行法官全程陪同被告逐户上门说明情况、澄清事实，不仅为受害人有效消除影响、恢复名誉，还教育引导社会公众自觉守法，引领社会文明风尚。

检察机关依法惩治利用网络暴力侵犯企业合法权益典型案例

（2024年7月最高人民检察院公布）

目　录

1. 李某某等人敲诈勒索案

【简要案情】

2021年10月至2023年4月，被告人李某某与其妻子刘某甲陆续从各大电商平台购买零食，通过在包装袋内放置虫子、塑料、头发等异物，并重新密封，伪造食品有严重质量问题的假象，找商家索赔。若商家不同意赔偿，被告人便以在网上曝光或者投诉相要挟。被告人李某某、刘某甲以此方式先后向17家电商企业敲诈勒索206次，涉案金额共计17万余元。其间，刘某乙帮助刘某甲签收快递、接收商家赔付款等，参与金额共计2.6万元，获利500元。

【诉讼过程】

本案由安徽省芜湖市公安局弋江分局立案侦查。2023 年 10 月，芜湖市弋江区人民检察院以敲诈勒索罪对李某某、刘某甲提起公诉，并对未成年人刘某乙作相对不起诉处理。同年 12 月，芜湖市弋江区人民法院以敲诈勒索罪分别判处李某某有期徒刑三年六个月，并处罚金 1.5 万元；判处刘某甲有期徒刑三年，宣告缓刑三年，并处罚金 1 万元。二被告人均未上诉，判决已生效。

【检察机关履职情况】

引导侦查，准确认定犯罪性质。李某某等人敲诈勒索案系利用互联网实施的犯罪行为，检察机关在办案中，引导公安机关从电子数据中全面梳理出了李某某用投诉、曝光相威胁的聊天记录，认为其采取的主要手段系通过威胁迫使商家给付财物，准确认定李某某构成敲诈勒索罪。

精准施策，全力为企业追赃挽损。在审查起诉阶段，检察机关依法向被告人阐明认定犯罪法律依据和认罪认罚、退赔与否将面临的不同量刑建议，促使被告人自愿认罪认罚并退赃退赔，争取从宽处理。被告人按照检察机关认定的犯罪金额，足额退还给被害单位，实实在在挽回了企业损失。

宽严相济，依法分别处理。鉴于涉案人员刘某乙犯罪时为未成年人，且参与时间较短、作用较小，积极认罪、悔罪，综合考虑其认知程度、社会阅历、主观恶性等，检察机关依法作出不起诉处理。刘某甲与被告人李某某系夫妻，两人育有二女，均为幼儿，如对两人均判处监禁刑，两名幼儿将会面临无人抚养的情况，考虑到刘某甲全额退赃，且自愿认罪认罚，检察机关对其提出了宽缓量刑建议。

反向审视，积极履职推进源头治理。因辖区电商零食企业较多，针对案件暴露出的电商企业维权意识不强等问题，检察机关联合区工商联和辖区多家电商零食企业座谈交流，引导促进企业依法经营，共创良好营商环境。检察机关向市场监督管理部门制发检察建议，推动行业监管与治理。

分析数据，发现类案监督线索。结合案件办理情况及企业的需求，根据辖区企业反映的虚假维权型敲诈勒索问题，通过从涉案企业和有关部门调取的数据，构建虚假维权型敲诈勒索监督模型，对辖区内消费投诉进行碰撞分析，发现多起虚构维权事项实施敲诈勒索的异常投诉，监督公安机关依法立案查处。

【典型意义】

依法惩治网络敲诈勒索企业犯罪，优化法治营商环境。以“维权”之名、行“勒索”之实，牟取不法经济利益，不仅侵犯企业的财产权益，同时也使企业的商誉受损。该案的办理对于鼓励企业依法维权、警示潜在犯罪行为起到积极作用，助推企业自治、行业共治，共同优化营商环境。

谋好社会治理后半篇文章，护航企业发展。检察机关在办理侵害企业合法权益案件中，要注重及时发现案件背后的制度漏洞。通过制发社会治理类检察建议，联合相关职能部门打造数字检察监督大数据模型，加强刑事检察监督和诉源治理工作，从治已病到防未病，促进企业健康发展。

2. 王某某、张某敲诈勒索案

【简要案情】

被告人王某某系北京某餐饮公司部门主管，因长期沉迷网络赌博欠下大量赌债。2022 年 3 月，王某某为偿还赌债，伙同其在该餐饮公司门店担任厨师长的姐夫张某，趁餐厅员工下班后，摆拍 4 段有关餐厅管理混乱、存在卫生问题的虚假视频，包括“用锅和肉松盒洗涮拖把、扫把”“将垃圾桶中的丸子放在餐盆中”等。同年5月12日，王某某伙同他人以曝光视频相威胁，联系该餐饮公司负责人刘某索要500万元。为达到目的，王某某还雇用“水军”将视频在某短视频平台发布，点赞量破千。后刘某及时报警，二人敲诈勒索未遂。

【诉讼过程】

本案由北京市公安局朝阳分局立案侦查。2022年11月16日，朝阳区人民检察院以敲诈勒索罪对王某某、张某提起公诉。同年12月23日，朝阳区人民法院以敲诈勒索罪，判处王某某有期徒刑四年，罚金2万元；判处张某有期徒刑三年，罚金1万元。二被告人均未上诉，判决已生效。

【检察机关履职情况】

多元关联电子数据，精准锁定犯罪行为人。本案敲诈视频曝光、敲诈信息发送均以远程方式实施，沟通作案手法多通过Telegram等境外软件，无法直接关联到本案被告人。为此，检察机关以被害人收到的敲诈信息为突破口，引导公安机关找到被雇用发送敲诈短信的人员，并通过其提供的微信聊天记录、支付宝转账记录，串联到付款人王某某。经讯问、询问，最终查明王某某伙同他人摆拍视频、找人曝光视频、雇人发送敲诈短信的犯罪事实。

综合考量案件情节，精准提出量刑建议。本案敲诈数额特别巨大，法定刑为十年以上有期徒刑，并处罚金。考虑通过网络传播造谣视频虽对企业声誉造成一定影响，但二被告人均系犯罪未遂，且为初犯、偶犯，同时张某系被王某某教唆参与犯罪，在共同犯罪中作用较小，系从犯，检察机关对二人提出减轻处罚的量刑建议。

强化源头治理，通过检察建议促进企业健康发展。办案过程中，检察机关分析案发原因，发现二被告人对单位扣罚薪金不满是诱使案发的导火索之一。为此，检察机关在与公司沟通后制发检察建议，督促公司健全制度，规范薪金发放、店铺管理，加强员工心理疏导和法治教育。发案单位积极采纳、认真整改，取得良好效果。

加强以案释法，引导企业员工增强法治意识。检察机关认真落实“谁执法谁普法”的普法责任制，就个案与类案反映的问题，积极开展普法教育，引导企业员工和社会公众增强法治意识。在宣传中，考虑相关事件对企业影响已经逐步消除，检察机关注意对企业隐名处理，防止事件再次发酵损害企业名誉，切实维护涉案企业合法权益。

【典型意义】

依法严惩涉企网络造谣敲诈，助力经济社会高质量发展。涉企网络谣言传播快、受众广，再借助舆情推手、“网络水军”推波助澜，负面影响呈几何倍增，企业维权成本高，谣言澄清难，负面消息极易导致网民误解，严重侵害企业合法权益。要依法重点惩治利用网络谣言对民营企业实施敲诈勒索等犯罪，以及为网络敲诈等行为推波助澜的“网络水军”、行业“内鬼”所涉犯罪，保护企业合法权益，营造法治化营商环境。

注重发挥电子数据的重要作用，构建指控犯罪完整证据体系。网络犯罪手段隐蔽，要注重多角度挖掘涉案电子数据信息，着重审查各类软件聊天记录、转账记录等，同时开展有针对性讯问、询问，通过证据的静态印证和证明过程的动态分析，形成完整的“证据链”。

3. 黄某某、吕某某敲诈勒索案

【简要案情】

2017年4月至2023年5月，被告人黄某某与韩某某（另案处理）

等人为牟取非法利益，利用“打传防骗”微信公众号等自媒体平台发布、转载其捏造、拼凑的文章，传播全国多地21家小微民营企业从事传销活动的不实负面消息，导致企业正常生产经营活动受到严重影响。被告人黄某某通过主动联系企业索要钱财，或在被害企业主动联系其删帖时，以不支付指定数额费用则拒绝删帖并进一步炒作负面信息相威胁索要钱财，非法获利共计55万余元。其间，黄某某妻子吕某某明知黄某某实施上述行为，仍提供其个人账户帮助黄某某收取款项12万元。

【诉讼过程】

本案由重庆市涪陵区公安局立案侦查。2024年2月26日，涪陵区人民检察院以敲诈勒索罪对黄某某、吕某某提起公诉。同年3月11日，涪陵区人民法院以敲诈勒索罪判处黄某某有期徒刑十年，并处罚金5万元，判处吕某某有期徒刑二年，缓刑二年六个月，并处罚金5000元。责令黄某某退赔被害单位经济损失43.6万元，责令黄某某、吕某某共同退赔被害单位经济损失12万元。二被告人均未上诉，判决已生效。

【检察机关履职情况】

积极引导侦查，确保办案质效。针对黄某某与部分被害企业已签订合作协议这一情况，检察机关积极引导侦查机关补充提取黄某某在网络公众平台发布被害企业从事传销活动相关信息的具体时间、内容，以及黄某某与被害企业关于删除此类文章的交涉情况等证据，用以证实黄某某在发表虚假文章时或之前就已产生敲诈勒索的主观故意，其与被害企业签订所谓“合作协议”只是掩饰犯罪行为的“幌子”。同时，重点审查黄某某收取赃款账户，全面梳理收款明细，充分研判是否存在未报案被害企业，依法准确认定黄某某犯罪金额和危害后果。

深挖案件监督线索，依法追诉漏犯。检察机关审查发现，黄某某之妻吕某某提供账户接收敲诈勒索赃款，逐笔梳理吕某某账户转账记录，补充查明吕某某明知黄某某实施敲诈勒索行为仍提供其个人账户帮助收取赃款的犯罪事实，以敲诈勒索罪共犯对吕某某依法追诉。同时，检察机关根据其地位作用，依法认定其为从犯，考虑其还具有坦白情节，建议法院依法减轻处罚，做到罚当其罪。

【典型意义】

依法严惩“网暴”伤企犯罪行为。随着移动互联网快速发展，一些不法分子为牟取非法利益，利用网络公众平台发布、转载涉企文章，散布传播涉企虚假负面信息、蓄意造谣抹黑企业和企业家、以“舆论监督”名义对企业进行敲诈勒索，严重影响企业正常经营发展。检察机关充分发挥职能，依法严厉惩治利用网络敲诈敛财的“网暴”伤企犯罪行为，切实加强对企业信誉和利益的司法保护。

积极参与“网暴”伤企行为社会治理。检察机关以办案为依托，深入剖析“网暴”伤企案件的发案原因以及背后的社会治理难题，主动与网信、公安等部门加强协作配合，推动完善网络违法举报渠道，持续加大网络涉企信息内容管理力度，及时有效遏制“网暴”伤企违法犯罪行为，以清朗网络空间助力法治化营商环境建设。

4. 李某某等人损害商业信誉、商品声誉案

【简要案情】

2020 年 10 月至 11 月，李某某作为 T 公司营销部副部长，安排王某某联系胡某某所在公司，撰写 H 公司产品使用低劣配件的虚假负面文章 20 余篇，经李某某、王某某审核后，通过自媒体在互联网上发布。文章发布后，李某某安排王某某联系他人编写负面评论，经王某某等审核后，组织“网络水军”进行发布，并通过互评、点赞等方式保持热度。

2020年“双十一”期间，相关自媒体账号在多个网络平台集中发布虚假负面文章135篇，阅读量共计100余万。消费者受上述虚假文章误导大量退货，导致H公司多地经销商直接经济损失共计65.1万元，H公司同期内股价下跌幅度达14.54%。

【诉讼过程】

本案由山东省青岛市公安局立案侦查。2023年12月11日，青岛市市南区人民检察院以损害商业信誉、商品声誉罪对李某某、王某某、胡某某提起公诉。2024年2月，青岛市市南区人民法院以损害商业信誉、商品声誉罪对李某某判处有期徒刑一年三个月，缓刑一年六个月，并处罚金8万元；对王某某、胡某某均判处有期徒刑一年，缓刑一年三个月，并处罚金5万元。被告人均未上诉，判决已生效。

【检察机关履职情况】

依法精准办案，围绕“重大损失”与“其他严重情节”等补充完善证据。检察机关一方面引导公安机关就虚假负面文章对被害单位造成的损害进行取证；另一方面，同司法审计单位积极开展沟通，明确因涉案负面文章造成直接损失的具体核算标准，依法准确认定损失结果。

增强企业守法意识，促进依法规范经营。该案中T公司与H公司均为中国家电行业知名品牌，检察机关立足办案，引导两家企业依法公平公正参与市场竞争，维护家电行业良好市场秩序。针对本案反映出的T公司部分员工法律意识薄弱、片面追求业绩等管理问题，制发社会治理检察建议及风险提示函，帮助企业实现管理提档升级，护航企业健康发展。

【典型意义】

依法惩治破坏公平竞争违法犯罪，维护良好市场秩序。公平竞争是市场经济发展的基础，也是市场主体实现持续健康发展的关键所在。部分企业人员盲目追求经济效益，以不正当竞争手段获得市场竞争优势的行为，应予依法惩处。检察机关依法打击利用网络谣言损害其他市场主体商誉的犯罪行为，以高质效司法办案维护公平竞争市场秩序。

全链条整治“网络水军”，净化互联网营商环境。随着互联网技术的迅猛发展，在商业竞争过程中，通过网络传播虚假负面信息、再配以“网络水军”呼应评论，成为市场主体不正当竞争的常用手段，反映出网络空间一些商业竞争乱象。网络信息快速传播和“网络水军”推波助澜等要素叠加，严重损害被害企业商誉。在办理“网暴”企业案件中，检察机关要充分发挥检察职能，依法打击治理案件背后“网络水军”黑灰产业链，净化互联网营商环境。

5. 刘某某寻衅滋事案

【简要案情】

2021 年 11 月，由 H 影视公司制作的某电视剧在网络平台播放。剧中白猫被毒死的镜头，引发网民对动物演员“是否真的死了”的讨论。被告人刘某某为在网络上蹭热度、博眼球，伪造其与该剧组人员的聊天记录，在聊天记录中冒充该剧组人员名义称猫已被摔死处理掉了。刘某某主动联系粉丝量 400 多万的某网络“大 V”，并向其提供伪造的聊天记录。后该“大 V”在网络上发布含有猫咪确认死亡的信息。该信息引发网民 686 万人次阅读、1 万余人次转发、4 千余人次评论。剧组虐猫相关话题在网络平台持续热议，对 H 影视公司造成巨大经济损失及恶劣影响，并给部分影视从业人员造成恐慌。经查证，用来拍摄的白猫仍健康存活。

【诉讼过程】

本案由浙江省东阳市公安局立案侦查。2022 年 3 月 23 日，东阳市人民检察院以寻衅滋事罪对刘某某提起公诉。同年5月25日，东阳市人民法院以寻衅滋事罪判处刘某某有期徒刑七个月。被告人未上诉，判决已生效。

【检察机关履职情况】

完善证据体系，依法惩治“网暴”犯罪。检察机关会同公安机关围绕行为人散播虚假信息的主观动机、网络舆情传播情况等收集取证，查明事件引发的舆情先后持续近9天，登上微博热搜榜及文娱榜共计37次、抖音热榜7次。审查起诉阶段，为夯实案件证据，检察机关开展自行补充侦查，一方面向剧组调取拍摄花絮视频，并实地走访剧组拍摄地和动物演员生活地，确认动物演员存活状态，证实刘某某发布的系不实信息；另一方面，对剧组、影视公司、影视文化产业集聚区相关人员细化询问，收集完善网络舆情造成不良影响的相关证据。

立足风险防控，强化行业自律。办案发现，在影视剧拍摄过程中，动物演员参与危险场景拍摄客观上存在一定生命风险。检察机关针对调研中发现的相关市场主体对动物演员健康关注度不够、粗放管理、过度使用等安全隐患苗头性问题，积极建议相关主管部门强化行政监管，进一步健全落实行政管理规章。检察机关就完善影视拍摄安全管理，特别是动物演员安全管理等问题，深入调研，提出检察建议，促进区域特色影视文化产业健康发展。

【典型意义】

依法惩处网上蹭炒热点扰乱网络空间公共秩序相关犯罪。当前，社交平台的传播特性使得部分用户行为缺乏有效约束，形成“流量至上、唯利是图”的歪风邪气，滋生出各种炒作乱象。有的人为了博眼球、引关注、蹭流量，无所不用其极，甚至假冒新闻事件知情人混淆视听，制造虚假舆论热点“带节奏”，让不少网民不堪其扰。这种行为不仅违背社会道德和公序良俗，情节严重的可能涉及违法犯罪。对于无底线蹭流量，甚至造谣生事，起哄闹事，严重扰乱网络空间公共秩序的，应当依法予以严惩。

运用法治方式促进行业治理，推动优化网络空间生态。检察机关结合办案，针对性地提出社会治理检察建议，督促影视市场主体增强人文意识、严格风险管理、消弭安全隐患。结合办案跟进法治宣传，引导广大网民不盲目跟评，主动参与互联网违法和不良信息举报监督，以自身文明上网行为呵护清朗网络空间，以自治、法治、德治、智治“四治融合”，共同营造健康和谐文明的网络生态。

三、人民法院案例库案例

区某生强制侮辱案*

——网络语境下如何准确认定强制猥亵、侮辱罪

【关键词】

刑事　强制侮辱罪　网络语境

【基本案情】

2017 年 6 月，被告人区某生在广东省广州市越秀区某公共厕所内，将手机伸到厕所和洗澡房之间的透气窗，拍摄被害人吴某某的裸照及洗澡视频。此后，区某生再次到该处采用同样方法拍摄到吴某某母亲涂某某的洗澡视频。同年 12 月，区某生通过微信将其偷拍的两段洗澡视频及截图发给吴某某，以将所拍摄到的视频发送到互联网上相要挟，要求吴某某自拍裸照和自慰视频发送给他。在上述要求遭到吴某某拒绝后，区某生继续用淫秽语言骚扰吴某某，并将自拍的男性生殖器官照片通过微信发送给吴某某，继续威胁吴某某拍裸照和自慰视频发给他，被吴某某拒绝。吴某某于 2018 年 4 月 6 日报警。同年 10 月 15 日，区某生被公安机关抓获归案。10 月 20 日，吴某某与区某生的家属签订和解协议，区某生家属承诺赔偿损失 7.5 万元，于当日转款 4 万元给吴某某，约定结案当日付清余款。

广东省广州市越秀区人民法院于 2019 年 7 月 18 日作出（2019）粤 0104 刑初 500 号刑事判决：以强制侮辱罪判处区某生有期徒刑十个月。宣判后无上诉、抗诉，判决已生效。

---

* 人民法院案例库案例，编号：2023-05-1-184-001。

【裁判理由】

法院生效裁判认为：被告人区某生以在网络上发布被害人的隐私视频相要挟，威逼被害人拍摄隐私视频，并多次用淫秽语言骚扰、侮辱，及拍摄淫秽照片发送给被害人，其行为已构成强制侮辱罪。辩护人提出区某生系强制猥亵罪（未遂）的意见不予采纳。区某生归案后能如实供述犯罪事实，依法可以从轻处罚。鉴于本案审理期间，区某生的家属主动替其赔偿被害人的损失，并取得被害人的谅解，可以酌情从轻处罚。故一审法院依法作出如上裁判。

【裁判要旨】

1. 准确区分强制侮辱罪与侮辱罪。

两罪均属于刑法第四章侵犯公民人身权利、民主权利的犯罪，容易混淆。侮辱罪系对公民一般人格尊严的侵害，侧重于公民名誉权的保护。鉴于强制侮辱罪的历史沿革及其在整个刑法体系的位置、与强制猥亵规定于同一条款，其属于侵犯有关性权利、性健康方面的犯罪，侧重于强调侵害妇女性方面自己决定权的人格利益和尊严，对该罪罪状中的“侮辱”应当理解为与“猥亵”具有关联性或至少有一定相当性，且罪责上具有同等性。与侮辱罪中的侮辱行为不同，强制侮辱行为当然也会使对方人格或名誉受到损害、蒙受耻辱，但该罪限定在行为人出于性刺激、性满足的目的实施的与性健康权利有一定关联的行为。

2. 强制猥亵与强制侮辱之间的关系。

强制侮辱行为应与强制猥亵行为具有关联性或罪责上具有相当性。“强制猥亵”在一定程度上强调人身的接触，将不具有人身接触特点但与猥亵具有同一性的下流行为解释为“强制侮辱”，维护了法条的完整性、体系性。“强制猥亵”和“强制侮辱”有一定的位阶关系，猥亵行为当然伤害了妇女在性方面的羞耻心及在性健康方面的人格尊严，所以必然同时“侮辱”了妇女，但对于行为手段、情节与“猥亵”相关但略低于“强制猥亵”的，可单独认定“强制侮辱罪”，在本罪的法定刑幅度内再细分较轻的刑罚区间来处理，以实现罚当其罪，准确定罪量刑。

3. 罪与非罪的问题。

强制猥亵、侮辱罪的罪状虽不要求“情节严重”，但根据刑法第十三条但书的规定以及与治安管理处罚法相衔接的需要，要从情节要素特别是强制程度方面把握本罪罪与非罪的界限，要将强制猥亵、侮辱的行为与一般猥亵、侮辱的行为区别开来。

【关联索引】

《中华人民共和国刑法》第二百三十七条第一款、第六十七条第三款

一审：广东省广州市越秀区人民法院（2019）粤 0104 刑初 500 号刑事判决（2019 年 7 月 18 日）

张某某侮辱案*

——网上散布他人隐私信息的法律定性

【关键词】

刑事　侮辱罪　隐私　捏造　网络侮辱　网络诽谤　虚假诉讼

【基本案情】

自 2015 年以来，被告人张某某与被害人殷某某长期保持不正当男女关系。其间，张某某以殷某某与他人之间存在暧昧关系等为由，经常与殷某某发生争吵，后出于泄愤并欲破坏殷某某名誉，张某某自 2021

* 人民法院案例库案例，编号：2023-06-1-196-002。

年以来先后以“林”“细水长流”等昵称，在“合肥横埠汤沟专线”“合肥工作招聘群”等 QQ 群和陌陌软件等网络社交媒体上发布殷某某的裸照、视频及有关殷某某隐私信息的文字，捏造并散布殷某某的招嫖信息并附殷某某的手机号码，上传虚假的殷某某性爱视频截图，编造殷某某女儿在中学期间恋爱怀孕的虚假信息等，导致上述照片、视频及相关信息被广泛传播，引发上述 QQ 群内及××县境内熟悉殷某某的群众的大量负面评价，对殷某某及其女儿等亲属的生活、工作、学习等造成严重影响。

安徽省枞阳县人民法院于 2023 年 2 月 10 日作出（2022）皖 0722 刑初 191 号刑事判决：被告人张某某犯侮辱罪，判处有期徒刑一年三个月（与犯虚假诉讼罪判处有期徒刑九个月，并处罚金人民币 1 万元并罚，决定执行有期徒刑一年九个月，并处罚金人民币 1 万元）。宣判后，张某某提出上诉。安徽省铜陵市中级人民法院于 2023 年 6 月 12 日作出（2023）皖 07 刑终 34 号刑事判决：维持原审对张某某的判决。

【裁判理由】

法院生效裁判认为：被告人张某某在网络上发布他人裸照、视频及隐私信息，公然贬损他人人格、破坏他人声誉，情节严重，构成侮辱罪。张某某主观上系出于泄愤欲损毁殷某某名誉而非起哄闹事的目的，发布的信息大多数并非虚假信息，针对的是特定的对象而非不特定的社会公众，且其行为引发公共秩序混乱，应以侮辱罪追究刑事责任。故法院依法作出如上裁判。

【裁判要旨】

诽谤罪与侮辱罪都是以特定的自然人为犯罪对象，侵犯的客体都是他人的名誉。网络环境下，两罪的区别是：诽谤罪的“明知”标准更高、所散布信息的真伪有别、认定情节严重的侧重不同。在衡量网络侮辱行为是否达到“情节严重”时，应重点考虑侮辱行为对被害人名誉及其社会评价的损害程度，以伤害后果、侮辱次数、侮辱信息的传播范围、深度、时长等作为认定标准。

【关联索引】

《中华人民共和国刑法》第二百四十六条

《最高人民法院、最高人民检察院关于办理利用信息网络实施诽谤等刑事案件适用法律若干问题的解释》第三条

一审：安徽省枞阳县人民法院（2022）皖0722刑初191号刑事判决（2023年2月10日）

二审：安徽省铜陵市中级人民法院（2023）皖07刑终34号刑事判决（2023年6月12日）

常某甲等侮辱案*

——网络侮辱“情节严重”入罪条件的把握

【关键词】

刑事　侮辱罪　信息网络　情节严重　被害人自杀

【基本案情】

2018年8月20日，被告人常某甲之子（时年13岁）在德阳某游泳馆游泳时，因与薛某（系化名）发生碰撞后向薛某作吐口水动作，被何某（系薛某丈夫，化名）将头按入水中并打了其一耳光后予以训斥。常某甲闻讯与薛某、何某发生争执，并进入游泳馆女更衣室与薛某发生肢体冲突。公安民警接警后调解未果。次日上午，常某甲等人前往何某所在单位反映上述情况，要求对何某作出处理，并拍摄该单位公示

* 人民法院案例库案例，编号：2024-18-1-196-001。

栏中何某姓名、职务、免冠照片等；下午，被告人常某甲和被告人常某乙（系常某甲堂妹）等人到薛某单位，要求立即处理薛某，并在单位吵闹，针对薛某发表侮辱性语言，引发群众围观。常某甲通过薛某单位微信公众号获取其姓名、单位、职务、免冠照片截图。此后，被告人常某甲、常某乙和被告人孙某某（系常某甲表妹）将薛某、何某的相关个人信息与上述游泳池事件视频关联，通过微信群、微博发布带有情绪性、侮辱性的帖文和评论，并主动推送给“某爆料王”“某同城会”“某视频”等多家网络媒体。事件被多家媒体报道、转载，在网络上引发大量针对何某、薛某的诋毁、谩骂，包括“臭不要脸的恶棍”“真他妈的畜生”“丢公务员的脸，丢儿科医生的脸”等。其间，薛某、何某通过他人与常某甲联系协商未果。同月25日，薛某因不堪网络舆论压力而服药自杀，抢救无效死亡。四川省绵竹市人民检察院以侵犯公民个人信息罪对常某甲、常某乙、孙某某提起公诉。

四川省绵竹市人民法院依法适用公诉程序审理本案，于2021年8月6日作出（2019）川0683刑初101号刑事判决：认定被告人常某甲犯侮辱罪，判处有期徒刑一年六个月；被告人常某乙犯侮辱罪，判处有期徒刑一年，缓刑二年；被告人孙某某犯侮辱罪，判处有期徒刑六个月，缓刑一年。宣判后，被告人常某甲提出上诉。四川省德阳市中级人民法院于2021年12月3日作出（2021）川06刑终125号刑事裁定：驳回上诉，维持原判。

【裁判理由】

法院生效裁判认为：关于被告人行为是否属于公然侮辱他人“情节严重”的问题。经查，被告人常某甲因其子在游泳池中被打之事对被害人何某、薛某产生不满，在公安机关已经介入处理的情况下，先后找被害人单位领导要求处理，并在被害人薛某所在单位进行辱骂、诋毁，引发群众围观。在获取何某、薛某的照片及相关身份信息后，直接与游泳池视频结合在一起，配注带有明显负面贬损、侮辱色彩的标题，并故意放大被害人夫妇系“公务员”“医生”的特殊身份，又通过被告人常某乙、孙某某等人协助，通过微信、微博等方式推送给他人及媒体记者进行爆料，并参与评论，引导大量网民连续在网络上对被害人进行指责、谩骂、诋毁，公然贬损他人人格、毁损他人名誉，形成网络暴力，并造成被害人薛某不堪负面舆论的精神压力而自杀身亡，情节严重，构成侮辱罪。

关于本案适用公诉程序审理是否程序违法的问题。依照《最高人民法院关于适用〈中华人民共和国刑事诉讼法〉的解释》（法释〔2021〕1号）第二百九十五条第一款第二项“起诉指控的事实清楚，证据确实、充分，但指控的罪名不当的，应当依据法律和审理认定的事实作出有罪判决”之规定，本案公诉机关虽以侵犯公民个人信息罪提起公诉，但一审法院审查后认为不构成指控罪名，在组织控辩双方就涉案行为构成何罪进行辩论，充分保障被告人及辩护人的辩护权的情况下，以审理认定的事实直接作出有罪判决，符合法律规定，程序并无不当，上诉人及辩护人关于一审程序违法的意见不能成立。

关于被害方过错的问题，经查，何某对引发本案的起因确有过错。在对被告人定罪量刑时如不考虑被害方过错，不符合罪责刑相适应原则的要求，也难以保证案件裁判效果。根据对何某过错的考量，酌情对三被告人从轻处罚；其中，综合考虑全案情节，对两名被告人依法适用缓刑。综合考虑三被告人在共同犯罪中所起作用大小，以及自首、悔罪表现、被害人过错等情节，一、二审法院依法作出如上裁判。

【裁判要旨】

利用双方冲突事件，煽动网络暴力，引导网民集中谩骂、诋毁他人，贬损他人人格、破坏他人名誉，造成被害人自杀的，应当根据刑法第二百四十六条的规定，以侮辱罪定罪处罚。

【关联索引】

《中华人民共和国刑法》第二百四十六条

《最高人民法院、最高人民检察院、公安部关于依法惩治网络暴力违法犯罪的指导意见》第十二条

一审：四川省绵竹市人民法院（2019）川0683刑初101号刑事判决（2021年8月6日）

二审：四川省德阳市中级人民法院（2021）川06刑终125号刑事裁定（2021年12月3日）

吕某某侮辱案*

——网络侮辱“严重危害社会秩序”公诉条件的把握

【关键词】

刑事　侮辱罪　严重危害社会秩序　私密信息　公诉

【基本案情】

2020年10月，被害人李某（系化名）通过QQ聊天认识被告人吕某某，后双方确定恋爱关系。其间，吕某某向李某索要裸体照片和视频，并将视频截图保存。2021年7月，双方分手。后吕某某心生报复之念，于2021年8月至2023年6月间，通过微信、QQ、短信等方式，多次发送李某的裸体照片及视频。其中，四个微信群成员在300人以上，最多的达500人，部分图片、视频配以“有谁认识这个垃圾”等侮辱性文字。吕某某还向李某的亲友和同学发送李某的裸体照片及视频。2021年10月3日，甘肃省民乐县某派出所民警向吕某某发出传唤证，并多次电话通知其到案，吕某某拒不到案。甘肃省民乐县人民检察院以侮辱罪对吕某某提起公诉。

甘肃省民乐县人民法院依法受理民乐县人民检察院提起的公诉，于

* 人民法院案例库案例，编号：2024-18-1-196-002。

2023年10月29日作出（2023）甘0722刑初132号刑事判决：认定被告人吕某某犯侮辱罪，判处有期徒刑一年二个月。宣判后，没有上诉、抗诉，判决已发生法律效力。

【裁判理由】

法院生效裁判认为：裸体照片及视频属于私密信息的范畴，将其予以散布，无疑会对他人人格造成贬损，且会对其近亲属的权益造成不利影响。故而，对于在成员人数众多的网络通信群组中，多次散布他人裸体照片、视频等私密信息，公然侮辱他人的，应当认定为“情节严重”。被告人吕某某为泄私愤将被害人的裸照、裸聊视频对外散布，情节严重，构成侮辱罪。综合考虑被告人吕某某犯罪后如实供述自己的罪行，以及认罪认罚等量刑情节，法院依法作出如上裁判。

【裁判要旨】

在成员人数众多的网络通信群组中，多次散布他人裸体照片、视频等私密信息，公然侮辱他人，贬损他人人格的，应当适用公诉程序，以侮辱罪依法追究刑事责任。

【关联索引】

《中华人民共和国刑法》第二百四十六条

《最高人民法院、最高人民检察院、公安部关于依法惩治网络暴力违法犯罪的指导意见》第三条、第十二条

一审：甘肃省民乐县人民法院（2023）甘0722刑初132号刑事判决（2023年10月29日）

吴某某诽谤案*

——网络诽谤行为“严重危害社会秩序”的认定

【关键词】

刑事　诽谤罪　信息网络　严重危害社会秩序　公诉

【基本案情】

自2021年5月起，被告人吴某某在网络平台上以“飞哥在东莞”社交账号编发故事吸引粉丝，增加流量，以便开展地产销售工作。2021年11月19日，吴某某在网上浏览到被害人莫某（系化名）发布的“与外公的日常”帖文中的照片并下载，然后捏造“73岁东莞清溪企业家豪娶29岁广西大美女，赠送礼金、公寓、豪车”的不实信息，利用上述账号予以发布。上述帖文信息在网络上被大量转载、讨论，引起网民对莫某肆意谩骂、诋毁，相关网络平台对上述帖文信息的讨论量为75608条、转发量为31485次、阅读量为4.7亿余次，造成极为恶劣的社会影响。此外，吴某某还针对被害人华某（系化名）捏造谣言并通过上述账号发布，侵犯华某的名誉权。广东省东莞市第一市区人民检察院以诽谤罪对吴某某提起公诉。

广东省东莞市第一人民法院依法受理东莞市第一市区人民检察院提起的公诉，于2022年9月23日作出（2022）粤1971刑初2188号刑事判决：认定被告人吴某某犯诽谤罪，判处有期徒刑一年。宣判后，没有上诉、抗诉，判决已发生法律效力。

---

* 人民法院案例库案例，编号：2024-18-1-197-001。

【裁判理由】

法院生效裁判认为：被告人吴某某基于吸睛引流的目的，将被害人莫某与外公的合照，在网络上造谣成“老夫少妻”。一方面，相关信息快速扩散、发酵，形成舆论风暴，引发众多网民对莫某的负面评价、侮辱谩骂，严重贬损其人格、损害其名誉，造成严重后果；另一方面，相关信息扰乱网络秩序、破坏网络生态，致使网络空间戾气横行，严重影响社会公众安全感，对正常网络秩序造成巨大危害。吴某某在信息网络上捏造事实诽谤他人，情节严重，构成诽谤罪。综合考虑吴某某犯罪后如实供述自己罪行，以及认罪认罚等情节，法院依法作出如上裁判。

【裁判要旨】

随意以普通公众为侵害对象，制造、散布网络谣言，实施诽谤，引发大量低俗、恶意评论，严重破坏网络秩序，社会影响恶劣的，属于刑法第二百四十六条第二款规定的“严重危害社会秩序”，应当适用公诉程序。对于“严重破坏网络秩序，社会影响恶劣”的判断，应当综合信息内容、信息传播范围、对被害人名誉权的侵害程度及社会影响等情节，作出准确认定。

【关联索引】

《中华人民共和国刑法》第二百四十六条

《最高人民法院、最高人民检察院、公安部关于依法惩治网络暴力违法犯罪的指导意见》第十二条

一审：广东省东莞市第一人民法院（2022）粤 1971 刑初 2188 号刑事判决（2022 年 9 月 23 日）

陈某敲诈勒索案*

——以网络删帖为由索要财物的应认定为敲诈勒索

【关键词】

刑事　敲诈勒索罪　以网络删帖为由　索要财物　敲诈勒索行为认定

【基本案情】

2019年1月，被告人陈某为获取不法利益，在其注册运营的微信公众号上发布某某幼儿园的负面报道，该幼儿园经营者郑某通过微信公众号平台联系陈某，请求其删帖，陈某以此向被害人郑某勒索钱财，郑某担心幼儿园经营受影响，被迫交给陈某6000元。2019年6月下旬至7月上旬，陈某为获取不法利益，多次向郑某推送网络媒体曝光某某幼儿园的负面信息，以交钱就可以删帖、被相关部门查处而损失更大等为由向郑某索要钱财，郑某被迫答应。2019年7月10日晚，郑某在滨州经济技术开发区××路陈某驾驶的鲁MB××××号牌轿车内将2万元现金交给陈某。后郑某报警，当晚陈某被抓获，该2万元现金被依法扣押。

山东省滨州经济技术开发区人民法院于2021年12月31日作出（2021）鲁1691刑初148号刑事判决：一、被告人陈某犯敲诈勒索罪，判处有期徒刑一年三个月，并处罚金人民币3万元；二、被告人陈某的作案工具华为P30手机依法予以没收；三、公安机关扣押的被告人陈某违法所得人民币2万元依法返还被害人郑某；责令被告人陈某退赔被害人郑某人民币6000元。

---

* 人民法院案例库案例，编号：2023-05-1-229-003。

【裁判理由】

随着信息时代来临，敲诈勒索等罪名在新形势下呈现出新特点，出现了利用网络信息敲诈勒索的新型犯罪手段，体现为利用自媒体等信息网络平台，采用线上线下相结合的方式，强行索要他人财物。根据《最高人民法院、最高人民检察院关于办理利用信息网络实施诽谤等刑事案件适用法律若干问题的解释》第六条之规定，利用网络信息实行敲诈勒索，是指行为人“以在信息网络上发布、删除等方式处理网络信息为由，威胁、要挟他人，索取公私财物，数额较大，或多次实施上述行为的”，以敲诈勒索罪定罪处罚。与传统的敲诈勒索相比，利用网络信息实施敲诈勒索在犯罪空间、犯罪手段上具有一定的特殊性，实践中主要表现为“发布型”和“删除型”两种敲诈勒索手段。“发布型”敲诈勒索主要指行为人通过编造、收集被害人的负面信息，然后联系被害人，以在信息网络上发布负面信息为由，威胁或要挟被害人，从而索取财物的行为；“删除型”敲诈勒索主要指行为人通过编造、收集被害人的负面信息并在信息网络上发布，后联系被害人，以删除或继续散播、发布负面信息为由，威胁或要挟被害人，从而索取财物的行为。虽然具有特殊性，但其本质上行为人仍然是以非法占有为目的，利用网络空间的特殊环境，以发布、删除等方式处理被害人相关负面网络信息为由，使用威胁或者要挟的方法，使被害人因害怕声誉、荣誉受损或担心受到相关部门的处罚，产生恐惧心理，从而被迫向行为人支付财物，符合敲诈勒索罪的构成要件，应当按敲诈勒索罪定罪处罚。

本案陈某用其经营的微信公众号曝光郑某经营的某某幼儿园的负面信息，使郑某内心产生不安，感受到威胁被迫交给陈某财物。陈某以删帖等方式处理负面信息要挟郑某，索取财物，其行为构成敲诈勒索罪。关于网络信息的真实性是否影响定罪量刑的问题，《最高人民法院、最高人民检察院关于办理利用信息网络实施诽谤等刑事案件适用法律若干问题的解释》第六条规定的是“网络信息”，包括真实信息和虚假信息，无论信息是否真实，只要使被害人产生恐惧心理即可，行为人发布、删除的网络信息本身是否真实，不影响其行为定性，即使网络信息真实，行为人利用真实的网络信息威胁或要挟被害人，非法获取财物，具有应受刑罚惩罚性，应当以敲诈勒索罪追究其刑事责任。

【裁判要旨】

1. 陈某以删帖等方式处理负面信息要挟郑某，索取财物，使郑某内心产生不安，感受到威胁被迫交给陈某财物，其行为构成敲诈勒索罪。

2. 《最高人民法院、最高人民检察院关于办理利用信息网络实施诽谤等刑事案件适用法律若干问题的解释》第六条规定的是“网络信息”，无论信息是否真实，只要使被害人产生恐惧心理即可认定为敲诈勒索。

3. 被害人郑某经营的某某幼儿园即使有违规行为，也不属于刑法意义上的过错行为。

【关联索引】

《中华人民共和国刑法》第五十二条、第五十三条、第六十一条、第六十四条、第六十七条第三款、第二百七十四条

一审：山东省滨州经济技术开发区人民法院（2021）鲁1691刑初148号刑事判决（2021年12月31日）

周某宝敲诈勒索案*

——利用信息网络敲诈勒索犯罪与利用网络维权的界限

【关键词】

刑事　诈骗勒索罪　利用网络维权

【基本案情】

2011 年 6 月下旬，被告人周某宝至广西壮族自治区某景区寺庙后，以该寺存在假和尚欺骗游客消费等情况，在多个网站论坛发帖，并向多个政府部门投诉举报施压。后周某宝以在该寺受到欺诈消费以及可以在网上帮助正面宣传、消除影响为名，向该景区负责人索要钱财。该景区迫于舆论压力向周某宝支付人民币（以下币种同）4 万元。得款后，周某宝即在网上发布正面宣传该寺庙的相关文章。

2011 年 8 月中旬，被告人周某宝至浙江省嘉兴市某景区道观后，以该观存在假道士欺骗游客消费等情况为由，向多个政府部门投诉举报施压。后周某宝威胁要在多个网站论坛发帖曝光，并假借在网上帮助正面宣传的名义向该景区负责人索要 68000 元，该景区因迫于舆论压力向周某宝支付 68000 元。

2011 年 8 月 12 日，被告人周某宝至江苏省某景区寺庙后，以该寺存在假和尚欺骗游客消费等情况为由，向多个政府部门投诉举报。后周某宝威胁要在多个网站论坛发帖曝光，并假借在网上帮助正面宣传的名义，向该景区负责人索要 8 万元，后因该景区负责人陈某某向公安机关报案而未得逞。

---

* 人民法院案例库案例，编号：2023-05-1-229-004。

江苏省昆山市人民法院于2015年8月31日作出（2014）昆刑二初字第0426号刑事判决：以敲诈勒索罪判处周某宝有期徒刑五年，并处罚金3万元。一审宣判后，被告人周某宝提出上诉。江苏省苏州市中级人民法院于2015年11月12日作出（2015）苏中刑二终字第209号刑事裁定：驳回上诉、维持原判。

【裁判理由】

法院生效裁判认为：在旅游过程中遭受不公待遇或者发现违规经营等问题时，向有关部门投诉或者利用网络维权是行为人均可以采取的措施，但被告人周某宝却以此为生财之道，在短时间内针对类似主体以类似手法多次收取或索取他人出于压力而支付且明显超过其消费金额的钱款，其行为已明显超出了民事维权的范围。被告人周某宝以非法占有为目的，通过在互联网编制并发布或威胁发布被害人（单位）负面信息对被害人（单位）造成网络舆论压力的方式，敲诈勒索他人财物，数额巨大，其行为已经构成敲诈勒索罪。周某宝在实施部分犯罪过程中，因意志以外的原因而未得逞，系犯罪未遂，依法比照既遂犯从轻处罚。故一、二审法院依法作出如上裁判。

【裁判要旨】

1. 与使用传统手段实施的敲诈勒索犯罪相比，利用信息网络实施的敲诈勒索犯罪虽然在犯罪手段上有一定特殊性，但实质上仍是行为人以非法占有为目的，借助信息网络平台对他人实施威胁、要挟，被害人基于恐惧或者因为承受某种压力而被迫交付财物，符合敲诈勒索罪的构成要件。实践中，利用信息网络实施的敲诈勒索犯罪主要有两种表现形式，即“发帖型”敲诈勒索和“删帖型”敲诈勒索。

2. 正确区分利用信息网络实施敲诈勒索罪与利用网络维权的界限，既是准确认定犯罪，依法打击网络敲诈勒索犯罪的客观需要，也是保障当事人合法权利，避免将民事维权犯罪化的内在要求。行为人是否具有

“非法占有的目的”，是区分利用信息网络实施敲诈勒索罪与利用网络维权的关键。在具体认定时，主要综合考虑以下因素：（1）是否有正当的权利，即行为人索取财物是否具有法律上的依据；（2）是否在正当权利的范围内行使权利；（3）行使权利的手段是否具有必要性和相当性。

【关联索引】

《中华人民共和国刑法》第二百七十四条、第二十三条、第六十四条

《中华人民共和国刑事诉讼法》第二百三十六条第一款第一项

一审：江苏省昆山市人民法院（2014）昆刑二初字第0426号刑事判决（2015年8月31日）

二审：江苏省苏州市中级人民法院（2015）苏中刑二终字第209号刑事裁定（2015年11月12日）

罗某侵害英雄烈士名誉、荣誉附带民事公益诉讼案*

——在网络平台上侮辱英雄烈士，构成侵害英雄烈士名誉、荣誉罪并应承担民事责任

【关键词】

刑事　侵害英雄烈士名誉、荣誉罪附带民事公益诉讼　英雄烈士名誉　荣誉　网络平台　赔礼道歉

【基本案情】

2021年，罗某观看《长津湖》电影和纪录片后，为博取关注，使

* 人民法院案例库案例，编号：2023-07-1-279-001。

用新浪微博账号（粉丝数220余万）发帖，侮辱在抗美援朝长津湖战役中牺牲的中国人民志愿军“冰雕连”英烈。上述帖文因用户举报被平台处理，此前阅读量2万余次。罗某次日删除该帖文，但相关内容已经在网络上广泛传播，引发公众强烈愤慨。罗某曾系知名媒体人，曾使用上述账号先后发表侮辱、嘲讽英雄烈士等帖文9篇，其账号被平台处置30次。海南省三亚市城郊人民检察院提起刑事附带民事公益诉讼，认为应当以侵害英雄烈士名誉、荣誉罪追究罗某刑事责任，建议判处有期徒刑七个月，同时请求判令罗某承担相应民事责任。

海南省三亚市城郊人民法院于2022年5月5日作出（2022）琼0271刑初104号刑事附带民事判决：一、被告人罗某犯侵害英雄烈士名誉、荣誉罪，判处有期徒刑七个月（刑期从判决执行之日起计算。判决执行以前先行羁押的，羁押一日折抵刑期一日，即自2021年10月7日起至2022年5月6日止）；二、随案移送的作案工具手机一部予以没收，上缴国库；三、附带民事公益诉讼被告罗某应自本判决生效之日起10日内在新浪网、《法治日报》和《解放军报》上公开赔礼道歉（公开赔礼道歉内容须经本院审核，逾期不履行，法院将根据附带民事公益诉讼起诉人的申请，在上述网站及报纸上公布判决主要内容）。

宣判后，被告人罗某未上诉，检察机关未提出抗诉。一审判决生效。

【裁判理由】

法院生效裁判认为：被告人罗某在互联网上使用侮辱性语言抹黑中国人民志愿军“冰雕连”英烈，否定社会主义核心价值观和伟大的抗美援朝精神，破坏社会公共秩序，情节严重，其行为构成侵害英雄烈士名誉、荣誉罪。罗某系自首，可以依法从轻处罚，自愿认罪认罚，可以依法从宽处理。附带民事公益诉讼被告罗某作为网络“大V”，多次在网上公开发表言论侮辱、贬损英雄烈士，严重侵害社会公共利益，应当承担民事责任。对罗某自愿赔偿8万元用于抗美援朝烈士精神事迹纪念、宣传等公益事业，予以认可。

【裁判要旨】

英雄烈士既包括个人，也包括群体；既包括有名英雄烈士，也包括无名英雄烈士。中国人民志愿军的英雄事迹是中华民族共同的历史记忆和宝贵的精神财富，伟大的抗美援朝精神跨越时空、历久弥新，是社会主义核心价值观的重要体现，全体中华儿女要永续传承、世代发扬，绝不容许亵渎、诋毁。电影《长津湖》旨在缅怀中国人民志愿军“冰雕连”英烈，罗某却在观看电影后，在网络平台发帖公然歪曲历史，侮辱、抹黑英烈，伤害公众情感，严重破坏社会公共秩序。本案通过司法手段严惩侵害抗美援朝英雄烈士群体名誉、荣誉行为，维护社会公共利益，护航传承和弘扬爱国主义精神，推动培育和践行社会主义核心价值观。

【关联索引】

《中华人民共和国刑法》第二百九十九条之一

《中华人民共和国民法典》第一百八十五条

《中华人民共和国英雄烈士保护法》第二十二条、第二十五条第二款、第二十六条

一审：海南省三亚市城郊人民法院（2022）琼 0271 刑初 104 号刑事附带民事判决（2022 年 5 月 5 日）

贵州省六盘水市人民检察院诉赵某民事公益诉讼案*

——在网络平台上发表不当言论亵渎英烈事迹和精神应当承担法律责任

【关键词】

民事　英雄烈士保护　民事公益诉讼　名誉权　英烈权益　社会公共利益　赔礼道歉　消除影响

【基本案情】

贵州省六盘水市人民检察院就赵某侵害马某涛烈士名誉提起民事公益诉讼，请求判令赵某通过贵州省省级以上媒体向社会公开赔礼道歉、消除影响。

赵某辩称对公益诉讼起诉人的诉讼请求没有异议，由于知识文化的欠缺，当时无心地发表了本案言论，没有想过会有这样的后果，后悔当初所说的话对马警官的亲属及广大市民造成了伤害。

法院经审理查明：马某涛同志系贵州省贵阳市公安局花溪分局贵筑派出所民警。2018 年，马某涛同志在执行抓捕毒犯任务中牺牲，年仅 30 岁。国家人力资源和社会保障部、公安部追授马某涛同志“全国公安系统一级英雄模范”称号。马某涛同志因公殉职次日，赵某在人数众多的微信群中对此发表侮辱性言论。

贵州省六盘水市中级人民法院于 2019 年 12 月 25 日作出（2019）黔 02 民初 121 号民事判决：被告赵某于本判决生效之日起 10 日内，在

* 人民法院案例库案例，编号：2023-07-2-467-002。

贵州省省级媒体公开赔礼道歉、消除影响（公告刊登媒体及内容需经本院审核）。逾期不履行，法院将在贵州省省级媒体刊登本判决书的主要内容，所需费用由被告赵某承担。宣判后，各方未提起上诉，一审判决发生法律效力。

【裁判理由】

法院生效裁判认为，马某涛烈士在缉毒工作中献出年轻的生命，他英勇无畏、无私奉献的精神，值得全社会学习、弘扬、传承和捍卫。赵某在人数众多的微信群中公然发表不当言论亵渎英烈事迹和精神，贬损英烈名誉，伤害烈属情感，同时也给一线缉毒民警带来心理上伤害，已经超出言论自由范畴，是对社会公德的严重挑战，损害社会公共利益，应当依法承担民事侵权责任。

【裁判要旨】

缉毒英雄英勇无畏、无私奉献的精神不容亵渎。本案侵权人通过互联网媒体，诋毁、侮辱、诽谤英雄人物，丑化英雄人物形象，贬损英雄人物名誉，削弱英烈精神价值，损害社会公共利益。本案通过民事公益诉讼加大对英雄烈士名誉的保护力度，充分体现人民法院弘扬英烈精神、保护英烈权益的坚定立场，有助于引导社会公众自觉维护和弘扬英烈精神，推动全社会形成学习英烈革命气节、崇尚英烈、捍卫英烈的良好社会风尚。

【关联索引】

《中华人民共和国民法典》第一百八十五条

《中华人民共和国英雄烈士保护法》第二十五条、第二十六条

一审：贵州省六盘水市中级人民法院（2019）黔02民初121号民事判决（2019年12月25日）

浙江省杭州市西湖区人民检察院诉瞿某侵害英雄烈士董存瑞、黄继光名誉权民事公益诉讼案*

——社会主义核心价值观在英雄烈士保护民事公益诉讼中的司法适用

【关键词】

民事　英雄烈士保护民事公益诉讼　名誉权　社会主义核心价值观　网络侵权　英雄烈士　民事公益诉讼

【基本案情】

瞿某在其经营的网络店铺中出售两款贴画，该贴画所印内容含有涉董存瑞、黄继光形象的不当文字。杭州市某居民在该店购买了上述印有董存瑞、黄继光宣传形象及配文的贴画后，认为涉案网店经营者侵害了董存瑞、黄继光的名誉并伤害了其爱国情感，遂向杭州市西湖区人民检察院举报。杭州市西湖区人民检察院就瞿某侵害英雄烈士董存瑞、黄继光名誉权提起民事公益诉讼，请求判令：被告瞿某停止侵害英雄烈士董存瑞、黄继光名誉的行为；被告瞿某在全国有影响力的媒体上公开赔礼道歉、消除影响。瞿某辩称：该贴画销量极少，网上显示的库存系其随意填写，同时表示其已经认识到自身错误，愿意当庭赔礼道歉，希望得到英雄烈士家属和社会各界的谅解。

杭州互联网法院于2019年11月19日作出（2019）浙0192民初9762号、9763号民事判决：一、被告瞿某立即停止侵害英雄烈士董存瑞、黄继光名誉权的行为，即销毁库存、不得再继续销售涉案贴画；

* 人民法院案例库案例，编号：2023-07-2-467-004。

二、被告瞿某于本判决生效之日起 10 日内，在国家级媒体公开赔礼道歉、消除影响（公告刊登的媒体及内容需经本院审核）。逾期不履行，法院将在国家级媒体刊登判决书的主要内容，所需费用由被告瞿某承担。一审判决作出后，瞿某未提起上诉，杭州市西湖区人民检察院未提出抗诉，一审判决生效。

【裁判理由】

法院生效裁判认为：英雄烈士董存瑞在“解放战争”中舍身炸碉堡，英雄烈士黄继光在“抗美援朝”战争中舍身堵枪眼，用鲜血和生命谱写了惊天动地的壮歌，体现了崇高的革命气节和伟大的爱国精神，是社会主义核心价值观的重要体现，任何人都不得歪曲、丑化、亵渎、否定英雄烈士的事迹和精神。被告瞿某作为中华人民共和国公民，应当崇尚、铭记、学习、捍卫英雄烈士，不得侮辱、诽谤英雄烈士的名誉。其通过网络平台销售亵渎英雄烈士形象贴画的行为，已对英雄烈士名誉造成贬损，且主观上属明知，构成对董存瑞、黄继光的名誉侵权。同时，被告瞿某多年从事网店销售活动，应知图片一经发布即可能被不特定人群查看，商品一经上线便可能扩散到全国各地，但其仍然在网络平台发布、销售上述贴画，造成了恶劣的社会影响，损害了社会公共利益，依法应当承担民事法律责任。英雄烈士的名誉神圣不可侵犯。对侵犯英雄烈士名誉的行为，英雄烈士的近亲属可以依法向人民法院提起诉讼。英雄烈士没有近亲属或者近亲属不提起诉讼的，检察机关依法对侵害英雄烈士名誉、损害社会公共利益的行为向人民法院提起诉讼。两案中，董存瑞、黄继光均无近亲属提起诉讼，且两案系瞿某通过网络平台销售涉案贴画，属于互联网法院有权管辖的互联网公益诉讼案件，故杭州市西湖区人民检察院作为公益诉讼起诉人向法院提起两案诉讼，主体适格，程序合法。杭州市西湖区人民检察院要求瞿某停止侵权，并在国家级媒体公开赔礼道歉、消除影响，于法有据，法院予以支持。

【裁判要旨】

以文字恶搞等方式亵渎英雄烈士事迹，不仅侵害英雄烈士本人的名誉权，给英雄烈士亲属造成精神痛苦，也伤害社会公众的民族和历史感情，损害社会公共利益，应当承担民事责任。英雄烈士的名誉神圣不可侵犯。对侵害英雄烈士名誉，损害社会公共利益的行为，英雄烈士没有近亲属或者近亲属不提起诉讼，检察机关依法向人民法院提起民事公益诉讼的，人民法院应予受理。

【关联索引】

《中华人民共和国民法典》第一百八十五条（本案适用的是2017年10月1日施行的《中华人民共和国民法总则》第一百八十五条）

《中华人民共和国英雄烈士保护法》第二十二条、第二十五条、第二十六条

一审：杭州互联网法院（2019）浙0192民初9762号、9763号民事判决（2019年11月19日）

杭州市滨江区人民检察院诉杨某鹏等网络侵权责任纠纷民事公益诉讼案*

——组织、操纵“网络水军”实施“流量造假”等行为的定性

【关键词】

民事　网络侵权责任　民事公益诉讼　传播网络虚假信息　社会公共利益　损害赔偿

* 人民法院案例库案例，编号：2024-18-2-369-003。

【基本案情】

2019 年 9 月至 2022 年 5 月间，杨某鹏利用其注册的某固传媒公司、某意科技公司、某固科技公司等公司研发的平台，招募数量庞大的兼职人员充当“网络水军”，并通过组织、操纵“网络水军”“养号”等方式，开展有偿“转评赞”“直发”“投诉举报”等业务，即在未核实信息真实性的情况下，实施包括对客户指定的影视作品、网络视频、游戏作品、商品的宣发等正面点赞、转发、评论，按客户要求在相关网络平台发布关于特定作品、商品的具体内容等提升热度的业务，以及通过在信息发布平台进行投诉举报等方式删帖以降低针对特定作品、商品的负面信息热度的业务。经调查，杨某鹏等共“养号”1294 个，完成“转评赞”“直发”任务 24 万余条，任务金额合计 896 万余元；完成“投诉举报”任务 1200 余条，任务金额合计 19 万余元。另，杨某鹏、某固传媒公司等以营利为目的，有偿提供删帖服务的行为已被生效刑事判决认定构成犯罪。杭州市滨江区人民检察院在履行公益诉讼公告程序后依法向人民法院提起民事公益诉讼，请求法院判令：杨某鹏、某固传媒公司、某意科技公司、某固科技公司等四被告共同承担公益损害赔偿金 100 万元，删除已发布的虚假信息并注销相关网络账号，以及在国家级新闻媒体上公开赔礼道歉。

杭州互联网法院于 2024 年 7 月 4 日作出（2024）浙 0192 民初 3671 号民事判决：一、杨某鹏等四被告于本判决生效之日起 10 日内支付公益损害赔偿金 100 万元；二、杨某鹏等四被告于本判决生效之日起 10 日内删除已发布的虚假信息并注销相关网络账号 1294 个；三、杨某鹏等四被告在国家级媒体上向社会公众刊发赔礼道歉声明。宣判后，双方均没有上诉，判决已发生法律效力。

【裁判理由】

法院生效裁判认为：网络安全法第十二条第二款规定：“任何个人和

组织……不得利用网络……编造、传播虚假信息扰乱经济秩序和社会秩序……”杨某鹏等四被告以营利为目的，组织、操纵“网络水军”有偿提供“转评赞”“直发”“投诉举报删帖”“养号”等行为违法，扰乱了网络舆论环境和互联网信用管理秩序，破坏了相关行业、市场的正常经营秩序，损害了社会公众的知情权和选择权，应当承担民事侵权责任。

第一，涉案行为属于破坏网络信息生态环境的违法行为。杨某鹏等在未核实信息真实性的情况下，通过招募兼职人员或自养网络账号充当“网络水军”，以操纵“网络水军”的方式对指定的作品、商品进行有偿“转评赞”“直发”“投诉举报删帖”，其宣发或删除的信息均非网络用户的真实体验，却达到虚增客户指定作品或产品的影响力、曝光度、好评度，随意控制正当差评的负面影响等效果，破坏了健康、良性的网络信息内容生态环境。该行为违反了网络安全法、《网络信息内容生态治理规定》等法律法规，属于破坏网络信息生态环境的违法行为。

第二，涉案行为损害社会公共利益。首先，涉案行为破坏了网络信息内容生态秩序，降低了社会公众对网络信息的整体信任度，加重了行政机关、平台、社会组织等各方社会主体的监管、治理的负担，耗费了大量社会公共资源。其次，涉案行为扰乱了市场正常经营秩序，违背了诚信经营原则，使诚信经营的市场参与者在不公平的网络信息环境中处于劣势，催生“劣币驱逐良币”的恶性循环，扭曲了市场竞争的公正性，使得市场规则形同虚设，更会影响行业的创新与发展动力。最后，涉案行为侵害了社会公众的知情权、选择权。对于社会公众而言，虚假信息扰乱其基于真实、全面信息作出合理判断的前提条件。社会公众因虚假信息误导而形成的认知、决策，还影响其价值判断和生活、工作的抉择，虽单个损失看似较小，但累积起的社会公益损失巨大。

第三，杨某鹏等具有为牟利实施流量造假、传播虚假信息行为的故意。杨某鹏等对客户指定的信息真实性不予甄别，组织、操纵的“网络水军”对接单的宣发或删除信息亦不核对其真实性，主观上具有流量造假、传播虚假信息的故意，且杨某鹏等通过专业化的商业模式设计，形成分工合作的“组织架构”模式，在认识到涉案行为已被列为整治对象的情况下，仍为谋求不法利益，从事网络虚假信息的黑灰产。

综上，杭州市滨江区人民检察院主张侵权行为人删除虚假信息、注销相关网络账号，赔礼道歉，并赔偿公益损害赔偿金，于法有据，应予支持。其中，针对损害赔偿部分，由于行为人造成的损失和获益金额难以直接量化计算，经综合考虑侵权行为特点、侵权持续时间、社会影响、获利情况、主观过错和恶意程度、治理和修复费用等因素，以及部分行为已被追究刑事责任等具体情况，酌情确定赔偿金额100万元。故法院依法作出如上裁判。

【裁判要旨】

网络安全法第十二条第二款规定：“任何个人和组织……不得利用网络……编造、传播虚假信息扰乱经济秩序和社会秩序……”行为人以营利为目的，组织、操纵“网络水军”进行“转评赞”“直发”“投诉举报删帖”等活动，属于流量造假和干预信息呈现的行为，应当认定为利用网络传播虚假信息的违法行为。针对侵害包括众多消费者合法权益在内的社会公共利益的上述行为，检察机关依照法定程序提起民事公益诉讼并请求判令行为人承担相应民事责任的，人民法院依法予以支持。

【关联索引】

《中华人民共和国民法典》第一千一百六十五条、第一千一百八十二条

《中华人民共和国网络安全法》第十二条第二款

《中华人民共和国民事诉讼法》（2023年修正）第五十八条第二款

《最高人民法院、最高人民检察院关于检察公益诉讼案件适用法律若干问题的解释》（法释〔2018〕6号，2020年修正）第十三条

一审：杭州互联网法院（2024）浙0192民初3671号民事判决（2024年7月4日）

附：

解读《杭州市滨江区人民检察院诉杨某鹏等网络侵权责任纠纷民事公益诉讼案》

——组织、操纵“网络水军”实施“流量造假”“有偿删帖”行为的定性及司法规制路径

陈增宝　沈　堃*

近年来，随着网络技术的进步和社交媒体的普及，加之受利益驱动等因素影响，网络虚假信息呈泛滥态势，引发社会各界的广泛关注。为规制传播网络虚假信息等行为，刑法、网络安全法等法律和有关司法解释有针对性地作出明确规定，依法惩处编造、故意传播虚假信息等行为人。然而，对于以营利为目的，组织、操纵“网络水军”实施“流量造假”“有偿删帖”的行为如何定性和规制，实践中认识不一。对此，人民法院案例库入库参考案例《杭州市滨江区人民检察院诉杨某鹏等网络侵权责任纠纷民事公益诉讼案》（编号：2024-18-2-369-003）从民事公益诉讼的角度切入，明确：“行为人以营利为目的，组织、操纵‘网络水军’进行‘转评赞’‘直发’‘投诉举报删帖’等活动，属于流量造假和干预信息呈现的行为，应当被认定为利用网络传播虚假信息的违法行为。针对侵害包括众多消费者合法权益在内的社会公共利益的上述行为，检察机关依照法定程序提起民事公益诉讼并请求判令行为人承担相应民事责任的，人民法院依法予以支持。”现就有关问题解读如下：

* 作者单位：杭州互联网法院。

一、所涉行为属于传播虚假信息的违法行为

网络安全法第十二条第二款规定："任何个人和组织使用网络应当遵守宪法法律，遵守公共秩序，尊重社会公德，不得危害网络安全，不得利用网络……编造、传播虚假信息扰乱经济秩序和社会秩序……"一般而言，虚假信息具备以下特征：一是虚假信息是内容与事实不符的信息；二是虚假信息具有误导性。然而，若仅将虚假信息限于"内容虚假"，则当前互联网中绝大多数黑灰产行为（例如，本案例所涉操纵"网络水军"进行"转评赞""直发"等干预信息呈现的行为）被排除在外，难以得到有效规制。

对此，有关规定作了明确。根据国家互联网信息办公室发布的《网络信息内容生态治理规定》第二十二条和第二十四条的规定，行为人不得通过发布、删除信息以及其他干预信息呈现的手段侵害他人合法权益或者谋取非法利益；不得通过人工方式或者技术手段实施流量造假、流量劫持以及虚假注册账号、非法交易账号、操纵用户账号等行为，破坏网络生态秩序。组织、操纵"网络水军"实施"转评赞""直发"等行为，属于上述条文所规定的"干预信息呈现"的行为。虽然"干预信息呈现"行为与传播"内容虚假"信息行为在方式上存在不同，但在误导性上并无实质差异。以本案例所涉"转评赞"行为为例：如果单个网络用户对某个作品转发、评论、点赞，一般是其真实意思表示，即使基于某种情谊行为而实施，也不会对他人产生明显误导；但是，"网络水军"通过大量账号集中进行密集转发、刷屏、增加内容点击等手段，虚增被宣传对象的热度及不实评论，直接影响了信息的真实性，对社会公众产生信息干扰甚至误导。上述行为虽然并非直接发布"内容虚假"信息的行为，但通过"转评赞"等虚假手段，形成了与事实不符的刷单数、好评数及点赞数等，具有误导性，应当构成广义的"虚假信息"。而虚假注册账号、非法交易账号等也是为实施干预信息呈现行为而作的预备行为。可以说，前述干预信息呈现的手段和通过人

工方式或者技术手段实施的流量造假等行为，其性质、损害结果与“内容虚假”的行为趋于一致。为实现对此类行为的依法规制，应当认定其属于网络安全法第十二条第二款所规定的“传播虚假信息”的行为。对于行为人故意实施此类违法行为侵害他人民事权益造成损害的，应当纳入侵权法的评价范围。

二、所涉行为侵害了社会公共利益

一是破坏了网络信息内容生态秩序。网络本应是信息自由流通、知识共享的平台，但流量造假和虚假信息的泛滥，使得真实内容与虚假内容混杂，公众难以区分，直接损害了信息的真实性，影响了公众对网络信息的信任度。数据作为新型生产要素，其价值在于传递信息，为数字经济各产业、行业运作提供情报支持。影响数据价值、数据商品乃至整个数据产业的关键，必然是信息的真实性。招募“水军”从事的流量造假、传播虚假信息行为的危害性较现实生活中假货的危害性有过之而无不及，其所造成的更严重危害在于破坏了网络生态信用体系及网络信息内容生态秩序。

二是破坏了相关行业、市场的竞争秩序。公平竞争是市场经济的基石，它要求所有市场参与者遵循相同的规则，通过提供更高质量、更贴近消费者需求的商品或服务来合法地扩大市场份额。招募“水军”从事的流量造假、传播虚假信息行为，将会影响用户对于影视剧、商品等服务质量、销量、好评度、投诉率等重要属性的判断，造成误导和欺诈，进而使信息造假者在短时间内迅速博取高关注度，制造出虚假繁荣的景象，赢取竞争优势。而那些秉持诚信经营理念的经营者、作者、明星等，即便本身产品、作品、业务能力更胜一筹，也可能因真实的正面反馈被虚假信息淹没，而在竞争中处于不利位置。该种“劣币驱逐良币”的现象，扭曲了市场竞争的公正性，使得市场规则形同虚设，更会影响行业的创新与发展动力。

三是侵害了广大消费者的知情权、公平交易权。通过虚增好评量等进行流量造假，达到控评效果，人为制造出作品、产品的优质假象，掩盖其真实质量、性能或服务状况，误导消费者对相关作品、产品等出现认知偏差，进而造成消费者基于错误的信息作出错误的决策。而通过操纵负面信息，删除真实的用户差评，或者压制负面信息的曝光，使得广大消费者无法全面了解作品、产品存在的问题和不足，剥夺了消费者获取完整、真实信息的知情权，使其在选择时无法作出基于全部事实的判断。尤其是在健康、安全、教育等关键公共领域，虚假信息的传播可能误导消费行为，严重损害广大消费者的合法权益。

对于公民个人而言，面对网络虚假信息的传播，由于损害的非显著性、权益受损证明的困难以及维权成本的高昂，难以独自有效应对，私力救济途径显得捉襟见肘。鉴于此，在没有法律规定的机关和组织或者相关机关和组织不提起诉讼的情况下，人民检察院依据民事诉讼法第五十八条第二款对此类行为提起民事公益诉讼请求行为人承担相应民事责任的，人民法院依法予以支持。

本案例通过公益诉讼制度对互联网虚假信息治理问题进行了探索，提出了可行的法律适用和责任认定方案，明确了网络虚假信息违法行为的构成要件、公益侵害属性等法律适用规则，是司法规制网络虚假信息的一次有益尝试，也为网络信息内容生态治理提供了司法路径参考。

李某某侵害英雄烈士名誉、荣誉案*

——利用信息网络侵害英雄烈士名誉、荣誉犯罪的认定

【关键词】

刑事　侵害英雄烈士名誉、荣誉罪　利用信息网络侵害英雄烈士名誉、荣誉　情节严重

* 人民法院案例库案例，编号：2023-04-1-279-003。

【基本案情】

被告人李某某系某网络平台旅游博主。2021 年 7 月 15 日，李某某在新疆维吾尔自治区某烈士陵园内踩踏刻有烈士陵园名称的石碑底座，斜倚碑身摆拍，又到某烈士墓前，面带笑容脚踩墓碑底座，用手比作“手枪”状对着烈士墓碑再次摆拍。同日 12 时许，李某某将上述照片在微信朋友圈公开发布，共计 5000 余名微信好友可见。因多名微信好友指出照片内容对烈士不尊重，李某某遂将该内容删除。同日 14 时许，李某某为获取流量关注，再次使用其个人账号“小贤 Jayson”将照片发布至某网络平台，导致照片在网络上迅速传播扩散，引发社会公众强烈反应，造成恶劣影响。

另查明，1965 年 5 月，某烈士陵园建设完成。2017 年 6 月 21 日，某县人民政府某烈士陵园列为县级文物保护单位。2020 年 6 月，某战士在冲突中因营救战友壮烈牺牲，被评定为烈士，后被中央军委追记一等功。

被告人暨附带民事公益诉讼被告李某某辩称：没有踩踏刻有烈士陵园的石碑底座及烈士的墓碑底座，不知道用手比作“手枪”状是打枪的意思，这个手势是其惯用拍照姿势，办案民警对其进行了诱供；朋友圈虽有 5000 余名微信好友，但屏蔽了绝大部分；今日头条审核未通过后，其将文案改为“尊敬”重新发送，想继续表达缅怀和尊敬；其家境优越，自媒体是兴趣爱好，今日头条账号下阅读点击量仅有几百，是他人将其发布的内容截图发布到其他平台，恶意炒作才造成社会强烈反应和恶劣影响。

新疆维吾尔自治区皮山县人民法院于 2021 年 10 月 26 日作出（2021）新 3223 刑初 169 号刑事附带民事判决，认定被告人李某某犯侵害英雄烈士名誉、荣誉罪，判处有期徒刑七个月；同时判决附带民事公益诉讼被告李某某于判决生效之日起 10 日内，在全国性媒体公开赔礼道歉、消除影响。宣判后，李某某提出上诉。新疆维吾尔自治区和田地区中级人民法院于2022年1月5日作出（2021）新32刑终133号刑事附带民事裁定：驳回上诉，维持原判。

【裁判理由】

法院生效裁判认为：本案的争议焦点在于李某某的行为是否符合侵害英雄烈士名誉、荣誉罪的构成要件。李某某出于个人目的，踩踏烈士陵园石碑底座，斜倚碑身，脚踩墓碑底座，摆出不雅手势和不敬姿势拍照并两次上传网络，致使亵渎烈士相关照片在网络空间内快速扩散，引发社会公众强烈愤慨，其行为具有侮辱性，侵害了烈士的名誉和荣誉，伤害了烈士亲属及社会公众情感，损害了社会公共利益和社会道德评价秩序，造成恶劣社会影响，情节严重，其行为已构成侵害英雄烈士名誉、荣誉罪，应依法惩处。

司法实践中，对“侮辱、诽谤或者以其他方式侵害英雄烈士的名誉、荣誉”行为方式的认定、对行为是否损害社会公共利益以及是否达到“情节严重”的判断，是区分行为人承担民事、行政、刑事责任的重点和关键。

第一，被告人李某某的行为具有侮辱性特征。烈士陵园是烈士的长眠之所，进入者理应自觉保持庄重肃穆、行为得体。李某某在烈士陵园内满脸嬉笑踩踏墓碑底座、斜倚碑身进行摆拍，并用手比作“手枪”状指向烈士墓碑，是对烈士极大的不尊重，具有明显的侮辱性特征。

第二，被告人李某某的行为损害了社会公共利益。英雄烈士的事迹和精神是中华民族共同的历史记忆和宝贵的精神财富，英雄不容亵渎、先烈不容诋毁、历史不容歪曲。李某某将带有侮辱性的照片上传微信朋友圈后，即有多名微信好友提醒该行为不当。李某某不顾劝阻，再次将照片上传其他平台，导致照片大规模扩散传播，形成网络热点事件，引发广大群众的强烈谴责。李某某的行为严重伤害了社会公众情感，对社会主义核心价值观形成了冲击，损害了社会公共利益。

第三，被告人李某某的行为达到“情节严重”。根据《最高人民法院、最高人民检察院、公安部关于依法惩治侵害英雄烈士名誉、荣誉违法犯罪的意见》的规定，对侵害英雄烈士名誉、荣誉的行为是否达到“情节严重”，应当结合行为方式，涉及英雄烈士的人数，相关信息的数量、传播方式、传播范围、传播持续时间，相关信息实际被点击、浏览、转发次数，引发的社会影响，危害后果以及行为人前科情况等综合判断。根据案件具体情况，必要时，可以参照适用《最高人民法院、最高人民检察院关于办理利用信息网络实施诽谤等刑事案件适用法律若干问题的解释》的规定。本案属于利用信息网络传播侮辱性照片的情形。该解释第二条规定：“利用信息网络诽谤他人，具有下列情形之一的，应当认定为刑法第二百四十六条第一款规定的‘情节严重’：（一）同一诽谤信息实际被点击、浏览次数达到五千次以上，或者被转发次数达到五百次以上的……”李某某将照片上传至微信朋友圈，其5000名微信好友可以浏览；后又将照片上传其他网络平台，引发广泛传播，3日之内关联信息网上曝光量过百亿次，话题一度冲上微博热搜第二名，人民日报社、新华社等中央主流媒体纷纷跟进发声。从本案侮辱性照片的传播范围、引发的社会影响、危害后果来看，足以认定达到“情节严重”。

【裁判要旨】

人民法院坚决依法惩治侵害英雄烈士名誉、荣誉犯罪。司法实践中，对于行为是否符合刑法第二百九十九条之一规定的构成要件，应从行为方式、是否损害社会公共利益、是否达到“情节严重”等方面结合案情进行具体分析。行为人利用信息网络侵害英雄烈士名誉、荣誉，引起广泛传播，造成恶劣社会影响的，应当认定为“情节严重”。

【关联索引】

《中华人民共和国刑法》第二百九十九条之一

一审：新疆维吾尔自治区皮山县人民法院（2021）新3223刑初169号刑事附带民事判决（2021年10月26日）

二审：新疆维吾尔自治区和田地区中级人民法院（2021）新32刑终133号刑事附带民事裁定（2022年1月5日）

洪某诉刘某、某报社名誉权纠纷案*

——对侵害英雄烈士名誉、荣誉行为的合理回应和批评不构成侵权

【关键词】

民事　名誉权　侵权　狼牙山五壮士　英烈权益　社会公共利益

【基本案情】

原告洪某以被告刘某撰写、某报社分社在网络平台发表的涉案文章中有对其侮辱、诽谤的言论，严重侵犯其人格尊严和名誉权为由起诉请求：判令刘某、某报社立即停止侮辱诽谤、删除侵权言论；在《解放军报》《国防参考》及中国军网等媒体上公开道歉，道歉内容须经洪某同意；刘某、某报社赔偿洪某精神损害抚慰金1元。

刘某辩称：洪某通过造谣污蔑等方式诋毁抹黑抗日英雄群体"狼牙山五壮士"，违反法律规定，洪某的行为已引起社会的强烈谴责。刘某的信件没有超出社会公众正常反应的限度。

某报社辩称：刘某的公开信不构成侵犯任何人的名誉权，我报社登载刘某的这篇文章是针对历史虚无主义对抗日英雄名誉权侵害的回击，是弘扬狼牙山五壮士英雄事迹和大无畏的牺牲精神，不涉及对任何人名誉权的侵犯。

法院经审理查明：2013年11月8日，洪某在某杂志发表文章《"狼牙山五壮士"的细节分歧》。该文分为几个部分，分别为"在何处

* 人民法院案例库案例，编号：2023-07-2-006-001。

跳崖”“跳崖是怎么跳的”“敌我双方战斗伤亡”“‘五壮士’是否拔了群众的萝卜”。文章通过援引不同来源、不同内容、不同时期的报刊资料等，对狼牙山五壮士事迹中的细节质疑。该文被网友众多点击阅读、转发、批驳、评论，并引发洪某诉案外人、案外人诉洪某等多起诉讼。刘某系“狼牙山五壮士”所在连连长之子，于2015年撰写涉案文章，某报社分社在网络平台上以《心声：“狼牙山五壮士”所在连连长的儿子为捍卫英雄名誉写的一封公开信》为标题予以发布。某报社主办的杂志发布略作修改后的该文章，标题为《狼牙山五壮士所在连连长之子刘某写给勇敢捍卫狼牙山五壮士名誉权的同志们的信》，对洪某相关言论进行了批驳。

北京市海淀区人民法院于2018年12月29日作出（2016）京0108民初36072号民事判决：驳回洪某的全部诉讼请求。宣判后，洪某不服提起上诉。北京市第一中级人民法院于2019年12月26日作出（2019）京01民终3602号民事判决：驳回上诉，维持原判。

【裁判理由】

法院生效裁判认为：“狼牙山五壮士”的英雄事迹和大无畏牺牲精神，已经成为中华民族精神的重要内容，成为社会主流价值观念和社会公共利益的一部分。洪某发表在先的《小学课本〈狼牙山五壮士〉有多处不实》《“狼牙山五壮士”的细节分歧》两篇文章，引导读者对“狼牙山五壮士”英勇抗敌事迹和舍生取义精神进行质疑，从而否定基本事实的真实性和矮化“狼牙山五壮士”的英雄形象，与社会主流价值观念和历史共识相违背。刘某撰写涉案文章，某报社予以发表是对洪某文章的回应和批评，主要目的是消除洪某在先言论的不良影响，维护“狼牙山五壮士”的英雄形象，维护社会公共利益。因此，刘某、某报社未侵犯洪某名誉权，判决驳回洪某的全部诉讼请求。

【裁判要旨】

贬低、损毁英烈形象，否定英烈事迹的行为侵犯社会公共利益，社会公众对该行为的合理回应和批评不构成侵权。

【关联索引】

《中华人民共和国英雄烈士保护法》第二十二条、第二十六条

一审：北京市海淀区人民法院（2016）京 0108 民初 36072 号民事判决（2018 年 12 月 29 日）

二审：北京市第一中级人民法院（2019）京 01 民终 3602 号民事判决（2019 年 12 月 26 日）

张某诉李某名誉权纠纷案*

——朋友圈评论构成名誉侵权的司法认定

【关键词】

民事　名誉权　侵权　微信朋友圈　评论

【基本案情】

原告张某诉称：张某与李某曾系同事关系，2021 年 4 月 12 日张某在微信朋友圈发了一条动态，对自己女儿考试获得好成绩表示开心。很多微信好友对该条动态点赞，李某却在下方评论“几十岁的人还在外面偷人”。张某当即联系李某，希望其解释和道歉，但李某一直拒绝沟通。张某认为受到了李某无中生有的侮辱、诽谤，致使其信誉受损，李某侵犯了其名誉权。

被告李某辩称：其发布的那句评论系张某理解错误。“偷人”有很多种意思理解，其中有一种解释意为游戏术语。“偷人”在游戏术语中是捉弄人的意思。其在张某微信动态下发布的“几十岁的人还在外面

* 人民法院案例库案例，编号：2023-07-2-006-004。

偷人”的评论，只是一句游戏术语。

法院经审理查明：张某与李某曾经系同事关系，互通微信。2021年4月12日，张某在自己微信朋友圈公开发表了一条动态，对自己女儿考试获得的好成绩表示开心。很多微信圈里的朋友为之点赞，李某却在下方评论“几十岁的人还在外面偷人”。张某当即联系李某，希望其解释和道歉，李某拒绝沟通。于是张某当天选择报警，公安机关未受理而是告知张某起诉。张某部分微信好友看到该评论后，通过微信聊天方式劝解、安慰张某。张某起诉后，经法院调查，在张某朋友圈发表评论“几十岁的人还在外面偷人”的微信号“m×××”的实名认证信息为“姓名李某，证件号36×××”。李某后拉黑了张某的微信。

江西省吉安市吉州区人民法院于2021年7月5日作出（2021）赣0802民初2735号民事判决，判决被告李某停止侵害并赔偿原告张某精神损害抚慰金8000元，限判决生效后10日内付清。宣判后，李某提出上诉。江西省吉安市中级人民法院于2021年9月10日作出（2021）赣08民终1838号民事判决：驳回上诉，维持原判。

【裁判理由】

法院生效裁判认为：民法典第一千零二十四条规定：“民事主体享有名誉权。任何组织或者个人不得以侮辱、诽谤等方式侵害他人的名誉权。”名誉是对民事主体的品德、声望、才能、信用等的社会评价。李某在张某朋友圈动态下发表“几十岁的人还在外面偷人”的评论，该评论内容具有贬损、侮辱的性质，其主观上存有过错，部分朋友亦已看到该评论内容，李某的该评论行为造成了张某的名誉受损，故李某的涉案行为构成名誉侵权。李某该评论行为存在过错，且李某该评论的行为过错与张某名誉受损存在因果关系。结合侵权人的过错程度、行为方式、场合等情形，依法判决李某赔偿张某精神损害抚慰金8000元。

【裁判要旨】

1. 网络空间是现实空间的折射，是现实空间中每一个个体通过在网络中实施的行为构建起的虚拟空间。在虚拟空间中施行的行为所形成的后果，也通过其行为主体，即自然人个体，反馈到现实空间中，作用于人们的日常工作和生活，故在网络空间实行的行为亦应遵守一定的行为规范和准则。朋友圈是网上交流的一种方式，并非法外之地，朋友圈发表动态或在他人动态下发表不当言论造成他人名誉受损，可认定为构成名誉侵权。

2. 公民的言论自由权与名誉权均受到法律保护，各权利人在行使权利时均应在法律赋予的限度之内，禁止任何人以享有行使自己权利为由侵害其他民事主体的合法权益。行为人在他人开放的微信朋友圈发表侮辱性评论，足以影响他人的社会评价，法院应综合考量评论对象、评论内容、评论的影响力、因果关系及主观过错五个因素予以认定。

【关联索引】

《中华人民共和国民法典》第一千零二十四条、第一千一百六十五条第一款、第一千一百八十三条第一款

一审：江西省吉安市吉州区人民法院（2021）赣 0802 民初 2735 号民事判决（2017 年 7 月 5 日）

二审：江西省吉安市中级人民法院（2021）赣 08 民终 1838 号民事判决（2021 年 9 月 10 日）

汤某某诉周某乙名誉权纠纷案*

——在微信朋友圈诋毁竞争对手应综合行为目的、传播方式、影响范围认定是否构成侵权并承担责任

【关键词】

民事　名誉权　社会评价　微信朋友圈　非财产性责任方式

* 人民法院案例库案例，编号：2023-07-2-006-005。

【基本案情】

原告汤某某诉称：原告汤某某的儿子周某甲与被告周某乙同在某广场旁路段开店经营五金产品。2020 年 8 月，原告家为了扩大生意，又在该路段的移动公司旁开设分店，老店就交给原告管理。原告在管理经营过程中，为了让顾客更清楚地了解自己店内的产品，就在自家店门口向客户宣传。周某乙便认为原告是在抢她的生意，在其微信、朋友圈、抖音等公众平台发表了关于原告的不当言论、图片及视频等，其内容含有侮辱性、诽谤性，严重侵害了原告的名誉权，造成了恶劣的社会影响。原告请求被告周某乙向原告公开赔礼道歉、澄清事实、消除其言论造成的恶劣影响；被告赔偿原告精神损害抚慰金 1 万元；本案诉讼费由被告承担。

被告周某乙辩称：被告只是发了一条微信给朋友，微信内容与原告有关，具体内容不记得了，但不是发朋友圈；原告一家因为做生意的事与被告家产生纠纷，原告的儿子周某甲曾打伤过被告，周某甲的第二任妻子吴某某也曾到被告店门口和被告打架。被告和吴某某根本不认识，她是受周某甲的指使。本案的原告也是受周某甲的指使站在被告店门口拉从被告店里出去的顾客去她店里买东西；被告的员工帮顾客送东西到车子上，原告也会尾随顾客和被告的员工去拉生意，被告向周某甲反映过此情况，但周某甲未予理会。请求驳回原告的诉讼请求。

法院经审理查明：原告汤某某一家与被告周某乙一家同在某广场旁路段开店经营五金产品。两家曾因生意上的事情产生纠纷、关系恶化。2021 年 8 月，被告周某乙因对原告汤某某在店外马路上向行人介绍商品、招揽生意心生不满，遂将其拍摄的原告照片及视频发布在其微信朋友圈并附言："这里有个老太婆说是做正经生意，却又像'拉皮条'总喊客人，大家注意别被缠上。"后原告之子周某甲从其朋友处得知被告周某乙所发布的上述朋友圈信息，其决定起诉被告并于 2021 年 8 月 17 日将被告的上述行为告知原告。本案开庭审理时，被告已删除上述朋友圈信息。

江西省萍乡市芦溪县人民法院于2021年9月28日作出（2021）赣0323民初1119号民事判决：一、被告周某乙在本判决生效后10日内在其微信朋友圈公开向原告汤某某赔礼道歉（内容须经本院审查，持续时间不少于3天）；如被告周某乙拒不履行上述义务，则由本院通过《萍乡日报》将本判决内容及相关情况予以公布，费用由被告负担；二、驳回原告汤某某的其他诉讼请求。宣判后，原、被告未提出上诉，一审判决已发生法律效力。

【裁判理由】

法院生效裁判认为：本案中，原告汤某某和被告周某乙存在竞争关系且均从事五金产品销售，曾因生意上的事情产生纠纷。被告周某乙出于发泄不满的目的拍摄了原告汤某某照片及视频发布在自己的微信朋友圈并附言："这里有个老太婆说是做正经生意，却又像'拉皮条'总喊客人，大家注意别被缠上。"拍摄这种视频并在公开场合发布带有侮辱性的文字，被不特定的第三人知晓，会导致原告汤某某的社会评价有所下降，且这种通过网络方式实行的侵害行为比传统形式所传播产生的影响力更大。虽然事后被告周某乙删除了相关内容，但其主观上有对原告的名誉进行贬损的故意，客观上已被原告以外的人所知悉，足以使公众对原告作出不良猜测，从而降低原告的社会评价。被告行为侵犯了原告的名誉权，依法应承担相应的民事责任。原、被告两家虽曾因生意上的事情产生纠纷，但并不能成为被告实施侵权行为的理由。原告要求被告赔礼道歉、消除影响，于法有据，法院对此予以支持。

当被告拒不履行赔礼道歉义务时，并不能对该行为强制执行。故为了实现抚慰原告精神痛苦和向大众澄清事实的目的，应在被告拒不履行时寻找替代执行方式，即由法院在网络、报纸上刊登判决内容及相关情况，所产生的费用由被告承担。这种典型的"替代执行"方式适用于侵权人有能力履行法院判决而拒不执行，又不能对其采取限制人身自由措施的情况。这样既有利于实现赔礼道歉的目的，又不至于过分限制侵权人的基本权利。

关于原告要求被告赔偿精神损害抚慰金 1 万元的诉讼请求。被告辩解其在发布涉案朋友圈信息后半个小时左右便删除了相关内容，原告对此虽不予认可，但并未提供相应证据予以反驳，且原告本人系在起诉当日从其儿子周某甲处得知被告的上述侵权行为，其主张被告的行为给其造成了严重精神损害但并未提供充分证据予以证明，故法院对此不予认定。《最高人民法院关于确定民事侵权精神损害赔偿责任若干问题的解释》第八条第一款规定，因侵权致人精神损害，但未造成严重后果，受害人请求赔偿精神损害的，一般不予支持，故法院对原告的该项诉讼请求不予支持。

【裁判要旨】

存在竞争关系的人在微信朋友圈等社交媒体针对竞争对手发布诋毁性言论，可综合考虑行为目的、传播方式、影响范围等因素认定是否构成名誉权侵权。如构成侵权，可根据情节采取恢复名誉、赔礼道歉等非财产性责任承担方式，有利于实现对人格尊严的保护。

【关联索引】

《中华人民共和国民法典》第一千条

《最高人民法院关于确定民事侵权精神损害赔偿责任若干问题的解释》（法释〔2001〕7 号，已被修改）第八条

一审：江西省萍乡市芦溪县人民法院（2021）赣 0323 民初 1119 号民事判决（2021 年 9 月 28 日）

天津市某消防安全检测服务有限公司诉赵某某、尹某某等网络侵权责任纠纷案*

——自媒体出于对公共安全的关心而发表批评性言论，不构成侵犯名誉权

【关键词】

民事　网络侵权责任　名誉权　涉公共安全评论　网络自媒体

【基本案情】

原告天津市某消防安全检测服务有限公司诉称：该公司是合法注册成立的企业，具有安装消防安全设施的资质，在每一个工程中都是使用合格产品，严格按照国家标准进行安装作业。2018 年 1 月 19 日，该公司在新浪网页面上发现微博名为“随意行@30×××××”（被告赵某某）的网民发帖，对原告在天津市南开区某小区改造项目进行了违背事实的负面评论：“活儿干完了，钱也花了……真到火苗蹿起时，这个水龙头只能瞪眼看着……”并且配有被告赵某某在施工现场拍的照片，其中包括原告安装的消防栓的照片，有企业名称、施工现场负责人的名字及联系电话等信息的照片等。同时，“大 V”号“秦耐天津”（被告尹某某）、“哏儿都微博（被告李某）”等进行了转发，此帖下面有很多评论，多是对原告企业的负面评论，对原告企业声誉在社会上造成了很大的负面影响，严重侵犯了公司的名誉权，给原告企业造成了巨大的经济损失。故起诉要求：（1）三被告立即对原告公开赔礼道歉；（2）三被告给付原告公证费 540 元；（3）三被告给付原告因此侵权行为造成的

---

* 人民法院案例库案例，编号：2023-07-2-369-001。

损失 1 万元；（4）三被告给付原告律师费 3000 元。

被告赵某某辩称：不同意原告的全部诉讼请求。赵某某于 2018 年 1 月 19 日在某小区看到本案原告已经完工的现场，发现消防栓安装朝向会影响正常使用。消防栓的出水口面向墙，与墙的距离很小，如果发生火灾，消防水袋无法接上消防栓的注水口，于是进行了拍照。该小区门卫人员表示施工已完毕，在该小区大门入口门柱上有公告牌显示施工时间。赵某某出于安全考虑，于当日对涉及的照片等进行发布。上述行为不构成侵犯原告名誉权，发布的照片和信息是事实，不存在侮辱诽谤贬损行为，不存在伪造散布虚假事实。小区公告牌上的信息是公开的，不属于隐私。发布微博是为了公共安全考虑，非一己之私。

被告尹某某辩称：不同意原告的全部诉讼请求。尹某某确实于 2018 年 1 月 25 日转发过被告赵某某的微博信息，但没有侵犯到原告的名誉权。转发是出于对消防公共安全的考虑，没有损害原告利益的主观动机。其对赵某某的微博内容没有进行编辑和更改，没有夸大贬损原告的行为。此帖下面的评论没有对原告企业的负面评论，均是对此次消防问题的评论。

被告李某未作答辩。

法院经审理查明：2017 年，原告受托对天津市某公寓消防设施进行改造，于 2017 年 12 月竣工。本案所涉消防栓栓口系面向左侧墙面，背对水袋。庭审过程中，原告提供了消防栓栓口可由左侧旋转至正面的视频，以证明涉案消防栓可与水袋相连接。

2018 年 1 月 19 日，被告赵某某在新浪网页面上发布微博，内容为“活儿干完了，钱也花了……真到火苗蹿起时，这个水龙头只能瞪眼看着……”的文字并配发施工现场和被告企业信息的图片，被告尹某某及被告李某均对该微博内容予以转发。

天津市和平区人民法院于 2019 年 8 月 11 日作出（2019）津 0101 民初 3456 号民事判决：驳回天津市某消防安全检测服务有限公司全部诉讼请求。宣判后，双方当事人未提出上诉，判决已发生法律效力。

【裁判理由】

法院生效裁判认为：涉案消防栓栓口确系面向左侧墙面，背对水袋。二被告认为其栓口无法与水袋相连，符合日常生活经验。原告虽主张涉案消防栓可旋转，但并未在显著位置予以提示说明，易使社会公众造成误解。消防设施涉及公共安全，二被告发布及转发微博的行为，亦出于公共利益考虑，二被告的行为与恶意隐瞒真相、捏造事实并加以传播的诽谤行为之间具有本质区别。原告主张三被告侵犯其名誉权，缺乏事实和法律依据，不予支持。

【裁判要旨】

行为人因缺乏专业认知，对消防安全设施的安装有效性作出错误判断，但其系出于对公共安全的忧虑在自媒体平台发表批评性意见，不属于以侮辱、诽谤等方式损害法人名誉，不构成名誉权侵权。

【关联索引】

《中华人民共和国民法典》第一千零二十四条（本案适用的是2009年8月27日修正的《中华人民共和国民法通则》第一百零一条）

一审：天津市和平区人民法院（2019）津0101民初3456号民事判决（2019年8月11日）

某科技有限责任公司诉凌某某网络侵权责任纠纷案*

——针对企业创始人的网络侵权言论可裁定行为保全，限制损害扩大

【关键词】

民事　网络侵权责任　行为保全　企业名誉

【基本案情】

原告某科技有限责任公司诉称：其系由知名企业家雷某创建，并由雷某担任其法定代表人，其名下某商标是驰名商标，其手机产品等多次获奖，所代表的某企业是中国知名科技创新企业。被告凌某某是专业自媒体从业人员，专门从事科技类公司资本市场研究，在行业内具有一定影响力。被告在微信公众号、凤凰网、腾讯新闻等多个平台发布了多篇关于原告及“雷某”的评论文章，称原告为“垃圾货”“垃圾专利”“伪科技”“利润主要来自互联网金融贷款”“交易所排查某产业链公司”“捧高某这样的没核心技术的平台公司……”等。原告认为，被告的行为侵害了其名誉权，故诉至法院，请求法院判令被告停止侵权、赔礼道歉并赔偿损失。

被告凌某某辩称：一方面原告并非提起诉讼的适格主体，另一方面对某集团进行报道是其日常工作，其发表的关于某集团的文章均根据公开信息撰写，并未侮辱或诽谤雷某和某集团，不应承担侵权责任。

诉讼期间，原告向法院提出行为保全申请，请求法院裁定被申请人凌某某立即删除被诉侵权文章及视频。

---

* 人民法院案例库案例，编号：2023-08-2-369-001。

法院经审理查明：被申请人凌某某为微信公众号“××××研究报告”、大风号“××××研究报告”、腾讯新闻账号“××××报告”（以下简称涉案账号）的运营者，其运营的上述账号发布的涉案文章及视频主要是对申请人的经营模式、企业风险、企业价值观等方面的评论以及对其法定代表人雷某的评论。雷某为申请人法定代表人，针对其职务行为的言辞直接影响原告。

北京互联网法院于 2022 年 4 月 25 日作出（2021）京 0491 民初 51722 号民事裁定：被申请人凌某某立即删除被诉侵权文章及视频。本裁定送达后立即执行。凌某某未对上述裁定提出复议。

【裁判理由】

法院生效裁判认为：

1. 涉案文章及视频存在侵害申请人名誉权的较高可能。被诉侵权文章及视频主要是对申请人的经营模式、企业风险、企业价值观等方面的评论以及对其法定代表人雷某的评论。雷某为申请人的法定代表人，针对其职务行为的言辞直接影响申请人，故可认定上述言辞对申请人具有明确的指向性。被申请人凌某某发布的涉案文章和视频含有涉贬损性言辞，已经引发了广泛社会舆论关注，可能造成申请人社会评价降低，故涉案文章及视频存在侵害申请人名誉权的可能性。

2. 如不采取措施可能造成难以弥补的损害。涉案文章和视频发布于互联网上，具有传播速度快、传播范围广等特征，且被申请人在诉讼中仍针对申请人持续发文，关注度进一步提高，如不立即停止涉案文章和视频的传播行为，可能会影响申请人从事正常的企业经营活动，从而造成难以弥补的损害。

3. 申请人已提供了 100 万元的担保，担保条件已满足。

【裁判要旨】

关于在网络环境中，企业名誉受损申请行为保全的法律适用问题。

能否在该类案件中适用诉中行为保全制度，主要考虑两个要件：一方面要注意判断被诉行为存在侵害申请人名誉权可能性的高低。判断该可能性的高低，人民法院要注意审查被诉行为是否对申请人具有明确的指向，且是否存在明显的贬损性质。另一方面要注意判断如不采取措施是否可能造成难以弥补的损害。相较于传统媒体，网络自媒体传播速度更快，受众人群更广，其针对企业发布的言论对于企业经营发展影响更大，负面贬损评价则易使得该主体处于劣势地位，从而丧失投资、交易等机会。因此，人民法院在该类案件中应当结合网络环境的特点，判断被诉行为在网络传播中的持续性是否会对企业正常经营产生严重不良影响。在被诉行为构成较高侵权可能性、如不采取措施可能造成难以弥补的损害的情况下，应当及时适用诉讼救济制度，限制言论的发酵和损害后果的扩大。

【关联索引】

《中华人民共和国民事诉讼法》第一百零三条、第一百零五条

一审：北京互联网法院（2021）京 0491 民初 51722 号民事裁定（2022 年 4 月 25 日）

李某某诉魏某、某网络技术有限公司网络侵权责任纠纷案*

——公共场所未成年人隐私权的认定与保护

【关键词】

民事　网络侵权责任　未成年人　公共场所　利益平衡　隐私权　肖像权

---

* 人民法院案例库案例，编号：2023-14-2-369-001。

【基本案情】

原告李某某诉称：李某某系未成年女孩，因不愿上学而哭闹，父母将其绑在树上进行教育。路人魏某使用手机拍摄了上述过程，视频中李某某的面部特征清晰，还露出了内裤，魏某未经允许私自将上述未经处理的高清视频上传微博进行传播。魏某的行为侵犯了李某某的肖像权、名誉权、隐私权，故请求魏某停止侵权、赔礼道歉、赔偿损失。此外，李某某父亲通知某网络科技公司删除涉案视频，某网络技术有限公司未能及时采取必要措施，导致侵权影响进一步扩大，应与魏某承担连带责任。

被告魏某辩称：其主观上并无过错，视频是如实拍摄，其目的是保护未成年人，其行为也并非违法行为，未侵害李某某的权利。

被告某网络技术有限公司辩称：公司仅是提供空间储存服务的网络服务提供者，无任何主观过错。公司并未找到涉案的微博内容，李某某也从未就涉案内容对公司进行有效通知。涉案视频拍摄来源正当，李某某主张的损失源于其父母的教育行为，与公司无关，公司不应承担任何责任。

法院经审理查明：涉案视频由魏某拍摄，当天魏某通过其微博账号共发布了 4 篇相关博文，第 1 篇因涉案视频未通过审核致使该视频没有发布，后其通过私信将涉案视频发送给了微博上的某“大 V”，而第 2~3 篇均是转发的该“大 V”的博文（包含涉案视频），后魏某将前三篇博文进行了删除处理，并在微博上发布第 4 篇博文向李某某道歉。李某某的父亲虽通过私信联系客服和在手机 App 的“问题反馈”栏目进行反馈这两种途径通知了某网络技术有限公司删除涉案视频，但某网络技术有限公司未收到该内容。

北京互联网法院于 2020 年 9 月 23 日作出民事判决：一、本判决生效之日起 10 日内，被告魏某向原告李某某当面赔礼道歉；二、本判决生效之日起 10 日内，被告魏某赔偿原告李某某精神损害抚慰金 3000

元；三、本判决生效之日起10日内，被告魏某赔偿原告李某某律师费3000元、公证费200元；四、驳回原告李某某的其他诉讼请求。宣判后，当事人均未上诉，判决已发生法律效力。

【裁判理由】

法院生效判决认为：魏某原发或转发的涉案博文侵犯了李某某的肖像权、隐私权，并未侵犯其名誉权，魏某应就其侵权行为承担相应的责任，某网络技术有限公司无须与魏某承担连带责任。

首先，关于肖像权。肖像是指通过影像、雕塑、绘画等方式在一定载体上所反映的特定自然人可以被识别的外部形象。虽然民法通则第一百条规定不得以营利为目的使用他人肖像，但是并不意味着不以营利为目的就可以随意使用他人肖像。本案中，第一，涉案视频包含李某某可以被识别的外部形象即肖像，魏某拍摄涉案视频的行为属于制作肖像权人李某某的肖像，其网络传播行为属于公开李某某的肖像。第二，未经李某某监护人的同意，魏某传播了涉案视频即公开了李某某的肖像。从涉案视频中可以看出，魏某在拍摄涉案视频时，李某某的父亲即进行了制止，已经明确作出不同意拍摄的意思表示。然而，魏某依然继续拍摄涉案视频，并通过微博私信的方式发送给某微博用户，随后转发该用户发布的包含涉案视频的博文，该转发行为构成对涉案视频的网络传播行为，即公开了李某某的肖像。第三，魏某主观过错明显。涉案视频虽然是包含在魏某转发的博文中，但是与一般转发者不同，涉案视频是由魏某提供给原发者，其又进行转发。在这种情况下，魏某系明知网络传播行为未经肖像权人及未成年人监护人同意，更何况拍摄对象是需要特殊保护的未成年人。魏某在其收到微博平台向其发送的“未通过审核”的通知后，仍旧继续进行传播。第四，即便魏某为了保护未成年人的利益，在微博上发布涉案视频时，也没有公开未成年人肖像的必要性。综合事发当日魏某的4条涉案微博的评论及警方的微博通报中魏某向警方说明的发帖目的，可以认定魏某拍摄并传播涉案视频的目的是出于保护未成年人合法权益及对李某某父母教育孩子的方式不认同。虽然其目的是良善的，但其采取的方式却在客观上给李某某造成了二次伤害。而事实上，魏某可以选择更为合理的方式，比如，拍摄视频后可以选择报警等渠道进行检举或控告。又如，即便魏某认为有舆论监督的必要，也应当使用打马赛克等技术对于涉案视频进行遮掩处理，使未成年人不被辨识。因此，魏某采取的方式超出了舆论监督的限度，已经背离了其保护未成年人利益的初衷。第五，魏某虽然在当天即删除其微博上的涉案视频，但是相关事件已经在网上发酵，事发当天警方亦通过网上得知相关线索，从侧面可以看出事件在网上已经产生一定影响。综合考量上述因素，魏某未经李某某监护人同意，公开李某某肖像的行为侵犯了李某某的肖像权。虽然魏某主观动机是维护未成年人合法权益，但其公开李某某的肖像，缺乏必要性，给李某某造成了损害。

需要指出的是，教育未成年人应当尊重未成年人的人格尊严并适应未成年人身心发展的规律和特点，以健康的思想、良好的品行和适当的方法教育和影响未成年人。望李某某的父母今后加以注意。

其次，关于隐私权。虽然隐私强调私密性，但并不意味着在公开场所进行的活动就一定不构成隐私。如果这些在特定公开场所进行的是仅为一部分人所知悉的活动，一旦被大范围公开即会给权利人的人格利益造成重大损害，亦应当作为隐私予以保护。因此，认定隐私是否存在及其范围，应当从权利人本身的意愿和社会一般合理认知两个视角共同去界定。当涉及权利主体是未成年人的情形时，行为人应当施以更高的注意义务，使未成年人的合法权益得到最大程度的保护。本案中，第一，从涉案视频中可以看出，魏某在拍摄涉案视频时，李某某的监护人是予以制止的，其已经通过行为明确表示了不愿意通过录制视频扩大知晓范围的主观意愿。第二，虽然李某某被其父母当街管教，但知悉范围限于当地当时的过路人群，对李某某造成的影响有限。因李某某父母系采取当街将其绑在树上进行管教的方式，一旦扩大传播，不仅可能会让李某某的同学等相关人士知晓，也可能会带来社会热议的后果，将对李某某造成人格利益和人格尊严的重大损害。并且，涉案视频中还有李某某在挣扎时露出内裤的镜头，涉及李某某的私密部位，也不适宜进行传播。故按照社会一般合理认知，无论是李某某本人，还是李某某的父母，均不愿意此事超出现有范围进行传播。综上，从权利人的主观意愿和社会一般合理认知两方面来看，在当时的情境下，李某某被父母管教系在一定范围内的私密活动，而李某某露出内裤的镜头涉及其私密部位，都属于隐私权保护的范围。关于魏某的主观过错和行为的目的、方式、后果等因素的考量，与前面肖像权部分一致，不再重复。法院在综合考量上述因素的情况下，可以认定魏某传播涉案视频的行为披露了未成年人李某某不愿意为他人知晓的私密活动和隐私部位，侵犯了李某某的隐私权。

同时，就魏某的传播行为而言，魏某于传播当日即自行删除涉案视频。对于魏某的传播行为，不存在某网络技术有限公司接到通知采取必要措施的适用空间。因此，某网络技术有限公司无须与魏某承担连带责任。

【裁判要旨】

1. 公众对于社会上发生的不当行为均有权发表言论进行批评，但这种批评应当有一定限度，特别是涉及未成年人时，应当把未成年人权益放在首位。法院在认定行为人的行为是否侵犯未成年人的人格权时，需要以最有利于未成年人原则作为解决相关矛盾冲突的基准，综合考虑行为人的职业、影响范围、过错程度，以及行为的目的、方式、后果等因素进行判定。虽然本案行为人主观动机是维护未成年人合法权益，但其公开未成年人的肖像，缺乏必要性，给未成年人造成了损害，其行为构成侵权行为。

2. 隐私强调私密性，但并不意味着在公开场所进行的活动就一定不构成隐私，公民在公共场所同样享有不受侵犯的人格自由和人格尊严。在认定隐私是否存在及其范围时，应当从权利人本身的意愿和社会一般合理认知两个视角共同去界定，尤其是当权利主体是未成年人时，基于最有利于未成年人原则，行为人应当施以更高的注意义务，使未成年人的合法权益得到最大程度的保护。

龚某某诉北京某网络技术有限公司名誉权纠纷案*

——网络服务提供商侵权责任与监管义务的认定

【关键词】

民事　名誉权　网络服务提供商　监管义务侵权责任　赔偿损失

【基本案情】

原告龚某某诉称：被告北京某网络技术有限公司（以下简称某网络公司）作为一家知名的网络媒体，拥有着庞大的用户群体，为实现其商业目的，一味地追求点击率，对于龚某某的隐私权和名誉权视而不见，违反基本的法律常识，未对龚某某的面部进行马赛克处理，导致周围的不特定大多数人都知道了这件事情。某网络公司的行为给龚某某的工作和生活造成了极大的困扰，使得龚某某身心疲惫、精神遭受了极大的痛苦，且事发后导致龚某某再次乘坐地铁时产生了心理阴影，使得龚某某的名誉遭受了损害，也影响了龚某某的正常生活，故龚某某起诉至法院，请求依法判决某网络公司向龚某某赔礼道歉并赔偿精神损失费20万元、律师费5000元、公证费1500元。

被告某网络公司辩称：本案涉及龚某某的视频，某网络公司通过内部流程等不可能审核出来，某网络公司没有接到龚某某的有效投诉。就本案所涉及的事件而言，直接对龚某某实施侵害的是猥亵行为的实施人，将该事件进行传播的是该段视频的拍摄者和将其上传至网络的网络

* 人民法院案例库案例，编号：2024-08-2-006-001。

用户，网络用户将涉案视频上传至某网络公司经营的视频网站，某网络公司当时不知情。某网络公司在接到通知后第一时间立即将涉案视频从网上删除，龚某某也未就其发出律师函后在某网络公司经营的网站上继续存在相关视频提供任何证据，不存在损害扩大的部分，因此，某网络公司无从承担侵权责任。

法院经审理查明：2013 年 6 月 6 日上午，龚某某乘坐上海地铁 2 号线从唐镇站上车到 4 号线浦电路站下车，在此过程中，龚某某遭遇不法分子性骚扰。当时该过程被同车厢的其他乘客以视频的方式拍摄。2013 年 6 月 7 日 15 点 18 分 00 秒，网友在某网络公司经营的视频网站上发布了题为《实拍男子上海地铁内偷摸女子胸部》的视频，视频时长 43 秒。该视频网站系某网络公司所有、经营、管理的网站。2013 年 6 月 12 日 0 点 02 分，龚某某在某网络公司经营的网站视频中回复评论要求删除视频或对龚某某的脸部等特征作马赛克处理。同日，龚某某通过被告某网络公司网站的意见反馈页面和各地办事处的联系电话联系某网络公司，要求删除视频。2013 年 7 月 30 日，龚某某委托律师向某网络公司发出律师函，要求某网络公司立即停止对龚某某的侵权行为，删除相关视频。

上海市浦东新区人民法院于 2014 年 6 月 13 日作出（2013）浦民一（民）初字第 41457 号民事判决：一、某网络公司赔偿龚某某精神损害抚慰金 2 万元；二、某网络公司赔偿龚某某律师费 3000 元，公证费 1500 元；三、驳回龚某某的其余诉讼请求。

一审宣判后，某网络公司不服判决提起上诉，上海市第一中级人民法院于 2014 年 9 月 28 日作出（2014）沪一中民一（民）终字第 1932 号民事判决：驳回上诉，维持原判。

【裁判理由】

法院生效裁判认为：公民、法人享有名誉权，公民的人格尊严受法律保护。网络用户、网络服务提供者利用网络侵害他人民事权益的，应当承担侵权责任。网络用户利用网络服务实施侵权行为的，被侵权人有权通知网络服务提供者采取删除、屏蔽、断开链接等必要措施。网络服务提供者接到通知后未及时采取必要措施的，对损害的扩大部分与该网络用户承担连带责任。网络服务提供者知道网络用户利用其网络服务侵害他人民事权益，未采取必要措施的，与该网络用户承担连带责任。本案中，龚某某在公共场所遭遇不法分子性骚扰的事实被案外人拍摄成视频后传到被告提供的网站发布，在当时的媒体上有广泛的报道，且有的媒体还直接指出了视频来源于某网络公司经营管理的网站。作为在社会网络服务中具有较大影响力的某网络公司，应当知道龚某某主张的该视频在其网络内传播，并应当采取积极的措施及时屏蔽相关内容，以减少对龚某某的影响。本案中，虽然某网络公司在收到龚某某书面通知后屏蔽了系争视频，但由于其在用户上传后，未及时注意发现，使得系争视频流传的时间较长，造成他人对龚某某的品行可能产生揣测和怀疑，在客观上对龚某某的名誉造成了一定程度的影响，使其社会评价有所降低，故法院认为某网络公司的行为构成对龚某某名誉权的侵害。鉴于上述事实，虽然主要的上传视频的网络用户未找到，但某网络公司仍应对损害的扩大部分与网络用户承担连带责任。就龚某某主张的赔礼道歉某网络公司已经当庭作了表示，且原告也已经接受，自可准许。关于龚某某要求某网络公司赔偿精神损害抚慰金的主张，应结合侵害人的过错程度、侵害的具体情节、侵权行为所造成的后果、侵权人的获利情况等因素考虑确定。但龚某某主张，某网络公司因网络点击率高获取了巨额利益，因此认为系争视频也为某网络公司获取较大利益，对此并无根据，法院不予采纳。根据本案的实际情况，法院酌定由某网络公司赔偿龚某某精神损害抚慰金 2 万元。龚某某过高的赔偿请求，法院不予支持。关于龚某某要求赔偿律师费、公证费的主张，法院认为，龚某某为了增加自身诉讼能力而聘请律师代理，因此而产生的律师代理费可以作为赔偿的范围。但具体的金额由法院根据实际情况酌定。龚某某为了进行诉讼而花费的公证费用，可以作为赔偿的范围。现龚某某主张的公证费尚属合理，法院予以支持。

【裁判要旨】

1. 网络服务提供商作为网络信息的传输中枢，对其网络用户所发布的信息应尽到善良管理人的合理注意义务，对于网络用户在网站上公开的视频等信息是否侵犯他人权利应当进行主动审查。如网络用户发布的信息侵犯第三人的权利并且网络服务提供商没有尽到合理审查义务，给用户或其他人造成损失的，网络服务提供商应与该网络用户承担连带赔偿责任。

2. 公民在网上享有私人生活安宁，私人信息依法应当受到保护，不被他人非法侵扰、知悉、搜集、利用和公开。拍摄视频人员或者网络服务提供商将拍摄他人隐私的视频上传至网上，虽未采用歪曲事实、侮辱诽谤的方式实施侵害，但未经权利人同意发布涉及个人隐私的视频，造成了个人名誉受损的结果，应认定为构成侵权。

【关联索引】

《中华人民共和国民法典》第九百九十五条、第一千零二十四条、第一千一百六十五条、第一千一百八十三条、第一千一百九十五条（本案适用的是2009年8月27日修正的《中华人民共和国民法通则》第一百零一条、第一百二十条，2010年7月1日施行的《中华人民共和国侵权责任法》第六条、第三十六条，2001年3月10日施行的《最高人民法院关于确定民事侵权精神损害赔偿责任若干问题的解释》第八条）

一审：上海市浦东新区人民法院（2013）浦民一（民）初字第41457号民事判决（2014年6月13日）

二审：上海市第一中级人民法院（2014）沪一中民一（民）终字第1932号民事判决（2014年9月28日）

杨某诉广州某网络股份有限公司、陆某某网络侵权责任纠纷案*

——侮辱诽谤使用网络虚拟身份的特定自然人行为的定性

【关键词】

民事　网络侵权责任　名誉权　网络虚拟主体　指名道姓

【基本案情】

原告杨某诉称：其与陆某某系广州某网络股份有限公司（以下简称某网络公司）开发的“神武4”游戏玩家。因双方存在矛盾，陆某某通过微信群及游戏发言频道多次对杨某进行造谣、诽谤，称杨某“约炮”，导致杨某被其他游戏玩家骚扰，造成名誉、精神受损。杨某多次向某网络公司举报陆某某，但某网络公司均未作出处理，存在过错，应当承担连带赔偿责任。请求法院判令：（1）陆某某立即停止侵权，删除相关侵权言论；（2）陆某某在“神武4”游戏客户端、微信群以及陆某某本人微信朋友圈发布道歉声明，向杨某赔礼道歉，以消除影响、恢复名誉；（3）某网络公司协助陆某某在“神武4”游戏端删除侵权言论以及赔礼道歉工作；（4）两被告向杨某支付精神损失费2万元以及律师费9000元。

被告某网络公司辩称：其已采取措施及时处置杨某所指涉案账号的行为，且处置措施符合《某网络游戏许可及服务协议》，不存在任何过错，不需要承担责任。故请求驳回原告的诉讼请求。

被告陆某某辩称：涉案言论指责的是原告创建的游戏角色，没有对

* 人民法院案例库案例，编号：2024-18-2-369-001。

原告指名道姓，其在收到律师函之前并不知道原告的真实身份信息；原告在社会上不具有很高知名度，游戏玩家、微信群成员无法仅凭一个游戏昵称就联想到是原告本人，涉案言论不会造成原告现实中的名誉受损。故请求驳回原告的诉讼请求。

法院经审理查明：杨某和陆某某在某网络公司开发的“神武 4”游戏注册账号，创建角色昵称分别为“杨贵妃”和“陆天虹”。2020 年 10 月至 2021 年 3 月，陆某某在游戏玩家交流微信群中多次发表“傻狗”“约 P”“约炮狂”“洋垃圾”等言论，在游戏内“世界”发言频道发表“约 P 被拍了床照”等言论，对杨某创建的游戏角色“杨贵妃”进行侮辱，并公布“杨贵妃”QQ 账号信息，嘲讽杨某向其发出律师函一事。杨某多名微信好友向其转发了上述言论。2021 年 1 月 20 日 2 时 11 分，某网络公司根据其他游戏玩家对陆某某发起的投诉举报，对其作出游戏内禁言 4 小时的处罚。杨某于 2021 年 1 月 20 日 2 时 24 分和 2 时 26 分向游戏平台举报陆某某，游戏客服回复“该玩家已因违规受到相应处理”。

广州互联网法院于 2021 年 8 月 30 日作出（2021）粤 0192 民初 14852 号民事判决：一、陆某某于本判决发生法律效力之日起 10 日内，向杨某出具书面致歉声明（内容须经本院审核），并在“神武 4”游戏“世界”发言频道中发布（连续 7 天，每天发布一次）；二、陆某某于本判决发生法律效力之日起 10 日内，向杨某赔偿财产损失 9000 元；三、陆某某于本判决发生法律效力之日起 10 日内，向杨某赔偿精神损害抚慰金 1 万元；四、驳回杨某的其他诉讼请求。宣判后，陆某某提出上诉。广东省广州市中级人民法院于 2021 年 12 月 21 日作出（2021）粤 01 民终 26294 号民事判决：驳回上诉，维持原判。

【裁判理由】

法院生效裁判认为：只有行为人的行为指向特定对象时，才可以构成对他人名誉权的侵害，但是，指向特定人的方式并不限于直接表明其姓名。网络游戏中的虚拟人物使用网名、昵称在游戏中活动，虽然未指名道姓，但如果可以同现实社会中的自然人相联系、相对应，对虚拟人物的名誉评价便可直接指向对应的自然人。杨某以“杨贵妃”之名注册“神武 4”游戏并进行游戏，结合多个微信用户通过微信向杨某转发陆某某发表的针对“杨贵妃”的涉案言论，可知在现实生活中，他人能将“杨贵妃”理解为杨某。据此，可以认定陆某某言论的对象指向杨某。

陆某某在微信群以及游戏发言频道中使用“傻狗”“约 P”“约炮狂”“洋垃圾”等粗言秽语直接侮辱杨某，贬低杨某人格意图明显，具有主观过错。陆某某发表的涉案言论引起了其他游戏玩家的评议和附和，客观上降低了杨某的社会评价。陆某某在杨某发出律师函之后并未停止侵权行为，将该律师函公布于涉案微信群内，进一步侮辱杨某，导致损害进一步扩大。鉴此，陆某某发表的涉案言论构成对杨某名誉权的侵害。

鉴于游戏内的发言频道实时滚屏更新，陆某某发表的涉案言论会因频道内容更新而无法查阅，某网络公司客观上也不可能逐一监督游戏用户的发言。因此，杨某提交的证据不足以证实某网络公司存在“知道或应当知道”陆某某侵害杨某名誉权行为的主观故意。此外，某网络公司客观上对杨某的投诉采取了禁言的必要措施，并不存在怠于采取必要措施的过错。因此，杨某主张某网络公司承担连带责任，不予支持。

【裁判要旨】

侮辱诽谤使用网络虚拟身份的网络用户，即便未指名道姓，但通过实名制、民事主体的排他性特征或根据一般人认知，在一定范围内能将该网络虚拟身份与现实主体相对应，可指向特定自然人的，构成对他人名誉权的侵害。行为人是否知悉使用网络虚拟主体的特定自然人现实身份，并不影响侵权行为的认定。

【关联索引】

《中华人民共和国民法典》第一千零二十四条

一审：广州互联网法院（2021）粤0192民初14852号民事判决（2021年8月30日）

二审：广东省广州市中级人民法院（2021）粤01民终26294号民事判决（2021年12月21日）

宋某诉广州某计算机系统有限公司、叶某网络侵权责任纠纷案*

——网络主播引导、放任网络用户侵害他人名誉权的处理

【关键词】

民事　网络侵权责任　名誉权　直播　跟帖评论

【基本案情】

原告宋某诉称：宋某系某网络游戏玩家，在游戏内与其他玩家就游戏道具分配问题产生矛盾。2022年4月，网络游戏主播叶某开设专场直播公开评述宋某与他人的游戏纠纷，吸引网络用户观看，导致网络用户在直播间内发表大量侮辱宋某的言论。宋某认为叶某的行为侵害其名誉权，且多次要求网络游戏直播平台删除前述直播回放未果，遂起诉要求叶某与网络游戏直播平台共同承担停止侵害、赔礼道歉、赔偿损失等侵权责任。

被告叶某辩称：其作为涉案游戏主播，发布直播目的是调和游戏玩家矛盾，未使用侮辱、贬损性语言，未侵害宋某名誉权。网络用户的评

* 人民法院案例库案例，编号：2024-18-2-369-002。

论未涉及宋某真实身份信息，游戏角色是虚拟身份，对虚拟人物的评价不会导致现实生活中宋某社会评价的降低。

被告广州某计算机系统有限公司辩称：宋某起诉前对平台直播回放的投诉不符合《平台直播侵权投诉指引》要求，不构成有效通知，被告亦无法判断涉案直播是否侵权，其未实施侵权行为，无侵害宋某名誉的主观故意，不应承担侵权责任。

法院经审理查明：宋某是某网络游戏玩家，叶某是该网络游戏主播，粉丝数逾30万。广州某计算机系统有限公司是游戏直播平台运营者。2022年4月某日晚，叶某以“全网爆料”“全服吃瓜”方式发布直播，吸引不特定网络用户观看及讨论宋某与游戏玩家间的纠纷。在叶某的引导下，直播间内出现大量侮辱、谩骂宋某的弹幕评论，叶某对此未加以提醒和制止。宋某多次就上述直播回放向平台致电举报，2022年5月，平台删除被诉直播回放。宋某起诉后，叶某还将载有宋某身份信息的诉讼文书违法向他人提供，致使宋某持续遭受人身攻击。

广州互联网法院于2022年8月19日作出（2022）粤0192民初9098号民事判决：一、叶某于判决发生法律效力之日起15日内，使用某直播平台主播账号以直播的方式向宋某公开赔礼道歉，致歉内容须事先经法院审查，直播回放保留天数不少于15日；二、叶某于判决发生法律效力之日起15日内向宋某赔偿精神损害抚慰金2万元；三、驳回宋某的其他诉讼请求。宣判后，宋某向广东省广州市中级人民法院提起上诉。广东省广州市中级人民法院于2022年11月18日作出（2022）粤01民终21935号民事判决：驳回上诉，维持原判。

【裁判理由】

法院生效裁判认为：游戏直播平台内容向不特定网络用户提供，属于网络公共空间。涉案直播明确指向特定游戏玩家的游戏行为，结合直播公开的游戏角色形象、游戏画面和游戏账号注册使用情况，能够确定宋某即是涉案直播评述的游戏玩家。主播叶某未了解纠纷全貌，仍利用自身热度，擅自开设专场直播，使用煽动、夸张言辞为直播间引流，违反直播平台严禁主播“引导用户拉踩引战、造谣攻击，实施网络暴力”的要求，制造宋某与其他游戏玩家的对立情绪，引导、放任网络用户对宋某进行侮辱、谩骂，该行为具有违法性，客观上造成宋某社会评价降低。叶某将载有宋某身份信息的诉讼文书违法向他人提供，亦加重了侵权行为的损害后果，叶某具有主观过错，应当依法承担侵害宋某名誉权的责任。

游戏直播平台运营者并非涉案网络游戏运营方，不知晓游戏用户真实身份，亦难以实时监控直播弹幕跟帖情况，故不足以认定存在“知道或应当知道”侵权行为发生的情形。宋某向直播平台客服电话投诉时未提供构成侵权的初步证据及权利人的真实身份信息，且直播平台在宋某起诉后提供了侵权用户身份信息，并删除被诉直播回放，未违反平台的法定义务，依法不承担侵权责任。

【裁判要旨】

网络主播在提供网络表演及视听节目服务过程中，引导、放任众多网络用户在直播间内谩骂、侮辱他人，致使他人名誉权遭受侵害的，网络主播应当依法承担侵权责任。

【关联索引】

《中华人民共和国民法典》第一千零二十四条、第一千一百九十四条

一审：广州互联网法院（2022）粤 0192 民初 9098 号民事判决（2022 年 8 月 19 日）

二审：广东省广州市中级人民法院（2022）粤 01 民终 21935 号民事判决（2022 年 11 月 18 日）

四、网络暴力典型事件剖析

最高人民法院微信公众号发布了“央视新闻《向网络暴力亮剑》系列微视频”，剖析多起网暴典型事件，最高人民法院等相关部门专业人士详细释法，倡导共建清朗网络空间。

1.《按键伤人之痛》

——“努力想要活下去”的她，最终留下一封遗书走了……

《按键伤人之痛》：以“粉发女孩”遭网暴后抑郁去世的悲剧，揭开伤人于无形的网暴之恶。

——最高人民法院微信公众号（2024 年 11 月 5 日）

2. 《高考前的风暴》

——他们对一个高中生的恶意，竟然这么强烈！

《高考前的风暴》：曾经因“高考百日誓师热血演讲”而被网暴的女孩，已考入中国人民大学，她用实力反击伤人于无形的网暴之恶。

——最高人民法院微信公众号（2024 年 11 月 7 日）

3. 《网暴公诉第一案》

——取快递被造谣出轨，她拿起法律的武器！

《网暴公诉第一案》：很多网友对“杭州取快递女子被造谣”事件可能都有印象，但却未必知道，后来这位被害人诉诸法律，引出了一场影响深远的诉讼。

——最高人民法院微信公众号（2024 年 11 月 9 日）

4.《起底网络水军》

——一件伪造“血衣”+760 元“水军”套餐，
让她置于舆论风暴中央

《起底网络水军》：起底“血衣案”等网暴事件背后的“水军”链条，调查“黑灰”产业链在网暴中所扮演的角色。

——最高人民法院微信公众号（2024 年 11 月 17 日）